刑事
司法精神医学与刑侦实务

Criminal Forensic Psychiatry and Practice of Criminal Investigation

（第二版）

向静◎著

法律出版社
LAW PRESS · CHINA

第二版序

近半年来，在修订再版的《刑事司法精神医学与刑侦实务》时，我注意到，自2017年“武汉面馆砍头案”、2018年“上海世外小学杀人案”后，严重精神障碍者暴力危害行为已经成为社会关注热点。随着心理亚健康、精神疾病发病率的升高，习近平总书记2017年在党的十九大上提出“加强社会心理服务体系建设”。2018年1月23日，中央政法工作会议提出增强工作预见性，深化智能化建设，并专门强调为防控好公共安全风险，需落实肇事肇祸严重精神障碍患者的救治与监护问题。2019年1月15日习总书记在中央政法工作会议上再次强调，“要健全社会心理服务体系和疏导机制、危机干预机制”，并“加快推进立体化、信息化社会治安防控体系建设”。这反映了国家高层越来越重视民众的心理健康状况问题，不断强调在努力提高全民心理健康水平和幸福感的同时，也需防范精神障碍者由于负性情绪积聚、内心冲突、人格的缺陷和扭曲、恐慌等因素导致的自伤及伤人的事件发生。

在国家总体安全观提出的背景下，社会安全问题已经成为国家安全观的重要组成部分，而严重精神障碍者肇事肇祸案件频发又是社会治安中的重中之重。2017年公安部针对一些地方发生精神障碍者严重肇事肇祸案件的情况，进行了全国范围的通报，每起案件致死伤人数5～19人不等，社会危害极大。这几年来，在全国范围内也有一些读者通过各种关系找到我，咨询该领域的相关问题，包括如何评定疑难案件中精神障碍者的刑事责任能力，如何保障精神障碍者的合法权益，如何办理精神障碍者相关案件等方面，折射出这类案件确实越来越普遍。其中我接触到的案件当事人双方，无一不感到巨大的悲痛与无奈，以及深深的困惑。作为一名耕耘在司法精神医学、犯罪心理学界的学者以及一名精神分析取向的心理咨询师，我深切体会到，将生物医学、心理学、社会科学这三种学科紧密结合，是探索精神障碍者危害行为预防的必由之路。

在生物—心理—社会精神医学（biopsychosocial psychiatry）的框架下，随着神经科学的飞速发展,我们需要在大脑和心智这两个维度上来将精神障碍者看待为处在生物心理社会情境下的一个"人",在这个意义上,才能去评定这个人的大脑活动、认知能力、思维模式、主观犯意。美国著名精神医学专家葛林·嘉宝非常强调结合精神动力学观点来进行精神疾病的诊断与治疗,他称呼动力精神医学为"一种用于诊断与治疗的切入方式,其特色为一种关乎病人与临床工作者双方的思考方式,包括无意识的冲突、心灵内在结构的缺陷与扭曲,与内在的客体关系等,以及思考如何应用当代神经科学的发现来整合以上这些要素"。近年来,功能性磁共振(functional magnetic resonance imaging, fMRI)和正电子发射计算机断层扫描(positron emission tomography, PET)的使用,让我们能一窥大脑功能;而"脑功能定量成像检查",可基于近红外光谱成像(near infrared spectroscopy, NIRS)技术,间接测量不同脑区的大脑皮层神经活动,达到研究高级脑功能的目的,并成功应用于精神病学的临床辅助性诊断,提供更有利的生物学指标,对抑郁症、精神分裂症、双相情感障碍等精神疾病有辅助诊断价值。一直以来,精神医学领域一直缺乏客观的诊断依据,而 NIRS 技术的应用无疑使其有了突破性进展。可以想见,NIRS 技术在司法精神医学及法庭科学领域的应用未来大有可期。

在章节的修订中,这一版主要完善了侦查人员如何在以"审判为中心"背景下对精神障碍者所致案件进行科学的侦查取证,并完善了"精神活性物质所致精神障碍"者的刑事责任能力的评定现状,同时增加了"易肇事肇祸精神障碍者的管控"一章。有公安战线的读者朋友曾经向我指出,本书对他们侦办特殊人群所致的刑事案件颇有帮助,但如果能将跟刑侦实务相关的部分更加细化或是单独出书就更好。其实我现在撰写发表的论文也在专章细化这一部分,但为了不改变本书的大框架暂未在这一版作更多的细化,相信另用专著完成这一构想指日可待。

我要感谢我的博士后导师梅传强教授对我的支持鼓励,他勤勉奋进、求实创新的精神一直引领着我。也要感谢公安部特邀刑侦专家康永乐警督对我的大力支持与有益建议。同时,我也要向一直以来无怨无悔支持关心我的家人致以深深的谢意!

向　静

于西南政法大学

2019 年 6 月 30 日

第一版序

进入21世纪,精神医学领域发生了巨大变化,并面临前所未有的挑战。在当今市场竞争激烈、生活节奏加快、就业压力增大的形势下,精神障碍的患病率呈急剧上升趋势。2014年中国疾病预防控制中心的数据显示,我国各类精神障碍者已达1亿人以上,重型精神病人已超过1600万人,其中有30%~40%的患者具有暴力倾向,极易肇事肇祸,甚至酿成血案。目前社会上对于各类精神障碍者犯罪的法律处置与待遇的认识存在非常明显的差异,只要有涉及精神障碍者犯罪的案件发生,社会民众、各类媒体记者、非精神医学的专家学者等众说纷纭,质疑不断,造成很大的社会影响,如陕西邱某华杀人案、上海杨某袭警案、福建南平郑某生恶性杀人案、南京宝马肇事案等。

2010年1月世界权威杂志《自然》的主编菲利普·坎贝尔(Philip Campbel)在该杂志撰文,提议将未来的10年定为“精神障碍的10年”。近年应用基因组学和神经科学的理论和技术将把精神障碍重新定义为脑功能失调,从而改变了精神病学实践。对异常精神活动的研究是建立在神经科学的基础研究之上的。“功能起源于结构”,“没有无生理基础的心理活动”。神经科学是过去20多年中发展最为迅速的学科之一,它从分子、细胞到神经网络、心理等多个方面,对大脑结构、正常功能、异常病变进行综合研究,可望取得对精神疾病的进一步了解,揭示大脑的高级功能如思维、情感的奥秘。

从某种意义上来说,刑事司法精神医学是刑事法学与精神医学的整合。笔者有11年在陆军军医大学第三附属医院神经内科从事临床、科研、教学的工作经历,并一直从事神经精神障碍、认知心理领域的研究。自2012年在西南政法大学刑事侦查学院任职以来,开始从事司法精神医学、犯罪心理学的教学与研究。为了积累案例,了解刑侦实务,在2015年到2016年,笔者到重庆市渝北区公安分局刑侦支队代职,参与刑侦工作。在此期间,参与了多起精神障碍者暴力杀人案件的侦破和审讯工作。笔者发现,精神障碍者犯罪率逐年上升,精神障碍者所致的杀人案件已占到了命案总量的 1/3 左右。在司法实践中,笔者体会到,在对精神障碍者审讯、收集司法精神医学鉴定材料、诉讼审判过程中,侦查机关掌握司法精神医学知识,对识别精神障碍、司法精神医学鉴定意见的准确性、案件审理的公平性起着至关重要的作用。但目前由于刑侦人员对司法精神医学缺乏了解,办理精神障碍者犯罪的案件中还存在一些问题。因此,笔者开始探索如何将司法精神医学刑事法律方面的研究应用于刑侦实务的需要。

由于精神类疾病往往具有潜伏性和突发性的特征,如何准确地判断嫌犯作案当时的精神状态是关键。有不少民众甚至司法人员认为,人的精神活动看不见摸不着,凭着几个精神病医生在事后随便问几个问题,就作出嫌犯作案当时患有什么精神病、是否具有刑事责任能力的鉴定意见,似具有很大的主观臆断成分,进而认为,司法精神医学是一门"玄科学"。但实际上,抱有这种想法的人往往对司法精神医学知识缺乏了解。

在实际的精神病鉴定过程中,鉴定专家往往采取由点到面、由表及里的鉴定方法,通过与被鉴定人会谈,在言语中把握他的认知模式、思维活动和行事特点,把握鉴定时的精神状态。更重要的是,在鉴定前,鉴定专家会阅读送检材料,了解详尽的案情经过、相关人员(包括亲友、邻居、同事等)反映的情况、侦查情况等在更大的维度上了解他的精神状况,并辅以相应的检测仪器和技术手段等,去无限逼近案发时的精神状态,去尽可能还原嫌疑人的精神活动。因此,在刑事案件中,侦查人员提供的送检材料越是真实、准确、全面,司法精神医学鉴定结论就越准确。

在刑事案件中,精神病人由于自我控制能力弱,作案具有对象不特定、地点不确定、时间不固定、手段特别残忍等区别于其他一般刑事犯罪案件的特点,这类犯罪对公共安全来说是严重的威胁。很多重型精神病人自知力丧失,完全不能认识自身的精神病理症状,因而否认自己有病,拒绝治疗。在发生违法行为之后,有的表现为缺乏自我保护能力,归案后供认不讳,但供述的作案动机荒诞怪异;有的病人并不"悔罪",坚信自己行为的正确性,使侦查机关很难意识到他们是精神病人,其诉讼权利难以得到保护。而近年来人格障碍(又称变态心理、变态人格)者犯罪的报道屡见不鲜,其作案手段极其恶劣,罪行极其残暴,主观犯意明确,作案时辨认能力和控制能力存在,作案后多有逃避侦查的行为,理应受到法律的制裁。但人格障碍者作案往往有一些怪异的、常人无法理解的动机,有的还伴有精神症状,对侦查机关来说甄别其到底是人格障碍者还是精神病人有一定的难度。

侦查机关在刑事诉讼中承担着全面查明案情,维护社会公共安全,防控犯罪的职能。对精神病人违法案件的处理,侦查机关起着举足轻重的作用。案发后如何识别涉案的疑似精神病人、如何询问涉案的相关人员、该从哪些方面调查取证、如何配合鉴定专家进行司法精神医学鉴定、如何看待和审查作为法定证据之一的司法精神医学鉴定意见,都直接关系到确定犯罪嫌疑人是否存在刑事责任的豁免情况,关系到能否准确有效地打击犯罪,同时保障特殊行为人的合法权益。而提高刑事侦查人员处理此类疑似精神病人违法案件的侦查实务技能,掌握相关的刑事司法精神医学知识尤为重要。

本书结合刑事司法精神医学,从指导刑事侦查实务出发,内容涉及精神障碍者犯罪的种类与特点、刑事侦查人员需要掌握的精神医学知识的相关理论、刑警如何识别常见的精神障碍、如何调查取证、如何协助鉴定专家进行司法精神医学鉴定,以及刑警如何看待和审查作为法定证据的鉴定意见、如何处理违法精神病人等实务研究,旨在帮助刑事侦查人员重视并提高司法精神医学的相关知识水平并运用于刑事侦查实务,为刑事侦查人员正确高效地处理此类特殊案件提供理论依据。

在本书撰写过程中,重庆市渝北区公安分局刑侦支队的领导和同志们给予了大力支持。他们尽可能地让笔者深入一线,及时、全程地跟进每一起疑似精神病人的犯罪案件,对嫌疑人进行犯罪心理画像、参与制定审讯策略、协助收集司法精神医学鉴定材料、现场观摩鉴定过程等。他们表现出对司法精神医学的重视和求知精神,更鼓励笔者道"司法精神医学并不是一门边缘学科,而应成为指导刑侦实践的主流热门学科",这些是激励笔者笔耕不辍最终成书的主要动力,特此向支队的领导和同志们表示感谢!

本书的读者对象为司法精神医学专业人员、公安和司法人员、法律工作者、政法院校师生、精神卫生机构管理和从业人员、行为医学科学、心理学工作者及关注刑事司法精神医学的各界人士。

由于研究水平有限,时间紧迫,本书难免有错误和疏漏,敬请各位同人不吝指正!

向　静

2016年6月

于西南政法大学

目　录

第一篇　精神障碍与犯罪

第二篇　司法精神医学基础理论

附　录

第一篇　精神障碍与犯罪

第一章　精神障碍者犯罪概述

第一节　精神障碍的概念及分类

一、"精神病"的概念及演变

精神医学自20世纪50年代传入我国，当时的疾病种类有精神分裂症、躁狂抑郁症、神经官能症等，其中前两种被称为重症精神病，后者被称为轻型精神病。到了20世纪六七十年代，随着精神医学的发展，精神疾病日益受到重视，疾病的种类也越来越多，"精神病"一词的概念并未明确界定。传统的"精神病"用于特指精神分裂症等少数重症精神疾病，为了与其他的精神疾病种类相区别，把它称为"精神病性精神障碍"，其他则归为"非精神病精神障碍"。美国精神病学协会的《精神障碍诊断与统计手册》（第四版，修订版，DSM-IV-TR）认为："精神病一词有很多定义，没有一个被广泛接受。狭义的精神病只局限于幻觉和妄想表现，患者对精神病态表现没有自知力。广义的定义把精神分裂症的其他阳性症状也包括在内（例如言语紊乱，严重的分裂样或类紧张行为）。"在《精神障碍诊断与统计手册》中，"精神病"一词指的是系统化的妄想、幻觉、阴性症状、言行紊乱、认知缺陷和紧张综合征，依据诊断又有很多不同。由于"精神病"一词在人们头脑中已经形成了一种固有的带有贬义的观念，且所指范畴远远小于"精神疾病"的范畴，因此目前的精神医学已经用"精神疾病"（mental illness）或者"精神障碍"（mental disorder）来取代"精神病"的概念。

二、精神障碍的概念

简单地说，精神障碍就是精神异常，包括精神活动异常和人格异常。在心理学中,精神障碍又被称为变态心理。精神,也称心理,既是人的大脑的功能,又是人的大脑对客观世界的反映。精神现象包括精神活动和人格两个方面。精神活动可以归纳为三个过程:(1)认识过程,即人的大脑反映客观现实的过程,其中包括感觉、知觉、记忆、思维等过程。(2)情绪过程或情感过程,即人对客观事物的态度的体验。(3)意志过程,即人自觉地确定目的并支配其行动以实现预定目的的心理过程。这三个过程是完整的精神活动的不同部分,是相互联系、相系影响、相互制约的,也是构成正常精神活动的自身协调性。精神现象的另一方面是人格。人格(personality,亦称个性),是人的心理倾向和心理特征的综合,是人与人之间个体差异在心理方面的表现,主要包括气质、性格、习惯,有人认为还应包括需要、动机、兴趣、理想、信念、能力等。人格的形成依赖于精神活动,而它又制约精神活动,并表现于精神活动之中,使精神活动的各个过程都带有个体的特征。人格一旦形成,具有相对稳定性,这种相对稳定性也是保证精神活动正常的重要条件。

精神活动和人格正常的神经生化基础是大脑功能和结构的正常。在某些因素的影响下,人脑的功能可能发生紊乱,结构可能出现缺陷,精神活动的各个过程就不能发挥应有的作用,其自身协调性就会遭到破坏,人就不能准确、真实地认识世界,这就是精神活动的异常。在同样条件下,人格的稳定性也可能遭到破坏,发生急剧的、明显的改变。此外,在某些因素的影响下,人格在形成过程中发展不完善或扭曲,使人不能很好地适应社会,这就是人格异常。精神活动异常可能导致人格异常,而人格异常也可能导致精神活动异常。精神活动异常或人格异常都可能导致个体社会功能下降或者使其感到精神痛苦。

精神障碍按其性质和程度可以归纳为三组疾病:(1)精神病(精神病性障碍);(2)神经症性障碍、人格障碍以及其他非精神病性障碍;(3)精神发育迟滞。

由此可见,“精神病”这一概念属于精神障碍的下位概念,“精神病”具有独特的病理基础,是较为严重的精神活动异常持续一定时间以后形成的精神障碍。但是精神医学界就“精神病”这一术语也并未形成一个公认的理论性定义,我国精神医学界通常采用如下描述性的方式来界定精神病,即精神病患者通常存在如下三个特点:(1)缺乏与周围现实保持恰当的接触能力;(2)丧失社会适应能力,不能恰当地适应日常生活和工作需求;(3)丧失对自己精神病状态的判断能力,即缺乏症状自知能力。从我国精神医学角度考察“精神病”概念也可发现,这一词语因为内涵和界限都较为模糊,所以在精神医学领域不作为专业用语使用。《中国精神障碍分类与诊断标准》(第3版,CCMD－3)中将“精神障碍”作为统一用语,“精神障碍”一词已经为医学界所采纳。通过对“精神病”和“精神障碍”两个概念间关系的分析,可以得出广义的精神病即为精神障碍的结论。

三、精神障碍的分类

精神障碍诊断标准常用的有三种,分别是世界卫生组织的《国际疾病分类》(International Classification of Diseases,ICD)、美国精神病学协会的《精神疾病的诊断和统计手册》以及我国中华医学会精神科分会的《中国精神障碍分类与诊断标准》。

ICD－10是国际疾病分类第十次修订的简称,是世界卫生组织制定的国际统一的疾病分类方法,是根据疾病的病因、病理、临床表现和解剖位置等特性,将疾病分门别类,使其成为一个有序的组合,并用编码的方法来表示的系统。国际疾病分类编码是国际间信息交流的重要手段,是世界范围内疾病、损伤以及死亡原因的统一分类标准和方法之一,又是医学统计和卫生统计的基础工作。我国已将国际疾病分类列为国家标准,2002年卫生部规定,病案首页统一使用国际疾病分类编码,并开始采用ICD－10作为疾病分类的标准。

以前国际上应用较广泛的国际精神疾病分类标准,还有美国精神病学协会《精神障碍诊断与统计手册》(第四版,修订版,DSM-IV-TR)和《国际疾病分类》(ICD－10)。两者的精神疾病分类与排序不尽相同,给临床的应用带来了不便。而2013年5月颁布的《精神障碍诊断与统计手册》(第五版,DSM－5)是这一诊断精神疾病的标准参考指南在十几年来的第一次全面更新,是2013年度科学界的重大事件。DSM－5疾病分类和排序将与后续的ICD－11基本一致。根据DSM－5对精神障碍的定义:精神障碍是以临床显著的个体认知、情感调节或行为紊乱为特征的一种综合征,它反映了个体心理、生理、发育过程中相关的精神功能障碍。精神障碍常与社会、工作或其他重要活动中的重大困扰或功能损害相关。对于因为压力或丧失(如爱人死亡)而产生的可以预见的、文化认知所理解的反应,并不属于精神障碍。社会偏差行为(如政治、宗教、性)主要属于个人与社会的冲突,这类问题也不属于精神障碍,除非这种偏差行为或冲突是因上述个体功能障碍所导致的。

在我国,应用最广泛的分类标准为中华医学会精神科分会编写的《中国精神障碍分类与诊断标准》(第3版),此诊断标准于2001年4月出版发行,在国内科研、教学、临床工作中得到了广泛应用,特别是临床的精神病科专业人士。此量表被认为准确度较高,便于操作使用,在许多内容上叙述更为细致详尽,容易理解,较好地反映了我国精神障碍分类学的特色。因此我国的司法精神医学鉴定中,大部分鉴定专家使用的是CCMD-3的分类标准。根据CCMD-3,我国目前精神障碍分为以下10类:器质性精神障碍;精神活性物质或非成瘾性物质所致的精神障碍;精神分裂症(分裂症)和其他精神病性障碍;心境障碍(情感性精神障碍);癔症、应激相关障碍、神经症;心理因素相关生理障碍;人格障碍、习惯与冲动控制障碍、性心理障碍;精神发育迟滞与童年和少年期心理发育障碍;童年和少年期的多动障碍、品行障碍和情绪障碍;其他精神障碍和心理卫生情况。

表1 CCMD-3与ICD-10的对应比较

CCMD-3	ICD-10
0. 器质性精神障碍	F00-F09 器质性精神障碍(包括症状性、F53其他待分类的围生期精神和行为障碍)
1. 精神活性物质所致精神障碍或非成瘾物质所致精神障碍	F10-F19 精神活性物质所致精神障碍和行为障碍、F55 非成瘾药物滥用
2. 精神分裂症(分裂症)和其他精神病性障碍	F20-F29 精神分裂症、分裂型障碍和妄想性障碍
3. 心境障碍(情感性精神障碍)	F30-F39 心境(情感)障碍
4. 癔症、应激相关障碍、神经症	F40-F48 神经症性、应激相关的及躯体形式障碍
5. 心理因素相关生理障碍	F50-F59 伴有生理紊乱和躯体因素的行为综合征
6. 人格障碍、习惯和冲动控制障碍、性心理障碍	F60-F69 成人人格与行为障碍
7. 精神发育迟滞与童年和少年期心理发育障碍	F70-F79 精神发育迟滞
8. 童年和少年期的多动障碍、品行障碍、情绪障碍	F90-F98 通常起病于童年与少年期的行为与情绪障碍
9. 其他精神障碍和心理卫生情况	F29 未特定的非器质性精神病

第二节 精神障碍的病因

分析精神障碍者犯罪的原因,必然要探讨精神障碍者发生精神障碍的原因,预防精神障碍者犯罪,最根本的措施是减少或消除精神障碍产生的各种因素。

经过长期不懈的研究,人们发现有多种因素对精神障碍的发生有影响。多数学者认为,每一种精神障碍的形成,都是多种因素共同作用的结果,同时各因素起到的作用大小不同。对于这些因素,可以从不同的角度加以分类:(1)根据各因素是来自个体身体内部还是身体所处环境,分为内部因素和外部因素。(2)根据各因素对精神障碍的产生所起的作用,分为致病因素和条件因素。(3)根据各因素与精神障碍的不同时间联系,分为促发性因素和素质性因素。(4)根据各因素通过何种途径引起个体的精神障碍,分为能意识到的因素即心因性因素和不能意识到的因素即体因性因素。(5)根据各因素能否对人体组织结构主要是脑组织结构造成病理性变化,分为器质性因素和非器质性因素。(6)根据各因素的自身的基本性质,分为生理因素、心理因素、社会环境和自然环境因素等。综合以上的分类,本书归纳为以下几种因素。

一、遗传因素

遗传学研究已经证明,遗传因素不仅决定一个人的体型、身高、肤色、容貌甚至智力、气质,也会影响人的精神和感情行为。精神分裂症、情感性精神障碍、癫痫与某些类型的精神发育迟滞,都有遗传的倾向。

在长期的研究中,首先通过家系调查证实了遗传因素的作用,即患者亲属中发生同类精神疾病的,比正常人口中普查所得的发病率有明显的增高,而且血缘越近,发病率越高。进而进一步采取了双生子同病率的调查研究,如果同卵双生子的同病率远高于异卵双生子的同病率,便可有力地证明遗传因素的作用。为了更进一步排除后天相同环境中致病因素的作用,可比较单卵双生子出生后在一起抚养与完全分开抚养(包括寄养)的患病率有无差别。寄养子的研究为区分遗传因素影响一环境因素影响提供了科学方法,出生后不久即被他人抚养的子女,通过前瞻性研究,调查他们与亲生父母的同病率,可以探索遗传因素的作用,调查他们与寄养父母的同病率，可以探索环境因素的作用。也可比较有病的亲生父母被寄养出去的子女的发病率和无病的亲生父母被寄养出去的子女中的发病率，从二者的差别来探索遗传因素的影响。

细胞遗传学研究发现了染色体畸变如某个染色体缺失、重复、倒置、易位，可以引起精神发育障碍。国外学者认为，男性性染色体畸变疾病患者，比一般人更容易犯罪。生化遗传学的研究发现基因突变形成某种氨基酸、类脂质的代谢障碍，造成体内某些正常酶的缺乏，某种代谢中间产物的大量堆积与躯体畸形及精神发育障碍相关。

二、素质因素

素质因素，是指一个人内在的躯体素质与心理素质。心理素质在非器质性精神障碍的形成中有着明显的重要作用，在器质性精神障碍的形成、发展中也有不可忽略的影响。

每个人大脑的神经细胞数量与质量、神经介质、酶的含量、生成与转化速度不同，大脑皮质、边缘系统、网状结构与植物神经系统有不同的兴奋性与稳定性，对刺激的分析综合能力、感受与耐受能力、情绪与动作反应与调节能力、保持的意识觉醒度和心境等都不尽相同，构成每个人心理活动不同的动力特征，即不同的气质。

人类在社会环境中，逐渐习得了他人的思想、伦理道德观念、劳动技能与态度、社会风俗习惯与行为方式、情感表达方式与欲望满足途径。家庭、学校、社会的影响，对人类行为进行调节，奖励对社会与个人有益的行为，惩罚对社会与个人有害的行为，建立每个人的后天形成的广泛的条件反射系统，使每个人的思维、情感与行为活动具有比较固定的反应方式，具备可以预测的倾向性，即形成一个人的性格。

心理素质是气质和在其背景上形成的性格，如果形成不良的或易感的心理素质，如过敏、脆弱、内向的性格，在有害的外界致病因素冲击下，易出现精神障碍；而稳定、坚强、外向的性格，在同样的诱因下，能表现出较高的耐受能力，不易出现精神障碍。

躯体素质包括体型、体力、营养状况、健康水平、疾病抵抗能力、损伤的恢复或代偿能力，对体力、精力消耗的耐受性等，它与机体的代谢类型、内分泌系统功能、免疫系统功能等及其遗传素质相关,也与后天生活经历相关。如感染、外伤、中毒、困难处境及其他应激因素,可以改变某一方面的躯体素质,形成特殊易感性或增强耐受性。

三、生物及理化因素

全身性的特别是累及中枢神经系统的感染、中毒、外伤、肿瘤、缺氧、代谢障碍、内分泌疾病、营养缺乏、高温、放射线损伤、血管与变性疾病等,均可直接或间接地损害大脑的结构与功能,引起精神障碍。

胚胎时期宫内宫外环境中的生物性致病因素,如孕妇患风疹、梅毒、艾滋病等,孕妇酗酒、吸食毒品或安眠药物依赖,孕妇有严重营养不良贫血、缺氧、尿毒症、子痫以及分娩时胎儿颅脑损伤、早产或新生儿窒息等,都可能引起胎儿畸形或严重发育障碍、后遗智力发育迟滞、人格发展异常以至精神障碍。婴幼儿时期的营养缺乏、流行性脑膜炎、白喉、百日咳、猩红热等传染病以及病毒性脑炎的感染,药物、食物或煤气中毒、颅脑损伤等,也可引起精神发育迟滞、人格障碍与精神障碍。由于生命早期环境有害生物学因素的作用,直接累及个体躯体与心理素质的形成,对今后终生有长远的影响,所以在医疗预防工作中必须特别重视。

四、心理社会因素

人类面临洪水地震、交通事故、战争、绑架等灾难性突发事件危及生命安全时,会引起强烈的精神应激反应,在少数人中可直接引起精神障碍。更常见的是家庭成员与同事间的纠纷,理想的破灭、事业的挫折、生离死别、重病伤残、遭受歧视、侮辱、冤屈,长期的精神紧张与抑郁、焦虑等情绪,出现心理生理反应,其中少数人迁延不愈,促发心身疾病、神经症、人格障碍或心因性精神障碍;或通过削弱机体防御功能,诱发其他的功能性与器质性精神障碍。

心理神经因素与生物性因素一样,可以改变机体代谢水平,引起激素与内分泌系统功能变化,改变机体免疫系统功能,改变大脑皮质与内脏的生理功能,通过这些中间环节,成为致病因素。

五、机体的功能状态

机体的功能状态,是指机体在疾病发生时生理与心理所处的功能状态,可以成为精神障碍的诱发因素。不良功能状态如过度疲劳、体力耗竭、酗酒、饥饿、睡眠缺乏、精神持续紧张的状态;儿童期大脑发育尚未发育成熟的状态;青春期、女性行经、妊娠、分娩期内分泌系统、心理与生理功能急剧变化的状态;更年期性腺功能减退、植物神经功能不稳定的状态;老年期躯体功能衰退、防御与代偿功能明显削弱的功能状态,成为某些潜在的精神障碍显现的诱发因素,与儿童神经症、青年期癔症、经前期紧张与月经周期性精神障碍、产褥期精神障碍、更年期神经症与精神障碍、老年期精神障碍等密切相关。

第三节 精神障碍者犯罪的原因

虽然精神障碍并不必然导致犯罪,但确实有不少精神障碍者在精神障碍的支配或影响下犯罪。精神障碍与犯罪行为之间可能有因果关系,也可能并无因果关系;有些精神障碍者犯罪,精神障碍是主要的原因,但同时也有其他方面的原因。因此可以把精神障碍者犯罪的原因分为两类:一是精神障碍方面的原因,它是精神障碍者犯罪的病理原因;二是其他方面的原因,它是精神障碍者犯罪的现实原因。

一、精神障碍者犯罪的病理原因

不同类型的精神障碍者有着不同的异常精神活动,同一类型的精神障碍者精神症状相似,但出现的犯罪行为也多种多样。精神分裂症、偏执性精神病、躁郁症、精神发育迟滞、人格障碍、反应性精神病、癔症、癫痫、酒精中毒等精神障碍者犯罪率相对较高,但仍有相当一部分患有这些精神障碍的患者终生都不会出现犯罪行为。因此,查明犯罪的精神障碍者患有何种类型的精神障碍并不能解释精神障碍者为什么会犯罪。根据调查研究说明,精神障碍者之所以犯罪,不仅仅是因为他们是精神障碍者,还因为他们存在一些容易导致犯罪的异常精神活动,也称病理性精神症状。只有通过分析病理性精神症状对精神障碍者的影响,才有可能探寻到精神障碍者犯罪的病理原因。以精神分裂症为例,学者们认为,明显的幻觉、妄想、情绪不稳、控制力差、攻击性冲动、观察力差、适应力差等方面的障碍容易导致犯罪。

病理性精神症状可以破坏精神障碍者辨认和控制自己行为的能力从而导致犯罪。在病理性精神症状的影响下，精神障碍者多不能正确认识周围环境和自我，难以对外界的刺激作出符合实际情况的判断和适当的反应，缺乏是非、善恶、美丑观念，不清楚自己欲望的性质以及应当通过什么方式去实现自己的欲望，因此他们的行为难免与社会环境不相适应，可能与社会和他人利益产生严重冲突。有一些精神障碍者虽然对周围环境和自我有一定程度的认识，甚至知道自己的欲望和行为是不合理、不正常的，但难以抗拒自己的欲望和控制自己的行为，最终导致违法犯罪行为。在本书第三篇第四章中，对病理性精神症状作了详细介绍，从意识障碍、认知障碍、情绪障碍、意志行为障碍几个方面具体阐述这些病理性精神障碍如何影响精神障碍者的行为。

二、精神障碍者犯罪的现实原因

大多数精神障碍者犯罪，不仅有精神病理方面的原因，也有其他方面的原因，如社会环境、经济条件、文化程度、人际关系等以现实为基础的原因。

对精神障碍者犯罪的动机进行分析研究，精神障碍者犯罪多数出于现实动机，还有部分是出于混合动机。而无动机、不明动机、病理动机的犯罪只是少数。尽管现实动机并不完全等同于现实原因，但仍然说明多数精神障碍者犯罪都有现实原因。

现实因素可以成为精神障碍者犯罪的原因，主要在于大多数精神障碍者可以接受外界环境的影响。虽然由于认识能力和适应能力受到不同程度的削弱，精神障碍者不能像精神正常者一样接触和感受社会，“社会化”的程度比较低，但是不能因此忽视外界环境给予精神障碍者的影响。一方面，由于认识能力、自我控制能力比较低下、文化知识贫乏，精神障碍者对周围环境中的事物和现象难以进行分辨和选择，比一般人更容易受到周围环境的影响和支配，其状态与心理发展远未成熟的未成年人极为相似。另一方面，精神障碍者的病情时轻时重，在不发病或者病情较轻时，他们的认识社会和适应社会的能力强于发病或者病情严重的时候，可以接受外界环境的影响。另外，像人格障碍、性变态者这类的精神障碍者，由于不存在感知、思维、记忆、智能方面的障碍，可以跟正常人一样受外界环境的影响。

社会环境中的消极因素，如不良社会风气、传播媒介的误导、不良分子的言行等都可以对精神障碍者造成潜移默化的影响,使他们变得品行低下、自私自利、贪图享受、盲目模仿等。加之其自控力较弱,容易出现违法犯罪行为。

精神障碍者大多文化程度不高,明辨是非的能力差,工作能力低下,社会适应不良,缺乏固定的经济收入,为生活所迫,可能不计后果地实施盗窃、抢劫等犯罪行为。长期经济地位的低下还可能使一些精神障碍者产生不满情绪和反社会意识,性格偏执、易激惹,易实施暴力犯罪。

精神障碍者由于存在性格、情感方面的障碍,人际关系较差,往往因为一些小事与人发生矛盾,在情绪激愤时,往往采取过激行为,对他人造成严重危害。

精神障碍者有不同的症状表现、分为不同的类型。常见的精神障碍者犯罪类型可以根据其犯罪性质分为暴力犯罪、物欲型犯罪、破坏型犯罪、性犯罪等。以下章节将从不同类型具体介绍精神障碍者的犯罪。

第二章　精神障碍者暴力犯罪

暴力犯罪，是指以自身肢体或借助工具实施的危害他人生命、健康的犯罪。暴力犯罪主要包括杀人、伤害和没有造成严重后果的殴打。暴力犯罪是精神障碍者最常见的犯罪，在精神障碍者犯罪数量中约占30%。

暴力行为是一种严重的攻击性行为，这种攻击性可以是对他人袭击性的人身或财产的破坏，也可以是为了防御外界伤害、自我保护而采取的抵御行为。因此，行为动机对确定暴力行为的性质十分重要。

对暴力行为的生物学研究表明，暴力行为有遗传因素、先天的人格因素，也与大脑结构功能密切相关。此外，雄性激素水平升高、中枢5－HT系统功能低下等因素也与暴力行为的发生有一定的关联。近20年来的大量研究表明，青少年暴力行为明显增多，与这些人暴露于负性生活事件有关。父母的攻击行为，电视、电影、电脑游戏中的攻击行为，以及亚文化的群体作用对青少年的不良行为有明显的影响，并对其既往的不良行为产生明显的加强作用，可促成一种新的攻击或暴力行为模式。

精神障碍者更易实施暴力行为。奥地利科学家、1973年诺贝尔医学生物学奖获得者康罗·洛伦兹（Konrad Lorenz，1903～1989年）认为，攻击冲动是人类的原始本能，在文明社会这种本能受到道德和法律的限制，并可能通过正当的方式得到一定的释放。从这一点上来说，精神障碍者的暴力行为，可解释为精神障碍者由于辨认能力的缺失或控制能力的缺失，而不能使其本能接受道德和法律的控制的结果。[①] 精神障碍者因不能适应或不能很好适应社会，又伴有幻觉、妄想等症状，往往比正常人更敏感，更缺乏安全感，且对实际存在的危害作出夸大的估

① 参见［奥］康罗·洛伦兹：《攻击与人性》，王守珍等译，作家出版社1987年版，第266页。

计,更容易采取简单、暴力的方式进行自我保护及防御攻击。其暴力行为更多是出于病理性动机,其病理性精神症状作用下的幻觉、妄想的支配,造成过度的恐惧、愤怒是他们实施暴力的原动力。而且多数精神障碍者还停留在追求较低级的生理需求、安全需求的满足,而对更高级的需求如地位、金钱、权利等的欲望有限,因此精神障碍者犯罪类型与正常人犯罪相比显得简单,且多数精神障碍者也缺乏进行高智商、复杂性犯罪的能力。

根据精神障碍者实施暴力犯罪行为时的主观态度,将精神障碍者的暴力犯罪分为预谋暴力犯罪和非预谋暴力犯罪。本书主要探讨暴力凶杀犯罪。

第一节　预谋暴力犯罪

预谋犯罪,是指行为人在实施犯罪之前,经过深思熟虑形成的实施故意犯罪的一种心态,或者行为人决意犯罪后又经过反复策划实施犯罪。行为人有强烈的犯罪动机,有明确的犯罪目的,对犯罪地点、犯罪时间、犯罪方式和手段、选择犯罪工具及逃避侦查的方式进行策划。

有人认为,精神障碍者因为存在智能和思维障碍,不能对犯罪进行预谋。事实上,各种类型的精神障碍者都有可能进行预谋犯罪,其中不乏有重症精神障碍患者。他们之所以进行预谋犯罪,病理性精神症状起了很大的影响,如幻觉、妄想等。这些病理性精神症状可能独立存在,而他们的智能和思维能力可相对正常。当然,由于思维和行为"直线型",精神障碍者的预谋犯罪有其特点。以下根据预谋犯罪的精神障碍类型分述之。

一、偏执型精神障碍预谋犯罪

偏执型精神障碍又称为妄想性精神障碍,是一组以系统妄想为主要症状,而病因未明的精神障碍,也可有短暂的幻觉。在顽固的病理性妄想的支配下,患者可表现出极端的偏执,大有不达目的誓不罢休的气势,如偏执性精神病患者、偏执型精神分裂症患者、偏执型人格障碍者。最常见的妄想形式是被害妄想、嫉妒妄想、疑病妄想、夸大妄想、钟情妄想等。在被害妄想的影响下,患者常常主动联系专业人士(如律师、信访部门等)寻求救援或解决问题,多次上访、举报或诉讼等,可对妄想对象保持高度的敌意，甚至采取积极的进攻以求自我保护或报复；嫉妒妄想者主要表现为怀疑配偶不忠，跟踪、监视配偶，不定期检查配偶的随身物品，甚至出现暴力行为；疑病妄想者是担心自己患有某种疾病，如担心自己得了重病，或认为手术做失败了而烦恼焦虑，反复就医，但检查结果阴性或医生的解释往往不能使其信服，甚至产生医生欺骗自己的想法而采取报复行为；夸大妄想者多表现为夸大自己的财富、地位、能力、权利，易被人认为是诈骗犯；钟情妄想者在求爱不成或认为对方背叛自己时，会“爱之深恨之切”，产生与钟情对象同归于尽的想法。

除妄想外，还有一些患者在思维内容或形式障碍，如顽固的超价观念、病理性象征思维、逻辑倒错性思维等病态观念的影响下，认为自己的行为是出于合理的、正义的目的，而实施预谋性犯罪。

偏执型精神障碍者的犯罪一般都有明确的目的，是在许多综合因素的共同影响下，逐渐发展起来的犯罪动机。其动机有病理性动机、现实性动机或混合动机。因妄想症状可独立存在，患者在不涉及妄想的情况下，在其他心理方面无明显的异常，且偏执性精神障碍者的行为、情感反应与其妄想内容是一致的，因此显得与正常人一样，常被视为精神正常者。且其经过周密设计的计划和过于执着预谋的犯罪特点及发案后逃避侦查的行为往往更使人坚信其精神正常。在偏执性精神障碍者刑事责任能力如何确定的问题上，一直以来都存在严重的分歧，类似的案件，在不同国家、不同时期都有不同的处理结果。

【案例】

1913年9月4日一个名为埃文斯特·瓦格纳(Ernst Wagner)的中年教师，在斯图加特的家中趁自己妻子和4个孩子熟睡之际，割断了他们的颈动脉。案发后乘火车及自行车前往其曾任教过的村庄。5日晚上，他在村民们入睡后，在村子里四处放火，村民们惊醒后四散逃离，而他则持两把手枪，向每一个人开枪，8人被害，12人受伤。由于他在激动中忘记重装子弹，被村民制服。瓦格纳平时彬彬有礼，教学成绩优异，受人尊敬，并无凶残表现。在杀死自己全家的前一天傍晚，他还以友好的方式与一位教师的妻女闲聊，并就一本教科书征求年轻同事的意见。案发后大家都表示难以置信。

瓦格纳颇具文学才能，多年来写了大量自述，记录了自己的精神状态和心理活动。从他的自述中，人们发现早在4年前他就制订好了凶杀和纵火计划，计划经过长时间的深思熟虑，无比精确。按他的计划，如不是被制服，他还要在他的出生地杀死他兄弟全家，烧毁村子的所有建筑物，并焚烧路德维希堡城堡，最后在着火的城堡中举枪自杀。根据他的自述，之所以杀死他的全家是出自对他们的怜悯，纵火是出于复仇，杀死村民是因为他们是他的死敌。事后，他对犯罪供认不讳，毫无忏悔之意，他觉得唯一的遗憾是未能完成全部犯罪计划。据此，许多人认为瓦格纳是一个凶残的罪犯，但法院在调查之后发现，事实上瓦格纳自认为的敌人及仇恨都是毫无理由的，于是法院对他进行精神检查。鉴于瓦格纳民愤很大，法庭听取了两名精神医学专家的独立判断意见。由于两名专家作出相同的结论，法院决定中止对瓦格纳的审判程序，将他作为一个具有危险性的精神病人送往精神病院治疗。在精神病院中，他多次强烈要求对他的案子重新审理，希望自己遭到处决，他对自己被当作一个精神病人而关在精神病院里而感到极为恼怒。他曾试图自杀，并曾请求当局给他一把手枪来结束自己的生命。最后，他于1938年4月27日因重度肺结核而死亡。[①]

对瓦格纳进行精神检查的专家之一罗伯特·高普教授（Robert Gaupp，1870～1953年）是一位著名的精神医学家。他认为瓦格纳患有偏执狂。他对瓦格纳的人格、精神状态、生活经历等作了细致的考察研究，并撰写了一系列关于瓦格纳病例的著作，揭示了瓦格纳犯罪特点及心路历程：

瓦格纳于1874年出生。他的双亲精神都不健全。父亲多在酒馆消磨时日，懒于工作，母亲生活放浪，容易悲观，她的两个兄弟都患有精神病。瓦格纳的一个兄弟是酒徒，一个姐姐比较神经质。瓦格纳认为自己的家系病态，理当绝种。从童年起，瓦格纳就是机灵聪敏的，容易激动，野心勃勃，自视甚高，想象力丰富。18岁时自发地开始手淫。但由于受不科学的通俗读物影响，自认为手淫非常罪恶，并为此深感焦虑。就任助理教师后，瓦格纳试图通过与异性交往来摆脱手淫，但没有效果。一次回家途中，他在一家小旅店留宿，酒后性欲冲动，与动物发生几次性行为。事后，他陷入绝望之中，担心别人知道，感到对不起整个人类。很快地他就以为别人已经知道此事。他总是发现人们在议论他，嘲笑他，在他背后指指点

---

① ［德］Robert Gaupp："Ernst Wagner 病例的科学意义""患偏执狂的凶手 Wagner 的疾病和死亡：个案研究"，载湖南医学院主编《精神病学译文特集》，湖南医学院出版社1978年版。

点。他认为自己已经成为众矢之的。后来他与一个旅店老板的女儿结婚后，搬到了一个偏僻的山村。有时他回到出生地，总还感到自己仍然是人们议论、嘲笑的对象，因此极力避免回去。1908 年他开始认为村里及其邻村的居民也在蔑视他。大约从 1909 年起他就制订凶杀计划，购置手枪，练习射击，并曾实地察看，反复琢磨作案细节。但他不忍心杀死妻儿，计划拖延了几年。由于他在山村里越来越感到压抑，他在 1912 年申请到斯图加特任教，但他在新单位同样感到痛苦，并得出结论：他的丑行已经路人皆知，到哪里都免不了遭人唾弃。终于，他下定了凶杀的决心。

分析瓦格纳的精神症状可知，他纵火和杀死村民是出于顽固性妄想影响下的病理动机。而他杀死妻儿属于现实动机，是为了不使妻儿在他犯罪后处于可怜的境地。在他内心深处，认为杀死家人反而是为家人着想，属于"扩大性自杀"。

偏执性精神障碍的凶杀，还常常以著名政治人物为对象。美国历史上有杰克逊、林肯、罗斯福等多位总统曾遭偏执性精神障碍暗杀。最轰动一时的是 1982 年约翰·欣克利（John Hinkley）对里根总统的暗杀。富家子弟欣克利是个孤僻的人，无法与女人交往，只生活在幻想的世界中。他对电影演员朱迪·福斯特（Jodie Foster）情有独钟，他在一张未寄出的写给福斯特的有里根夫妇照片的明信片上留言："你看他们不是神仙眷属吗？再看看南希是多么性感。有一天你和我也会居住在白宫里，乡下土包子将会羡慕地流口水。到那时，请尽一切力量保持处女之身！你是处女吗？"为博得福斯特的注意和好感，欣克利伪装成记者，避过层层守卫，在离里根很近的地方开枪，致里根重伤。他在写给福斯特的一封未寄出的信上说，他要去刺杀里根，自己或许一去不复返，他要她知道他这么做完全是为了她。[①]

像欣克利那样，不少偏执型精神障碍者在有明确的作案动机后，可能有意或无意地用口头、文字或者其他形式公开地表示犯罪意图。且他们经过精心策划后，可完全按照自己的预谋一步步地去实现犯罪行为。在现实生活中，人们由于不了解精神障碍犯罪的特点，仅仅把这种表达当成一般的威胁、泄愤而不引起重视或采取措施，往往在惨案发生后才后悔莫及。

---

① 参见[美]罗伯特·K. 雷斯勒、汤姆·沙其曼：《疑嫌画像——FBI 心理分析官对异常杀人者调查手记之一》，李璞良译，法律出版社 1998 年版，第 161 页。

二、抑郁症患者预谋犯罪

抑郁症又称抑郁障碍，以显著而持久的心境低落为主要表现，情绪的消沉可以从闷闷不乐到悲痛欲绝、自卑抑郁，甚至悲观厌世。抑郁症还可合并疑病症、嫉妒妄想、罪恶妄想等，可有自杀或杀人的企图或行为。据统计资料，抑郁症自杀率较一般人高出15～20倍，有50%～70%的患者有自杀企图。其自杀企图可能非常强烈，常常想尽一切方法策划自杀。抑郁症患者也可能实施预谋犯罪而伤害他人。其对他人的伤害行为主要有“扩大性自杀”、“间接性自杀”及无自杀行为的犯罪。

1. 扩大性自杀

调查研究表明，抑郁症患者杀人案例的被害人，大多是其关系亲密的家属。斯特拉斯曼（Strassman）在21世纪初就提出了所谓的“扩大性自杀”的概念，即抑郁症患者在自杀前，先杀死自己的配偶或亲生子女，其本意是认为活着是一件痛苦的事，希望和家人一起得到解脱前往极乐世界；或出于同情和对家人的爱，考虑到自己死后配偶或子女会遭受痛苦屈辱或不幸，因而先杀死家人。

2. 间接性自杀

最早是韦伯（Weber）注意到抑郁症患者还可实施“间接性自杀”。此类案例多是患者怀有坚定的自杀意念，但由于种种原因自杀未遂，转而企图通过杀人而达到被司法机构处以极刑，以间接方式结束自己生命的目的。在实施杀人行为之前，患者会煞费苦心地预谋策划，反复勘察地形、研究作案时机、选择作案工具等。他们对犯罪行为后果有明确的预计和期望，作案果断，作案后心态坦然，多会坐等被擒或主动投案自首。

除了以上两种常见的犯罪，抑郁症患者还可出现不伴有自杀行为的凶杀行为。其中最多见的是出现暴怒性激情发作的抑郁症患者，及伴有嫉妒妄想的抑郁症患者，其杀人是为了宣泄自己郁闷压抑的情绪，或是愤怒的报复行为。但也有的案件作案动机不明，令人匪夷所思。

【案例】

1976年美国马里兰州中部城市贝塞斯达的卡德洛克泉社区发生一起震惊美国的家庭惨案。40岁的职业外交官小威廉·布拉德福·毕夏普（Willian Bradford

Bishop, Jr.)在家中用一把锤子残忍杀害了自己的母亲、妻子和3个年轻的儿子,之后用旅行车将五具尸体拉到北卡罗来纳州放火焚烧,试图销毁罪证。

资料显示,从耶鲁大学毕业后,毕夏普与安妮特·凯瑟琳结婚,之后进入美国陆军服役4年,从事反间谍工作。毕夏普退役后,又进入美国国务院,成为职业外交官,先后在意大利的维罗那、米兰、佛罗伦萨、埃塞俄比亚首都亚的斯亚贝巴、博茨瓦纳首都哈博罗内等多个站点工作过。1974年毕夏普进入美国国务院位于华盛顿的总部,成为负责特殊活动和商业条约的部门副主任。

在很多人的眼里,接受过精英教育、身为职业外交官的毕夏普精力充沛、爱好广泛高雅,前途光明,堪称"高富帅"。但在这些光鲜外表的背后,他却是一名饱受失眠和抑郁症折磨的"问题男",且存在暴力倾向。据报道,毕夏普和妻子均患有心理疾病,长期服用安宁类药物。精神疾病的困扰导致这名外交官的彻底爆发。

惨案发生在1976年3月1日。在这一年年初,毕夏普满心以为自己将会得到提拔。然而,3月1日下午他却被告知自己苦心盼望的晋升将不会实现。在得知自己的事业受挫后,毕夏普以感觉身体不适为由,向秘书草草交代事项后便提前下班。

警方认为,毕夏普下班后首先从美国国务院所在地雾谷驱车前往一家银行,取出数百美元,之后又前往蒙哥马利购物中心,购买了一把圆头锤和一个汽油桶。之后,他在购物中心旁的加油站将自己驾驶的家用旅行车和汽油桶加满油,又前往位于河滨路和福斯路的西夫韦连锁超市附近,在一家名为"波奇家"的五金店内购买了一把铁锹和一把干草叉。

当晚7时30分至8时,毕夏普回到位于贝塞斯达的家中。此时,他的三个儿子已经上床。调查结果显示,毕夏普的妻子安妮特可能首先遇害。她的母亲在遛完狗回家后成为第二名受害者。在连杀两名至亲后,凶手又来到楼上的卧室,将在床上熟睡的儿子逐一杀死。

结束杀戮后,毕夏普将被害人的尸体装上旅行车,驱车443千米,耗时约6个小时,来到北卡罗来纳州第94号高速公路附近一处树木茂盛的沼泽地。

3月2日毕夏普在此处挖出一个浅洞,将尸体堆放其中,浇上汽油进行焚烧。

3月10日警方接到毕夏普邻居的报警后进入毕夏普家调查,发现地面和墙上到处都是喷溅的血迹。不久,在北卡罗来纳州也发现了毕夏普的妻子、母亲、3

个儿子的尸体。陪审团认定毕夏普犯下5项一级谋杀罪和多项其他罪名。检方提交的证据包括毕夏普的失踪、案发后在抛尸地点附近的现身及在案发现场留有的血指纹等。

毕夏普屠杀家人惨案曝光后,在全美造成轰动效应,本人被称为"家庭灭绝者"。因其受过间谍训练,有外交官的职业素养,精通五门语言,有丰富的周游世界的经历,成功逃过了警方的追捕,"人间蒸发"近40年。其间,有多名目击者称自己见到过毕夏普本人。到2010年,警方认为已经74岁的毕夏普仍然健在。2014年4月10日毕夏普被FBI列为"十大头号通缉犯"之一。

三、人格障碍者预谋犯罪

人格障碍,是指人格特征明显偏离正常,使患者形成了一贯的反映个人生活风格和人际关系的异常行为模式。这种模式显著偏离特定的文化背景和一般认知方式(尤其在待人接物方面),明显影响其社会功能与职业功能,造成对社会环境的适应不良,患者为此感到痛苦,并已具有临床意义。患者虽然无智能障碍,但适应不良的行为模式难以矫正,仅少数病人在成年后病情程度上可有改善。通常人格障碍开始于童年期或青少年期,并长期持续发展至成年或终生。人格障碍又称变态人格或病态人格,当前普遍认为人格障碍包含两种含义,广义的概念泛指偏执型、分裂样、分裂型、表演型、冲动型、反社会型、强迫型等各种类型的人格障碍,而狭义的概念仅指反社会型人格障碍。但无论是哪种含义,人格障碍者的智能、认知能力、思维能力均是正常的,可实施周密的预谋犯罪,且反侦查能力较强,破案难度很大。

在国外,与反社会人格障碍相似的一个概念是精神病态(psychopathy)。精神病态的人格维度大多与犯罪行为密切相关,可见于刑事犯罪以及精神疾病犯罪者。国外对精神变态者的描述有:(1)情感淡漠、肤浅,缺乏同情心;(2)能言善辩,具有表面的魅力,喜欢操纵别人;(3)易冲动,易激惹;(4)有儿童早期的行为问题、青少年品行障碍。

人格障碍以自我为中心,暴躁,行为不稳定,寻求刺激,某些附加的讯问方法常常有助于人格障碍的评估。

坐立不安和寻求刺激是需要调查的问题。人格障碍者有时会描述自己参与犯罪行为,进行高风险的娱乐,更换性伴侣,频繁更换工作和住所以及活动地点,参与物质滥用行为,目的往往是寻求刺激,达到兴奋状态或缓解烦恼。人格障碍者常常口是心非,喜欢撒谎,喜欢操纵别人。因此,应讯问其撒谎是为了满足内心需求还是为了得到物质上的利益。人格障碍者往往没有固定的工作,依靠别人生活,应讯问并调查了解其经济来源。人格障碍者感情肤浅,无法长久地忠于一段感情,性行为混乱,不负责任,甚至连自己的后代都不闻不问,更不用说赡养老人。

刑警在调查取证时,应该注意收集犯罪嫌疑人的人格背景资料,详细讯问并调查其与父母家人的关系,及对性和钱财的态度和行为。

人格障碍者有如下一些显著特点:

第一,不存在智力问题,甚至智力可能高于常人。从上述事例,我们在感叹手段残忍性的同时,也能发现他们虽然缺乏详密长久的计划,但是对短期包括犯罪的预备、犯罪的谋划以及事后的逃跑路线以及毁灭罪证有一定的规划。

第二,对自己的人格缺陷意识不明,旁人也缺乏防范,较为隐蔽。由于不具备精神病那么明显的生理以及心理特征,变态人格不容易被人发现,同时也很难让他们对自己的病态心理产生足够的认识。因此在案件揭晓的过程中,周围邻居都会感觉很诧异。

第三,杀人动机捉摸不透,具有突发性。一般人杀人都有一定的动机,或为财、为色、为仇。然而,变态心理者的杀人动机往往令人瞠目结舌,邱某华仅仅因为刻有自己先祖名字的墓碑被用作踏板,便残忍杀害10人;黄某仅仅因为小时候的杀手梦,17位少年生命就此陨落。约翰·欣克利仅为了得到女神的关注,就贸然刺杀总统。这些杀人动机对于常人来说都是难以捉摸的,这也给后续的侦查工作带来困难。

第四,大多性格内向但情绪无常,情感严重变异。从上述案件犯罪嫌疑人的邻居以及亲属的描述中,我们不难得知,严重的罪犯大多看似老实本分,平时看着老实的外表下,情绪转变快,容易走极端,因而杀人。马加爵正因为简单的一句抱怨"就是因为你人品不好,所以龚某过生日都没叫你"就杀害包括他大学里最好朋友在内的4位同学。

第五,作案目标具有相似性,通常是系列作案,作案手段稳定。正如黄某侵害的全是去网吧的青少年而且通过欺骗的手段将青少年骗至家中。人格障碍者在作案时,往往针对的是同一类人群且犯罪手段相似而稳定。针对这一规律,我们可以针对数个案件进行并案。

第六，手段残忍，表现在犯罪现场中就是混乱。因为罪犯的心理需要，往往杀人折磨时间较长，因此被害人的挣扎痕迹以及罪犯杀人行为所留下的痕迹较为明显。有些罪犯心理极为扭曲，正如邱某华，将所有人的头都砍下，将道长的心肺掏出切碎喂狗。这些尸体大多不完全，并且现场留下的痕迹多能反映出罪犯在作案过程中的心理过程。

四、其他精神障碍者的预谋犯罪

从理论上说，只要精神障碍者的辨认能力和控制能力并未完全丧失，都有可能以病理性动机或现实性动机进行预谋犯罪。但由于其患有精神障碍，受限的智能、认知能力和思维能力决定了他们的预谋往往是粗枝大叶、考虑不周甚至是拙劣不堪的，反侦查能力差。有的精神障碍者在预谋时甚至找人打听请教犯罪的细节，留下明显的犯罪线索。

第二节　非预谋暴力犯罪

多数人认为，精神障碍者犯罪是不明原因的，或原因荒谬的，让人难以理解或猝不及防的，简单来讲，就是以非预谋性的犯罪为主。确实，因为病理性精神症状的影响，多数精神障碍者的犯意是临时形成的，可源于冲动，也可受幻觉、幻想的支配自我保护或攻击假想的敌人而伤害他人。下面分三个类型详述。

一、激情犯罪

所谓“激情犯罪”，在西方犯罪学中被认为是一种“挫折攻击型”犯罪，而在中国，激情犯罪的概念可以更加宽泛，一般被认为是当事人在某种外界因素刺激下因心理失衡、情绪失控而产生的犯罪行为。其侵害手段残酷，涉及面广，危害性严重。此类案件有着共同的基本特征，当事人通常品德修养较差、文化层次较低、经济收入微薄、心理品质脆弱等；从性格特征上讲，当事人往往比较内向或比较偏执；从年龄阶段讲，当事人以不谙世事、缺乏自控能力、情商较低而智商尚可的人居多。

激情犯罪是正常人和精神障碍者都可出现的一种犯罪类型，当人处于暴怒、仇恨或绝望状态时，由于认识范围缩小、理智分析能力受到抑制、自我控制力减弱，不能正确评价自己行动的意义和后果，而实施犯罪行为。它缺乏明显的犯罪预谋，犯罪的破坏性大，容易造成严重的危害结果，而且难以预防。激情犯罪也分生理性激情犯罪和病理性激情犯罪。这个在后面的章节还会具体讲到。

在以智能障碍、人格障碍、情感障碍为主要表现的精神障碍者中，因心胸狭隘、以自我为中心、情绪不稳定、自控能力差，对他人激惹可作出异常强烈的反应，形成激情犯罪。但精神障碍者的激情犯罪有其特点，即起因与结果在严重程度上往往极不相称。一件微不足道的小事即可导致过激的反应，直至引发惨案。作案人受激惹后，情绪极度亢奋、行动迅速、手段残忍，凶杀对象除其仇视者外，还可涉及周围的无关之人。作案后精神障碍者多缺乏自我保护意识，有冷静后悔恨不已的，也有自认为不杀不足以平愤的。

二、病理性动机犯罪

病理性动机，是指受严重的感知障碍和思维障碍影响，出现错觉、幻觉及妄想等病理性精神症状，从而产生的犯罪动机，可见于各种器质性和非器质性的精神病性障碍者。幻觉、错觉、妄想的内容多是令其感到恐惧或愤怒的，对其不利的。受病理性精神症状的影响，患者可出现暴怒实施过激行为，反抗或主动攻击所谓的“敌人”。在此类案件中，作案者多无预谋和准备，作案动机可突然形成，让人难以防备。他们的攻击行为多有明确的指向，较少伤害无辜者，在作案后可清楚地阐明自己的作案动机及作案细节。因其认为自己作案有“正当”的理由，作案后多无自我保护和逃避侦查的行为。

【案例】

张某，女，69 岁。2013 年 4 月 16 日下午张某将其丈夫在家中杀死。消防武警用破锁工具打开房门后发现一老年男子头部有伤痕死在沙发上，地上有大量血迹，张某持刀站在屋内并拒绝民警靠近。办案民警手持盾牌，对其喷射辣椒水，在其闭眼时将其制服。张某自称：“我丈夫要到北京去当 × 主席，他经常打我，不让我出门去耍，不许我乱走，还骂我，生产队的干部不拿东西给我吃。他说我拖累他，他说他这么大的干部没走成。我听到他们说递条子，到处贴起，我和他一起考试当 × 主席，他比我差 5 分，他考试成绩没我高，我得的 100 分，他说他要把我敲死才走得脱,我就提前一天用锤子把他打死了。我打死了人,今后不打人了。"张某的亲姐姐反映张某近期常打骂人,多次跑出家门乱走,还说公社里有人欠她粮食,要杀她打她等。晚上也起来几次,说丈夫不要她了,有人要杀她等,既往无暴力行为。实际上张某的丈夫对其照顾多年,从没嫌弃过她。司法精神医学鉴定结论:精神分裂症,无刑事责任能力。

本案例中,作案人有精神异常史多年,表现为乱骂人,到处乱跑。精神检查发现有言语性幻听、思维散漫、被害妄想、夸大妄想等病理性精神症状。凶杀动机形成后很快成为行动,对凶杀对象有明确指向,能回忆作案过程。

【案例】

任某,女,34岁。2013年3月30日早上任某被其父亲发现在房间里走来走去,嘴里念念有词,双手有血迹,脖子和脸上有抓痕。其同宿一室的母亲,头部血肉模糊,身上有多处淤斑,仰卧床上,已经死亡。现场有带有血迹的木棒和敲碎的酒瓶等。其父亲报警后将任某抓获。任某自述:"我睡觉时听到前夫的声音,说要喂我姐姐吃药,让她断经,他是用'旁入法'来联系我们家的人,我认为他想要我妈的钱,后来又出现了电脑的幻听,我发现有人施了奇术(我也在学奇术,但还没学好,不会用),屋里不是阴就是阳,我看到妈妈耳朵上有一刀,是奇术造成的,有鬼上了妈妈的身,我就和鬼打架,身上的伤是被鬼抓的。"任某的丈夫反映任某有精神异常史多年,曾在吃饭时突然大吵大闹,拿碗往丈夫、母亲的头上砸。最近一次发病是突然拿剪刀刺人,被送往精神病院强制治疗,2月才刚从精神病院接出回娘家住下。司法精神医学鉴定结论:精神分裂症,无刑事责任能力。

本案中的作案人在幻听、幻视、错觉等病理性精神症状的影响下,将被害人当成鬼,进行激烈反抗攻击。其作案时意识清楚,对作案过程能回忆,属于病理性动机作案,有学者认为此类凶杀是以虚幻性敌人为攻击对象的凶杀,属于虚幻性凶杀。①

三、不明动机犯罪

精神障碍者可在意识模糊、意识朦胧、精神错乱或谵妄状态下,突然发生无原

---

① 参见刘白驹:《精神障碍与犯罪》,社会科学文献出版社2000年版,第395页。

因、无目的、无法自控的犯罪行为。作案人没有任何征兆地突然开始攻击，其行为狂暴，对作案对象不加以选择，完全不计后果，可造成多人死伤。其狂暴行为可以突然的方式自行终止。有的作案人可能立即进入昏睡状态，有的作案人可自行清醒。在清醒后，作案人多对作案过程没有记忆，或只能忆起破碎的片断，但对为何行凶说不清楚。多对自己的所作所为感到难以置信并深表悔恨。

【案例】

某日，徐某与家人一道干农活，下午4点多才吃午餐，非常疲劳，给2岁多的女儿冲了奶粉喝后，未吃晚饭就带着女儿睡觉。半夜突然醒来，用手抓住被子捂住女儿全身，一会儿松开手继续睡觉。后听见其父起夜才开灯看女儿，发现已无呼吸，立即告诉父亲，其父抱孙女去医院，确定死亡后又抱回家。回家后，其先把女儿放在床上做人工呼吸，后又把女儿放在凳子上，并在旁边生一堆火烤，烤了一会儿又把女儿放回床上。据其家人、邻居反映：被鉴定人自2005年以来经常自言自语、独自发笑，一个人在院子里走圈，有时100米远的路要走二三十分钟；曾3次无故打母亲耳光，责问母亲为什么要在给他熬的中药里放毒药；平日很疼爱女儿。女儿死后4天，徐某被送至巴中市精神病院住院，诊断为“精神分裂症”，经舒必利、奋乃静等治疗46天后好转出院。既往无癫痫发作、脑炎及头部外伤史。家族史无特殊。内科检查无阳性体征发现。脑电图未见异常；韦氏智力测验：正常智力；SCL-90：偏执、焦虑、抑郁因子分升高。精神检查：意识清楚，定向力完整，接触好，交谈可，对一般问话能切题回答。徐某对捂死女儿一事说不清楚，称“我也说不清当时为啥用被子捂女儿”。对女儿的死感到非常痛苦和后悔，对打母亲一事也称“不晓得为啥要打她”。情感反应平淡，意志活动减退。认为自己患有精神病，“得了精神病把女儿弄死是件坏事”。未引出幻觉、妄想等精神病性症状。鉴定结论：病理性半醒状态。对当日捂死女儿一案，评定为无刑事责任能力。[①]

CCMD-3对病理性半醒状态的定义是一种睡眠和觉醒之间的移动状态，从深睡到不完全醒的不同阶段出现意识模糊、知觉障碍、恐惧情绪、运动性兴奋及暴力行为。诊断标准：发生于睡眠过程中，多数在凌晨1:00~4:00发生；入睡前常

① 参见张丽华等：《病理性半醒状态杀人案1例报告》，载《川北医学院学报》2009年第2期。

有过度疲劳或精神应激因素，深睡后受到干扰而觉醒不完全；以意识不清、片段错觉、惊恐与愤怒情绪非协调性精神运动兴奋，攻击行为为特点；起病突然，病程短暂，数十分钟至数小时后自行恢复正常，醒后对病中的经历大多遗忘。[①] 本案例中，被鉴定人白天下地干活极其劳累，自己不吃晚饭，还为女儿冲奶粉喝，邻居反映其平日很疼爱女儿，可见其并无现实的杀人动机。其于夜间睡眠中醒来后突然无故用被子将女儿全身捂住，致女儿死亡，事后浑然不觉，躺下继续睡，且事后无法具体叙述案发经过，遗忘明显，符合 CCMD－3 中"病理性半醒状态"的诊断标准。由于该疾病发作时患者处于深度的意识障碍状态而丧失了对事物的辨认和控制能力，[②]评定为无刑事责任能力。

【案例】

李某，男，30 岁，已婚，小学文化，农民。案发上午李某到本村某朋友家玩扑克牌，中午在该家饮酒，直至下午 2 时左右，共饮白酒 5 两，与朋友不辞而别。刚出门时，无故打了一个正在玩耍的小孩，说小孩骂他（与事实不符）。后用脚踢开锁着的家门，不关门又径直走向被害人的家（李某与被害人是亲戚）。据证明在门前曾与他人交谈，声称喝过酒，未见明显的口齿不清和步态不稳。邻居证明李某进入被害人的屋子后听到交谈声，但具体内容不清。当天下午 4 时半发现李某裸体躺在被害人炕上酣睡，直至戴上手铐仍在酣睡。被害母女 2 人身亡。经多次审讯，对当天玩扑克喝酒的经过直至作案均不能回忆，表示因饮酒杀人，愿意接受处罚。

被告人李某自幼父母早亡，由姐姐抚养，曾服兵役，退伍后务农。平素性格急躁，但品行一向端正，从无暴力行为。平时一般不饮酒，过节或帮工时可饮白酒 7～8 两但不醉，无因饮酒闹事史。作案前半年因颅脑外伤不再饮酒，偶尔少量饮酒即出现头晕。颅脑外伤后至今遗留失眠、头痛、烦躁等，不能正常劳动。

精神状况检查：意识清楚，合作，接触好，言语正常，对人有礼貌，定向力完整，未查出感知觉、智能障碍。李某声称发案当天玩扑克牌后喝酒，到下午 2 点有点头晕，穿鞋外出有模糊印象，后来发生的事情都不知道了。李某表示相信公安局

---

① 参见中华医学精神科分会：《CCMD－3 中国精神障碍分类与诊断标准》，山东科学技术出版社 2001 年版，第 168 页。

② 参见郑瞻培：《病理性激情的概念和诊断——答读者来信》，载《临床精神医学杂志》1999 年第 6 期。

调查的是事实，愿接受处罚。司法精神医学鉴定结论：病理性醉酒，无刑事责任能力。[①]

病理性醉酒是急性发生的、持续短暂的意识模糊状态，往往由少量饮酒引起。其临床相与癫痫性朦胧状态相似，也可有多种症状，如幻觉、妄想、谵妄或躁狂状态、抑郁状态，这些状态可彼此移行或过渡。因存在明显意识障碍，可排除刑事责任能力。[②] 此案例中，作案人作案前品行端正，从无暴力行为，但作案却凶狠残忍，由其原来的人格是不可理解的，即具有原来人格的异质性；有颅脑外伤史，具有发生病理性醉酒的身体基础；作案前未发现身体麻痹是一重要标志，提示饮酒后直接进入病理性醉酒；作案后有完全性遗忘，有可疑的幻觉或妄想，如醉酒后出门时说小孩骂他；醉酒结束后进入酣睡。因此其临床表现与病理性醉酒特点符合，评定为无刑事责任能力是恰当的。

【案例】

某女，48岁。1999年1月10日凌晨，该女突然用铁管猛击熟睡中丈夫头部，致其当场身亡。被鉴定人幼年健康，适龄上学，小学三年级时因家庭经济困难而缀学务农。其娘家人都迷信，经常烧香求神。婚后夫妻关系好。某天其夫与小姑、婆婆发生争吵昏倒，被鉴定人即将手中碗摔碎，事后称只记得当时心里不舒服，透不过气来，手足发麻，对摔碗不能回忆。此后一生气便感心里难受，胸闷。1995年3月听说村里有人听沈昌“带功报告”后毛病不治而愈，就与胞妹同去参加“带功报告”会（录像）。观看录像时又哭又笑，顿觉心口舒服不少。数日后再去，此次听后，时常出现哭笑无常，对胞妹哭诉“自己控制不住”，四处烧香拜“仙人”（巫婆），症状愈加严重，无故用火灼烧双手，吃大粪。在当地精防院住院3天，出院后能正常料理生活，但不肯吃药，称：“问过‘仙人’（巫婆），自己是‘关公’‘天老爷’，不能吃药。”每逢初一、十五就四处烧香拜仙人，几个月后突然用刀割破腰腹部皮肤，说话怪腔怪调，自称是“仙人太太”、“关老爷”（关公），要周围的人称其为“太太”。于同年9月第2次被送精神病院，诊断为“癔症性精神病”，住院40天。1996年、1997年中秋节前后均在与娘家姐妹烧香拜仙人后不久，症状

---

① 参见方明昭、崔玉华：《病理性醉酒的临床特点及其责任能力》，载《中级医刊》1990年第3期。

② 参见李从培：《精神疾病的司法精神医学鉴定》，载沈渔邨主编：《精神病学》，人民卫生出版社1985年版，第87页。

复现，先后2次被送住精神病院进行治疗。1998年年底出院后几乎天天要去烧香跪拜。案发前3天，不吃饭到处乱跑，满口迷信，到乡政府要摆供桌，手举“天老爷7月26日生日”的粉红色硬纸卡，逢人便问“天老爷生日你知道不知道”。案发后，对承办说：“我是执法者，代表天老爷，执法首先从家里做起，祖上积德才杀人，是为民而杀。”在监内说自己问别人的案情“不是自己要问，是天老爷借我的嘴了解情况”。案后半个月精神检查：意识清，接触合作，作态状。问及案情时哭称：“我是吃阳间饭，被阴间控制，自己做不了自己的主。”问为何杀夫，称“我也不懂，知道是在杀男人，但当时什么也不考虑”。否认和丈夫发生争吵矛盾，称丈夫脾气好，对自己也好，自己到处烧香乱花钱，向他要钱也给的。坚持“我杀了亲爱的丈夫，杀人抵命，要求立即执行”。问她自称“天老爷”之事，称：“不是我想说，是控制不住。有什么附在身上控制自己，这东西看不见，听不到，就是一种感觉。我一开始不服气被控制，我讲我是靠做（工作）来（赚钱）吃的，他一定让我吃（大便），结果我控制不住自己掏大便吃。”追问附在身上的是什么，称：“是神灵。”智能记忆正常，体检及神经系统检查未见异常。司法精神医学鉴定结论：被鉴定人患癔症性附体状态。

本案例中被鉴定人特点：(1)癔症性格突出，易接受暗示。如一生气就出现心里不舒服，透不过气来，手足发麻；看“带功报告”录像，又哭又笑等。(2)家人相信迷信，其本人也是迷信活动的积极参加者，受巫婆影响，以“仙人”“关公”“天老爷”等自居，多次出现附体症状，发生自伤自残行为。(3)作案时坚信自己是执法者，代表天老爷。首先从家中做起，杀死“亲爱的”丈夫。作案缺乏现实动机，其行为显然是受精神病理性症状支配。精神障碍与迷信巫术关系密切，以癔症样症状，尤以“神鬼附体”为主要表现，伴有行为紊乱，明显妨碍其社会功能，诊断符合与迷信密切相关的精神障碍——癔症性附体状态。作案时处于附体发作状态，丧失辨认和控制能力，应评定为无责任能力。

不明动机犯罪除病理性半醒状态、病理性醉酒、癔症性附体状态外还可见于癫痫性精神病、病理性激情、反应性精神病等，其共同特点是作案时有意识障碍，有的可伴有幻觉和片段的妄想。作案人在意识障碍发作之前和之后，精神状态一般都比较正常，凶案发生时往往又有可疑的争吵、纠纷等诱因，看起来似乎有作案动机。但实际上所谓的原因与结果在严重程度上极不相称，而与作案人的意识障碍有关。因此，若缺乏精神医学知识，很容易将此类案件视为正常人的犯罪而极力寻找其现实性动机的证据，处理结果就大相径庭了。

此类案例提示，对于犯罪行为突然发生、表现残暴、动机不明的命案，在调查作案人与被害人关系、纠纷、起因的同时，要着重对作案人犯罪当时的精神状态进行及时的调查分析，为之后的司法精神医学鉴定提供尽量多的参考依据。

第三章　精神障碍者物欲型犯罪

以非法手段获取公私财物和经济利益的犯罪，称为物欲型犯罪。[①] 但物欲型犯罪不同于一些犯罪学、刑法学著作所说的“财产犯罪”和“经济犯罪”。财产犯罪主要指侵犯公私财产的犯罪，包括攫取公私财物的犯罪和故意毁坏公私财物的犯罪，而本书指的物欲型犯罪不限于攫取公私财物的犯罪，而又不包括故意毁坏公私财物的犯罪（本书将其列入破坏型犯罪中）。经济犯罪主要指发生在经济领域的犯罪，而物欲型犯罪不限于发生在经济领域，也不以发生在经济领域的犯罪为主要类型，事实上，精神障碍者在经济领域中较少有社会活动。精神障碍者物欲型犯罪大多是一般财产犯罪，经济犯罪很少见。在 1997 年我国《刑法》中，按侵犯的客体不同可将物欲型犯罪归为“破坏社会主义经济秩序罪”“侵犯财产罪”“贪污贿赂罪”“妨害社会管理秩序罪”几种类型。

物欲型犯罪在精神障碍者犯罪中的比例明显低于暴力型犯罪。精神障碍者物欲型犯罪在犯罪动机和行为特征方面有不同于一般人的特点。本章将对精神障碍者较常见的盗窃、抢劫、抢夺、勒索、诈骗等犯罪作一简述。

第一节　盗窃

根据我国《刑法》第 264 条的规定，盗窃罪是指以非法占有为目的，秘密窃取公私财物数额较大或者多次盗窃、入户盗窃、携带凶器盗窃、扒窃公私财物的行为，对其他不构成犯罪的盗窃，可依据我国《治安管理处罚法》给予处罚。

---

① 参见罗大华主编：《犯罪心理学》，群众出版社 1991 年版，第 153～154 页。

在精神障碍者的物欲型犯罪中,盗窃案的数量居于首位。其中以精神发育迟滞、精神分裂症、抑郁症、人格障碍、癔症、恋物癖患者最多见。

一、精神发育迟滞者的盗窃

精神发育迟滞者进行盗窃的比较常见,作案往往是见物起意,顺手牵羊。精神发育迟滞者都有程度不同的智力障碍,智力特别低下者缺乏财产所有权概念,不能理解哪些东西是自己的,哪些是别人的而不能随便使用。当然,出于生存本能的驱使,用盗窃这种简单原始的方法满足自身的生活所需者也有之,还有的是非观念淡薄,受人教唆,为一点蝇头小利被诱使去参与盗窃者。一般来说,精神发育迟滞者不会主动去和他人结伙作案,但因其智力水平较低,其辨认能力和控制能力都较低下,容易被人唆使、引诱、胁迫而参与盗窃团伙。在处理这类情况时应注意将精神发育迟滞者与正常人区别对待。

【案例】

某男,18 岁。该男受人唆使到商店偷窃,把偷到的照相机交给唆使者,换来两包水果糖。案发后进行精神检查,发现其智商不足30,不能分辨1 分、2 分、5 分硬币,不了解从自己家拿东西与从商店里拿东西有何区别,不了解两包水果糖和一架照相机价值有何不同,不能做十位加法,承认"做错了","因为爸爸讲把东西拿给别人是错的,错了要挨打"。鉴定结论:重度精神发育迟滞,无辨认能力,无责任能力。后令家长赔偿了商店损失。①

二、人格障碍者的盗窃

在人格障碍者中,反社会型人格障碍者较多见。他们在幼年时就劣迹斑斑,盗窃是常见的危害行为,大多有打架、闹事、欺负同学、逃学等多种品行障碍,成年后更是变本加厉,以自我为中心、自私自利、情感淡漠、缺乏道德感和同理心,喜欢刺激和冒险,目无法纪,因其往往无法安于一份稳定的工作,多次盗窃、诈骗以满足自己的贪欲。其反社会行为可逐渐升级,直至抢夺、抢劫乃至杀人。

---

① 参见贾谊诚主编:《实用司法精神医学》,安徽人民出版社 1988 年版,第 206 页。

【案例】

曲某，男，19岁，未婚，初二文化程度，待业。曲某在一辆已烧毁的汽车中点火焚烧剩下的物品时被人发现，遂逃避跑至某饭店吃饭，自称是某财贸学院学生。吃完后未付款，谎称带钱的学生在石油学校，要店主去学校找人取饭钱；同时曲某又预定了50斤大饼，声称一起到学校付钱。后店主到学校找人要钱，校长查询并无曲某此人。店主将曲某扭送派出所。审查中，曲某声称他曾患有“儿童多动症”，家属要求司法鉴定。问及为何烧车，答：“别人已将车烧了，我再烧也不会怎么样。烧车没有什么企图，只是想借此出点风头。”问为什么自称大学生，答：“我是骗饭吃。”曲某母亲提供情况称：曲某发育生长良好，就是小时淘气，上课时坐不住，曾在儿童医院诊为儿童多动症。自幼特别不听话，喜欢说谎，偷拿家里的东西和邻居家的东西，打架斗殴。街道治保干部和居民委员会提供的其他情况有：曲某自幼就经常逃学，偷东西，打架，上房，个人卫生情况差，腰间系一根绳子，满兜塞满废纸，各处瞎转，胡说八道，想偷什么就偷什么，父母亲都管不了他，曾气得他爸想自杀。他妈曾患过精神病，更管不了他。跟他妈要钱，若不给就打他妈。18岁时曲某曾自杀过一次，被人救下了，问他为何自杀，他说和人赌钱输了600元，民警追问赌钱的事，曲某又不承认赌钱的事了。此后，曲某又一次手持一把菜刀，向一个摆摊的摊贩要5元钱，没有给他，晚上又到他哥的女友家，谎称他哥跟人赌钱输了，被人打伤，医院要他交2000元钱才能住院，现缺500元，要求女友帮助凑钱，并说是他哥叫他来找女友的。当第二天他哥的女友问起他哥时，才证明根本没有这回事。根据看守所管教人员反映，曲某在监号中曾经乱说乱骂，吵闹，晚上不睡觉，有时用头撞墙，撕衣服，随地大小便，一会儿说自己偷了机关枪，一会儿又说和别人吵架打坏了人，整日重复这些话，谁管他他就撞谁，到监号时间长了才渐渐安静一些，但是生活和平时所作所为，并无精神病表现。对曲某的父亲和姐姐作了调查，曲某在11岁前后吵闹得很厉害，总是骂骂咧咧的，有时还上房，捣毁砸坏家里的东西，但他脑子并不慢，对人没感情，从不关心父母，还经常说想死，以前曾因流氓罪被拘留过10天。

精神状态检查表明，曲某神志清楚，言语正常，主动接触，回答切题，情感活跃，表情自然流露，能正确回答姓名和上学经历，说：“上学上到初一就不再上”，承认自己上课时待不住，总捣乱，经常旷课打架，说瞎话是家常便饭。老师说我，我也不怕；后来老师就不让上了。曲某又说：“我和家里谁都合不来，经常和哥哥姐姐打架，家里人都对我不好，单位总想开除我，我就想死了算了。”曲某还说：“到监号后自己曾装疯，还曾撞墙、喝肥皂水、绝食，目的想让人能把我调到大号去，后来没达到目的，也就不再闹了。”根据以上种种材料和检查所见，说明曲某在十二三岁，即出现反复持续性的反社会行为，曾多次被开除，调换工作，对家属都缺乏感情，随意打骂，砸毁东西，又曾因流氓罪被拘留过，表明曲某从儿童时期、少年时期即有明显的品行障碍，一直持续到目前成年阶段，业已构成反社会型人格障碍。按反社会型人格障碍，是指其人格障碍特征显著偏离正常，但并不属于精神病。曲某在实施作案行为时存在辨认和控制本人当时行为的能力，属于完全责任能力。①

三、偷窃癖者的盗窃

偷窃癖（Kleptomania）属于冲动控制障碍，其表现是反复出现的、无法自制的强迫性偷窃行为，虽屡遭惩罚但难于改正，这类偷窃行为不是为了谋取经济利益，也不具有其他明确目的，完全是出于无法抗拒内心的偷窃冲动。偷窃癖一般始于童年或少年期，亦称为偷窃狂、病理性偷窃。

偷窃癖者除强迫性盗窃行为外并无其他精神异常，也没有智能缺陷，据此可与精神分裂症、脑器质性疾病或智力发育迟滞的偷窃行为相区别。这种偷窃行为有周期性表现，偷窃冲动会经常以一种难以抵抗的偷窃欲望出现，如果欲望无法实现，会导致极度的焦虑不安，整日盼望、计划、想象实施盗窃行为，在冲动与紧张不安的程度积累到一定程度无法自控时，偷窃癖者就会实施偷窃，事成后会有轻松愉悦的满足感，可维持一段时间的内心平静，直到下一个周期来临。偷窃癖者自己能意识到这种行为的不对，并可能为之苦恼、悔恨，但无法自控。

偷窃癖者的偷窃行为有其特点，大多是单人作案，对盗窃的物品无明显选择，通常不利用工具，常利用无人注意之机顺手牵羊，很少有入室盗劫的，对偷窃的物品无占有欲望，可隐藏起来，或随手丢弃，甚至偷偷送还失主。被抓获后，大多能认识问题，但一般的教育、惩罚难以使之改正，心理治疗可收到一定的疗效。

偷窃癖为一种特殊的变态心理障碍，多数患者都有一定的性格缺陷，大多数

---

① 参见李从培：《司法精神医学鉴定的实践与理论——附各类鉴定案例97例分析讨论》，北京医科大学出版社2000年版，第73页。

比较要强,好胜,心胸狭窄而自私,报复心强。此类行为与家庭教育方式、所遭受经历等有一定关系。此外,患偷窃癖的女性多见,其症状在 17～20 岁就有体现。家庭经济状况、个人文化程度的高低与此行为的出现与否无相关性,且相当一部分人的文化程度、经济水平都很高。儿童期也有可能因家族教育、爱的缺失、过于敏感等出现相类似的问题。

【案例】

叶某出生后因奶奶带大,奶奶对叶某百般疼爱,但叶某时常想家,想父母。她常问奶奶为什么父母不带她,是不是不喜欢她,不要她,奶奶总是说,他们要赚钱,顾不上带她。叶某到了上小学的年龄,父母终于将她接到了自己身边,叶某很高兴,但同时感到自己向往已久的家让自己感到陌生和失落,她觉得父母对弟弟的爱更多,自己就像个多余的人。自己的行为常常受到父母约束,还总被拿去和弟弟相比,说她太任性,不如弟弟听话,让她多关心弟弟,多让着弟弟,当她对父母的偏心表示抗议时,父母会责备她不懂事,让她不要跟弟弟比物质,要比学习,将来才能考个好大学有个好前途。叶某感到妒忌和深深的失落,开始跟弟弟对抗,但结果总是被告状,受到父母更严厉的责备和呵斥。

面对挫败,叶某心有不甘,她灵机一动,想出一个办法,那就是以偷家里的钱的方式来引起父母对她的注意,与弟弟抗衡。这个念头冒出来后,叶某按捺住心里的恐惧,第一次拿了爸爸钱包里的钱。被发现后,叶某被狠狠揍了一顿,还写了保证书。但此后,叶某的偷窃行为还是时常发生,后来发展到不但偷家里的,还偷同学的钱物。每次被人发现,她都认错,写保证书,表示不再偷窃,但事情过后,她的老毛病便会重犯,这使叶某的父母束手无策。

弟弟上小学后,爸妈因生意越做越大,比以前更忙碌,得不到父母关爱,叶某觉得越来越孤独和压抑,每当觉得受不了时,她便去偷窃,把偷来的钱、物丢掉或毁坏,这样她的心里才会感觉好受些。

面对叶某的行为,无计可施的父母只能将她送进寄宿学校,希望靠寄宿学校的纪律约束,改掉女儿的不良习惯。然而,被送到寄宿学校的叶某并不理解父母的苦心,她认为父母这样做是不爱她了,想抛弃她,于是偷窃行为越发频繁。

从这个案例我们不难看出,叶某的偷窃行为不能简单地归咎于道德品质差。从小缺乏关爱,比较敏感的孩子随年龄增大,内心的焦虑和不安全感日渐积聚,导致出现了反复偷窃、不能自控的行为。偷窃癖外在表现是偷,其根源却是焦虑、抑郁等不良心理,多与患者儿时的成长经历有关。叶某就是出于从小缺乏父母关爱,在渴望爱的过程中,他们偶然发现可以通过恶作剧、偷东西等坏行为引起父母的关注,虽然关注是用打骂的方式,但总比没人理睬要好。为了获得情感上的满足,她才逐渐变得一发不可收。①

近年来,越来越多的学者认为,盗窃癖为一种精神疾病,其辨认能力或控制能力是有一定削弱的,将盗窃癖者的盗窃行为与一般普通犯罪分子的盗窃行为相提并论,给予同样的惩罚,是与"罪责刑相适应"的原则相违背、与立法精神相左的。因此部分学者提倡,法律应对盗窃癖者的犯罪行为予以规定可以从轻或者减轻处罚。在当前的司法实践中,盗窃癖者如果盗窃物金额较小,社会危害小,确有予以从轻或免除处罚的情形。

四、恋物癖者的盗窃

恋物癖(Fetishism)是一种性心理障碍,表现为以物体替代人体为性欲对象,通过占有或触摸这些物品来激发或强化性兴奋。狭义的恋物癖,是指将异性穿戴和使用的服装、饰品作为性欲对象;广义的恋物癖,是指将异性穿戴的非生命物体,或人体非性部位作为性欲对象。恋物癖者以男性为多,他们对异性本身或性器官并无兴趣,而对女性的内衣、鞋袜、卫生巾、头发、手、足等部位来取代正常的性欲对象以激起性兴奋,获得性满足。他们常常通过对这些物品的抚摸、把玩、吸吮、啮咬等方式激起性兴奋,同时伴以手淫来获得性满足。

一般认为,恋物癖属于性指向障碍,但实际上除了具有同性恋倾向的恋物癖者,多数恋物癖者并不是无视异性的存在,而是迷恋与异性有某种联系的可以使他们联想到异性的物体,他们是以所恋之物替代了异性本身,或是以所恋之物为主异性本身为次。究其原因,与其性心理不成熟有关,一些人不敢或不愿与异性发生性交往,于是在潜意识中将性欲目标转移到异性用品上去,收集可以象征异性的某些物体,在观看、抚摸、嗅闻其所恋物体时联想到异性,从而产生性兴奋,久而久之形成对物体的依赖;一些人在最初接受性刺激时,因偶然的因素在潜意识中将一类物体与异性或性行为联系在一起,并形成一种固定的性唤起或性行为模

---

① 参见蕊红:《掌上明珠偷窃成瘾为哪般?》,载《妇女生活:现代家长》2013 年第 5 期。

式。他们仍可以和异性建立正常性关系,但往往须特定的物体来激发、强化性兴奋。

【案例】

2014年2月16日深夜,某厂的视频监控出现一名体型较瘦的男子不慌不忙地穿梭于厂内6间女生宿舍,几小时后离开。之后,当地公安局接到报警称,厂里6间女生宿舍门被撬开,床上用品及女性内衣若干被盗。接警后,民警迅速赶往事发现场细致勘察,调取现场视频监控录像辨认,很快锁定在另一厂上班的盛某(36岁),并迅速将其控制。面对民警的询问,盛某交代,自己平时就爱好喝酒,从2013年起,每次喝酒后只要看到陌生女性悬挂在外的内衣都会坐立不安,有一种想偷的冲动,于是经常在酒后入室盗窃女性的内衣,直至被民警抓获。被他偷走的女性内衣约有几十条,当民警询问其如何处置偷来的内衣时,盛某答,因为害怕被家人发现,每次拿着偷来的内衣后他都会躲到一个厕所偷偷嗅闻,事后并不敢拿回家,而是扔进垃圾桶。他还称,一般他只偷那种颜色鲜艳,比较丰满的内衣。他将自己的行为归咎于喝酒惹的祸,得知自己行为违法后觉后悔不已。①

值得注意的是,因在众人眼里恋物癖者为性心理变态,他们在被捕后往往会试图对自己的行为作出合理的解释或是隐瞒某些与性相关的行为。

五、其他精神障碍者的盗窃

盗窃案鉴定为精神障碍者的人中,有相当的比例为精神分裂症患者及器质性精神障碍患者,如老年性痴呆、癫痫患者。这些患者作案与继发性智能障碍或人格障碍有关,因幻觉妄想等病理性精神症状而盗劫的较少见。此外,有少数情况为意识障碍情况下发生的盗窃,患者对盗劫行为不自知,鉴定结果为无刑事责任能力。

【案例】

柯某,女,40岁,被控盗劫罪。证人证言中,案发的情形为:凌晨两点,有人见柯某赤脚穿睡衣独自一人在集体农场挖大葱,其头发蓬松,两眼发直。柯某整夜做挖掘工作,挖出约有半吨重的大葱,并把大葱堆成几堆。早晨,集体庄员们来

① 参见钟望清、肖晨霞:《专偷女性内衣的小偷》,载《楚天法治》2014年第4期。

了,当时她正在继续挖大葱。被拘捕后,柯某称对发生的事情记忆不清。她觉得曾有人派她去挖大葱。当人们拘捕她时,才"如梦方醒"。柯某的儿子说,他在夜间看见母亲从床上起来,半裸体地奔向门外,他曾喊叫她,但柯某毫不理会。从既往材料中得知,柯某在小时候是一个软弱、多病的孩子。柯某中学毕业后,没有在任何地方工作,从事家务劳动,始终是好动气的,容易发怒、哭泣,怕黑暗,怕妖怪。一次和丈夫争吵后,柯某出现知觉失常,归结为抽搐发作,是歇斯底里性的。对柯某进行精神鉴定的专家认为,柯某是在精神活动一时失常——歇斯底里性的昏迷状态中作案的,是无责任能力的。①

还有一些抑郁症患者也有盗劫行为。布拉格拉斯(Bluglass)对675例妇女商店行窃犯研究,有33%被诊断为反应性抑郁症。这类偷窃者多是家庭破裂,如离婚的孤寂独居者,具有抑郁状态,悲观绝望,丧失生活信心。有人把此种状态理解为一种呼唤和要求帮助的信号,或理解为一种未遂的自杀。有些抑郁症患者由于注意力集中困难,未付款即把东西带走,多在中止偷窃行为时,才知道这种行为的违法性。也有少数是有意识的偷窃,但并非是贪财,大多数经济状况尚可,临床多见的是焦虑性抑郁表现。

【案例】

黎某,女,25岁,未婚,重点大学研究生。黎某平时为人开朗、热情,主动助人,上进心强,学习成绩优秀,工作积极认真,被选为学生会干部,受师生一致好评。在读研究生的3年间,黎某在图书馆、学生宿舍、实验室等处偷窃作案7起,所窃物品有录音机、手表、电饭锅、毛巾被、文具盒及现金170元的钱包等。黎某对所窃物品不加掩饰,大多放宿舍明显处,大部分并未使用或已送人,也没销赃,在保卫处检查宿舍时被查出。她对偷窃供认不讳,并主动交代和交出所有赃物。学校在处理此案中,见其平时表现良好,无不良行为,且对偷窃动机交代不清楚,也未见获利的行为,令人难以理解。其近期曾住院被诊断为抑郁症,故学校委托进行司法精神医学鉴定。

据了解,黎某在遵从父母意见,与第一个男朋友中断关系后,开始变得沉默少语,孤僻、情绪低落,不愿活动,交给她的工作还能按要求做,但已变得被动退缩,

---

① 参见[苏]A. H. 布涅耶夫主编:《司法精神医学》,王之相译,法律出版社1957年版,第597页。

多在宿舍中独处，很少活动，本人曾说脑力不如以前，注意力难集中，但竭尽全力尚能完成研究学习和实验任务。黎某常讲自己外表不够漂亮，男青年不会看上自己，但后来考上研究生后，活动曾稍多一些，自己也说有点信心了。在这一阶段，黎某曾又交了一个男友，但由于这位男友与其他女青年关系密切，为此黎某主动提出中断恋爱关系。这对她影响较大，此后一个阶段，又变得孤僻独处了。

精神状态检查：黎某神志清楚，定向力良好，被动接触，衣着整齐，面部呈现不愉快和忧郁面容，言语正常，反应较慢，自称大学毕业前性格外向，性格温和，一向脑力好，学习不感觉吃力，在大学临毕业前中断恋爱关系后，受到很大打击，夜间常失眠，记忆力减退，脑力迟钝，兴趣减少，不愿与人来往，感到自卑，没有自信心，感到自己外表不够漂亮，交不上男朋友，心情沮丧，总感到不如别人，常责备自己，曾想一死，也准备了安眠药，企图自杀。看到别人高兴，如看到男女同学们说说笑笑，就受到刺激，就在当时（第一次在图书馆）突然想拿他们的一点东西，也好气气他们。常在心焦躁时，就设法拿别人一点东西，偷拿后，心情就感到一阵子轻松些，舒畅了些。拿时也没有想到后果，然后就把东西放宿舍里，如放在书架上，摆在明处，在心烦时拿出偷的东西看一看，心烦也会减少一些。偷拿东西时，也并没有害怕。在明知保卫处要来搜查宿舍时，同学们也在议论说明天又查宿舍，黎某仍然没有转移或隐藏赃物的想法和举动。她说："通过学校教育后，我感到后悔，经过住院治疗，也认识到自己错误严重，但对自己是否患了精神病不能完全认识。经治疗感到脑子、情绪好多了。"表示"自己真可能患了精神病"。

黎某的主要表现为大学毕业前中断恋爱关系后有明显精神异常，除失眠、记忆力减退、注意力不集中、食欲减退、体重下降等生物学症状外，情绪也很沮丧，兴趣及愉快感丧失，还有明显忧虑不安，沉默少动，活动减少，社交退缩，孤僻独处倾向，以及自卑、自责思想，自我评价过低及某种自杀企图。应该认为是已出现精神病理改变，其心境低落与所处的现实境遇是不相称的，"抑郁症"诊断明确。黎某在实施盗窃行为时，处于发病期间，其违法行为与黎某的精神病状态有明确的因果关系。其盗窃行为有以下精神病理特点：(1)是在抑郁状态的心境低落、恶劣、紧张、焦虑基础上产生的。(2)具有反复的不可抗拒的冲动。实施盗窃行为前，有不断增加的紧张焦虑感，行为当时产生一种轻快感，并在立即付诸行动之后，可有悔恨或没有悔恨。(3)没有获取经济利益的目的。(4)实行盗窃行为缺乏事先的计划或预谋，偷窃后一般没有采取自我保护手段。从这些特点看出，黎某的违法行为,实质上是病理性的偷窃意向的一种表现,属于一种冲动控制障碍性质。黎某对某些男女恋爱对象的举动,有一定嫉情心理,但在她抑郁症状态作用影响下,此种心理状态进一步加强,并向极端化病理化发展,从而产生病理性偷窃行为。如黎某所述,每次偷窃前都心情特别紧张,且紧张程度逐渐增强,随即什么都不考虑,即付诸偷窃行动,偷窃后即时感到轻松愉快,偷窃前无任何计划,也不是出于任何不良道德或个人利益,对犯罪后果也没有作考虑。偷窃后也没有表现出任何害怕和顾虑,似乎没有发生什么事情。根据以上情况,可以认为黎某在抑郁症基础上,产生了以冲动控制障碍方式出现的病理性偷窃行为。根据其实际症状,说明黎某对她的偷窃行为已缺乏充分的辨认能力和控制能力,判定为限定责任能力是较为适当的。①

第二节 抢劫及抢夺

在刑法中,抢劫罪是以非法占有为目的,对财物的所有人、保管人当场使用暴力、胁迫或其他方法,强行将公私财物抢走的行为。抢夺罪是指以非法占有为目的,乘人不备,公开夺取数额较大的公私财物的行为。抢夺行为是直接夺取财物的动机,即直接对财物实施暴力而不直接对人的身体行使暴力;实施抢夺行为的,被害人可以当场发觉但来不及抗拒,而不是被暴力制服不能抗拒,也不是受胁迫不敢抗拒。这是抢夺罪与抢劫罪的关键区别。

精神障碍者中,实施抢劫和抢夺犯罪的都不少见。行为人主要是精神发育迟滞者和人格障碍者,也有焦虑症者。精神发育迟滞者的抢夺行为较多见,作案动机往往是见财起意,抢了就跑,不管不顾。也有的精神发育迟滞者本意是实施盗劫,但其行为方法拙劣,不计后果,符合抢夺罪的要件。精神发育迟滞者也有实施抢劫行为的,其一般选择弱小的被害人进行抢劫,或在他人诱骗、胁迫下参与合伙抢劫。

人格障碍者更多实施抢劫而不是抢夺,其中以反社会型人格障碍者为多。他

① 参见李从培:《司法精神医学鉴定的实践与理论——附各类鉴定案例97例分析讨论》,北京医科大学出版社2000年版,第143~145页。

们更倾向于实施暴力行为来显示他们的“强大”，并可能在抢劫过程中为增强刺激感而临时起意对异性实施猥亵、强奸和性虐待。

【案例】

耿某，男，18岁，初中文化，无职业。耿某曾在10天之内采取威胁、殴打、劫持等暴力手段，先后抢夺、抢劫他人财物计8次，有手持电话、寻呼机和人民币等，价值人民币7000余元，并用威胁暴力手段多次将蒋某(女)劫持到自己家中，限制其人身自由。在此期间，耿某还对舒某(女)实施了强奸。在某次对耿某抓捕过程中，耿某拒捕，还将民警打伤，并将手拷挣坏。在关押期间，耿某单独或伙同其他犯人对同监号的杨某多次进行殴打和折磨，造成杨某重度闭合性颅脑损伤，为此将耿某批准逮捕。

耿某家属亲友反映耿某自幼精神异常，行为怪异，经常控制不住自己，初二即休学。根据5年前某精神病院门诊病历记述：耿某于5年前某月曾4次在门诊就诊，每次由耿某父亲伴诊，由耿某父亲提供病史称：耿某小学时上课小动作多，淘气，时常打架，学习成绩差，注意力不集中，数学、历史等功课不及格，说话生硬，常作怪相，把课桌弄坏。5年前春节时，曾因一氧化碳中毒，昏迷2小时，在医院抢救。精神状态检查表明：耿某神志清楚，对答尚好，表示控制不住折腾。经检查智能尚可，脑电图正常，诊断为行为异常。以后17个月的门诊记录：病况好转，小动作仍有，略能控制。以后的半年在门诊复诊，仍由父亲伴诊，称耿某失眠，4门功课不及格，由于与同学打架被学校开除。根据某精神病院同年相近时间门诊记录：由父亲伴诊，代称耿某心烦坐不住，注意力不集中，失眠心烦，多动，与同学打架，病前曾煤气中毒昏迷3小时，1月前曾又与同学打架后症状加重。精神病状检查所见：神志清楚，接触主动，诉失眠、心烦、记忆力减退，表情自然，自知力良好，诊断：神经衰弱。

另据被害人舒某(女)向公安局机关报案材料记载内称：某年8月晚12时，我与表妹和她男友从舞厅跳舞后回家，在我们前面车上下来一个人(耿某)，他说表妹的男友用眼睛瞪了他，即用酒瓶要打表妹的男友，并用威胁手段把我和表妹及她的男友分开，之后耿某就把我劫持到某地附近一个锅炉房内暴力强奸了我。据女青年蒋某反映：我在今年5月，经人介绍与耿某交朋友，认识后耿某就让我住到他家，我不听不行，我看他挺厉害的，很害怕他，他不让我回家，也不让我打电话，我非得按他编的话来打电话，否则他就把电话挂断。有两次我想让家里人来救我，可我还没有说话他就把电话挂断了。他走到哪里都拉上我，不去不行。我认识他没几天，就看见耿某抢人家的东西，最少不低于30次，他带我和郝某抢过3次。他让我们站在马路中间，让我们故意撞骑三轮车的外地人，我们不敢撞，他就自己拦截骑三轮车的外地人，说人家骑车撞了他，让对方带他看病或赔钱。他经常用这种办法抢别人的钱。有一次把一个外地人眼角打破了，并逼迫那人回家拿出1000元给他。耿某还经常和其他人一起抢别人的东西。另外据证人郝某称：我通过蒋某与耿某认识，耿某这人很坏，常借口别人撞了他，然后用威胁暴力手段等抢劫他人财物。

耿某在审讯时供称：那年某日，我和某人（同案犯）打车到了舞厅，要了一包间，还叫一小姐陪酒，12点我们出来，临走时约那小姐出去吃饭，她未说话，我和某人在迪厅门口等她，过了一会儿，那小姐和一男一女骑自行车出来了，我们打了一辆夏利车追了过去。我从车上拿了一个啤酒瓶，并借口要与那个男的打架，把那一男一女吓走了，我把那小姐劫持到某地一个锅炉房，把她拉进房后逼她脱衣服，并说这里都是我的人，不脱就掐死你，后来她就脱光了衣服，就和她发生了性关系。耿某还交代说跟某人想弄点钱花，就打车在某地路边遇到腰间挂着手机的男人，我就采用寻衅、威胁等办法，把对方骗上车后将手机抢走了，并在某处卖500元钱。

鉴定时精神状态检查：耿某神志清楚，主动接触，表情自然流露，回答切题，言语正常，他对个人经历、个人状况记忆清楚，声称1978年4月16日生，上过8年学，以前学习成绩还好，初中后因煤气中毒以后曾头昏眼花，脑子变差，功课跟不上，他不守纪律，常捣乱，每年逃学100多节课，常打架，谁也管不了他。为了他的事，老师、教导主任都被开除了。他认为自己干什么都没长性，曾在饭店、商店干过活儿，时间都不长，最近1年来什么工作都没干。谈到作案时他说："我没事就在自由市场待着，那里的不好的人把我带坏了，我没钱花他就说你去抢呀！开始时我抢了外地人买水果的100元，后来又抢了别人的一个手机。"他表示有时睡不好，做噩梦。在检查过程中，耿某情感表现活跃，叙述事情条理清楚，逻辑性强，有明显自我保护能力。根据各种卷宗调查和既往病历，结合鉴定检查所见，说明耿某在幼年时期生长发育正常，进入少年期后表现不守纪律，小动作多，打架斗殴，有逃学出走等不良行为，曾诊为"行为异常"；后因学习成绩不良，学校难以教育，被诊为“儿童少年品行障碍”。辍学后曾短期工作，但都没坚持，整日在社会上游荡，在结交了不良社会青年后，出现了抢夺、抢劫、强奸妇女等行为。根据行为表现和特征，诊断为青少年品行障碍，严重类型(青少年犯罪)。由于耿某在18岁以前有品行障碍的证据，如有经常逃学、反复打架斗殴、违反校规等行为。18岁以前和以后不能维持长久工作，并有不符合社会规范的行为，如对家庭亲属漠不关心，反复发生攻击别人行为，甚至产生犯罪行为，可以明显看出耿某是一种行为不符合社会规范为主要特点的一类人格障碍，即反社会型人格障碍。耿某对别人冷漠无情，危害别人时无内疚感，这也是本类型人格障碍的显著突出表现。由于本人在行为当时辨认和控制行为能力是完全的，故判定为完全责任能力。①

焦虑症者由于自身的紧张不安、提心吊胆、恐惧、忧虑等情绪不稳症状，考虑问题消极，严重者还会有失控感，可能由于一些现实性的诱因做出一些不理智的行为。

【案例】

丁某，男。2015年5月15日丁某从老家河南坐火车到重庆，来找自认为的“女朋友”余某，余某先不同意，并让他别来，但丁某执意要来。16日丁某到重庆，余某来接他，丁某在火车站跪下并送上鲜花，让余某答应做他女朋友，余某迫于围观人太多接下了花，并带他在附近游玩并吃饭，之后余某要回学校，丁某就向余某表达爱意，称自己离不开她，但丁某不答应做其女友，述自己已有男友，让丁某自行回去，之后余某就回学校了。丁某在附近宾馆住下，想打工挣点钱并继续与余某交往，并电话告知余某自己并未回去，想永远和她在一起。余某认为丁某很任性，这样会拆散她和男友，但余某反复表示爱意，并说要去学校找余某，余某很生气，说让他去死，并表示不想再和他联系了。丁某发现余某将自己从QQ好友里删除了，电话也打不通，可能被设为黑名单了，心情很不好，但第二天还是到学校找余某，未果，心里更加难受，想到余某说让自己去死，当时心里也不想打工了，也不想回老家，产生了“破罐子破摔”的想法。丁某先到学校楼顶，想报警称自己要跳楼，这样就能引起众人围观，说不定就能见到余某。但丁某到了楼顶后又想：

① 参见李从培：《司法精神医学鉴定的实践与理论——附各类鉴定案例97例分析讨论》，北京医科大学出版社2000年版，第165～166页。

“余某让我去死，我活着也没太大意思，太窝囊了，她让我死我偏不死，我要做一件轰动的大事情。当时我就想到了去抢银行，我想我这样去做了余某应该能很快就知道我，注意到我，能很快让她来见我。”于是丁某就在某钢材市场附近买了准备去抢钱时用的美工刀，放在衣服口袋里。当时背了一个背包，里面装了衣服和洗漱用品等，丁某想马上要去抢银行了，留这些也没用，就将背包的东西扔在了附近垃圾箱，只剩了一个笔记本和一个铁质的双截棍。丁某在路上问了一个老年男子附近哪里有银行，得到答复后丁某就向银行走去，到达后在门口外面来回走了几趟，看好不好抢。转了几趟后就在银行外面坐着，并在日记本上写日记，内容跟余某有关，并写下了遗书。之后丁某进了银行，先坐着观察了一会儿，看到银行里有保安、监控等，后看见来银行存钱的人都拿着钱，比较好抢一点，且人不多。丁某反复选择对象，发现一名四五十岁的中年妇女坐在银行柜台处存钱，存的钱较多，在柜台那里存了很久，于是趁这个机会走过去用左手将这名妇女的脖子勒住，并用右手伸进上衣口袋将刀拿出来，将妇女脖子正面抵住，并把妇女抱在身前控制住，向银行里面的工作人员大声说“把钱拿出来”！并说只要钱，拿到钱就放人。这时银行保安及工作人员持棍棒出来，丁某威胁他们别靠近，不然就把刀扎下去。银行工作人员往包里装了10万元，被劫持的中年妇女也喊：“把钱拿给他吧，他可能有难处。”丁某当时给中年妇女说：“大姐，你放心我不会伤害你，我只要钱。”银行工作人员反复劝说他先放人，再拿钱给他，丁某称：“你当我是傻子啊，我把人放了我还能走得掉吗？”后一名警察到场劝说丁某放下刀，丁某要求警察把他身上的手枪拿给他，还安排一辆车给他，警察称枪里没子弹，安排一辆警车行不行，丁某未予回答。后银行行长劝丁某说让其将这名被劫持的妇女放了，说她的年龄和丁某母亲一样大了，当丁某听到这句话时，一下想到了自己的母亲，觉得对不起母亲，心里产生了放弃抢劫的想法，于是将这名被劫持的妇女放开了，并蹲在地上哭了起来，遂被警察制服。

被捕后，丁某称2014年6月在河南某医院住院治疗，经检查诊断为“焦虑症”，在医院做检查时认识了同患精神疾病的余某，互留了电话、QQ号。丁某非常喜欢余某，在聊天时曾问过余某是否喜欢他，余某说喜欢过，于是丁某一直在心里将余某当作自己女朋友。

后丁某经司法精神医学鉴定，结论为焦虑障碍，作案当时具完全刑事责任能力。

第三节 勒索

勒索犯罪包括敲诈勒索罪和绑架勒索罪两种。

敲诈勒索罪,是指以非法占有为目的,对被害人使用威胁或要挟的方法,强行索要公私财物的行为。

威胁,是指以恶害相通告迫使被害人处分财产,即如果不按照行为人的要求处分财产,就会在将来的某个时间遭受恶害。威胁内容的种类没有限制,包括对被害人及其亲属的生命、身体自由、名誉等进行威胁,威胁行为只要足以使他人产生恐惧心理即可,不要求现实上使被害人产生了恐惧心理。威胁的内容是将由行为人自己实现,还是将由他人实现在所不问,威胁内容的实现也不要求自身是违法的。例如,行为人知道他人的犯罪事实,向司法机关告发是合法的,但行为人以向司法机关告发进行威肋索取财物的,也成立敲诈勒索罪。威胁的方法没有限制,既可能是明示的,也可能是暗示的;既可以使用语言文字,也可以使用动作手势;既可以直接通告被害人,也可以通过第三者通告被害人。威胁的结果是使被害人产生恐惧心理,然后为了保护自己更大的利益而处分自己的数额较大的财产进而行为人取得财产。被害人处分财产并不限于被害人直接交付财产,也可以是因为恐惧而默许行为人取得财产,还可以是与被害人有特别关系的第三者基于被害人的财产处分意思交付财产。行为人敲诈勒索数额较小的公私财物的,不以犯罪论处。

敲诈勒索的行为只有数额较大时,才构成犯罪。数额巨大或者有其他严重情节,是本罪的加重情节,所谓情节严重,主要是指敲诈勒索罪的惯犯;敲诈勒索罪的连续犯;对他人的犯罪事实知情不举并乘机进行敲诈勒索的;乘人之危进行敲诈勒索的;冒充国家工作人员敲诈勒索的;敲诈勒索公私财物数额巨大的;敲诈勒索手段特别恶劣,造成被害人精神失常、自杀或其他严重后果的等。

绑架勒索行为构成"绑架罪"。1979 年刑法没有专门规定此罪名。绑架罪罪名源于 1991 年全国人大常委会《关于严惩拐卖、绑架妇女、儿童的犯罪分子的决定》第 2 条第 3 款规定的"绑架勒索罪"。1997 年我国修订《刑法》时对罪状作了修改和补充,因而将罪名相应地改为"绑架罪"。该罪是指勒索财物或者其他目的，使用暴力、胁迫或者其他方法，绑架他人的行为，或者绑架他人作为人质的行为。根据我国《刑法》第239条的规定：(1)以勒索财物为目的绑架他人的，或者绑架他人作为人质的，处10年以上有期徒刑或者无期徒刑，并处罚金或者没收财产；情节较轻的，处5年以上10年以下有期徒刑，并处罚金。(2)犯前款罪，杀害被绑架人的，或者故意伤害被绑架人，致人重伤、死亡的，处无期徒期或者死刑，并处没收财产。(3)以勒索财物为目的偷盗婴幼儿的，依照前两款的规定处罚。

绑架罪由直接故意构成，并且具有勒索财物或者扣押人质的目的。“以勒索财物为目的的绑架他人”，是指采用暴力、胁迫或者麻醉的方法，强行将他人劫持，以杀害、杀伤或者不归还人质相要挟，勒令与人质有关的亲友，在一定期限内交出一定财物，以钱赎人。这里的“财物”应从广义上理解，不局限于钱财，也包括其他财产利益。“绑架他人作为人质”，是指出于政治性目的、逃避追捕或者要求司法机关释放罪犯等其他目的，劫持他人作为人质。

可以说，进行敲诈勒索和绑架勒索都需要一定的智能和经验，且绑架勒索多系犯罪团伙作案。而在精神障碍者中，反社会型人格障碍者因其有着冷酷无情、缺乏道德感、喜欢追求刺激、操纵他人的特点，敲诈勒索无疑可以满足他们既有利可图，又能捉弄恐吓他人而展示自己强大的目的。反社会型人格障碍者的行为非常极端，在拘禁人质的过程中，可能虐待、强奸人质，且在人质亲属按要求交付赎金的情况下，仍可能将人质杀害。

有少数精神发育迟滞患者可能有绑架和勒索的犯罪行为。一般的精神发育迟滞者表现为单纯的天真和乐观，平时表现安静、少动、不爱说话、驯服听话，有的明显胆怯、易惊恐；而另一类精神发育迟滞者表现容易激动、焦躁多动、坐立不安、好争吵，好与人冲突，莫名打骂人，往往不听劝阻，不服管教，自控力差，易肇事肇祸，这类精神发育迟滞者也可出现勒索行为。

【案例】

苏某，女，21岁，未婚，初中肄业，个体工厂出纳员，父亲系该厂厂长。苏某自幼智力明显低下，小学时学习困难，勉强升学后不得不辍学。性格孤僻内向，脾气急躁，18岁任出纳员后难以完成任务，不会打算盘，账目不清，常常出错。去外送货时，有时忘了收钱就返回来。2年来由于工作失误共欠款2000元。平时不与任何同事接触，但特别喜欢和小孩一起玩。平时任性，如发脾气时，对她最喜欢的孩子也连推带打赶走。苏某与邻居贺某关系较好,贺家4岁儿子常与苏某在一起玩。某日贺子来苏家玩,直到晚上7点,贺父来问贺子是否在她家玩,苏某谎称贺子未来,后贺母及爷爷两次来找,苏某均称不在,直到晚上11点,贺母再次来苏家要求借用苏家电话,苏某借口说她要拴好狗,未让贺母立即进屋。苏某回屋后见贺子正在哭闹,即用枕头将贺子压在下面。此后苏某出屋让贺母进屋打完电话,再去看贺子时,发现贺子由于呼吸困难已窒息而死。苏某即将贺子尸体装入塑料袋内,移到房间床下。次日,苏某用毛巾盖在电话话筒上,给贺母单位打电话,称"丢娃的那人想要娃的话,要在本日11点钟接电话"。当日下午4点苏某又给贺母单位打电话,要求贺父母必须在6点钟将8000元送到某电影院厕所某地,并在电话中威胁:"不要耍花招,否则……"还写了一张纸条:"把钱留下,6点半到的话,你还能救孩子一命!"因故6点半贺家未按时送钱,第二天上午9时,苏某又打电话让贺母在10点钟将10,000元送到原地址。苏某找了个借口,邀了一熟人一起到约定的电影院厕所某处取钱后,在返回途中被捕,以绑架和勒索罪被拘留审查。

3月后,经某省精神疾病避开法鉴定委员会专家组织鉴定,结论旨苏某患有精神发育迟滞,智商测查结果为53,判定为限定责任能力,省高级人民法院为了慎重办案,又委托重新鉴定。

苏某在审讯和鉴定精神状态检查时,都说她绑架贺子的动机产生在案发前一天。她说想到绑架是由于自己看绑架的电影电视多了的缘故,但对杀人的时间交代前后不尽一致,最后肯定是在贺母第二次敲门时。苏某声称:"我进屋看到贺子哭开了,哭声越来越大,我害怕被他妈妈听到,就拿枕头将他的嘴捂住了,我还对他说,你别哭,等一下我就把你放开。捂了两三分钟,我见他不哭了,我才去开门。"对绑架勒索的目的,苏某一直说,我绑架是为了要钱,好去外面闯荡。至于如何闯,以及枕头捂嘴的后果等,苏某一直表示未曾想过。苏某承认贺家经济困难没有钱,没有能力拿钱出来,但是当时并没有想这么多,又说:"把贺家孩子留在我家,是想和贺家开个玩笑。"又曾说:"杀了人不是开玩笑,是失手。""我下手太重。"苏某表示:"向贺家要钱,是因为自己终究一死,不如弄点钱还了自己的欠款再说。"苏某多次说过她平时没有朋友,在家好胡思乱想。检查时,苏某声称当时没想到会被政府逮捕,虽一再说是通过绑架电影、电视才想到孩子死亡要弄点钱,但是问到她的杀人行为与电视里绑架要钱有什么不同时,苏某表示"似乎不一样”,但又说不清究竟有何不同。苏某承认杀了人,“一命抵一命”,并说:“对判刑不着急,我想死,不要从轻处理。”她说:“自退学后长期失眠,易心烦,有时坐卧不安,容易发脾气,想到处走走。”对苏某韦氏成人智力测验结果:53。根据苏某社会适应能力来看,似较接近重度精神发育迟滞。

此案例中,苏某自幼患有精神发育迟滞,明显智力低下,性格明显内向,孤僻极不合群,平时较急躁,易激惹。由于人际交往能力差,只能和小孩在一起玩。性格像孩童一样任性,要求得不到满足马上发火,摔东西,打骂人,但得到满足后,马上与别人有说有笑。种种表现说明苏某智力低下,社会适应功能也有一定缺陷,同时有某种偏离的人格障碍表现,这都与精神发育迟滞和儿童期既往大脑疾病有密切关系。苏某虽承认杀人事实,但因其智力低下,对于绑架和隐藏孩子的行为只能认识到要钱的目的和动机。虽花了很长时间询问,但苏某都不明确说明自己的真正动机,多次强调是跟贺家开玩笑,一会儿又说是为了“要钱还欠款”。她清楚地了解贺家经济困难,拿不出她要求的大数目现金来,但她在行为当时对此做法可能的结果都未加考虑。在找不到贺子后,贺家亲属都知道贺子最大可能是到贺家玩了,且贺子只有 4 岁,一般不会独自跑出家门到外玩耍,但苏某竟把事情想得那样简单,完全不考虑后果,轻易就模仿了电视里的“绑架”做法,并异想天开地应用诈骗勒索的方式。其行为表现简单幼稚,很容易被侦破。这些都明显与她智能缺陷的精神状态有密切关系。据知情人反映,苏某还喜好恶作剧。在被关押以后,据同监号犯人反映在监号苏某仍有类似行为,如同监舍女犯人在解便时,她曾扒人裤子,还用尖锐物趁人不备刺人胳膊取乐。苏某在藏孩子铸成大错后,不但不能觉察自己行为的严重性质和后果,反而又模仿电视中绑架勒索影片的办法,打威胁电话和留纸条勒索贺家交赎命钱,并认为这样做在她死后还会给父母留点钱,根本没有想到这种种设想是否有任何实现的可能性。在整个作案过程中,苏某对一系列行为的目的和企图、可能出现的情况和结局,都缺乏必要的认识和预想,没有周全的和较进一步的思索,这都充分体现了她本人智能缺陷。对苏某的诊断为:轻度精神发育迟滞,对本人“犯罪行为”缺乏实质性辨认和控制能力,应判定为限定责任能力。[①]

---

① 参见李从培:《司法精神医学鉴定的实践与理论——附各类鉴定案例 97 例分析讨论》,北京医科大学出版社 2000 年版,第 153~154 页。

第四节　诈骗

诈骗罪,是指以非法占有为目的,用虚构事实或者隐瞒真相的方法,骗取数额较大的公私财物的行为。该罪是我国《刑法》分则第五章规定的侵犯财产罪中的重要罪名之一,同特殊诈骗相比属于普通诈骗罪。本罪侵犯的客体是公私财物所有权。有些犯罪活动虽然也使用某些欺骗手段,甚至也追求某些非法经济利益,但因其侵犯的客体不是或者不限于公私财产所有权,所以不构成诈骗罪。例如,拐卖妇女、儿童的,属于侵犯人身权利罪。诈骗罪侵犯的对象,仅限于国家、集体或个人的财物,而不是骗取其他非法利益。其对象也应排除金融机构的贷款。因我国《刑法》已于第193条特别规定了贷款诈骗罪。

诈骗罪在客观上表现为使用欺诈方法骗取数额较大的公私财物。

首先,行为人实施了欺诈行为。欺诈行为从形式上说包括两类:一是虚构事实,二是隐瞒真相。二者从实质上说,都是使被害人陷入错误认识的行为。欺诈行为的内容是,在具体状况下使被害人产生错误认识,并作出行为人所希望的财产处分。因此不管是虚构、隐瞒过去的事实,还是现在的事实与将来的事实,只要具有上述内容的,就是一种欺诈行为。如果欺诈内容不是使他们作出财产处分的,则不是诈骗罪的欺诈行为。欺诈行为必须达到使一般人能够产生错误认识的程度,对自己出卖的商品进行夸张,没有超出社会容忍范围的,不是欺诈行为。欺诈行为的手段、方法没有限制,既可以是语言欺诈,也可以是动作欺诈(欺诈行为本身既可以是作为,也可以是不作为,即有告知某种事实的义务,但不履行这种义务,使对方陷入错误认识或者继续陷入错误认识),行为人利用这种认识错误取得财产的,也是欺诈行为。根据我国《刑法》第300条规定,组织和利用会道门、邪教组织或者利用迷信骗取财物的以诈骗罪论处。

其次,欺诈行为使对方产生错误认识。对方产生错误认识是行为人的欺诈行为所致,即使对方在判断上有一定的错误,也不妨碍欺诈行为的成立。在欺诈行为与对方处分财产之间,必须介入对方的错误认识。如果对方不是因欺诈行为产生错误认识而处分财产,就不成立诈骗罪。欺诈行为的对象只要求是具有处分财产的权限或者地位的人,不要求一定是财物的所有人或占有人。行为人以提起民事诉讼为手段,提供虚假的陈述、提出虚伪的证据,使法院作出有利于自己的判决,从而获得财产的行为,称为诉讼欺诈,但不成立诈骗罪(详见最高人民检察院法律政策研究室2002年10月14日《关于通过伪造证据骗取法院民事裁判占有他人财物的行为如何适用法律问题的答复》)。

再次,成立诈骗罪要求被害人陷入错误认识之后作出财产处分。财产处分包括处分行为与处分意思,作出这样的要求是为了区分诈骗罪与盗窃罪。处分财产表现为直接交付财产,或者承诺行为人取得财产,或者承诺转移财产性利益。行为人实施欺诈行为,使他人放弃财物,行为人拾取该财物的,也应以诈骗罪论处。但是向自动售货机中投入类似硬币的金属片,从而取得售货机内的商品的行为,不构成诈骗罪,只能成立盗窃罪。

最后,欺诈行为使被害人处分财产后,行为人便获得财产,从而使被害人的财产受到损害。根据我国《刑法》第266条的规定,诈骗公私财物数额较大的,才构成犯罪。根据2010年11月24日最高人民检察院第11届监察委员会第49次会议通过司法解释,诈骗罪的数额较大,以3000~10,000元以上为起点。诈骗未遂,情节严重的,也应当定罪并依法处罚。

此外需要注意的是,诈骗罪并不限于骗取有体物,还包括骗取无形物与财产性利益。根据我国《刑法》第210条的有关规定,使用欺骗手段骗取增值税专用发票或者可以用于骗取出门退税、抵扣税款的其他发票的,成立诈骗罪。

从上可以看出,虚构事实和隐瞒真相而使对方陷入错误认识,通常需要一定的智力水平、文化背景知识、经验及胆量为基础,有些诈骗犯罪的欺骗手段虽然本身不见得有多高明,但行为人有针对性地选择被害人,也可以屡屡得手,如街头诈骗。

人格障碍者和癔症型人格障碍者进行诈骗犯罪的比较多见。特别是有些反社会人格障碍者,目无法纪,天生擅长说谎,易为财物而进行诈骗,另外因为他们喜欢操纵他人,喜欢冒险,欺诈他人也可得到心理上的满足感,有无穷的乐趣。癔症型人格障碍者以自我为中心,把别人视为自己达到某种目的的工具,为显示自己而不惜哗众取宠、弄虚作假。他们进行诈骗主要是为了证明自己的价值和控制他人的能力。他们赋予了自己一个特定的角色,把自己当作主角,像演戏一样去从事诈骗,并从中感到乐趣。

少见的还有病理性精神症状的精神病患者在幻觉妄想的支配下进行诈骗,但其动机荒谬，行为离奇，可反映作案当时的辨认能力有缺失。另外，少数的精神发育迟滞者也可进行诈骗，但多半手法低劣，或者其本意并不是想欺诈别人，但造成了诈骗的后果，甚至投入大于收获，得不偿失。

【案例】

王某，男，25岁，工人，父亲为工厂采购员。王某在1年多以来，由于代人购买当时市场难以买到的电视机和录像机，先后经手8000多元，1995年被数名事主联名控告诈骗财物和投机倒把罪。审判员在审理案件时发现，王某在购买上述高价物品时，他本人花了很大精力，同时还倒贴了自己不少钱，包括王某父兄资助他的大量的金钱，最后反落到被指控为诈骗犯的下场，感到王某作案动机难以理解，因而怀疑王某是否精神异常，而请求司法鉴定。据了解，当时在购买上述高级物品时，还必须持有专门的票证，而王某并无这类票证，只好到当时的黑市以50～70元一张票证的代价，买了20余张，仅这一项王某就赔款1000元以上。另外，王某对这些物品还以高价买进，低价卖出，从中又赔款1000余元。为了完全搬运电视机，王某又自己赔钱要了出租车，亲自坐车护送到户。有时为了顺利买到这类高级物品，王某还请客送礼，为此又赔上不少钱。王某平时一般表现是非常慷慨大方的，凡是同事有意地恭维吹捧他几句，他就非常高兴地帮助人家做事。如同事结婚用车，购买某些东西有困难，凡求他帮助的，他都有求必应，然后又自己花钱租车去办理，为了这些事王某又贴了近几千元。王某为别人办事越多，亏空也就越多越大，以致借款无法还清。调查材料表明，王某自幼性格特别开朗，好说好动，特别热心，但是自幼即缺心眼儿，反应迟钝，脑子不够用，"说话办事没心没肺"，平时喜欢说大话，好自我吹嘘，又喜欢管闲事，时常帮别人买车票，所以认识他的或不认识他的人，都爱找他帮忙办事。

精神检查情况：王某神志清楚，定向力良好，主动接触，言语正常，情感自然流露，情感活跃，回答切题，对本人家庭人口状况及个人简况都能正确陈述。记忆力较好，计算力较差，对10位数计算有困难，对日常知识了解较差，如不能讲出劳动节和儿童节的日期和意义，对大人和小孩、猫和狗的异同问题也不能回答，承认自己"脑子慢，上学很吃力，成绩差，跟不上班，只上几年学就学不进去了"。"做壮工重体力活，后来原来在一起参加工作的伙伴都去学习技术走了，只有自己学习不行，仍旧做壮工。"后承认"自己为了管闲事，帮助人家，收了人家的钱，把钱弄亏了”。表示这是自己的错,“有钱我一定赔上,一共欠了6500元钱,我确实一点儿钱都没有了,我一点没拿人家的钱自己花过”。主要是“从前自己弄亏了,就是想拿这笔钱补上那一笔钱,结果补上了这一笔钱,又亏了那一笔钱,时间一长,就亏空太大了”。王某表示:“我一定接受这次教育,今后好好改造,再还上借的那些钱。”但当问及“你已经发现自己欠了借款不能还清,那为什么还要再贴钱给人家买东西呢?”王某答:“我是为了下次再说给他们购买电视机和录音机时,他们好相信我,我就容易将钱收上来了,我好再拿些钱去补前边的亏空。”

一方面,王某因智力低下,只能由现象上肤浅地认识事物的现象。另一方面,由此可看出王某平时很注意和追求的是取得别人的信赖和赞誉,以满足这种智力有缺陷的人的那种虚荣心、荣誉感,而这后者恰好是他平时所不能察觉的,也不能全面客观地认识和评价自己。王某可能基于认为自己能帮助别人、讲义气等简单幼稚的想法,而勇于承担别人难以挑起的重任,以显示自己的“英雄”气概。他否认自己犯罪,甚至对什么是犯罪的确切概念也讲不清楚。他对什么是黑市,什么叫投机倒把,也缺乏基本的认识。经教育后,才认识到黑市和投机倒把都是违法活动,表示今后再不到黑市去买票证了,但是又说:“倒卖票证的人也是为我好呵。”“我是为了给有难处的人办好事,把钱花啦,别人说我是诈骗,我可是没有赚过钱,还花掉了我家人给我的许多钱。”以上王某的话可见,他对问题分析判断能力和水平是较低的,只能相当于儿童的智力,对外界事物的是非好坏能作出简单的评价,但如果要求从道德或法律高度上来认识和评价就往往难以做到。由于王某患有精神发育迟滞,智力低下,致本人对其违法行为缺乏充分辨认,应判为限定责任能力。

第四章　精神障碍者破坏型犯罪

本章所述的“破坏型犯罪”主要指采取破坏性手段危害公民人身权利或财产,其行为构成妨害社会管理秩序罪、危害公共安全罪及危害国家安全罪等。其犯罪行为多样,本章只简述精神障碍者常见的几种犯罪。

第一节　寻衅滋事

我国《刑法》分则第六章“妨害社会管理秩序罪”第一节“扰乱公共秩序罪”中,专门有寻衅滋事的罪名。寻衅滋事罪,是指在公共场所无事生非,起哄闹事,殴打伤害无辜,肆意挑衅,横行霸道,破坏公共秩序的行为。

一、客观要件

我国刑法将寻衅滋事罪的客观行为方式具体规定为:

第一,随意殴打他人,情节恶劣的。随意殴打他人,是指出于耍威风、取乐等不健康动机,无故、无理殴打相识或者素不相识的人。这里的“情节恶劣的”,是指随意殴打他人手段残忍的,多次随意殴打他人的;造成被殴打人自杀等严重后果的;等等。

第二,追逐、拦截、辱骂他人,情节恶劣的。追逐、拦截、辱骂他人,是指出于取乐、寻求精神刺激等不健康动机,无故无理追赶、拦挡、侮辱、谩骂他人,此多表现为追逐、拦截、辱骂妇女。这里的“情节恶劣的”,主要是指经常性追逐、拦截、辱骂他人的;造成恶劣影响或者激起民愤的;造成其他后果的;等等。需要指出的是,如果行为使用暴力、胁迫或者其他方法强制猥亵或者侮辱妇女的,则构成强制猥亵、侮辱妇女罪。

第三，强拿硬要或者任意损毁、占用公私财物，情节严重的。强拿硬要或者任意损毁、占有公私财物，是指以蛮不讲理的流氓手段，强行索要市场、商店的商品以及他人的财物，或者随心所欲损坏、毁灭、占用公私财物。这里的"情节严重的"，是指强拿硬要或者任意损毁、占用的公私财物数量大的，造成恶劣影响的，多次强拿硬要或者任意损毁、占用公私财物的，造成公私财物受到严重损失的，等等。

第四，在公共场所起哄闹事，造成公共场所秩序严重混乱的。在公共场所起哄闹事，是指出于取乐、寻求精神刺激等不健康动机，在公共场所无事生非，制造事端，扰乱公共场所秩序造成公共场所秩序严重混乱的，是指公共场所正常的秩序受到破坏，引起群众惊慌、逃离等严重混乱局面的。

行为人只要有上述四种情形中的任意一种，就构成寻衅滋事罪。但在审判实践中，行为人往往既"强拿硬要"，又"随意殴打他人"，或者先"追逐、拦截、辱骂他人"，后"任意损毁、占用公私财物"。行为人为满足其寻求精神刺激、开心取乐的流氓动机一般会实施多个行为，这时只以本罪一罪认定。

二、本罪的认定

根据刑法相关规定，寻衅滋事罪必须是行为情节恶劣、情节严重或者造成公共场所秩序严重混乱的，才构成犯罪。对于情节轻微、危害不大的寻衅滋事行为，只能以一般违法行为论处。笔者认为，判断行为人的行为是否属于情节严重应该综合以下几个方面因素进行分析：

第一，行为的方式和手段。行为的方式和手段对危害结果的大小具有决定性作用，对社会心理的伤害程度也有很大影响。因此，在认定情节是否严重时，应该考察行为人是否使用了暴力、威胁等手段，是否采用了公开或者组织的方式等。

第二，行为的直接危害结果和间接不良后果。直接危害结果是行为直接对社会造成损害。间接不良后果是指行为对社会造成的不良影响或间接引起的损害。行为人是否造成被害人自杀，是否引起公私财产重大损失，是否造成公共场所秩序严重混乱等，是认定情节严重与否的重要因素。

第三，行为的时间和地点。同一行为在不同的时间、不同的地点实施，所造成的社会影响是不同的。白天在公共场所的滋事活动当然要比晚上在荒郊野外的危害性大。

第四,行为人的一贯表现。行为人的一贯表现表明了行为人主观恶性的大小,决定着行为人接受改造的难易程度。是否多次寻衅滋事、屡教不改,也是认定情节严重与否的一个重要方面。

三、本罪与聚众扰乱社会秩序罪、聚众扰乱公共场所秩序罪的界限

三者都是破坏公共秩序的犯罪,但存在以下明显区别:

第一,犯罪动机不同。寻衅滋事罪是为了满足耍威风、取乐等不正常的精神刺激或其他不健康的心理需要;后二者的犯罪动机是为了实现个人的某种不合理要求,用聚众闹事的形式,扰乱机关、团体、单位的正常秩序,或者扰乱公共场所秩序或交通秩序,对有关单位、机关、团体乃至政府施加压力。

第二,犯罪形式不同,寻衅滋事罪不要求聚众,后二者必须是多人以上以聚众形式出现。

第三,客观方面不同。寻衅滋事罪在客观方面表现为随意殴打他人,情节恶劣的行为,或者追逐、拦截、辱骂他人,情节恶劣的行为,或者强拿硬要或者任意毁损、占用公私财物,情节严重的行为,或者在公共场所起哄闹事,造成公共场所秩序严重混乱的行为;后二者在客观方面表现为聚众冲击国家机关、企事业单位、人民团体或者扰乱公共场所秩序、交通秩序,情节严重的行为。

第四,犯罪主体不同。寻衅滋事罪的所有参与者都要以本罪追究刑事责任;后两者只追究首要分子和积极参加者的刑事责任。

从寻衅滋事行为来看,“随意”打人、骂人、纠缠他人、毁物等行为在精神障碍者中比较常见。多见于器质性精神障碍者如癫痫、病理性醉酒者,他们存在严重的意识障碍,行为狂乱,可发生上述暴力行为,其行为动机为动机不明或无动机。精神病性障碍如精神分裂症者可在妄想、幻觉、思维形式障碍等病理性精神症状的支配下,在病理性动机或混合动机的支配下发生打人、骂人行为。而癔症患者、冲动型人格障碍者、躁狂抑郁症患者、精神发育迟滞者的情绪不稳,易激惹,易冲动伤人。

【案例】

孙某,男,24 岁,中学教师,大学文化水平。孙某平时性格温和,从不饮酒。

某日参加一位大学同学的婚礼。在众人劝说下,孙某喝了不到半杯的啤酒(约100ml)。10分钟后,孙某突然暴跳如雷,破口大骂,踢翻了桌子,用酒瓶砸伤四人。跑出新房后,又用酒瓶打伤两位看热闹的陌生人,砸坏一辆停在门旁的汽车的挡风玻璃。半小时后,孙某被发现躺在一条小土沟中熟睡。醒来后孙某对自己的所作所为不能回忆。当听说自己伤害他人、搅乱了好同学的婚礼时,痛哭流涕,后悔不已。后孙某自己到公安派出所自首。经鉴定,孙某为病理性醉酒,无刑事责任能力。①

第二节 纵火

纵火即放火,根据我国《刑法》第114条和第115条第1款的规定,“放火”是指故意纵火焚烧公私财物,危害公共安全的行为。本罪侵犯的客体是公共安全,即不特定多数人的生命、健康或重大公私财产的安全。也就是说,放火行为一经实施,就可能造成不特定多数人的伤亡或者使不特定的公私财产遭受难以预料的重大损失。这种犯罪后果的严重性和广泛性往往是难以预料的,甚至是行为人自身难以控制的。这也是放火罪同以放火方法实施的故意杀人、故意毁坏公私财物罪的本质区别。因此可以说,并非所有的以放火方法实施的犯罪行为都构成放火罪,关键是要看放火行为是否足以危害公共安全。如果行为人实施放火行为,而将火势有效地控制在较小的范围内,没有危害也不足以危害不特定多数人的生命、健康和重大公私财产的安全,就不构成放火罪,而应根据案件具体情节,定故意毁坏公私财物罪或故意杀人罪、故意伤害罪等。

本罪侵犯的对象,主要是公私建筑物或者其他公私财物。实施的对象包括工厂、矿山、油田、港口、仓库、住宅、森林、农场、牧场、重要管道、公共建筑物或者其他公私财物。这里所说的其他公私财物是指上述公私财物以外的,但性质与其相似的,比较重大的公私财物,而不是指上述公私财物以外的一切公私财物。因为只有燃烧这些公私财物,方可能危及公共安全。如果放火行为侵害的只是某一较小的财物,例如,烧几件衣物、一件小家具、小农具等价值不大的公私财物,不构成

---

① 参见孙东东:《精神病人的法律能力》,现代出版社1992年版,第163页。

放火罪。如果行为人放火烧毁自己或家庭所有的房屋或其他财物,足以引起火灾,危害公共安全的,也应以放火罪论处。但是,如果行为人放火焚毁自己的房屋或其他财物,确实不足以危害公共安全的,则不构成放火罪。

本罪在客观方面表现为实施放火焚烧公私财物,危害公共安全的行为。所谓放火,就是故意引起公私财物燃烧的行为。放火的行为方式,可以是作为,即用各种引火物,直接把公私财物点燃;也可以是不作为,即故意不履行自己防止火灾发生的义务,放任火灾的发生。例如,某电气维修工人发现其负责维护的电气设备已经损坏,可能引起火灾,而不加维修,放任火灾的发生。这就是以不作为的方式实施的放火行为。

有些放火案件,从表面上看是燃烧衣物、家具、农具等价值较小的财物,实际上是以衣服、家具、农具等作为引火物,意图通过燃烧衣物、家具、农具等引起上述重大公私财物的燃烧。这种情况应以放火罪论处。因此在认定放火罪时,要注意发火物、引火物和目的物即放火行为的侵害对象的区分。

放火行为必须足以危害公共安全。如果虽然实施了放火行为,但从放火焚烧的对象、时间、地点、环境等方面考察,确实不足以危害公共安全、不存在危害公共安全的危险性,不构成放火罪。如果情节严重,需要刑罚处罚的,构成什么罪就定什么罪。

纵火者纵火的动机多种多样,纵火的直接目的必然是破坏性的,在主观方面表现为故意,即明知自己的放火行为会引起火灾,危害公共安全,并且希望或者放任这种结果发生的心理态度。如果不是出于故意,不构成放火罪。放火的动机是多种多样的,如因个人的某种利益得不到满足而放火,因对批评、处分不满而放火,因泄愤报复而放火,为湮灭罪证、嫁祸于人而放火,因恋爱关系破裂而放火,因家庭矛盾激化而放火,等等。无论出于何种动机,都不影响放火罪的成立。但是查明放火的动机,能够正确判断行为人的主观心理态度,是定罪量刑的关键。

现实中的纵火案件,绝大多数是精神正常者所为,但近年来精神障碍者的纵火犯罪也不容忽视。关于纵火行为的精神障碍者类型,据文献报道,精神发育迟滞者、精神分裂症者最为多见,其他的如人格障碍、躁狂抑郁症、反应性精神障碍、酒精中毒型精神障碍、癔症、老年性精神障碍者都可见报道。

精神发育迟滞者纵火多出于幼稚、单纯的动机。有些精神发育迟滞者纵火是为了报复和发泄不满。精神发育迟滞者在遇激时可产生过度的怨恨和愤怒,但他们进行报复和发泄不满的能力有限,而纵火这种简单易行、效果显著的方式正适合于他们。显然,他们对火的作用有一定的了解,但通常不清楚同时也不会去考虑纵火后果的严重性。有些精神发育迟滞者纵火只是认为好玩。还有些精神发育迟滞者仅仅将纵火当成实现其本能欲望的手段,如在浴室门口纵火以期看到女性裸体跑出的场面。

精神分裂症患者纵火主要是受幻觉、妄想等病理性精神症状的影响,如在被害妄想的支配下对假想的迫害者进行报复而纵火,在这种情况下,纵火者甚至可以经过深思熟虑和预谋,需要仔细甄别其纵火的动机;有些患者因为命令性幻听而纵火。除了病理性动机外,精神分裂症患者也可能因现实性动机而纵火。由于他们的病态人格基础,情绪不稳定、易激惹、自控力弱,可出于愤怒、厌恶、嫉妒等动机而纵火。

根据我国《刑法》第 114 条和第 115 条的规定,犯放火罪的,尚未造成严重后果的,处 3 年以上 10 年以下有期徒刑;致人重伤、死亡或使公私财产遭受重大损失的,处 10 年以上有期徒刑、无期徒刑或死刑。"尚未造成严重后果"包括两种情况:一是放火行为没有造成任何实际损害后果;二是放火行为造成了一定的实际损害后果,但并不严重。在这两种情况下,只能根据本条的法定刑处罚。只有当放火行为造成他人重伤、死亡或者使公私财产遭受重大损失时,才能根据《刑法》第 115 条的法定刑处罚。由于精神障碍者可在自己住处纵火,且多数纵火后呆立于现场、无逃避侦查的行为,因而较易被人发现而将火及时扑灭,可能损害后果并不严重。

人格障碍者纵火的也较常见。其中反社会型人格障碍者、冲动型人格障碍者都可能有纵火行为。

【案例】

于某,男,22 岁,未婚,初中文化程度,军人。于某为独生子,受家人溺爱,家庭经济收入充裕,要什么都能依着他,自幼特别任性,自私,脾气特别大,在八九岁时开始说谎,逃学,不听家长和教师教导,不听亲朋好友的好言劝告,父母不答应他的要求,即大发脾气,摔东西,砸玻璃,并打骂父母。于某很小时即送到部队当兵,但不好好干,经常偷跑回家,对父母提出无理要求,达不到目的即对父母亲大打出手,父母亲不得已曾到女儿家"避难"。一日于某约杨某、叶某(女)到饭店吃饭,后于某带叶某返家中,向叶某提出交朋友,言语中间有强迫的意味,叶某表示坚决不同意,于某态度强硬,叶某被迫之下大声呼叫,于某母亲担心会出事,请部队一位助理员找于某谈话,加以解劝,引起于某对母亲的不满,当助理员走后,于某声称:“我为了宣泄我在家庭中受到的8年累积的怒气和父母干预我私生活的不满,我就用打火机把客厅和大小两间房屋中的床单、沙发点燃。”以后他还到邻居家喊人来救火,并跟在众人后面与大家一起来灭火。晚上单位来电话,询问火情时,于某一听就非常生气,追问是谁报告给单位的?母亲表示说:“我不知道。”于某大怒说:“要烧掉就烧光吧!”说完就又用打火机点燃茶几布,又引起大火。大火共烧掉价值8000元物品。于某被拘留逮捕。根据父母提供情况,于某平时经常打骂父母,屡教不改,入伍后又曾5次私自离开部队,某次由于请假未被批准,于某曾借酒发疯,用刀将干部四人刺伤,因此曾被判处劳动教养3年,未到3年,又由于逃跑被抓回,判处延长劳教1年。期满释放后,于某曾由某省精神病院进行司法精神医学鉴定,结论为反社会型人格障碍,完全责任能力。据周围人们的普遍反映,于某除了对父母亲有打骂行为外,对邻居、同事、朋友都很客气,朋友也不少,就是对父母痛恨。鉴定精神状态检查:于某神志清楚,被动接触,情感自然流露。他承认自幼由保姆带大,父母自幼即对我约束太多,老叫人管束我,我接触什么人父母都想知道。我一被释放回来,一到家父母就叫我到领导那里去汇报。他承认曾打过父母,但又说:“可有时我也不知道。”对纵火一事,于某一直说:“我没记得点过火,保卫处说我不老实,我就说是我点的火。”亲友邻居普遍认为于某对人缺乏感情,待人很冷漠,对谁也不关心,对家庭、亲属、工作缺乏责任感,犯了错误以后,从不真心认错,总认为是别人难为了他。在检查过程中于某不合作,不能实事求是地回答问题,表现出一种无所谓的样子,未检出任何精神病性症状。诊断为反社会型人格障碍。其实施纵火行为是出于发泄对亲属的不满和敌对情绪,行为当时存在辨认控制行为能力,判定他为完全责任能力。[①]

躁狂抑郁症患者在躁狂发作时也可有纵火行为,主要是受妄想、攻击冲动所驱使。抑郁症患者可在悲观绝望中,以纵火作为自杀以及扩大性自杀、间接性自杀的方式。还有的抑郁症患者纵火,是想借这种行为缓解自己的紧张情绪和恶劣

① 参见李从培:《司法精神医学鉴定的实践与理论——附各类鉴定案例97例分析讨论》,北京医科大学出版社2000年版,第167页。

心境。

除上述的精神障碍者纵火外，还有一种特殊形式的冲动控制障碍，称为病理性纵火，又叫纵火癖或纵火狂，这类人反复出现强烈的纵火欲望，但纵火的动机并不是为了报复、获得经济利益、毁灭罪证等现实性动机，而是出于内心的强烈需要。行为人在纵火前有紧张感，不断想象纵火的场面并精心计划如何实施，纵火后或目击火焰时有难以形容的愉快感、满足感和轻松感。个别人纵火时也可产生特殊的性快感或伴手淫射精，称为色情纵火癖。纵火癖者通常选择可以控制火势的地方纵火，烧的多是不贵重的物品，他们精心预谋，注意自我保护，往往多次纵火。但在纵火后，他们会留在现场观看火焰雄雄燃烧的情景，有时还参与救火。除了控制不住纵火欲望，纵火癖者在别的方面与常人无异。

【案例】

某男，25 岁，汽车驾驶员，已婚。因纵火 17 次被捕。该男系 8 个月早产，初中文化，多次转学，成绩差，留级两次，参军两年。个性内向、胆小，人际关系一般，与妻关系尚可，性生活和谐。患者幼年曾患肺炎，曾抽风、昏迷。父与伯父有休克病史。多次夜间外出偷听、偷看他人夫妻做爱，偷看女孩睡觉，曾两次越窗爬入室内强奸正在睡觉的女孩，点燃窗帘 17 次，造成火灾 1 次。精神检查：意识清，衣着一般，接触可，检查尚合作，情绪稍低落，无幻觉、妄想，能讲述作案经过及自十二三岁开始常偷看父母做爱、姊妹裸浴，并且想方设法窥视女性阴部并伴手淫，有时露阴被罚款。称："纵火前有难以控制的点火欲望，看到窗帘着火之后感到特别兴奋、舒畅和满足。"知道已犯法并愿接受处罚。

【案例】

某男，22 岁，农民，小学文化，未婚。该男性格一般，人际关系融洽，上学时成绩差，留级 1 次。既往史无特殊。其父脾气古怪，四爷爷有精神病史。一天夜里在村内多处点火时被抓获，疑有精神病取保候审，1 月后又在夜间在村内多处点火，造成经济损失 5000 余元。精神检查：意识清，接触主动，检查合作，无幻觉、妄想。自述："自十几岁起愿看做饭时的火焰，曾点火玩数次。"又述："瞬间出现点火的欲望，点火前紧张恐惧，点火后有难以形容的兴奋，看到花花绿绿的火苗心里特别舒畅,火势旺时有性快感并射精。"①

第三节 招摇撞骗

我国《刑法》第六章"妨害社会管理秩序罪"中第一节"扰乱公共秩序罪"中第279条规定了招摇撞骗罪,是指为谋取非法利益,假冒国家机关工作人员的身份或职称,进行诈骗,损害国家机关的威信及其正常活动的行为。第七章"危害国防利益罪"中第372条规定了"冒充军人招摇撞骗罪"。这两个罪名假冒的对象和侵犯的客体不同,如果不是冒充国家机关工作人员和军人,而是冒充其他人员进行招摇撞骗,如果以骗取钱财为主要目的,可能构成诈骗犯罪,或须结合具体情况判断是否构成犯罪。

招摇撞骗罪侵犯的客体是国家机关的威信及其正常活动。这是本罪同侵犯财产权利的诈骗罪的主要区别之一。尽管行为人的撞骗行为也可能骗取财物,但由于行为人采用的是冒充国家机关工作人员的手段致使人民群众以为这些不法行为是国家机关工作人员所为,因而直接破坏了国家机关的威信及其正常的活动。这也是本罪特殊的、实质的危害所在。

本罪在客观方面表现为行为人具有冒充国家机关工作人员的身份或职称,进行诈骗的行为:第一,行为人必须具有冒充国家机关工作人员的身份或者职称的行为。所谓冒充国家机关工作人员的身份或者职称,不单是指非国家机关工作人员冒充国家机关工作人员,而且也包括此种国家机关工作人员冒充他种国家机关工作人员的身份或者职称,例如,普通机关的行政干部冒充公安机关的干部,普通国家干部冒充高级职务的国家干部。如果行为人冒充的是非国家工作人员的身份,如冒充党团员、高干子弟、烈士子弟、私营或集体企业单位的管理人员、采购员,进行招摇撞骗活动的,不能构成本罪,达到犯罪程度的可能构成诈骗罪或其他犯罪。第二,行为人必须具有招摇撞骗的行为,即行为人要以假冒国家机关工作人员身份或职称,招摇炫耀,利用人民群众对国家机关工作人员的信任,实施了骗

① 参见张卫红:《纵火癖(附三例报告)》,载《四川精神卫生》1998年第3期。

取非法利益的行为。所谓招摇撞骗,通俗地讲就是到处行骗,因而构成犯罪的行为一般都具有连续性、多次性的特点。如果行为人只有一次这种行为的,原则上不宜以犯罪论处。上述两种要素必须同时具备并存在有机的联系,才符合招摇撞骗的客观要求。如果行为人出于虚荣心仅仅冒充国家机关工作人员的身份或职称,但并未借此实施骗取非法利益的行为不构成招摇撞骗罪。如果行为人既有冒充国家机关工作人员的身份或职称,但并未借此实施骗取非法利益的行为,不构成招摇撞骗罪。如果行为人既有冒充国家工作人员的行为,又有骗取非法利益的行为,但骗取非法利益的行为未以冒充国家机关工作人员为手段的,即两行为之间不存在有机联系的,也不构成招摇撞骗罪,其骗取非法利益的行为可能构成其他犯罪。

正常人在有这类犯罪行为时在主观方面只能是出于故意,其犯罪目的是谋取非法利益。这里所说的非法利益,不单指物质利益,也包括各种非物质利益,例如,为了骗取某种政治待遇或者荣誉待遇,甚至是为了骗取"爱情",玩弄异性等。但本罪的主观恶性一般限制在"骗"的范围内,如果行为人主观上具有抢劫、强奸的故意,冒充国家机关工作人员只是一种给受害人心理上造成威胁,使之不敢反抗的手段,那就是一种更为严重的犯罪了。例如,冒充缉私人员,威胁走私分子交出走私物品,冒充司法人员,逼迫被告人家属与之发生性关系等,都应分别以抢劫罪、强奸罪等论处。如果不只有谋取非法利益的目的,例如,行为人冒充国家机关工作人员只是出于虚荣心的,单纯为了达到与他人结婚的目的而冒充国家机关工作人员的,为了顺利住宿或购买车船票而冒充国家机关工作人员身份的,都不构成本罪。

但有些精神障碍者当他们说自己具有某种实际上并不具有的身份时,他们可能真的认为自己具有那样的身份。如在夸大妄想和血统妄想的影响下,精神障碍者坚信自己有着与实际不相称的显赫身份,如称自己为国家领导人的后代、知名高官、著名华侨、成功企业家,坚信自己家世显赫、家境富裕、与中央保持密切联系等。对知道他们底细的人一听就知道他们在说大话,但对不了解他们的人来说,由于他们说得非常自信,言之凿凿,听者难辨真假。

还有一种特殊的冲动控制障碍,称为"病理性谎言",指为了满足自己强烈的心理需求,而虚构个人出身与生活经历、社会地位、家族门第等,向人们进行夸耀。说谎者清楚自己是在说谎,但无法抑制说谎的冲动,可见于人格障碍、神经症和精神发育迟滞。病理性说谎者在主观上并无通过说谎来获取某种实际利益的想法，只是为了自己虚荣心的满足，但仍可能给他人带来损失。

有些病理性说慌者还可能制造谣言、谎报险情等，这种行为虽不属于招摇撞骗，但也扰乱了公共秩序。他们的动机并不是出于报复社会、故意实施扰乱行为，而是为了获得心理上的满足。在处理这类案件时，要注意调查其动机，将他们与那些故意扰乱社会秩序的人相区别。

【案例】

石某，男，18岁，未婚，初中文化，汉族，系某厂工人。石某被捕前先后多次采取撬门入室的方法盗窃衣物、现金、首饰等财物价值2000余元。本案在审理过程中，被告人对多次作案过程供述清楚，但同时供述大量虚假犯罪事实，为慎重办案，司法机关被石某进行了司法精神医学鉴定。

调查表明，石某系第二胎足月顺产，生长发育无特殊，适龄上学，学习成绩较差。自上小学时起上课爱说话，影响课堂纪律，上小学时这种现象更为明显，常影响教师的正常教学，并有逃学现象，曾多次偷拧他人自行车铃盖，学校难以管理。毕业后被公共汽车公司聘为售票员，半年后因与乘客发生争吵而被辞退，后被某厂招为合同制工人至案发，在厂工作期间工作表现正常。

石某自幼富于想象，经常想象一些不切实际的事，说话神神叨叨，经常说谎话，说得较生动，给人感觉像真的一样，如向家人说"在学校教师如何如何表扬他"，"自己就卖电线挣了40元钱"，"我开了3年的公共汽车，扎死了一个小孩汽车公司才不要我的"，"我哥哥昨天结婚，办了10多桌酒席"，"我有××技术，比家里人都强"，"我有几万元钱，准备办一个摇滚乐队"（以上均为谎言，事实上其哥哥至案发时尚未结婚）。说谎对象为家长、同学、朋友和同事。1990年曾先后离家出走4次，每次三五天不等，出走后住在同学或亲友家。案发前两周，被鉴定人再次离家出走，直到案发被捕。

审理期间，被鉴定人对自己多次作案手段及经过供述清楚，多选择高层住户，采取撬门入室手段，所盗窃物品分散放在同学或亲友家，称买的或别人送的。但同时被鉴定人亦供述了大量的虚假事实，如曾在某某楼一次盗窃7000余元现金、某次曾将事主打伤后推在衣柜里以后抢劫首饰而去等，细节生动，时间、地点、楼层、住户门号、事主家庭摆设等均供述的很清楚，但经公安机关调查，或没有此楼，或没有此住户,或没有被盗等,证明纯系被鉴定人虚构。

被鉴定人的爷爷、两个叔叔精神异常。精神检查被鉴定人意识清晰,衣着整齐,年貌相当,主动接触,言语流利,对答切题,自述自己从小就好想象,有时就把自己心里想的同别人说出来,工作后就总想办一个摇滚乐队,出个名什么的。家里人说我胡思乱想,根本办不成,我就想给他们一个惊喜。"开始我想出去做点买卖挣钱,如联系经营批发水果什么的,但没成功。以后我就想到偷是借钱的性质,我想把偷来的钱和东西先用在办乐队上,等我挣到钱名利双收后再同他们说说,加倍还给他们。"问为什么经常说谎话时答:"我心里这么想的,就想在大伙面前说说。"问为什么自称开过汽车时答"我到公共汽车公司是想开车,后来没开上。我想实际上没得到,口头上也要得到"。问及为什么供假案时答:"他们总审问我,让我交代,我就给他们编。"被鉴定人知道自己的出生年月及简历,述说小时候学习基本上能跟上班,就是上课时好说话。检查过程中被鉴定人注意力集中,情感自然流露,未见幻觉、妄想等其精神病性症状。智商测定:88。鉴定结论:病理性谎言,作案时对自己的行为有辨认和控制能力,评定为完全责任能力。[①]

病理性谎言患者常有法律上的问题。一方面,为矫饰其谎言而产生伪造证件、盗窃、诈骗行为,或由于无休止的谎言而激怒他人而给自己带来人身的损害,如本例的盗窃行为就带有一定的"办乐队"动机色彩;另一方面,此类患者为引起注意或赞扬而给自己罗织罪名,作出大量生动的、情节恶劣的虚假供述,造成认定事实上的困难。此时作为司法人员,应深入了解此类患者的特征,应进行全面、详细、客观深入的调查,重证据,轻口供,不偏不倚。在讯问过程中,尤应注意不诱供,不去暗示患者。

① 参见林驰:《论病理性谎言的司法精神医学鉴定》,载《第五次全国法医学术交流会论文集》1996 年 9 月。

第五章　精神障碍者性犯罪

“性犯罪”是一个犯罪学概念，对这一概念犯罪学界及刑法学界尚无一致认识。刘白驹认为，犯罪学上的性犯罪是指侵犯他人性权利、性尊严或妨害与性有关的社会秩序和社会风化而被刑事法律和治安法规所禁止的行为。1997 年修订的《刑法》直接规定以下与性有关的行为构成犯罪：

(1)强奸(根据《刑法》第 236 条构成“强奸罪”)；

(2)奸淫幼女(根据《刑法》第 236 条第 2 款构成“奸淫幼女罪”)；

(3)强制猥亵侮辱妇女(根据《刑法》第 237 条构成“强制猥亵侮辱妇女罪”)；

(4)猥亵儿童(根据《刑法》第 237 条第 3 款构成“猥亵儿童罪”)；

(5)利用迷信奸淫妇女(根据《刑法》第 300 条第 3 款构成“利用迷信奸淫妇女罪”)；

(6)聚众淫乱(根据《刑法》第 301 条构成“聚众淫乱罪”)；

(7)组织、强迫、引诱、容留、介绍他人卖淫(根据《刑法》第 358 条至第 362 条分别构成犯罪)；

(8)制作、贩卖、传播淫秽物品(根据《刑法》第 363 条至第 367 条分别构成犯罪)。

除上明文规定的犯罪外，以下行为也可构成性犯罪：

(1)强行鸡奸(根据《刑法》第 246 条可构成“侮辱罪”)；

(2)家庭性虐待(根据《刑法》第 260 条可构成“虐待罪”)；

(3)奸尸(根据《刑法》第 302 条可构成“侮辱尸体罪”)。

除以上《刑法》规定的各类“性犯罪”外，还有一些为《治安管理处罚条例》所禁止的行为也可归于“性犯罪”的范畴，如卖淫、嫖娼，及尚不够刑事处罚的侮辱妇女等行为。

精神障碍者在精神障碍的支配或影响下,也有可能进行性犯罪。与精神正常者相比较,精神障碍者的性犯罪在类型方面有一个突出特点,即精神障碍者所进行的性犯罪,一般动机比较单一,是以满足自身性欲为主要目的。根据精神障碍者性犯罪的调查情况,其常见类型为:(1)强奸;(2)性暴虐;(3)猥亵;(4)反自然性行为。

第一节 强奸

一、强奸犯罪的构成要件

在我国,刑法规定的强奸罪是指违背妇女意志,使用暴力、胁迫或者其他手段,强行与妇女发生性交的行为,或故意与不满 14 周岁的幼女发生性关系的行为。其犯罪的构成要件有如下几个。

(一)主体要件

该罪主体是特殊主体,即年满 14 周岁具有刑事责任能力的男子,但在共同犯罪情况下,妇女教唆或者帮助男子强奸其他妇女的,以强奸罪的共犯论处。

(二)主观要件

该罪在主观方面表现为故意,并且具有奸淫的目的。如果只是以性交以外的行为如抠摸、搂抱等猥亵行为以满足性欲的,不构成强奸罪,而以强制猥亵罪论处。

明知妇女是不能正确表达自己意志的精神病人或有严重痴呆的人而与之性交的人,不管犯罪分子采取何种手段和被害妇女是否“同意”,都应视为违背妇女意志,构成强奸罪;对患有间歇性精神病妇女在精神病没有发作期间同意与之发生性交行为的,不构成强奸罪;对确实不知道妇女是青春型精神病患者,在妇女的勾引下与之发生性交行为的,一般不宜以强奸罪论处;对确实不知道妇女患有较轻微的痴呆症,在女方自愿或在女方主动要求下与之发生性交行为的,不宜以犯罪论处。

(三)客体要件

该罪侵犯的是妇女性的不可侵犯的权利,即妇女按照自己的意志决定正当性行为的权利。犯罪对象是所有女性。

(四)客观要件

1. 强奸罪客观上必须具有使用暴力、胁迫或其他手段,使妇女处于不能反抗、不敢反抗、不知反抗状态或利用妇女处于不知、无法反抗的状态而乘机实行奸淫的行为。

2. 须违背妇女意志,违背妇女意志是强奸罪的本质特征。中国的强奸罪保护的是性自主权。因罪犯实施强奸时采用的手段和造成的客观条件不同,对被害妇女的强制程度也相应有所不同,不能简单地以被害妇女当时有无反抗来作为认定强奸罪的必要条件。

二、强奸者精神障碍类型

在犯罪学中,人们分别从生物学、社会学、精神医学、心理学等角度对强奸犯罪进行了研究。因为强奸犯罪的发生与生物性本能有着直接的关系,因此从激素水平、分子生物学、信号传导通路等分析强奸的生物学原因是有重要意义的。而犯罪社会学认为强奸犯罪受社会因素影响大,应归为社会问题。精神病学家和心理学家认为,强奸者有严重的精神疾病,与人格障碍、心理失调有关。

在强奸犯罪中,包括普通强奸者和精神障碍强奸者。有学者将普通强奸者分为冲动型(临时起意)、权势型(高智商,精神上强制被害人使其就范)、投机型(选择不能或不知反抗的妇女作案)、惩罚型(将强奸作为惩罚报复手段)、占有型(强行发生关系达到长期占有的目的)等五种类型。[①] 而对于精神障碍强奸者,本书将其分为精神病性障碍者强奸犯罪与非精神病性障碍者强奸犯罪。

三、精神病性障碍者强奸犯罪

(一)精神分裂症者强奸犯罪

总的来说,精神分裂症者具有特征性的思维和知觉障碍、情感、行为不协调,增大了其暴力行为的可能性。而暴力行为不仅包含躯体伤害,而且包含违背意愿的性行为和带有明显伤害企图内容的威胁,有的也可指向对财产的损毁和对自我的伤害。

---

① 参见刘白驹:《精神障碍与犯罪》,社会科学文献出版社2000年版,第427~429页。

但相比其他暴力犯罪，精神分裂症的强奸犯罪相对较少，黄杏梅等报告的60例精神障碍者的强奸犯罪，其中精神分裂症 18 例，占 30%，①在彭超英等报告的55 例男性精神障碍者性侵害案例中，精神分裂症 17 例，占 30.9%。② 在精神分裂症患者中，青春型精神分裂症者可有性欲亢进，幻觉和妄想的内容多与色情有关，可表现出下流的举动，调戏猥亵、强奸妇女或儿童。而其他类型的精神分裂症者性欲一般是减退的，③且精神分裂症者的攻击行为一般以暴力伤害或非性交的方式发泄，不会直接以性侵犯为主，如果发生强奸犯罪，大多是在缓解期或残留期。

（二）精神发育迟滞者强奸犯罪

根据统计资料，在我国精神障碍者强奸犯罪案例中，以轻、中度精神发育迟滞者为最多。④ 精神发育迟滞者因为智能低下、行为能力差，不能建立良好的社会关系，难以找到合适的工作，大多也不能恋爱结婚，但又有着正常的性需求，其排解和发泄的渠道只能通过手淫、奸兽等方式。如受到色情文化及不良的性刺激，由于其缺乏是非观和道德感，容易产生性犯罪意向。轻、中度精神发育迟滞者有一定的智能，行为能力尚可，具备强奸犯罪的行为能力，而重度精神发育迟滞者往往因其智能障碍和行为能力有限，发生强奸犯罪的案例较少。

精神发育迟滞者强奸犯罪有冲动、简单粗暴的特点。表现为：

第一，自我保护意识差，一有性冲动，立马付诸实施。作案地点、时间往往不加选择，田间地头、猪圈牛棚、路边厕所等都可以成为作案场所，或直接在自己住所或受害人家里作案。

第二，作案对象多为与之密切接触的女性。有资料显示，精神发育迟滞者选择的作案对象多为幼女、少女。有学者认为，他们是认为这一人群容易被制服。但也有学者认为，精神发育迟滞者因社会功能差，不能融入成人的世界，往往与幼童、青少年在一起接触较多，因此她们只是恰好在精神发育迟滞者有性冲动时在附近罢了。精神发育迟滞者在性冲动难以控制时，往往不加选择地侵犯就近的对象，甚至侵犯自己的邻居、亲戚、姐妹、母亲等。

第三，强奸未遂率相对较高。精神发育迟滞者行为能力差，手段笨拙，相当数

---

① 参见黄杏梅：《82 例性暴力的司法精神医学鉴定分析》，载《中国神经精神疾病杂志》1996 年第 3 期。

② 参见彭超英：《男性精神障碍者性侵害案例分析》，载《临床精神医学杂志》2007 年第 5 期。

③ 参见杨德森主编：《基础精神医学》，湖南科学技术出版社 1994 年版，第 310 页。

④ 参见刘协和：《法医精神学病》，人民卫生出版社 2004 年版，第 37 ~ 38 页。

量的受害者可进行有效的反抗。他们可在光天化日之下作案,常被人及时发现并制止。部分精神发育迟滞者虽有性冲动,但根本不知要如何发生性行为,或实施大致的模仿动作,不能真正实施性行为。

第四,可造成严重的危害。精神发育迟滞者往往暴力冲动过度,不计后果,如果不知道如何实施性行为或实施不成功,则可能实施性变态行为,如抠摸性器官、咬乳房、虐伤躯体、杀人后奸尸等,造成严重后果。

【案例】

被鉴定人车某,男,19岁,未婚,文盲,农民。车某自幼发育不良,3~4岁时才长出牙,6岁才会走路,7岁上学,由于智力低下被迫退学,11岁才能辨明家庭中成员的相互关系,记事后只能做捡柴草、拾粪等简单劳动。10岁时曾高烧,呕吐,痉挛大发作,尿失禁,此后常有癫痫发作,呆傻很明显。在农业劳动中,想干就干,不高兴就不干,到别人家有时看到什么新鲜东西都拿,曾有数次偷窃村里代销店的东西。16岁时曾有一次企图强奸一女孩,女孩呼叫,周围有人赶来,以致强奸未遂。7个月前一次曾无故剪掉一名女青年的辫子。车某平时总喜欢与女青年逗闹,看到青年人谈恋爱、结婚,车某曾表示羡慕。车某有吸烟、饮酒习惯。车某于某日上午乘家中只有母亲一人的机会,猛扑向母亲,将她按倒在炕上,强行扒裤子,其母反抗,并喊叫救命,车某用手掐母亲脖子、捂嘴、打嘴巴等暴力手段,致使其母昏迷,之后车某即进行了强奸。次日其母含愤服盐卤自杀而死。在审讯中,发现车某对时间记忆不清楚,没有数字概念,有答非所问的表现。车某的哥哥又介绍说车某有癫痫病和呆傻表现。司法机构要求对车某进行司法鉴定。

精神状况检查所见:车某神识清楚,衣着整齐,说话口齿含混不清,言语贫乏,接触被动,表现欣快的面容,知道自己叫车某,属兔的。但对多大年龄回答不上来。当问及强奸事件时,车某答:“是在舅舅家干完农活儿喝酒后,晕晕乎乎回到家的,突然想到要祸害她(指母亲)。”事后车某认识到这是流氓行为,并说:“坏事了。”表示对此很后悔,知道自己犯罪了。车某还说:“我把她祸害了,她见不得人了,才喝盐卤死的,我不是人了,我和她一起死。”对强奸原因车某解释说,“是因为母亲不给我找老婆。”当问车某老婆在家应该做什么事,他回答称:“喂猪,做饭,洗衣,生孩子。”车某承认有抽风病,抽时咬牙,手脚抽动,脑子乱。检查表明,车某计算能力差,对简单个位加法也不能计算,一般常识如对1年有多少季节、每个季节有何特点、1 周有几日，以及有何节日等简单问题都不能回答。对事物的理解判断能力的检查表明，车某在各方面的能力都明显减低，韦氏成人智力量表检查结果为：智商 43，属于中度精神发育迟滞。根据社会适应能力来判断，车某较接近重度精神发育迟滞。车某自幼发育不良，10 岁患癫痫，此后常有痉挛发作，精神状态和智力检查都说明明显智力低下，对事物理解、判断能力明显减弱，对他所犯罪行行为控制能力也有明显减弱，判定为限定责任能力。[①]

四、非精神病性障碍者强奸犯罪

（一）器质性精神障碍者强奸犯罪

与其他类型的精神障碍相比，器质性精神障碍患者发生强奸的较少见，其原因是器质性精神障碍的多数症状不但与性没有关系，反而可以妨碍性行为的实施。部分器质性精神障碍患者如老年性痴呆，可有性欲亢进的表现。因其思维能力、道德观念下降，可能会出现强奸行为。多以诱骗青少年女性达到奸淫的目的为主，很少通过暴力实施。

此外，有少量的强奸案件是病理性醉酒、复杂性醉酒者在意识障碍的情况下实施的。因酒精抑制高级神经中枢，刺激本能欲望的释放，使醉酒者失去控制实施强奸行为。意识障碍的情况下作案者不能回忆作案当时的过程。

（二）人格障碍者强奸犯罪

人格障碍者有明显的暴力攻击性和反社会性，且社会功能较差，大多无稳定的家庭和工作。在环境的影响和刺激下，可因性欲冲动而发生强奸。在犯罪过程中保持完整的辨认能力，但行为具有冲动性、暴力性。

第二节 性暴虐

一、性虐待癖

性虐待癖，是一种以虐待行为作为满足性欲主要途径的性偏好障碍。对于性

---

① 参见李从培：《司法精神医学鉴定的实践与理论——附各类鉴定案例 97 例分析讨论》，北京医科大学出版社 2000 年版，第 151～152 页。

虐待者来说，性欲与虐待是联系在一起的，他们不仅可以通过虐待唤起性欲，而且可以通过虐待满足性欲，甚至有些性虐待者完全没有正常的性行为，只通过虐待满足性欲。性虐待癖在 CCMD－3 中属于性心理障碍（性变态）。

在临床上，性虐待症包括主动的和被动的两种表现。以前法国一个侯爵叫作撒德，他在生活中喜欢对女性施加虐待，在他的著作里也描写了许多这类性的变态现象，所以，主动的虐待症也就是喜欢虐待别人，命名为撒德现象（Sadism），中文译为施虐症。19 世纪奥地利有一个小说家名叫马索克，他本人是一个被动虐待症病人，在他的作品里描述了许多这类变态的性活动。因此，被动的虐待症就被命名为马索克现象（Masochism），中文译为受虐症。SM 是“sadomasochism”的简称，就是虐待与受虐，尤其在性方面。通常 S 是施虐方，M 是受虐方，S 也被叫作主人，M 是奴隶。换言之，在 SM 中，S 是施虐方同时也是主，M 是被虐方同时也是奴。SM 绝非只是性虐的关系，同时也是主奴的关系。SM 是一种性快感与痛感联系在一起的特殊性活动，即通过痛感获得性快感的性活动，是一种性欲倒错，其中的疼痛既包括肉体痛苦（如鞭打导致的痛感），又包括精神上的痛苦（如羞辱、支配所导致的痛苦感觉）。

因此，性虐待癖可在性交前或同时，对性对象施以精神或肉体上的折磨而从中获得性的满足；或主动要求对方对自己施加肉体上或精神上的痛苦，以获得性快感和引起性冲动，有咬、掐或恶言辱骂，稍重的可能把性对象五花大绑，戴脚链手镣，甚至皮鞭相加等，最严重会虐杀致命，从杀人行为中获取性快感，这种性施虐癖被称为性欲杀人狂或色情杀人狂。

性施虐狂往往只顾自己发泄而不管对方，为所欲为，使受虐者常处于一种抑郁、恐惧、痛苦的境地。一些妇女，尤其是农村中逆来顺受，嫁鸡随鸡，嫁狗随狗的妇女，由于长期受男尊女卑、贞操观等传统思想的影响和束缚，在性生活中，受性施虐的情况耻于向人泄露，以致受害妇女的不幸处境很难让别人知晓和得到帮助。性施虐者也不能得到及时有效的制止和必要的矫治，甚至会得寸进尺，变本加厉地对对方进行性折磨，以致向恶性案件发展，酿成家庭和社会的悲剧。性施虐狂是性心理障碍（也称性变态）中最为严重，也是危害最大的一种。对于性施虐狂的产生，可能是一种所谓的对自卑感的过度补偿。为了补偿这种自卑感，他们常会出现一种反常态的强烈意识，结果是对更为软弱的异性施暴，以发泄其扭曲的性心理，或表现出自己的某种权威感、欺凌感。对性施虐狂的另一种观点认为，这种人可能在人生旅途中遭受过挫折或被欺凌，也可能经历过异性的拒绝、侮辱等形成的某种心理压抑。这种恶劣的情感体验会使性心理发生突变，逐渐导致怪异甚至残忍行为，于是形成了发泄的、报复的、反抗的性心理、性行为。还有一种观点认为，性施虐狂可能是由于幼年生活中形成的对性关系的错位心态，或是模仿文学作品、影视录像中的不正常行为而产生的。当然，对性施虐狂还可从文化素质、社会环境，不良的传统等方面加以分析。不管有多少种观点、分析，但有一点却是共同的，即这同样属于婚姻中的性暴力，同样会给对方造成极大的身心伤害，同样有可能给家庭、婚姻带来不幸，甚至触犯法律。

性虐待癖的外在表现是实施虐待，虐待方式如殴打、捆绑、针扎、鞭挞、电击、火灼、拔毛、毁容、扼颈等。值得注意的是，这些可能造成伤害的行为不一定构成犯罪。如性施虐癖者应性受虐癖者的要求施以虐待，且虐待行为并未超出受虐癖者要求的程度，则其行为属于个人隐私，并无外人干涉的必要。在西方一些国家，甚至有提供施虐或受虐服务的职业。当然，如果虐待行为导致性受虐者死亡，施虐者必须受到法律的制裁。根据犯罪情节的不同，其行为可能构成故意伤害罪、过失杀人罪或故意杀人罪。

二、性欲伤害

性欲伤害是一种暴力型犯罪，行为人为满足性欲而伤害他人，在伤害他人的过程中行为人可获得性兴奋。

需要注意的是，性欲伤害者与暴力强奸犯相比有其异同。相同之处都是以暴力的方式来满足自身的性欲，相异之处是两者满足性欲的方式不同。性欲伤害案件中，行为人获得性兴奋的主要途径是虐待，暴力是虐待的主要手段，虐待可以直接带给行为人性高潮，而性行为只是辅助行为，可能出现，也可能完全没有，这也是性心理障碍的一种表现。而暴力强奸案中，行为人获得性兴奋的主要途径是性交，使用暴力一般是为了制服被害人或者为了使被害人不要报案而采取的威胁手段。在一些暴力强奸犯罪中，暴力虽然也具有虐待的性质，并且行为人也可能从中获得一定程度的快感，但行为人仍然把性交作为满足性欲的主要途径。暴力只是作为提高性欲的辅助行为。

性欲伤害者以暴力、胁迫或其他手段控制被害人，或拘禁、或捆绑，使被害人失去反抗能力。被害人的孤立无援、任人宰割的情况，可给虐待者极大的刺激。

他们将被害人当成奴隶，期望能长期施以折磨。他们往往让被害人赤身裸体，作出种种屈辱的姿势、动作，施用各种手段折磨、残害被害人的身体，使之遍体鳞伤，并从中体会到强烈的性兴奋，也可能用下流语言进行调戏、侮辱，奸淫被害人，并将性敏感部位作为他们摧残的重点部位，甚至将被害人折磨致死。

还有些性欲伤害者采取突然袭击的方式，用尖利的工具如尖刀、锥子、钢钉或腐蚀性液体伤害妇女的身体，被害人的痛苦、恐惧、愤怒可引起他们的性兴奋。由于作案经过精心预谋，作案后多可迅速逃离。此类犯罪常常是连续作案，作案手段基本相同，且往往在同一区域，会引起民众极大的恐慌。

性欲伤害一般可构成故意伤害罪，也可在故意伤害罪的基础上，犯非法拘禁罪或强制猥亵妇女罪或猥亵儿童罪。如果虐待者同时进行了强奸，则还应定强奸罪。

三、性欲杀人

性虐待的极致便是为了满足自身的性欲而杀人，也称作性欲杀人狂或色情杀人狂。他们把杀人看作行为艺术，在杀人过程中慢慢品味被害人在死亡过程中的精神上和身体上的种种反应，惨叫、挣扎、呻吟、抽搐，都可以带给他们性兴奋甚至性高潮，他们大多选择将人慢慢折磨致死的方式，充分地享受杀人过程带给他们的愉悦。性欲杀人狂也有先奸后杀的情况，但杀人是满足其性欲的主要途径，性交只是他满足性欲的次要途径。

有些性欲杀人狂在杀人后，还要蹂躏残害尸体，有的用利器划烂身体，有的捅刺性敏感部位，有的将器官切割下来，有的将尸体大卸八块，并用各种方法将人肉烹饪而食之。

性欲杀人狂犯罪有其特点：有些人会回到犯罪现场，回味犯罪情形，以加深印象，或者回现场再次查看被害人的尸体，并可能奸尸。还有许多罪犯会把被害人的物品、被害人身体的某一部分、在犯罪时拍摄的照片、报道案情的报纸保存起来，并反复拿出来把玩、重温。有些罪犯故意留下线索，将警方牵着鼻子走，并非常关注破案进度，体验自己掌控大局的感觉。

性欲杀人狂很多会连续作案，成为连环杀手。在美国的几个著名的连环杀手都是性欲杀人狂，如下例，但也要注意，连环杀手不一定都是性欲杀人。

【案例】

西奥多·罗伯特·邦迪,男,1946年生,为私生子,有着英俊的外表。曾在西雅图华盛顿大学获得过心理学学士学位,后又在盐湖城犹他大学攻读法学博士学位。从1974年1月到1978年2月,邦迪至少奸污杀害了20多名美貌出众的年轻妇女。实际上,邦迪罪行的开始时间以及究竟杀害了多少人,最终也没有搞清。邦迪自己说至少杀害了100人。邦迪作案手段非常残忍。他将妇女衣服扒光,进行凶残的殴打、虐待,奸污之后杀害,有些妇女的尸体被肢解。1978年1月15日深夜,邦迪竟然对5名妇女施暴。他带着棍棒闯入塔拉哈西大学女生联谊会宿舍楼的一个房间,对4名女生进行殴打,两人当场死亡。验尸表明,死者之一莉萨·莱薇曾遭到奸污。她的右乳头被咬掉,左臀部留有鲜明的牙印。她的阴道和肛门均有损伤。邦迪离开这里之后,在附近又将1名女生奸污,并进行殴打。邦迪的犯罪具有流动性,华盛顿州、科罗拉多州、佛罗里达州、俄勒冈州、犹他州等地都留下他的罪恶。他认为流动有利于掩盖犯罪。他还善于易容,可以使自己的容貌千变万化。1978年2月15日邦迪被捉拿归案。1978年7月31日邦迪被判处死刑。1989年1月24日邦迪被处决。

【案例】

2003年11月3日杨某在河北省沧州市落网,据其供述,此前在皖豫鲁冀4省作案22起,杀死65人,重伤5人,强奸23人。

杨某生于1968年,上有两个哥哥、一个姐姐,下有一个弟弟一个妹妹。他从小性格内向,不爱说话,喜欢画画。村民对他的评价是勤快、是个好孩子、老实得很。

因为学习勤奋,杨某成为家中唯一能够读上高中的人。但据村民介绍,家里却无钱供养他上学,他因此和父亲吵过架。据介绍,幼年的杨某上学时,一到周末就去割草、放牛,那时牛还是集体的,杨某放牛是为家里挣钱。读到高三时,杨某突然离家出走。据警方传出的消息,杨某辍学的原因是想外出闯荡,靠自己的双手过上好日子。此时杨某才十六七岁。其父后来得知杨某是去焦作煤矿打工去了,在这之后,杨某又到了太原一个建筑队做饭,并且给家人写了一封信,叫家人不要挂念。此后,杨某在外漂流打工,但从没给家人邮寄过钱。在这期间,杨某只回过家一次,并且在村边的砖厂干了不到1个月的苦力。据警方的消息说,他在打工中多次遭遇干了活拿不到工资的情况，终于有一次，他在一家餐馆打工时被拖欠工资，杨某一气之下偷拿了餐馆里的一个铝盆。这是他第一次偷盗，也是他第一次感到钱财也可以来得容易。

如何从一个“内向而老实”的农家少年变成杀人如麻的狂魔，杨某的变化路径和心路历程已无从还原。但显然有一些因素使其内心发生了剧烈的变异。

1988 年杨某被西安市灞桥公安分局劳教 2 年。1991 年又因扒窃被石家庄市长安公安分局劳教 1 年。

杨某父亲最后一次见到杨某是在石家庄，“我接到警察的通知，让我去认人，我赶去远远地看见他被带出来，他们不让我说话，啥也不告诉我”。杨父说，当时杨某就一直看着他，什么也没说。

在这一次劳教前，在家乡的女朋友告诉杨某，她会等待他回来。失去自由的日子里，杨某一直用恋人的守候来安慰自己。但 1 年之后，杨某满怀期待地回到家乡找到这位姑娘时，却正好赶上她结婚的日子。

杨某再次离家出走后就没有回来过，1996 年在家乡驻马店市正阳县，杨某因强奸未遂被判刑 5 年，2000 年被提前释放。在这起案件中，杨某试图强奸一名妇女，遭遇激烈反抗并被咬掉一大块舌头，为了疗伤，“口里含了几天的鸡蛋清”。

情变与强奸中受创，警方人士分析说，这可能是他后来对女性特别嫉恨的原因。这也使他在作案中特别心狠手辣，不留活口。出狱之后，杨某聚合了一批人结伙乞讨和盗抢。但在一次失手之后，他总结出经验，一定要单干才保险，从此开始了独脚大盗的生涯。

此后的大部分案件中，杨某都会事先踩点，发现家中有年轻女性或幼童之后才会动手。杨某 26 起命案的受害者大都有相似的情况，甚至和杨某自己的家有几分相像，偏僻的小村落，偏僻简陋的房屋，没有围墙，或者围墙很低，房门很容易拨开。杨某总是在夜深人静的时候潜入，用锤子、刀或者绳子作为凶器，杀死家里的每一个人，然后对妇女、女孩的尸体进行性侵害，有时也包括男孩。然后，浓重的夜色中，一身血腥的杨某经常徒步几十里逃窜，在他感觉安全的时候才会停下喘息。杨某在犯罪现场几乎不留自己的任何痕迹，包括精液。他射精时都把精液射在一块布里带走，不留在受害人身体里。杨某主要的凶器是锤子，每次作案后他都重新换一把。有时为了避免留下脚印，他会在鞋上再套一双袜子。他也曾戴着白手套作案。

杨某的最后落脚点是河北沧州,据警方透露,杨某在沧州的一次偷盗中得款6000元,这是他得手的最大一笔钱。杨某由此认为沧州人很有钱,并有意将其作为一个长期的根据地。杨某说,在沧州的那段日子是他一生中最高兴的时间。他已在山东踩好一个点,在石家庄踩好两个点。

但这段"高兴的日子"也是他最后的末日,沧州最终成了这名杀人恶魔的被擒之地。据称,警方对杨某作案动机的分析是"报复社会",因为很多灭门案件中,他不以劫财为目的,只是杀人和强奸。

在父母和乡亲们的印象里,杨某沉默寡言,他被抓获后,在审讯时,却非常有表现欲,讲起杀人经过声音高亢,滔滔不绝,表现出惊人的记忆力。河南一位警察称,杨某被捕后甚至回忆起多年前的作案细节时还是能丝毫不差。当他开始供述自己曾经犯下的罪恶时,脸上始终堆着笑容,当民警在讯问过程中,要求他把所有抢劫、盗窃的犯罪事实叙述出来时,杨某透出一脸的不屑,说那些鸡毛蒜皮的事还说它干啥?他的犯罪目的就是杀人和强奸。杨某在性心理方面表现出某些异常,据他被捕后对审讯人员交代,他对30岁以上的女性一点没兴趣。在多起案件中他都有奸尸的行为,甚至有鸡奸男童的行为。据警方透露,他还时常招妓,即使在河北沧州被捕之后,他还不无惋惜地叹道,身上还有500元钱,早知如此该去找个"小姐"花掉。此外,杨某还有写日记的习惯,作案后常常会记上一段,但又常常在后来把它烧掉。

系列杀人案的犯罪人一般都在青少年时期受过严重挫折。他们的共同特点是内向、少言、孤独,这使他们几乎不能通过与别人交往来缓解内心的挫折感,心理阴影长期存在。从内心来说,他们是自卑的,一心想寻求心理上的补偿。由于人生观出现严重偏差,又缺乏情感体验,犯罪人处于一种欲求不满的状态,而杀人和强奸行为使他们感觉到自己是个强者,得到强烈的征服感和满足感,这也是他们对整个社会仇恨的外化表达,特征就是暴力倾向。在他们看来,只有通过犯罪活动才能宣泄和消除压力。犯罪人自我控制能力弱也是犯罪产生的原因之一。自我控制能力较强的人在对待不公平待遇上一般采取比较中庸的态度和缓和的方法,而自我控制能力弱的人则常常行为失控,行事极端。

第三节 猥亵

猥亵,是指以刺激或满足性欲为目的,用性交以外的方法实施的淫秽行为。广义的猥亵包括除强奸、乱伦外所有妨害社会风化的色欲行为,如鸡奸、兽奸、当众手淫、散布淫秽书籍图像等;狭义的猥亵包括公开暴露生殖器官,强制或互相自愿在对方性敏感区进行抠摸、搂抱、吸吮、舌舐等行为。我国 1997 年修订的《刑法》从原流氓罪中分解出强制猥亵侮辱妇女罪、猥亵儿童罪,开始设立猥亵罪的先例。它与原流氓罪的主要区别是,侵犯的客体是健全的性的风俗和秩序而非社会公共秩序,犯罪对象一般特定,主观上具有寻求刺激、兴奋,满足性欲的目的而非寻求其他精神刺激的目的。其他猥亵行为或猥亵儿童行为显著轻微的适用于《治安管理处罚法》。本节所说的猥亵主要是《刑法》中的强制猥亵妇女罪、猥亵儿童罪和《治安管理处罚条例》所说的侮辱妇女等行为。

一、强制型猥亵

强制型猥亵,是指以强制方法猥亵异性的行为。所谓"强制",是指以暴力、胁迫或者其他手段逼被害人就范。其中,暴力是指对被害妇女的人身采取殴打、捆绑、堵嘴、掐脖子、按倒等侵害人身安全或者人身自由的强暴方法,使妇女不能反抗;胁迫是指对被害妇女采取威胁、恐吓等方法实行精神上的强制,使妇女不能反抗。例如,以杀害、伤害、揭发隐私、毁坏私誉、加害亲属等相威胁,利用收养关系、从属关系、职务权力以及使被害妇女处于孤立无援的环境进行挟制等。所谓其他手段,是指用暴力、胁迫以外的其他使妇女无法反抗、不知反抗的手段,如趁妇女患重病、熟睡、醉酒、昏迷时进行猥亵,假冒治病对妇女进行猥亵等。对无行为能力的未成年人、精神病患者进行猥亵的行为,虽可能未使用暴力或胁迫,但也属于强制型猥亵。

强制型猥亵是针对异性的犯罪,侵犯的是异性的性权利、性尊严。根据我国《刑法》,强制型猥亵可构成强制猥亵侮辱妇女罪或者猥亵儿童罪。但并非任何强制猥亵、侮辱妇女的行为都构成强制猥亵、侮辱妇女罪,如果情节显著轻微、危害不大的强制猥亵、侮辱妇女行为不视作犯罪。如果行为人具有强奸目的,只是把猥亵作为强奸的铺垫,然后进行了强奸,或者因客观原因未能实施强奸,应定为强奸罪(既遂或未遂)。将被害人杀死后进行猥亵的,应定故意杀人罪。将被害人重伤后进行猥亵的,应当以强制猥亵侮辱妇女罪或猥亵儿童罪、故意伤害罪并罚。猥亵行为造成被害人重伤、死亡的和在猥亵后又将被害人重伤、杀死的,应分别定强制猥亵侮辱妇女罪或猥亵儿童罪和故意伤害罪或故意杀人罪并罚。

强制型猥亵可见于精神障碍者,但其发生率无具体统计数字。由于强制型猥亵与强奸未遂难以区别,且精神障碍者的犯罪目的难以确定,因此精神障碍者发生的强制性猥亵有可能被当作强奸未遂。据现有资料表明,人格障碍者、性变态者、精神发育迟滞者及老年性精神病患者发生强制型猥亵比较多见。

性变态者发生强制型猥亵的,以恋童癖者和性施虐癖者常见。恋童癖者对儿童的性侵犯,实际上猥亵比奸淫更为常见,特别是在思想意识相对落后的农村地区和社会基层。因为被揭发的猥亵,大多是造成严重后果的猥亵,而相当数量的猥亵因为被害儿童理解力有限,或错把猥亵当爱抚,并未向公众揭发。而性施虐者的猥亵有其特殊性,他们在施虐时的暴力行为,不仅仅是强制的手段。

精神发育迟滞者发生强制型猥亵的原因,与其发生强奸的原因基本相同。不过也有人指出,有的精神发育迟滞者猥亵妇女,可能是出于对妇女身体的好奇。精神发育迟滞者猥亵的对象,也多是幼女。对成年妇女实施的猥亵,往往使用暴力,可能造成严重的后果。

一部分老年性精神病患者有性欲,但性功能减退,会试图用猥亵行为满足性欲。而幼女更易被哄骗和控制,常常成为被猥亵的对象。他们通常采取哄骗、利诱或恐吓的方法来达到目的,较少使用暴力。

二、骚扰型猥亵

(一)概述

骚扰型猥亵与强制型猥亵的主要区别是没有对被害人进行强制,但同样构成对异性的人格和性尊严的侵犯。骚扰型猥亵的手段主要是一些下流非礼的行为,一般不对被害人的身体造成损伤。这些行为有的是公开进行的,如在大庭广众之下挑逗异性,动手动脚;有的是半公开的,一般只有行为人与被害人知道,如在人多拥挤的地方,故意触摸、碰撞、摩擦异性的性敏感部位;有的则具有隐蔽性,不易被人察觉,如偷窥异性如厕、沐浴。

骚扰型猥亵在各国有不同的处理。有的国家列入猥亵罪,有的国家列为轻犯罪。如日本的《刑法》除有猥亵罪外,在《轻犯罪法》中将“无正当理由,偷看他人的居室、浴室、更衣室、厕所或者其他一般不着衣服的场所”等行为列为轻犯罪。[①]在我国《刑法》1997 年修订前,根据有关司法解释,骚扰型猥亵行为情节、后果比较严重的,可按流氓罪处理;《刑法》修订后,骚扰型猥亵是否构成犯罪也不很明确。在 1997 年《刑法》中,第 246 条关于侮辱罪(以暴力或者其他方法公然侮辱他人)的规定。第 293 条寻衅滋事罪(追逐、拦截、辱骂他人,情节严重的)规定,可适用于骚扰型猥亵的一些类型。但总的来说,骚扰型猥亵行为根据我国《治安管理处罚条例》予行政处罚的为多。

(二)精神病性障碍者的骚扰型猥亵

骚扰型猥亵在精神障碍者中比较多见,可见于青春型精神分裂症、躁狂症、精神发育迟滞、老年性精神病等多种精神障碍患者中,如进行纠缠、搂抱、说下流话、做下流动作、裸露躯体、偷窥异性身体等。他们的猥亵行为多没有预谋,也不注意选择对象和场合,有的甚至猥亵亲属。由于他们不能十分清楚地认识自己行为的性质,也不能很有效地控制自己的行为,往往一犯再犯,不能从惩罚中吸取教训。

(三)非精神病性障碍者的骚扰型猥亵

骚扰型猥亵也可发生于人格障碍者、慢性酒精性中毒患者及性心理障碍者中,其中以性心理障碍者更常见,又称为性变态,其寻求性满足对象或性满足方式上与常人不同,且违反了当时社会习俗的心理行为,常见的如摩擦癖、露阴癖、窥阴癖等。这些行为都可构成骚扰型猥亵。下面分述之。

1. 摩擦癖

摩擦癖(Frotteurism)又称挨擦症,主要表现是经常在拥挤的场所以身体的某一部位如生殖器、手、胸部、胳膊摩擦、挨挤、碰撞陌生异性的臀部、乳房、大腿、手等部位,以激发或满足性欲,并可伴有射精或者手淫的行为。摩擦癖者通过习惯性和癖好性的触碰、摩擦异性身体获得性快感,是性心理障碍的一种,主要为男性。他们并不像人们认为的那样都是好色之徒,平时他们的工作、学习方面都表现良好,对待异性态度是有礼貌或是腼腆的,并无轻浮的举止。而对自己的摩擦行为,他们绝大多数都知道是违法或犯罪的,但他们难以控制强迫性的摩擦冲动。

---

① 参见《日本轻犯罪法》,郭布、罗润麒译,载《法学译丛》1979 年第 6 期。

摩擦癖的发生有其心理原因,如家庭因素:不少患者在少儿时代生活在性封闭的家庭环境里,有着性压抑的经历。如一男性患者,从小生活在仅有母亲的单亲家庭里,受母亲的严格管教。因长辈婚姻不幸,使他性情孤僻,不与同龄女孩接触,对性生活有明显反感。患者成年后一般情况良好,智力健全,但仍回避与相识异性接触,有明显的害羞反应,后通过在公共汽车上与陌生异性拥挤而产生性兴奋和性快感,变为摩擦癖者。再如偶然因素:患者大多数是在儿童或青少年时期性心理发育受阻的基础上,性快感体验与异性身体接触偶然地结合,并以条件反射机制固定下来而形成,成年后仍用儿童式的性行为来获得性快感性满足,以致发展成摩擦癖者。

摩擦癖的行为具有计划性和目标选择性,如对哪些场合人多拥挤事先都有了解,作案前会精心修饰自己,往往选择年轻貌美或自己有亲近感的一类陌生对象,其骚扰行为比较隐蔽,一般不会采取令被骚扰者太过难堪或明显反抗的行为。如果被骚扰者有反感,厌恶的反应,他们可能中止有关行为,装做一本正经、若无其事的样子;若被骚扰者默然避开或默许,他们可能会得寸进尺,做出更大胆的猥亵行为。摩擦癖者仅在触碰挤擦的过程中就可获得性满足甚至达到性高潮,这是与一般流氓的重要区别之处。

单纯的摩擦癖症状较常见,也有伴发其他精神障碍如精神病性障碍和发作性睡病的报道。①

【案例】

某患者,男,34岁,已婚,待业。因无法克制地经常在公共汽车上用阴茎顶撞异性臀部15年,焦虑不安伴凭空闻人语,被议论、被监视,疑人害他3年。3月,门诊以"精神分裂症"收入院治疗。患者兄妹5人,排行第五,上有4个姐姐,自幼跟姐姐们一起玩耍,上初中时曾无意用阴茎顶到姐姐的臀部,产生快感并射精,开始感到好奇和兴奋,后觉内疚。15年前的某天,患者初中毕业后在一次乘坐公共汽车时,见到一位漂亮、性感女子,无法克制自己上前用阴茎顶其臀部,在车行摇晃中产生快感并射精,之后产生强烈的满足感,回家后仍反复回忆这一经过。后来便有意乘坐较拥挤的公共汽车,伺机实施摩擦行为,每次都感到很满足。每次满

---

① 参见尹平、潘小平、邓慧琨:《摩擦癖合并发作性睡病1例报告》,载《中国神经精神疾病杂志》2003年第8期。

足后内心可安静2~3天后又再次出现焦虑不安,向往乘车体验。十多年来,来往只乘座公共汽车,用上述行为求得性满足感已不计其数。其间多次被受害人辱骂并遭致殴打,仍不能放弃摩擦行为。后患者经介绍结婚,夫妻性生活质量不好,常常早泄。患者称还是期望在公共汽车上摩擦陌生性感女性臀部,才能感到满足,患者知道此行为不道德,并为此感到十分苦恼和焦虑。近3年来,患者对自己这一行为感到内疚、自责和焦虑加重,经常为此而失眠,深怕妻子和家人知道自己的这种行为,整天在忧心忡忡、焦虑和摩擦冲动之间犹豫不决。在又一次被人当众辱骂之后,逐渐开始感到别人说话时认为是在议论自己的人品不好。夜深人静时在家凭空听到有许多人在议论自己不道德,是流氓恶棍,应当让公安局抓住,送往劳教所。上街时感觉有人跟踪自己,上公共汽车时感到有监控器监视自己,说有人要杀自己,公安局正在收集证据要抓自己等情况。整天神不守舍,注意力不集中,劳作家务无序,睡眠饮食差。为此先后3次住精神病院治疗,均诊断精神分裂症,服氯丙嗪、利培酮和氯氮平等多种抗精神病药物治疗,每次住院时患者的幻觉和妄想均在1周内完全消失,但焦虑、内疚和自责感依旧。院外除摩擦行为外的社会和个人生活能力未见异常。曾检查头颅CT、脑电图、诱发电位等均未见异常。内科及神经系统检查未见阳性体征。本次因再次出现摩擦行为,被当场抓获在扭送派出所的途中因极度恐惧和害怕的神情,被受害者送精神病院。门诊以精神分裂症收住院。

入院后精神检查:意识清,衣着整洁,交谈合作。可引出明显的言语性幻听,内容为有公安局的人在议论他,都在说他是一个流氓,应该送去劳教。存在关系、被害妄想,认为自己的行为不道德,成为人人喊打的坏分子,周围人想把自己害死,以便净化环境等等。表情十分痛苦,有明显的抑郁和焦虑情绪。智能、记忆正常,有强烈的求治欲望,对自己的行为及其法律后果十分了解。自知力完整。修订诊断为:摩擦癖伴发精神病性障碍。①

本例患者15年的摩擦癖病史中,近3年才出现明确的幻觉、妄想及情绪障碍,但是在幻觉、妄想的内容上看明显为继发于强烈的道德冲突,且多次住院后幻觉和妄想症状均很快消失,院外时的社会及个人生活能力并未受损,因此诊断精

① 参见周小东、宁卫东:《摩擦癖伴发精神病性障碍1例》,载《临床心身疾病杂志》2006年第3期。

神分裂症理由不够充分,主要表现还是摩擦癖的症状。

2. 露阴癖

露阴癖(Exhibitionism)的主要表现是以向陌生异性露出自己的生殖器作为偏爱、唯一的激发或满足性欲的方式。在其他器质性精神障碍者和精神发育迟滞者中的露阴及裸体行为不诊断为露阴癖。摩擦癖者用裸露的生殖器摩擦异性身体也不诊为露阴癖。分析露阴行为可以激发或满足性欲的原因发现,令露阴癖者感到兴奋刺激的并不是裸露生殖器行为本身,而是被骚扰者的反应。他们企图从被骚扰者的震动、恐惧、窘迫、厌恶、害羞等反应中体会到自己的男性威力。如果被骚扰者没有看见他们裸露的生殖器或虽然看见但没有任何反应,他们会非常沮丧。

这类人几乎都是男性,以 30 ~ 40 岁者居多,身着易于暴露也易于遮掩的大衣、风衣等宽大的服饰,多于傍晚、夜间在偏僻的场所或黑暗的角落里等候,当异性走近时突然露出生殖器,有的同时手淫,引起对方惊骇后即迅速离去,并不对异性发生其他伤害行为。也有白天实施此类行为的,多发生在行驶的车辆、地铁上,向路边的陌生异性突然暴露生殖器。露阴癖者的暴露行为并不是在大庭广众之下公然进行的,而是较隐蔽地选择他们偏爱的陌生女性,在较熟悉的场所进行,其选择对象的年龄、外形往往都是同一类型。选择陌生女性作案并不是出于自身的安全考虑,而是他们认为只有陌生女性才会对他们的露阴行为作出事先期待的反应。跟摩擦癖者相同,露阴癖者也深知自己的行为是违法行为,但其行为也具有强迫性特征,自身难以控制露阴冲动,一段时间不实施此行为就会使其焦躁难安,往往会不计后果地去实施露阴行为来获得暂时的解脱,事后感到心里平静、舒服。因此露阴癖者作案的时间、地点、方式上比较有规律,容易侦破。

3. 窥阴癖

窥阴癖(Visionism, Voyeurism, Scopophilia)的主要表现是,为达到性兴奋的目的,经常性地在暗中窥视异性下身、裸体或他人的性活动。是一种性偏好障碍。一般人对异性的生殖器都会好奇,都感兴趣,特别是男性,更容易接受视觉的性刺激,这是正常的,但一个性心理健康的人能够克制对异性生殖器的好奇,保持社会关系的和谐,尊重社会道德和他人隐私。窥阴癖者有着超出常人的对窥视异性阴部的欲望,且这种欲望是强烈而无法抗拒的,可直接引起性兴奋,以至压制了正常的性活动,对性器官交合反而不感兴趣。

窥阴癖者窥阴手段隐秘且极具耐心。千方百计、百折不挠的经常出没于可能有异性暴露身体的地方,如夜间长时间潜伏于他人住房窗外,等待异性更衣或可能的性行为的出现;或在厕所或浴室的墙壁上挖洞,甚至钻入粪池中偷看异性方便;有的在高楼上使用望远镜偷看别人的性活动;有的借助反光镜在公众场合偷看异性下身。在偷看时,他们尽量避免被窥视对象发现,也不会有进一步的侵犯行为。他们的行为往往表现出自己的偏好,多数作案手段较单一。

窥阴癖发生原因为幼年时受到不良视觉性刺激或不良的性经历影响,使性心理发育过程受阻,多发生于内向、孤僻、缺乏与异性交往能力的人或婚姻失败者。窥视类型取决于他们最初看到的并引起性兴奋的经历。少年时期偶然的窥视场景引起性兴奋,这些记忆对他们以后的性行为方式和习惯产生重要的影响,使其沉迷于最初的体验不能自拔,并在潜意识中把那种场面与性兴奋牢固的联系在一起,只能再现当初的场面才能获得性兴奋。

窥阴癖对性配偶的裸体或公开的异性暴露如色情表演、电影、杂志等并不热衷,只有在以隐蔽的、被禁止的方式下去窥视,才会感到满足。窥视的压力越大,越能得到性兴奋和性满足。他们在窥视时常常全神贯注地体味细节,不顾周围的环境,容易被人发现。窥视对象多为陌生异性,但也有例外。

【案例】

许某,男,35岁,外企职工,高中文化,已婚。许某性格内向、温和、安静,无重大躯体疾病史,家族无精神疾病史,家中排行老大,下有一弟,单亲家庭长大。妻子是小学教师,通情达理、温柔。高中毕业后在家务农,两年前来昆山入外企工作,妻子一直在家乡当教师。4岁时父母离异,跟随母亲在外婆家生活,随母姓。与小伙伴玩耍时常遭冷落,嘲笑其没有父亲,是“野种”。偶尔到父亲家时,同村人又讲其不随父姓,不是家族的人,患者感到屈辱、愤怒、伤心。大约10岁时,小学三年级时,某星期天村小学门口来了一个杂技团表演,患者个子小,站在人墙外看不见,正着急时一位年轻女教师走过来跟患者说:“你跟我来一下”,遂将患者带到其办公室,随即反锁上门,抓住患者的手按在自己乳房上,患者感到紧张、兴奋,手心直冒汗。成年后逐渐将此事淡忘,直到婚后一次去岳父家,无意间看见妻子赤身裸体洗澡,患者感觉非常新鲜、兴奋、刺激,一边偷看一边手淫,感觉非常舒服,手心直冒汗。

此后患者常偷看妻子洗澡、换衣服，被妻子发现后又常要求妻子脱光衣服供其欣赏，而对性交则无兴趣，偶尔性交也是匆匆了事；夫妻关系逐渐恶化，妻子骂其“变态、神经病”。患者转而到女浴室偷看，一边偷看一边手淫，手心直冒汗，感觉非常舒服。有几次差点被人抓住，事后非常后悔、害怕，认为自己“不应该这样下流，被抓住就完了”，但每次都控制不住，又要再犯。两年前夫妻关系面临破裂，患者来昆山入外企工作，由于工作忙没空出去偷看，环境又不熟悉，多次欲偷窥均未得逞，整日精神恍惚，无心思上班，工作经常是出差错，不得不多次换厂。患者感觉非常痛苦、自责，为此去医院咨询，希望能为他除此顽疾，恢复正常的性生活，希望与妻子和好，能正常工作上班。①

第四节 反自然性行为

反自然性行为是指违反自然习惯或风俗进行变态性行为的犯罪。美国、英国、加拿大、德国、法国、俄罗斯、西班牙、奥地利、瑞士、罗马尼亚、印度等国规定了本罪。对本罪的行为人，德国、英国、奥地利刑法明文规定只能是男性，而美国、加拿大、法国、西班牙、瑞士、印度等国未作任何限制规定，因此这些国家的女性也可成为本罪的行为人。本罪主观上出于故意，并且具有使自己或者第三人得到异常性刺激的目的。本罪侵犯的是他人的人身权利与社会风化。本节主要介绍奸尸、同性性侵行为。

一、奸尸癖

奸尸癖（necrophilia，necrophilism）主要指男性以女性尸体为性交对象，又称恋尸癖。男性恋尸癖又称奸尸癖或奸尸狂。这种人具有与尸体进行性行为的强烈欲望，这种冲动压倒甚至完全排斥了与活人性交的冲动。他们也可通过想象与尸体性交来达到性高潮。女性恋尸癖主要表现为病态地对尸体怀有爱恋和性冲动，可能有猥亵尸体的行为，但不与尸体发生性交。在 CCMD－3 中也属于性心理障碍（性变态）。

---

① 参见张传海、贺朝晖：《窥阴癖患者心理咨询报告》，载《临床心身疾病杂志》2008 年第 7 期。

并不是所有的奸尸行为都是奸尸癖所为。奸尸行为虽不为世人所理解,但古已有之。中国古籍记载的奸尸案例中,有贪财掘墓临时起意的盗贼、醉心女色藏尸密室的官长、家贫无妻而发冢负尸的樵夫、发掘诸陵后奸污皇后之尸者。[①] 中国古代明令严禁奸尸行为,明、清时规定"奸尸者死"。奸尸行为可见于强奸犯罪中,有些罪犯在进行强奸时,如被害人激烈反抗,往往将被害人杀害再行奸尸。被害人是刚刚死去的人,与睡着或昏迷的人并无多大区别。只要不是刻意选择死人来发生性关系,就不属于奸尸狂的范畴。

奸尸行为影响恶劣,奸尸癖的原因没有定论,有观点认为奸尸癖者通常性欲旺盛,智力或社会交往能力低下,与异性进行正常的性接触有困难,不得不选择死人来发泄性欲;有观点认为经常与尸体接触的人群如看尸人、守墓人可逐渐形成奸尸癖;还有观点认为奸尸癖者有强烈的支配欲,正常异性无法对其百依百顺,满足他们的需求,只有尸体能任其摆布,达到他们的要求;还有观点认为奸尸癖者性格内向孤僻,对异性怀有强烈的厌恶感或是心存恐惧,只愿意与尸体性交。这些观点能解释一部分情况,但都有其局限性。根据对待被害人的不同情况,将奸尸癖分成三种类型。

(一)单纯型奸尸癖

此型奸尸癖者对尸体有特殊的偏爱,他们四处寻找已经死亡的对象来实施性行为,但不会为奸尸而杀人。大多数奸尸癖属于这种类型。他们在尸体上能获得异乎寻常的快感,以至于就算有女友,有婚姻,也会偷偷潜入能找到尸体的场所或盗取才下葬的女尸实施奸淫。

【案例】

张某,男,27岁,农民,高小文化程度,未婚。张某于17岁时与有夫之妇杨某(比张大数岁)通奸并长期姘居,为此,双方家庭多次对张某、杨某2人批评、指责并捆打,后双方来往明显减少。那时张某偶然得知W(女,31岁)病死,便伺机潜入停尸间触摸女尸乳房及阴部而获得很大性快感。同月W被埋丧,张某遂于深夜去W坟地掘墓奸尸。此后,张某只要打听到附近地区有年轻女性死亡者,便千方百计在夜深人静时潜入墓地作案。每次钻入墓穴后都要点燃油灯或蜡烛察看

① 参见[英]霭理士:《性心理学》,潘光旦译注,三联书店1987年版,第48页。

并触摸女尸,然后或进入棺内或拖尸至地面上进行奸尸。3 年来张某先后掘墓 7 处,被凌辱女死者未婚 2 人,已婚 5 人;最小 18 岁,最大 34 岁;奸尸时距死亡时间最短 3 天半,最长 35 天;距埋丧时间最短 1 天,最长 8 天半。有的尸体在被凌辱时已明显腐败。张某在作案时,偶或也盗窃死者的随丧物品与衣物等。案发后,当地群众民愤极大,杨某因受牵连(张某将部分盗窃物转送杨某),自缢身亡。

精神检查情况:仪装整洁,接触合作良好,意识清楚,定向与领悟力均正常。情感适切并与思维活动协调一致。对答切题,联想过程无异常。未发现错觉、幻觉、感知障碍与病理性思维内容。无妄想及思维逻辑障碍。一般常识尚可,但计算能力稍差,两位数加法常出错且不会减法。不认为自己有精神疾病,只说被逮捕审查后思想负担很大,夜里常做噩梦。在陈述既往经历及犯罪行为时不时落泪,表现悲伤与追悔莫及。能正确估价其行为对社会的危害性与恶劣影响。说他的掘墓奸尸"给附近村民造成人心恐慌,给受害者家属带来巨大痛苦","感到极端对不起死者及其亲人"。他又说从 17 岁与杨女发生性交往后就再也难控制住自己,听不进长辈与亲友的好意劝说,恋奸情深痴迷不悟,为此双方亲属大闹 3 次,直至杨女亲属把他头部打成重伤,以后恐惧才与杨女交往稍疏,但仍偶有偷偷来往。为了满足与发泄性欲,便经常有目的地打听附近地区年轻妇女死亡消息,再千方百计去掘墓奸尸。他说:"尸体只不过不会说话,不能活动,但照样能满足性欲要求,甚至感到比与活人性交还满意、还好。"被凌辱女尸虽然冰冷,有的已明显腐败发臭,但他仍能从中获得性高潮与射精。他还承认从奸尸得到的性高潮比与其姘妇性交还要高。他认为自己这样干的原因有:(1)受到社会上不良风气的影响,养成流氓淫荡的坏习气。(2)从 17 岁受到杨女的性挑逗后再也难以控制自己,性欲过旺,而再与杨女交往遇到困难,怕又受到人们责打,因此向邪道上发展。(3)家中养父后来对他冷待,产生了厌世与自暴自弃心理,任性胡闹下去。(4)19 岁时曾听到有人讲过一个"奸尸还阳"的故事,使他知道了"世上还有这种事",以后在他被人重打之后,就动这方面坏脑筋了。但他再三强调,实际上并不相信女尸因此会复活的。(5)缺乏法制观念,当时认为奸尸并不犯法。

据此,司法精神医学鉴定结论:"被鉴定人行为属于一种性变态——恋尸癖,应具有责任能力。"①

---

① 参见杨德森主编:《中国精神疾病诊断标准与案例》,湖南大学出版社 1989 年版,第 138 ~ 140 页。

此案在当时(20世纪80年代)被处以死刑,事实上,我国自古以来对奸尸犯罪均从严惩处,过去日本、印度、阿拉伯或伊斯兰教国家对此也是处以死刑,从第二次世界大战后,有些国家、地区对奸尸犯罪从死刑减为长期囚禁。但从目前法律来看,我国《刑法》第302条规定:"盗窃、侮辱、故意毁坏尸体、尸骨、骨灰的,处3年以下有期徒刑、拘役或者管制。"该条可适用于单纯型奸尸癖犯罪的情况,也适用于一些精神发育迟滞者和器质性精神障碍者的偶发性奸尸行为。

【案例】

2014年8月18日晚霍林郭勒市的护林员白某发现一具女尸吊在距离其20米的一棵松树上,在前往公安局报警的途中遇到被告人王某,并将一名老太太在树林里自缢身亡的消息告诉了他。白某走后,被告人王某赶到现场,将尸体从树上解下,放到草地上,脱掉了尸体的衣服和自己的裤子,对尸体实施了奸淫。

经公安局物证鉴定室鉴定,死者为自缢身亡。当地精神卫生中心司法鉴定所鉴定,被告人王某有早发性阿尔兹海默氏病性痴呆,案发当日实施奸尸行为时,为限制刑事责任能力,经检察院提起公诉,当地法院以侮辱尸体罪判处被告人王某有期徒刑9个月。

(二)杀人型奸尸癖

杀人型奸尸癖者同时也是性欲杀人狂(见性暴虐一节)。一些性欲杀人狂在通过杀人获得性兴奋之后,可能进而奸尸。他们只奸淫自己杀死的人,在奸淫过程中回想自己的杀人过程和被害人痛苦的表现,从中获得性高潮,而对其他原因死亡的尸体没有任何兴趣。对杀人奸尸行为,应按故意杀人罪处理。

杀人奸尸的情况也可见于强奸犯罪中。有些兽性十足的罪犯进行强奸,遇到被害人反抗时,将被害人杀死,然后奸尸,他们所奸淫的人,都是刚刚死去的,与昏迷不醒的人并无多少差别。他们可能并没有很清楚地意识到自己是在与死人性交,有的可能还以为被害人仍然活着。如果可以选择,他们一定更愿意奸淫活人。这种情况的奸尸不属于性变态,与奸尸癖有本质的区别。

(三)分尸型奸尸癖

有的奸尸癖者在奸尸后肢解尸体,将尸体的某部分保存起来,反复把玩;有的奸尸癖者不奸淫完整的尸体,而只对切割下来的性器官实施奸淫。实施这种行为的可能是"部分体恋癖"(Partialism),也可能是性施虐癖者,也可能兼而有之。部分体恋者也是一种性变态，其主要特征是把性欲指向性对象身体的某一部位或器官，如生殖器、臀部、肛门、乳房、大腿、足、头发等，而不是性对象本身。部分体恋癖者在性生活中，必须通过观看、抚摸性对象这些部位或器官才可获得性兴奋进而性交，严重者仅仅通过观看、抚摸这些部位或器官即可获得性满足。部分体恋癖者有男性也有女性。男性的偏爱部位或器官，各人不尽相同，有恋臀癖、恋足癖、恋发癖等。女性则多以男性生殖器为偏爱对象。

【案例】

陈某，28 岁，汽车司机，已婚，并有一子，但夫妻生活冷淡。陈某性格内向，被认为忠厚老实，行车 13 万公里无事故，多次受到领导表扬。陈某曾在 1 年中扒女坟四处，误扒男坟一处，在扒男坟时被抓获。最初是某村有一年轻漂亮的姑娘，因与恋爱对象断绝关系而被男方杀害，已经下葬。陈某听说后随即驾车到该村寻找该姑娘的坟墓，待记准地点后返回。然后带上作案工具，骑自行车到墓地。先用带钩的铁杆子捅下去再拔出来，看到钩子上有红布丝，断定是姑娘的坟，即用铁锨将尸体扒出。当他看到穿着红色服装的尸体时，感到强烈的性兴奋。但尸体已经腐烂，不能奸淫，便撕拔下尸体的头发和阴毛装在衣服口袋里。接着锯下尸体的两条小腿和上肢，连同尸体的衣物装在大提包里。然后回单位，把毛发、肢体存放起来。几天后又将小腿上的肉用刀刮掉，骨头保存在车库内，以备想女人时通过观看衣服、骨头同时进行幻想达到性的满足。以后两次扒坟，均因尸体腐烂而未奸成，但都将尸体肢解，带走脚、阴毛等。第四次扒坟，看到尸体面部色泽正常，无臭味，随即兽性发作，脱下尸体衣裤，进行了奸淫，接着锯下上肢和下肢，拔了阴毛，剪下一撮头发。然后掩埋残尸，带上衣物和四肢返回。将四肢的肉刮掉，留下骨头放在车库内。把阴毛装在塑料袋里放在车后。后来又将手指骨刮净后放在家中，随时取出观看。陈某被捕后在供述时说，在扒过第一具尸体获得性体验后，越扒越有瘾。还说他随时把尸体的阴毛、骨头、衣物拿出观看，通过幻想，可以感觉到最大的满足。破案后在车库内和其家中，共发现尸体衣物 40 余件，人骨 100 余块。①

---

① 参见庞兴华：《论性虐待狂的异常心理与暴力侵犯行为》，载《犯罪与改造研究》1991 年第 5 期；庞光华：《施虐、恋物、恋尸癖一例报告》，载《中国心理卫生杂志》1992 年第 3 期。

二、同性性侵行为

绝大多数人的性行为针对异性,但也有一部分人把同性作为性行为的对象。那么,向同性实施性行为是否属于精神障碍,是否可能构成犯罪?

在我国,同性恋(Homosexuality)在 CCMD－3 中属于一种最常见的性指向障碍。性指向障碍指起源于各种性发育和性定向的障碍,从性爱本身来说,不一定异常,但某些人的性发育和性定向可伴发心理障碍,如个人不希望如此或犹豫不决,为此感到焦虑、抑郁及内心痛苦,有的试图寻求治疗加以改变。这是 CCMD－3纳入同性恋和双性恋的主要原因。同性恋也称“自我不和谐的同性恋”。CCMD－3 对同性恋的诊断标准有:(1)符合性指向障碍的定义;(2)在正常生活条件下,从少年时期就开始对同性成员就持续表示性爱倾向,包括思想、情感及性爱行为;(3)对异性虽然可以有正常的性行为,但性爱倾向明显减弱或缺乏,因此难以建立和维持与异性成员的家庭关系。因此被纳入 CCMD－3 的当属“自我不和谐的同性恋”,即伴随因自己的同性恋行为而感到苦恼、紧张的性心理障碍者,而如果同性恋者自我感觉良好或者不希望改变性倾向者,就不能被视为异常。在精神障碍者中,除同性恋者外,某些精神障碍者如易性癖者、人格障碍者、精神发育迟滞者也有可能进行同性性行为。

同性性行为是否构成犯罪,从古至今的认识发生过重大变化。在西方,基督教成为正统之后,男性之间发生肛交,无论是自愿的还是强制性的,都被视为犯罪,以“反自然性交罪”处罚。但随着时代的发展,有越来越多的学者提出了反对意见。在中国历史上,成年人之间自愿发生肛交,如果不属于卖淫,法律不予干涉。但对于成年人之间发生强制性肛交或者成年人与未成年人发生肛交,法律予以重罚。

我国 1979 年《刑法》没有对同性性行为是否构成犯罪作出明确规定。但司法实践一般将男性之间发生强制性肛交或者与未成年人发生肛交视为犯罪,但对这种行为构成何种罪曾经存在争议,有定“强奸罪”“流氓罪”“故意伤害罪”等先例。

某地曾经发生这样的案件:一名 42 岁的男保安,深夜将宿舍里另一名 18 岁的男同事“强奸”,且过程中导致男同事轻伤,被检方以故意伤害罪提起公诉。最后以故意伤害罪判处该保安有期徒刑 1 年。因我国《刑法》明确规定,强奸罪是指“违背妇女意志,强行与妇女发生性关系的行为”,本案受害人是男性,显然不符合。被告人的行为确实对受害人造成了伤害,经鉴定构成了轻伤,所以以故意伤害罪定性没有问题。但如果受害人并未受轻伤,行为定性就有一定难度。

长期以来,男性被性侵,尤其是14岁以上、18岁以下的未成年男性被性侵的情况很难被追究刑事责任,成为令人遗憾的法律空白。据2013年广东省疾控中心的一项监测报告显示,男性被迫发生性行为的情况是女性的2.2倍至2.3倍。

1979年《刑法》第160条是关于流氓罪的规定,最后1款规定了"其他流氓活动",可包含鸡奸、兽奸等,但1997年《刑法》取消了流氓罪,分解为强制侮辱妇女罪、强制猥亵妇女罪等5个新罪名,并取消了原来的"其他流氓活动"。之后,对鸡奸、同性之间的强制猥亵等行为不能再以犯罪论处。因此,一些学者建议增设"反自然性交罪",把强制鸡奸、兽奸等违反人伦关系的性行为包括其中。

纵观国外立法,1975年德国《刑法典》的强奸罪还是指"强迫妇女",但其1998年《刑法》就只规定"强迫他人了";法国1994年修订《刑法典》,将强奸罪的受害者明文规定为"他人",包括男人和女人;意大利现行刑法也只是将强奸罪的受害者规定为"他人",不再突出其性别角色。

我国《刑法修正案(九)》将《刑法》第237条修改为:"以暴力、胁迫或者其他方法强制猥亵他人或者侮辱妇女的,处五年以下有期徒刑或者拘役。聚众或者在公共场所当众犯前款罪的,或者有其他恶劣情节的,处五年以上有期徒刑。猥亵儿童的,依照前两款的规定从重处罚。"《刑法修正案(九)》将强制猥亵妇女改为猥亵他人罪,这为以前刑法无法合理规制同性性侵行为的困境提供了一个适当的解决路径,使我国一直以来猥亵男性的法律空白予以填补,扩大了猥亵罪的打击范围,周密了对公民的保障范围。但参考相关的域外立法发展趋势,随着我国社会的发展、性观念的加深,我国仍旧有必要在面对同性性侵行为时,适用更完善的规制手段。出于这一目的,应该在我国具备了相应的社会基础与立法环境后,对刑法中的强奸罪加以修改。将强奸罪修改为强制性交罪,更完整地规制同性性侵行为。

分析我国现行《刑法》,同性性侵行为在以下六种情况下构成犯罪:

(1)对同性实施性暴力侵犯,造成被害人受伤、死亡的,或在实施暴力侮辱的过程中造成他人死亡或者伤害后果的,即构成故意杀人罪或者故意伤害罪。

(2)根据《刑法》第237条第3款,成年男性与男童、成年女性或女童发生同性性行为(包括乱伦),可构成猥亵儿童罪。猥亵儿童罪则不要求以暴力、胁迫或其他方法强制进行，只要对儿童实施了猥亵行为即构成该罪。

(3)根据《刑法》第246条，以暴力或者其他方法公然侮辱他人者，如当众对他人实施强制性同性性行为，可构成侮辱罪。侮辱的方法可以是暴力，也可以是暴力以外的其他方法。所谓“暴力”，是指以强制方法来损害他人人格和名誉，如强迫他人做出淫秽动作、当众剥光他人衣服。所谓“公然”侮辱他人，是指当众或者利用能够使多人听到或看到的方式，对他人进行侮辱。侮辱他人的行为，必须是公然进行，如果不是公然，不构成本罪。

(4)根据《刑法》第301条，聚众进行同性淫乱活动，或者引诱未成年人参加聚众同性淫乱活动，可构成聚众淫乱罪。聚众淫乱犯罪，在客观方面表现为聚众进行淫乱活动的行为。这里所说的“聚众”，是指在首要分子的组织、纠集下，多人聚集在一起进行淫乱活动。在男女性别上，既可以是男性多人，也可以是女性多人，还可以是男女混杂多人。所谓“淫乱活动”，主要是指性交行为，即群奸群宿。

(5)根据《刑法》第302条，盗窃、猥亵同性尸体，可构成盗窃、侮辱尸体罪。所谓“盗窃”，是指行为人以出卖、结阴婚等目的，秘密窃取尸体的行为；“侮辱”，主要是指出于侮辱、玷污的故意，对死者遗体进行猥亵、毁损、奸尸等破坏的行为。

(6)根据《刑法》第360条，明知自己患有梅毒、淋病等严重性病而向同性卖淫或者嫖娼，可构成故意传播性病罪。犯罪的主体必须是严重的性病患者，客观方面表现为明知自己患有梅毒、淋病等严重性病而又卖淫嫖娼的行为。本罪为行为犯，只要上述特定主体实施了卖淫、嫖娼行为，即构成犯罪，并不以实际发生性病的传播为要件。

第二篇　司法精神医学基础理论

第一章　司法精神医学与司法精神医学鉴定概述

第一节　司法精神医学研究内容

司法精神医学(Forensic Psychiatry)又称司法精神医学,是法学和精神医学的交叉学科,是研究司法实践中有关精神障碍和精神卫生的学科。作为临床精神医学的分支学科,司法精神医学是应用现代精神医学的基础理论、临床经验和基本技术与方法,为法学与法律(主要是诉讼活动)提供服务的一门专业性、实践性、应用性学科。司法精神医学是法医学工作的内容,因此又称为法医精神医学。

如果再从其他专业领域的角度,尤其是涉及鉴定活动时,司法精神医学也可以被认为隶属于法庭科学(Forensic Science)或证据科学(Evidence Science)的范畴或分支学科。

司法精神医学的研究范围和研究内容,都是围绕法学、法律、法庭和鉴定等相关工作展开的,具体研究内容主要为实际应用服务。

一、司法精神医学的研究范围

(一)刑事司法精神医学

刑事司法精神医学主要研究精神障碍与危害行为之间的因果联系,以及导致辨认能力和控制能力损害的精神障碍的病理心理学和病理生理学特征,为精神障碍者各种法定能力的精神医学评定和鉴定提供理论依据及具体操作方法与标准,如刑事案件的犯罪嫌疑人或被告人的受审能力、刑事责任能力、辩护能力、服刑能力、证人证言能力等,受害者精神损伤的性质、程度、伤残范围与等级及其与加害行为之间的关系,被害人的性自卫能力等。这也是本书主要涉及的部分。

（二）民事司法精神医学

民事司法精神医学主要研究当事人的各种民事法定能力，如精神障碍者的劳动能力、婚姻能力、监护能力、抚养能力、财产处理能力、合同能力、继承能力、遗嘱能力、精神损伤及精神伤残程度的鉴定。

（三）精神障碍者合法权益的保障

精神障碍者在获得及时而适当的治疗、婚姻、接受教育、就业等方面权益的确定和法律保障问题也是司法精神医学的重要任务与研究内容。其中包括精神障碍者的强制住院和强制医疗问题，精神障碍者要求治疗、接受治疗或拒绝治疗的权利，精神障碍者及家属的隐私权及保密问题，有关精神障碍者、精神障碍者的亲属及精神卫生者的名誉问题，以及有关的伦理学问题等。

（四）其他问题

其他问题主要包括与司法精神医学有关的一些特殊问题。如对被怀疑有精神障碍的当事人的识别与司法鉴定，司法精神医学鉴定的启动机制问题，司法精神医学鉴定的具体实施程序，医疗事故中精神医学的评定标准和方法，精神障碍者对社会的危害性和危险性的评价和预测，由于酗酒、吸毒、自杀等引起的精神卫生问题和法律问题，精神医学领域中某些特殊技术（如催眠技术、麻醉分析技术、测谎技术等）的法律地位、法律效力及其在法庭上的应用价值评价，精神卫生工作者的责任、权利、权力、义务及其法律保障，司法精神医学专业人员在其工作中的责任与作用，精神医学临床工作中所涉及的伦理学问题与法律问题，等等。①

二、司法精神医学的研究内容

司法精神医学的主要研究内容包括：(1)对涉及有关法律的对象进行司法鉴定，明确对象是否患有精神病、精神病的性质和严重程度，及有关法律能力的评定。(2)研究精神卫生工作中的法律问题。(3)研究精神障碍者的监护、监管体制。(4)研究劳改、劳教犯的心理学和矫正。

三、刑事司法精神医学的研究内容

刑事案件中，往往对作案人在实施危害行为时的精神状况较关注，而对受害

---

① 参见陈立成：《司法精神医学实务研究》，中国人民大学出版社2012年版，第72页。

者表现的异常精神活动不够重视。刑事司法精神医学实际上涉及两方面的研究内容。

（一）对作案人的研究内容

1. 被鉴定人在实施危害行为的当时、之前和之后，以及在接受鉴定时的精神状态如何，有哪些表现，是否正常；如果有异常表现，是否为精神症状，是否构成某类精神障碍；如果构成精神障碍，其医学诊断是什么，诊断的依据和标准是什么；精神障碍的症状表现与危害行为之间是否有因果关系，是何种因果关系；被鉴定人是否具有相应的刑事责任能力，应该为自己的危害后果承担何种程度的刑事责任。

2. 确定被鉴定人在诉讼过程中的精神状态，以及有无诉讼能力、受审能力及相应的医疗建议。

3. 确定被鉴定人在被羁押期间或服刑期间的精神状态，有无服刑能力，以及相应的医疗建议等。

（二）对受害人的研究内容

对于刑事案件的受害者，为了明确作案人的刑事责任程度，司法精神医学鉴定应当明确：

1. 被鉴定人在遭受伤害之前的精神状态是否正常，如果不正常，是否患有精神障碍，属于哪一类精神障碍，其精神医学诊断是什么，其症状对被害人的辨别能力和自我防卫能力有何影响。

2. 被鉴定人在遭受伤害之后的精神状态是否正常，其精神症状是否构成某类精神障碍，新出现的精神障碍与其遭受的伤害行为是否有因果关系，如果有因果关系，加害行为对被鉴定人的精神活动产生了怎样的影响，是否造成了精神损伤，是否遗留有精神残疾或其他后遗症，及相应的医疗建议等。

第二节　司法精神医学鉴定任务

鉴定，泛指掌握某种专业知识和技能的人，利用他们的专业知识或技能，对某种客体的属性、特殊结构和功能，或者真伪进行检验、测查或鉴别，据此作出科学的判断。司法鉴定（Judicial Expertise）是一法律术语，泛指涉及法律的各种形式和内容的鉴定,如常见的侦察鉴定、毒物鉴定、法医学鉴定、司法精神医学鉴定等。多数司法鉴定属于物证鉴定,它的目的是确认物证的真实性和证明力。而鉴定结论是一种特殊的证据,虽然它不是实物证据,但它是"证据之王",具有很强的证明力,这和一般的言词证据不同。司法鉴定人是遵照国家法律规定,依据法律程序,接受请求或接受委派承担鉴定工作或任务的专业人员。他们需要依靠证据,对案件中各个事实进行判断,运用专业知识中的科学技术理论和实践经验,对需要确定的事实作出判断和结论。

司法精神医学鉴定,也称精神病司法鉴定,是由有司法精神医学鉴定资质的鉴定人运用他们的专业理论、技术和经验,就案例所涉及的专门精神病学事项,进行检查测定和判断的科学技术活动。在司法精神医学鉴定过程中,鉴定人不仅要对所发现的被鉴定人精神疾病的精神病理表现的事实作出鉴定确认,而且还要对所发现的精神症状是否为其犯罪行为的原因及其理由作出科学的判断和说明。其作出的鉴定结论,就是一种精神病学专家证言。这种证言意义重大,为世界各国普遍重视,已成为精神病人涉及法律问题相关案件中必不可少的重要诉讼程序。我国《司法鉴定执业分类规定(试行)》第 6 条将司法精神医学鉴定称为"法医精神病鉴定",是指司法鉴定人或司法鉴定机构"运用司法精神病学的理论和方法,对涉及与法律有关的精神状态、法定能力(如刑事责任能力、受审能力、服刑能力、民事行为能力、监护能力、被害人自我防卫能力、作证能力等)、精神损伤程度、智能障碍等问题进行鉴定"。

司法精神医学鉴定的具体任务,一般是由司法机关提出的。司法鉴定工作体现了社会和司法机关的需要,同样体现了诉讼人和当事人双方的需要。

一、司法精神医学鉴定的基本任务

当前国内外多数专家都同意本专业鉴定的基本工作任务,可概括为以下三个方面:①

1. 对被鉴定人提出精神疾病的科学诊断;

2. 对某种法律能力提出结论性的鉴定判断;

① See Curran WJ, et al., *Forensic Psychiatry and Psychology*, Philadelphia: F. A. Davis Company, 1986, p. 518.

3. 对可能涉及诉讼的精神疾病的有关问题尽可能作出回答。

近年来，世界多数国家都已明文制定了为精神病病人辩护的有关立法，现在各国精神疾病鉴定任务已明显增多，且日益复杂化，但上述司法精神医学鉴定人的三个方面基本任务或职责，仍然没有改变。

二、刑事案件中司法精神医学鉴定的主要任务

在刑事案件中，当前司法机关所提出的司法精神医学鉴定的主要任务有：

1. 对怀疑有精神异常的刑事被告人和犯罪嫌疑人，确定其行为当时的精神状态，有无精神疾病，以及此种精神疾病与其危害行为的关系，并对其责任能力提出意见；有的还要就其受审能力、服刑能力等提出意见。

2. 对怀疑有精神疾病的受害人、证人、检举人、自首人进行精神状态检查，以便确定其陈述的可靠性。

3. 对犯罪后若产生了精神疾病的刑事被告人，提出适当的医疗方案和对刑罚的适当意见。

4. 对判明已患有精神疾病的违法分子，或者关押中的罪犯，提出适当的医疗方案。

5. 对诉讼案件或诉讼过程中出现的精神病学方面有争议的假设性问题、有关的科学技术等方面问题，以及应有资料等，提出专业技术性咨询和鉴别判断性意见。

第三节 司法精神医学鉴定的性质及属性

一、司法精神医学鉴定的性质

司法鉴定的理论研究和鉴定工作的实践证明，司法精神医学鉴定工作具有明显的特殊性、困难性、经验性和复杂性。在司法鉴定实务中，不同鉴定人、不同鉴定机构的司法精神医学鉴定意见可能不一致，导致鉴定常常重复进行。

司法精神医学鉴定工作既不是行政行为，也不是司法行为和一般的科学技术行为，更不能简单地称为法律服务行为。司法精神医学鉴定是一种运用精神医学的技术方法、专门知识、职业技能和执业经验，为法律诉讼活动，尤其是为司法审

判活动提供技术保障和专业化服务的司法证明活动，其基本性质是科学性与法律性的有机统一。这一双重性质主要体现在以下五个方面：①

1. 司法精神医学鉴定活动的双重性。司法精神医学鉴定活动既是一种科学技术的实证活动，同时也是一种诉讼参与活动。但司法精神医学鉴定活动不等于审判活动，鉴定意见也不等于裁判结论。

2. 司法精神医学鉴定机构的双重性。除一部分专门设立的司法精神医学鉴定机构外（大多为诉讼职能部门内设的鉴定机构，也称为职权鉴定机构），社会鉴定机构往往既是本行业的技术机构，从事着精神医学方面的理论研究和医疗护理等临床治疗工作，同时又是司法精神医学鉴定主管部门通过行政许可授权的司法鉴定机构。

3. 司法精神医学鉴定人身份的双重性。在司法精神医学鉴定领域，绝大多数的司法精神医学鉴定人往往同时既是精神科的临床执业医师，又是司法精神医学鉴定人。司法精神医学鉴定人是诉讼参与人，不仅需要拥有本领域的专业技术，更需要有司法精神医学鉴定人执业资格。

4. 调整司法精神医学鉴定活动的规范也具有双重性，既包括法律规范，又包括行政管理规范和技术规范。

5. 司法精神医学鉴定制度的双重性。司法精神医学鉴定制度既涉及司法制度，如司法精神医学鉴定的启动制度，以及鉴定意见的举证、质证、认证制度，又涉及司法行政管理制度，如司法鉴定职业的准入管理，鉴定机构的设立、授权和资质管理。

二、司法精神医学鉴定的基本属性

司法精神医学鉴定的基本性质决定了它的基本属性。司法精神医学的鉴定意见是法定证据的一种，但又有别于其他的证据，具有法定性（法律性）、中立性（独立性）和客观性（真实性）的统一。②

（一）法定性（法律性）

司法精神医学鉴定的法定性，是指司法精神医学鉴定活动是诉讼参与活动，

---

① 参见霍宪丹主编：《司法鉴定通论》，法律出版社 2009 年版，第 16～17 页。

② 同上，第 17～22 页。

不仅司法精神医学鉴定的主体需要有法定资格，而且从启动条件、鉴定实施、得出鉴定意见，到出庭作证和质证、采信，都有明确的法律规定。司法精神医学鉴定活动是司法活动的重要组成部分，为法庭审理提供专家证言和审理案件的医学依据。

1. 鉴定程序一定要严格遵守诉讼法的相关规定，如在刑事诉讼中，鉴定只能在诉讼过程中提起并由承办案件的公安、司法机关决定，司法精神医学鉴定不是市场行为，不能因个人意愿自由启动和实施。

2. 司法精神医学鉴定机构必须经过国家司法鉴定主管部门的批准和授权，或经司法机关指聘。

3. 司法精神医学鉴定的客体（对象），仅限于案件中经过法律或法定程序确认的某些专门性问题。

4. 司法精神医学鉴定的主体，必须是取得司法精神医学鉴定许可证的鉴定机构，以及具有司法精神医学鉴定人执业资格的自然人，而不能是未取得法律许可的科技机构或业务部门、行业组织及其专业技术人员。司法精神医学鉴定人作为诉讼活动的参与人，应当依法出庭作证并接受询问和质证。

5. 司法精神医学鉴定活动是以医学技术手段核实证据的诉讼参与活动。

6. 司法精神医学的鉴定意见是法定的证据种类之一。

（二）中立性（独立性）

中立性是司法精神医学鉴定活动的内在要求，只有中立，才能公正；只有公正，才有权威，才能高效。在诉讼活动中，司法精神医学鉴定机构和鉴定人保持中立地位并依法独立执业，是保障司法精神医学鉴定活动客观公正的内在要求。

中立性是司法精神医学鉴定的基本属性，在实施鉴定活动时，司法精神医学鉴定机构和鉴定人既不是对司法机关负责，也不是对当事人负责，而应当是对法律负责，对医学科学负责，对案件事实负责。中立性保证了鉴定意见客观真实。

（三）客观性（真实性）

司法精神医学鉴定意见的可靠性和可信性，来自并取决于两个方面：一个是正当法律程序的保障，另一个是鉴定意见的客观性。

鉴定意见的客观性取决于以下几个方面：

1. 科学性。司法精神医学鉴定建立在临床精神医学的科学理论、科学规律、科学技术、基本技能、基本方法之上，而临床精神病学经过人类社会上千年的探索、实践、发展、归纳、总结,形成了完善的科学理论知识体系。因此,司法精神医学鉴定结论建立在自然科学的科学规律、科学理论和科学结论基础之上。在一些复杂案件中,往往还须结合使用社会科学、工程技术等其他领域的专业科学知识技术,具有自然科学和人文社会科学的双重属性。

2. 专业性。鉴定意见的专业性体现在鉴定活动是由有司法精神医学鉴定资质的专业人员,根据司法精神医学的专业技术理论、知识和方法,采用司法精神医学的专业技术手段,按照司法精神医学专业的技术程序规范和技术标准规范的要求,对涉及法律的专门性精神卫生问题进行识别、分析、综合、判断,得出专业的鉴定意见。

3. 统一性。不仅自然规律、科学原理和技术方法、技术标准具有客观的统一性,且鉴定程序和鉴定人资质的认定也具有统一性。

4. 社会性。司法精神医学鉴定为诉讼服务,从服务主体看,司法精神医学鉴定不仅为司法机关服务,而且为当事人服务;从诉讼范围看,不仅为刑事诉讼服务,同时也为民事诉讼和行政诉讼服务。

第四节　司法精神医学鉴定的局限性

在司法精神医学鉴定工作中,涉及精神医学、法学及其他多个专业学科的问题,其难度远较一般的法医鉴定大得多。由于当前法律制度和鉴定标准还有缺陷,司法精神医学又有其复杂性、经验性,司法精神医学鉴定有不可避免的局限性。

一、法律法规的矛盾性

司法精神医学鉴定活动的重要内容,除了对被鉴定人是否有精神病及精神病类型作出判断外,还须对被鉴定人是否具有某种法定能力作出判断,这是目前法律、法规赋予鉴定人的权利和义务。《精神疾病司法鉴定暂行规定》第 2 条规定,司法精神医学鉴定活动就是“根据案件事实和被鉴定人的精神状态,作出鉴定结论,为委托鉴定机关提供有关法定能力的科学证据”。该规定第 9 条至第 12 条又分别具体而明确规定了需要由司法精神医学鉴定确认的被鉴定人的法定能力包括“有无刑事责任能力”“有无诉讼能力”“有无作证能力”“有无民事行为能力”

“有无辨认能力或者自我防卫、保护能力”等。司法部制定的《司法鉴定执业分类规定(试行)》第6条规定:“法医精神病鉴定:运用司法精神病学的理论和方法,对涉及与法律有关的精神状态、法定能力(如刑事责任能力、受审能力、服刑能力、民事行为能力、监护能力、被害人自我防卫能力、作证能力等)……问题进行鉴定。”据此应该说,在司法精神医学鉴定活动中,鉴定人对精神障碍者法定能力进行认定和评价是有明确而充足法律依据的。

但任何法定能力的认定过程,都应该是一个严格的法律裁判行为而不是医学行为。既然是法律裁判行为,认定法定能力的主体就应该是法庭和法官而不能是医生或司法鉴定人。根据全国人大常委会颁布实施的《关于司法鉴定管理问题的决定》第1条的规定,鉴定人员只能对诉讼涉及的专门性问题进行鉴别和判断并提供鉴定意见。“言下之意,鉴定人的职责是在自己的专业范围内对专门性问题进行鉴别和判断并提供鉴定意见”,而不应作出法律裁判。

我国《刑法》第18条第1款虽然规定“精神病人在不能辨认或者不能控制自己行为的时候造成危害结果,经法定程序鉴定确认的,不负刑事责任”,但据笔者理解,此处“经法定程序鉴定确认”的对象和内容,首先应该是当事人是否是“精神病人”,如果是,再确定其造成危害结果的行为是否是在“不能辨认或者不能控制”的情况下发生。至于被鉴定人是否具有“刑事责任能力”或是其他法定能力,及后续裁判被鉴定人是否需要承担或是减免其相应的刑事责任,则应属于法院与法官的职责范围。

综上,各个法律法规之间存在矛盾,其鉴定主体及鉴定内容的规定不一致。从当前的司法精神医学鉴定实务来看,司法精神医学鉴定不仅要对被鉴定人在某个特定时间或时期内是否具有某种精神障碍作出精神医学诊断,还要根据委托和需要,对被鉴定人在同时期的法定能力的有无作出评价,并提出法学方面的处置建议。由于缺乏司法精神医学的相关知识,刑警与法官往往只能依靠直觉和经验对鉴定意见的证据效力问题进行“主观”的审查和判断,并不得不盲目采信。据调查,全国司法机关对司法精神医学鉴定意见的采信率高达90%~100%。[①] 司

① 参见杜向东、蒙华庆:《司法精神医学鉴定的随访研究》,载《第十一届全国司法精神医学学术会议论文集》2009年5月;高艳丽:《鉴定结论的采信问题》,载《第十一届全国司法精神医学学术会议论文集》2009年5月;张登科、王小平:《171例刑事案件司法精神医学鉴定后处理情况调查》,载《第九届全国司法精神医学学术会议论文集》2005年5月。

法精神医学鉴定意见将直接影响案件的定性与判决结果。虽然根据国内目前的具体现状,由司法精神医学鉴定人主导法律裁判意见的情况有一定的合理性,但其局限性也显而易见。

二、司法精神医学本身的特殊性

司法精神医学是临床精神医学的一个分支,由于基础医学如神经生理学、生物化学、精神病理学、精神药理学,以及现代心理学、社会学的迅速发展,现代精神病学已取得很大成果。虽然临床精神病学已同样取得明显的进步,但精神疾病由于其本身的复杂性,某些主要精神疾病的病因、精神病理表现与大脑结构功能、生理、生化机理之间的确切关系究竟如何,还难以确切说明,对精神病的本质还缺乏全面的了解。所以对多数精神疾病的诊断,仍然缺乏精密的客观理化检验手段或方法,精神疾病的有无及临床分析主要靠临床表现和病史。临床表现主要是医生在精神检查时发现的精神症状和病态体征,虽然精神症状和体征是客观存在的,但具有可变性,不同时期的表现不一定一致。病史提供者多少都可能带有某些主观性。因此,临床精神科诊断比其他临床学科的诊断更多地受主观因素的影响。对一个精神疾病明确诊断,往往是在最初诊断的基础上,通过一段时间的观察随访,不断地验证及修正,直至最后确诊。

鉴于司法精神医学的特殊性,司法精神医学鉴定的准确性、客观性、真实性与鉴定人是否具有丰富的临床经验,是否运用了科学的逻辑思维方法,鉴定材料的真实性、可靠性有很大的关系。

三、司法精神医学鉴定时间上的特殊影响

在刑事案件中,司法精神医学鉴定的重要任务是要判断被鉴定人作案当时的精神障碍的有无、类型,及精神障碍是否影响其“辨认能力”和“控制能力”。但司法精神医学鉴定的时间90%以上都是在被鉴定人实施危害行为一段时间以后,才由委托鉴定机构提出并安排。从发生危害行为到实际作鉴定时的精神检查之间,间隔十几天至数月之久,有的重新鉴定的案例,甚至可间隔一两年的时间。鉴定医生要确定被鉴定人作案当时的精神状态和行为能力,除了参阅当事人的讯问笔录、相关人员的情况反映外,作案当时的细节、过程、作案动机等只能靠被鉴定人对当时情况的回忆及陈述。因鉴定时机选择不及时,导致被鉴定人以对细节等

记忆已非常模糊，或由于心理的变化，不想合作或有意识地回避推托，或简单地以“想不起来”为借口拒绝陈述。

此外，临床精神科可通过反复门诊或收治入院，对精神障碍者进行长期接触和精神检查，最后明确精神障碍的性质、类型。但司法鉴定往往要求在限定时间内完成鉴定工作，而在司法精神医学鉴定实务中，往往是通过一次对被鉴定人的精神状况的检查和对作案当时精神状况、作案动机、心理活动的询问，作出精神障碍的诊断及法定责任能力的判定。因此，如果在鉴定过程中被鉴定人或他的亲属等有意歪曲事实，不予配合，而卷宗材料又对相关细节记录不细致、不具体，司法鉴定人又缺乏相关应对经验，其得出的结论就很难反映被鉴定人作案当时的精神原貌及相关的法定能力。

四、鉴定标准欠规范

司法精神医学鉴定须采取医学—法学标准来综合评价。从临床精神病学的角度看，对精神疾病的诊断是比较完善的，我国常用的医学标准有 CCMD－3、ICD－10、DSM-IV-TR 等，但并不是任何精神障碍的分类与诊断标准都能无条件地适用于司法精神医学鉴定活动。医学诊断标准主要是解决临床病例中的问题，而很多精神疾病只能根据症状作出临床诊断，且这些标准本身并不完善，有很多是非常笼统和模糊的。针对个人的特殊法律标准，如刑事责任能力、受审能力、服刑能力、性自卫能力等都需要专门的标准来确定。我国司法精神医学领域的专家学者们多年来一直努力制定这些法定能力的统一标准。我国司法部司法鉴定管理局于 2011 年 3 月 17 日发布了《精神障碍者刑事责任能力评定指南》（2016 年更新了新版），此技术规范系根据最高人民法院、最高人民检察院、公安部、司法部、卫生部《精神疾病司法鉴定暂行规定》及司法部《司法鉴定程序通则》，运用精神病学及法学的理论和技术，结合精神疾病司法鉴定的实践经验而制定，为刑事责任能力鉴定提供了科学依据和统一标准，为精神障碍者的刑事责任能力评定提供了具体可操作的细则，是很大的进步。当然，刑事责任能力虽然有评定指南可以参考，但司法精神医学鉴定人的主观经验及思维角度不同，对同一案件的鉴定意见也可有差异。

第五节　司法精神医学鉴定启动制度

在我国三大诉讼法中,目前只有《刑事诉讼法》不允许当事人自己启动鉴定程序。在一定程度上,这是由我国国情决定的。但在刑事诉讼法学界,多数专家认为法律应赋予当事人启动鉴定程序的权利。

一、鉴定程序的启动制度

刑事司法鉴定作为调查事实的手段之一,其启动制度在刑事的诉讼相关法律、法规、部门规章及司法解释中作了原则性的规定,同样也适用于刑事司法精神医学的鉴定。

我国 1996 年修订的《刑事诉讼法》第二编第二章"侦查"第七节"鉴定"中规定:"为了查明案情,需要解决案件中某些专门性问题的时候,应当指派、聘请有专门知识的人进行鉴定。""侦查机关应当将用作证据的鉴定结论告知犯罪嫌疑人、被害人。如果犯罪嫌疑人、被害人提出申请,可以补充鉴定或重新鉴定。"该法第三编第二章"第一审程序"中规定:"法庭审理过程中,当事人和辩护人、诉讼代理人有权申请通知新的证人到庭,调取新的物证,申请重新鉴定或勘验。法庭对于上述申请,应当作出是否同意的决定。"

公安部 1998 年发布的《公安机关办理刑事案件程序规定》(已废止,2012 年修订)中规定:公安机关"为了查明案情,解决案件中某些专门性问题,应当指派、聘请具有鉴定资格的人进行鉴定";"办案部门或者侦查人员认为鉴定结论不确切或者有错误,经县级以上公安机关负责人批准,可以补充鉴定或者重新鉴定"。"公安机关应当将用作证据的鉴定结论告之犯罪嫌疑人、被害人。如果犯罪嫌疑人、被害人对鉴定结论有异议提出申请,经县级以上公安机关负责人批准,可以补充鉴定或者重新鉴定。"

2007 年实施的《司法鉴定程序通则》出于规范司法鉴定机构和司法鉴定人的司法鉴定活动,保障司法鉴定质量,保障诉讼活动顺利进行的目的,提出了司法鉴定机构和司法鉴定人进行司法鉴定活动应当遵循和采用的一般程序规则,对司法鉴定机构和司法鉴定人进行司法鉴定活动应当遵循的方式、方法、步骤以及相关的规则和标准进行了规定。

1989 年颁布的《精神疾病司法鉴定暂行规定》包括了总则、司法鉴定机构、鉴定内容、鉴定人、委托鉴定和鉴定书、责任能力和行为能力的评定和附则几部分内容,对司法精神医学鉴定的实体问题进行了规范,但几乎没有涉及程序问题。第五章“委托鉴定和鉴定书”中规定司法机关委托鉴定时,需有“委托鉴定书”,这里并非提到“当事人委托鉴定”的情况。这反映了当时的立法者对于司法精神医学鉴定的启动权主体的考虑只有司法机关,而当事人没有司法精神医学鉴定的启动权。虽然近年来多有学者提出应赋予当事人司法精神医学鉴定的启动权,但现实情况是,民事诉讼中当事人可以申请司法精神医学鉴定,而刑事诉讼中当事人没有司法精神医学鉴定的启动权。

综上所述,我国现行刑事司法精神医学鉴定启动制度,主要包括以下几个内容:(1)司法机关包括公、检、法均有权启动鉴定,在侦查、检察、审判的任何阶段均可由相应司法机关决定进行补充鉴定或者重新鉴定;(2)当事人(包括犯罪嫌疑人或被告、被害人)及其法定代理人、近亲属和诉讼代理人均无权申请或启动司法精神医学鉴定;(3)当事人在鉴定意见发出后有权提出补充鉴定或者重新鉴定的申请,但最终是否同意补充或重新鉴定的申请,仍然由公检法三机关决定。

二、现行鉴定启动的现状①

在司法实践中,司法精神医学鉴定在刑事案件中越来越多。在死刑案件和重大犯罪如故意杀人、故意伤害、抢劫、纵火、强奸等案件中更为常见,特别是在手段极其残忍、不合常理的暴力犯罪案件中更为常见。

大部分司法精神医学鉴定是在侦查阶段提起的,其中主要由公安机关主动启动,也有由犯罪嫌疑人本人或家属申请,公安机关同意启动的。在审查起诉阶段,如犯罪嫌疑人家属或者辩护人提出要求进行精神病鉴定,检察机关认为确实存在异常情形、有精神病可能性的,一般不直接委托鉴定,而是退回公安机关,由公安机关委托鉴定机构进行鉴定。在审判阶段,法官如果在审理过程中发现被告人存在异常情形的,也会启动精神病鉴定程序。法院一旦决定启动司法精神医学鉴

① 参见郭志媛:《刑事诉讼中精神病鉴定启动程序改革的实证分析》,载《江苏行政学院学报》2012 年第 1 期。

定,可以建议检察机关撤回案件进行鉴定,也可以宣布休庭,由法院委托相关机构进行鉴定。

一般来说,公检法机关在决定是否启动提起司法精神医学鉴定程序时,要考虑以下因素:

1. 犯罪嫌疑人或被告人是否有精神病家族病史;

2. 犯罪嫌疑人、被告人是否曾经患有精神病;

3. 犯罪嫌疑人、被告人的社会关系,即日常表现,特别是与家属及其邻里的关系;

4. 犯罪动机是否合理;

5. 由鉴定行为可能引发的社会后果,特别是在后果特别严重、社会影响较大的重罪案件中,社会效果往往是优先和着重考虑的因素。法院往往考虑被害人与被追诉人的权利保护平衡。

总体上看,对于典型精神病,即手段残忍、不合常理的暴力犯罪以及犯罪动机奇怪、提审时发现犯罪嫌疑人或者被告人思维不正常、逻辑混乱的,公检法机关一般都会主动启动精神病鉴定,或者批准被告人一方的鉴定申请。但是对于不典型的精神病,在技术层面上很难鉴别,而法官必须考虑到社会公平、老百姓的心理承受能力等各种因素,必须保证诉讼停止和纠纷停止,这对审判阶段的法官造成很大压力。

在界定是否为精神病的判断标准上有一个必须强调的问题,即精神病是一个情感问题,而非智力问题,不能以智力是否正常作为判断的依据。而混淆智力与情感上的区分,正是现实中精神病鉴定所陷入的一大误区。在无预谋的暴力性犯罪如激情杀人等案件中,具有精神病的鉴定结果可能更容易被接受;而在有预谋的犯罪中,人们常常因犯罪人的智力正常甚至超常而否认其有精神病,对有精神病的鉴定结果更是无法接受。精神障碍者犯罪的时候也会有计划,只是计划的程度有所区别,这与辨认能力无关,“计划”与鉴定结果无必然联系,比如,有些偏执型病人在实施犯罪前会制订周密的计划,甚至超过常人。以申请人思维清晰、表现正常为由拒绝启动精神病鉴定,正是混淆了在判断是否有精神病时情感与智力的差异。

三、现行启动模式评价

根据现行的刑事鉴定程序的启动模式,当事人自己无权自由决定是否启动司法精神医学的鉴定程序。一方面这由我国国情决定,但另一方面也有其弊端。

(一)相对合理性

有学者对现行精神病鉴定启动权分配模式作了主观评价的调查,[①]对现行精神病鉴定的启动模式,侦查人员、检察官和法官几乎一致地认为它是相对合理的,在他们看来,这种启动权配置模式可以防止被告人及其家属、辩护律师利用司法精神医学鉴定程序逃避刑事责任与刑罚。他们不赞成赋予当事人独立启动精神病鉴定、自行委托鉴定的权利,因为这样会导致过分保障被追诉人的权利,而忽略被害人的权利,造成二者权利保障的失衡。公安司法机关赞成维持现行精神病鉴定启动模式,主要是出于对司法成本和社会效果的考虑——如果精神病鉴定启动的门槛过低,可能会造成滥用的局面,使当事人更多地在这方面做文章。

与此相反,大部分律师认为当前的鉴定权分配模式不合理,其理由是这种模式违反了控辩平等的原则。他们主张赋予辩方独立启动精神病司法鉴定的权利,即一旦当事人的家属或者律师提出要求鉴定,就应启动精神病鉴定程序。

精神病学专家大多不赞成赋予当事人自行委托鉴定的权利,以避免当事人为达到理想的鉴定意见而多次鉴定,仅仅选择有利的鉴定意见上呈法庭,从而影响法官对鉴定结论的判断。此外,精神病专家认为,目前专门机关委托鉴定的模式可以最大限度地使其避免来自委托方和相对方当事人的干涉和影响。

目前,公检法机关垄断精神病鉴定启动权的模式基本上运行良好,需要进行精神病鉴定的案件中,绝大多数犯罪嫌疑人或被告人得到了鉴定的机会,应当鉴定而未鉴定的情况只是少数例外情况。

(二)存在的弊端

1. 加重了刑警的负担

正常人涉嫌犯罪时,应当推定能负刑事责任,司法机关只须收集证据证明其行为涉嫌犯罪。如果犯罪嫌疑人要免责,须由其家属或辩护人提出证据证明其不

---

① 参见郭志媛:《刑事诉讼中精神病鉴定启动程序改革的实证分析》,载《江苏行政学院学报》2012 年第 1 期。

能负刑事责任。但在当前的司法实践中,在侦查阶段,如怀疑或认为犯罪嫌疑人患有精神病时,无论提出这一看法的主体是谁,通常情况下公安机关都须收集大量相关证据,委托鉴定机构作司法精神医学鉴定,否则案件即使到了起诉和审判阶段,也难通过审查。由于人们普遍存在的“有精神病就可以免罪”的错误观念,要求作司法精神医学鉴定的数量众多,有些案件还不止作一次鉴定,更增加了公安机关的工作量。

2. 辩护律师未能发挥应有的作用

在访谈中,大部分法官和检察官认为律师在精神病辩护中的作用主要为:向当事人及其家属解释提出精神病鉴定的程序以及后果,促使当事人及其家属慎重考虑此问题,即律师应起到一定的把关作用;按照当事人家属的意见向办案机关提起要求精神病鉴定,以询问的方式了解当事人的情况(是否有精神病家族史、日常表现情况)并向办案机关提供一定证据。也就是说,辩护律师在精神病鉴定的启动程序中既要起到过滤作用,同时也要在当事人家属的协助下履行提起精神病鉴定申请的证明责任。然而,根据我们访谈的法官和检察官的反馈,律师在这两个方面都没有做到位。一方面,只要家属要作精神病鉴定,律师都会向办案机关提出该申请。另一方面,由于缺乏精神病的基本常识以及缺少精神病辩护的特别训练,律师在提出鉴定申请时往往不能同时提供相应的证据,这也是相当一部分鉴定申请被公检法机关驳回的主要原因。

第二章　司法精神医学鉴定的组织与实施

第一节　司法精神医学鉴定形式

司法精神医学鉴定是司法有关机关委托精神疾病司法鉴定机构所完成的任务。鉴定的进行根据不同情况,有以下几种不同的形式。

一、门诊鉴定

门诊鉴定是指被鉴定人在门诊接受精神检查,完成鉴定的过程。其鉴定方式是委托人将被鉴定人送到鉴定机构进行鉴定,一般多限于情况相对简单或案情不太复杂者。在刑事案件的司法精神医学鉴定中,最常见的鉴定方式还是门诊鉴定。通常由刑警押送犯罪嫌疑人去委托的精神病鉴定机构,在鉴定专家事先对送检材料充分熟悉的基础上,通过1~2小时的精神检查和询问,并完善相关的辅助检查,完成司法精神医学鉴定。但对于案情特别重大与复杂的案例,尤其是当有关鉴定材料不完整或不易收集而难以作出正确的鉴定意见时,最好采取住院鉴定的方式。

二、住院鉴定

住院鉴定是指被鉴定人居住于与外界隔离的特殊病房,司法鉴定人通过严密观察和安全监护,对必须通过长期观察的疑难病例完成鉴定的过程。住院鉴定一般以20天左右较适宜,场所一般是在精神卫生医疗机构特设的病房内,有视频监控和安防措施。这样做的优点是可以避免外界环境的影响和干扰,使鉴定人全面、连续、细致、深入地从专业角度,对被鉴定人各方面的精神活动与行为表现进行观察，详细记录其精神状态、生活起居、独处时的反应、与人接触交往形式等情况，并可酌情留取相应的音像资料作为证据。

司法精神医学专家在某些情况下会要求被鉴定人进行住院鉴定，一般有这样几种情况：(1)精神症状不稳定的嫌疑人。(2)无法有效沟通的嫌疑人。(3)有伪装精神病嫌疑的被鉴定人。本着准确、科学、公平、公正的原则，在门诊鉴定无法获得准确有效的信息，而鉴定材料中又无客观准确的旁证时，鉴定专家会对被鉴定人实施住院鉴定。住院鉴定可以对被鉴定人进行长时间的观察，特别是可以了解被鉴定人独处时的精神状态，有助于准确判断被鉴定人当前的精神状况及推断作案当时的意识、认知、情感、意志等状态。

在实践中，由于耗时较长、费用较高，且须考虑安全责任问题，采取住院鉴定的案例占比不高。

三、院外鉴定

院外鉴定是指被鉴定人由于种种特殊原因，不能到鉴定单位（如精神卫生机构门诊或病房），必须在精神病医院之外的场所（如监狱、看守所）完成鉴定的过程。这种方式比较适合因某些特殊原因不能或不便去鉴定机构，且病情表现比较明显、案情不很复杂的案例，如处在拘留、审查或服刑等被羁押或拘禁状态的被鉴定人。

此种鉴定方式有利于掌握被鉴定人真实的精神状态，避免被鉴定人因受医疗机构环境的影响而出现的夸张、做作等心理，对案情比较重大的刑事被告采用较为恰当。一般上述这些监禁场所都安有监控设施，可在其不知晓的情况下观察其日常行为和精神状态，并可留取音像资料作为鉴定依据和法律证据。但这种鉴定方式下，鉴定人与被鉴定人接触的时间一般比较短暂，精神检查所掌握的信息也较有限。

四、缺席鉴定

缺席鉴定是指被鉴定人因为特殊原因（如死亡、出国等）在整个鉴定过程中不能面见司法鉴定人，司法鉴定人根据已有的鉴定材料及对相关人员的询问完成鉴定的过程。鉴定材料可包括委托人提供的案情、被鉴定人的病史信息与病历材料、现场勘验结果等。

缺席鉴定因不能对被鉴定人进行直接精神检查,鉴定意见的准确性会受一定的影响,因此这种方式只能在迫不得已的情况下采用,且鉴定材料必须全面翔实、客观真实。

第二节 司法精神医学鉴定程序

根据司法精神医学鉴定的法定程序,分为以下几个部分。①

一、提出申请与接受委托

司法精神医学鉴定的一般步骤,首先由委托鉴定的司法机关,如公安、检察、法院等部门,出具《精神病学司法鉴定申请书》,作为正式公函向承办鉴定单位提出申请鉴定要求。申请书的主要内容包括:

1. 提出司法鉴定的理由和鉴定的目的和要求。

2. 被鉴定人的姓名、年龄、简历以及案件主要问题和疾病情况。

3. 鉴定材料:相关卷宗,包括有关案情事实情节,审理诉讼过程的情况,知情人对被鉴定人精神状态的有关证言以及被鉴定人躯体检查、医疗情况,疾病证明等调查材料,以及其他必要的附件。

承担鉴定的医生在查看委托鉴定机构送来的各种有关案件卷宗和其他种种必要材料后,若认为业已齐备,同意接受鉴定任务,则双方代表签署协议书即可安排进行鉴定检查的具体方式、时间和地点。委托鉴定机关即按预约时间,带被鉴定人届时到达约定地点进行鉴定检查。

二、查阅材料,掌握"三情"

鉴定医生在进行鉴定检查前,应查阅整个案件和各种材料,必须对有关案情、"病"情以及被鉴定人的个人情况(以下简称"三情")全面了解和较好地掌握,做到心中有数,才能顺利地进入具体的精神状态检查、躯体状态检查、神经系统检

---

① 参见李从培主编:《司法精神医学》,人民卫生出版社1992年版,第173~186页;李从培:《精神疾病的司法精神医学鉴定》,载沈渔邨主编:《精神病学》,人民卫生出版社1994年版,第1073~1108页。

查、其他辅助检查(常规包括脑电图、眼动检查、人格测试等),以及进行诊断和判定法定能力等专业技术性鉴定工作。

鉴定医生查阅案情、掌握"三情"基本事实材料是至关重要的,也是做好鉴定工作绝对不可少的最重要的基础,了解和掌握"三情"务求全面、确切、可靠,做到心中有数。对"三情"基本事实情况了解和掌握的多少或好坏,在很大程度上关系作出诊断和法定能力的判断以及决定是否适当或是否正确。在查阅材料了解情况的阶段,鉴定人必须对整个材料细致、认真地查阅,至少要对所有材料毫无遗漏地浏览一遍,对有些事实情节还必须要反复查阅、印证、对照比较,力求判明真实情况,深入把握问题实质,特别要对被鉴定人实施危害行为当时的精神状态是否正常,以及异常或正常的心理和行为方面的具体表现加以掌握,并初步考虑这种精神状态与被鉴定人本人危害行为之间的相互关系是如何产生和发展的。

三、调查、收集鉴定材料

鉴定人在查阅鉴定材料时,应注意审阅是否委托人提供了所有与被鉴定人和被鉴定事项相关的材料,材料涉及的方面是否完善。委托人对送检材料不应有所隐瞒,如发现材料中有不一致或相互矛盾的地方,也应将两方面的材料一起送检,交与鉴定人综合判断分析。

由于种种原因,委托人所提供和补充的鉴定材料多由缺乏精神医学知识和经验的非专业人员收集。为了保证鉴定材料的真实、准确、全面、完善,鉴定人应尽可能直接询问各方知情人,调查并补充收集与案情、病情、个人情况相关的第一手鉴定材料,从而最大限度地保障证据材料及由此而产生的鉴定意见的准确性、科学性与公正性。根据《司法鉴定程序通则》的规定,对于需要到现场收集和调查的,或需要直接询问知情人的,应当有不少于两名鉴定人参加,并通知委托人到场见证,除进行文字记录外,应该使用录像、录音等方式保留客观证据。委托人应当为此提供一切便利条件并支付相应费用。

在司法实践中,由于现实的种种原因,鉴定人难以到现场调查、收集鉴定材料,侦查人员肩负着全面收集、补充鉴定材料的繁重工作。对鉴定材料的具体调查、收集内容详见本书第三篇第二章之第一节。

四、精神检查

精神检查是司法精神医学鉴定工作中最基本的技术。通过系统、详细的精神检查,能较全面、细致地探测个体的精神活动,掌握、了解个体目前的精神状态,弄清个体的哪些精神活动发生了异常、严重程度如何、症状的特点,以及这些症状之间的相互关系和影响,从而为正确的诊断与鉴定意见提供充分的依据。

精神检查的主要方法是观察和晤谈两种,观察分为直接观察和间接观察两方面,直接观察在面对面的晤谈过程中就可以完成,间接观察是利用各种监控设施或其他方式,对个体在工作场所、生活场所中劳动、独处时或在与人交往、接触时的各种行为表现进行追踪观察并录像。对于晤谈不合作的个体,这种观察是精神检查的重要手段。

个体的异常精神活动是以其内心主观体验为主要表现的,通过与其晤谈,才能发现、觉察或引出其精神症状的存在,并详细了解其内容,分析其意义。在晤谈的同时,须注意随时观察,特别是涉及敏感话题时其面部表情、身体姿势、动作行为、情绪状态等。这些技巧须深厚的专业训练和长期的临床经验才能运用自如。

通过精神检查,须核实和验证此前掌握的个体精神状态的材料是否准确、是否一致,并准确、深入地了解个体出现这些异常精神活动时的内心体验,尽量寻找和发现新的精神症状。

五、其他医学检查及心理学测验

在司法精神医学鉴定工作中,往往须有针对性地选择医学检查项目,以明确或排除被鉴定人精神障碍的器质性因素,如体格检查、神经系统检查、医学仪器及化验检查等。心理学测验也是非常重要的内容,有助于鉴别人格障碍、伪装精神病、精神分裂症等。详细内容参阅本书“相关检查的意义”一节。

六、形成医学诊断及鉴定意见

综合分析所有鉴定材料,对被鉴定人的精神症状深入了解、掌握、分析,结合被鉴定人案前、案中、案后及目前的精神状态予以逻辑推理、综合评估,对照精神障碍分类与诊断标准,作出明确的医学诊断和鉴定意见。

七、制作鉴定书

按照规范将鉴定过程、分析意见、鉴定意见等制作成合格的鉴定书，并由所有鉴定人亲自签字，再由鉴定机构盖章后完成鉴定，将制作合格的鉴定书按照约定方式送达委托人。详细内容参阅本书“司法精神医学鉴定意见书”一节。

八、鉴定材料的整理归档

鉴定程序的最终步骤，须将委托人提供的全部材料进行复印、拷贝或复制，并与鉴定人所收集的全部材料（文字和音像材料）合并归纳整理，按照规范的次序进行整理、编号、编页，装订成册形成档案，按照要求登记并履行必要的交接手续后，将档案交由专人保管。

第三节　司法精神医学鉴定协议书

根据国内外司法精神医学鉴定案例的经验，被告人（多是被鉴定人）和原告及其家属，对诉讼都有明显的利害关系，其中少数人可能纠缠鉴定医生及其单位，施加种种干扰、压力，个别人无理取闹、寻衅滋事，甚至暴力袭击鉴定人。为了明确委托人和鉴定人双方的权利和义务，避免某些可能出现的干扰影响，确保鉴定工作顺利进行，双方在鉴定之前有必要签订鉴定协议书。这种协议书，除应规定双方各自应有的权利和义务外，还应指明鉴定人所作的鉴定结论性意见，只对委托鉴定机关负责，对委托鉴定以外的机构、单位或个人，都不负责作任何解释工作。凡对鉴定结论提出异议，或对鉴定结论不服，甚或无理纠缠，威胁鉴定人，影响鉴定人正常工作生活秩序和生命安全者，应由委托鉴定机关负责妥善处理。①

司法鉴订协议书通常应包括以下内容（供参考）：

① 参见李从培：《司法精神医学鉴定的实践与理论》，北京医科大学出版社 2000 年版，第 64 页。

司法精神医学鉴定协议书

根据我国法律规定，依照法律程序，兹有（某单位）委托（某省某市某）精神疾病司法鉴定单位，承担对某被鉴定人的司法精神医学鉴定任务。为了保证鉴定工作的顺利进行，双方特订立本协议书，明确规定各自的权利、义务，双方必须恪守。

签订协议时，要注意以下问题：

一、委托鉴定单位在申请或委派鉴定时，必须详细认真地填写要求鉴定的提纲，写明委托鉴定的原由和具体要求，以及案件情况，提供有关卷宗材料以及调查证明等必要的材料。

二、按照接受鉴定单位出具的调查提纲，委托鉴定单位一方写好关于被鉴定人的综合性案件情况、有关疾病情况材料，以及对被鉴定人有关知情人补充调查证明材料，连同上面的申请鉴定理由、要求签订的函件，一并在鉴定以前送交承担鉴定任务的鉴定人一方，由鉴定人单位安排鉴定检查的具体时间、地点和鉴定方式，并及时将预约的时间、地点，预先告知委托鉴定一方。

三、委托鉴定单位如未按照要求整理或按时提供有关材料或材料不全，从而使鉴定工作产生困难时，受委托鉴定单位有权请求委托鉴定单位及时补充鉴定所需的材料。若因材料不全等原因致使鉴定条件不具备时，受委托鉴定单位有权说明原因，可不承担鉴定任务。

四、委托鉴定单位应按预约鉴定时间，护送被鉴定人准时到鉴定场所进行鉴定。如有特殊原因不能按约定时间前来鉴定时，应在一周前通知接受鉴定委托单位，以便另行约定以后进行鉴定的时间。

五、承担鉴定单位所提出的鉴定结论意见，只对委托鉴定机关负责，对委托鉴定单位以外的任何单位或机构，以及任何个人，一概没有解答的义务。诉讼双方的任何一方，对鉴定结论持有异议，或因此而与鉴定人发生矛盾，或产生某种干扰，影响鉴定人正常业务工作和生活秩序和人身安全时，委托鉴定单位应主动负责妥善处置和加以解决。

六、鉴定人由于鉴定任务的需要，需外出鉴定，或亲自作调查研究工作时，应由委托鉴定单位给予方便和创造条件，负责差旅等费用，安排有关事宜。

七、对被鉴定人所进行的鉴定检查和必要的测查等工作，按规定应收取鉴定费及特殊测查、检验费。

鉴定预约时间：　　　　年　　月　　日
委托鉴定的司法机关：
办事人员：　　　　　签名：
承担鉴定单位：　　　签名：

第四节　司法精神医学鉴定意见书

司法精神医学鉴定意见书，是接受鉴定任务的司法精神医学鉴定人根据委托鉴定单位提供的有关被鉴定人的案情和病情两方面的书面材料，结合对被鉴定人的精神检查，参照司法精神疾病鉴定的评定标准得出的分析意见，也是一种法律证据，必须书写规范，表达清楚。其中，精神病学诊断须符合国际或国内权威诊断标准。司法人员能从鉴定书了解鉴定过程和采用证据的情况，违法行为与其精神状态的内在联系，能够作为是否有罪、审判量刑或采取何种法律措施的依据。

司法部对全国司法鉴定机构的鉴定文书类型及文书内容、格式都作了统一规定，分为两大类，即司法鉴定意见书和司法鉴定检验报告书，司法精神医学的鉴定书属于前一类。根据司法部对司法鉴定意见书的具体规定，刑事责任能力的司法鉴定意见书的基本模式如下：

司法精神医学鉴定意见书

编号：××司法鉴定机构×鉴字[20××]第×号

一、基本情况
委托机关：××市公安局
案由：涉嫌××案
委托事项：××有无精神疾病及其案发当时有否具有刑事责任能力
受理日期：××××年××月××日
鉴定材料：××案有关资料(讯问笔录、调查笔录等复印件)
鉴定日期：××××年××月××日
鉴定地点：××鉴定中心

在场人员：××、××、××及××(民警)

被鉴定人：姓名、性别、年龄、婚否、民族、职业、××文化、身份证号码、户籍所在地、现住址。

二、检案摘要

简明阐述案情、抓捕及讯问情况，特别注意案件发生日期、主要情节及后果、已采取何种法律措施。阐明申请作司法精神医学鉴定的原因及鉴定事项。如属于刑事案件，作案时间有较明显界线的，可要求分时段分别鉴定，如“案发时及案发前后的精神状态”。

三、检验过程

(一)调查及有关书证材料

1. 被鉴定人个人及家族史

包括被鉴定人出生(生于××××年××月××日)、幼年生长发育情况、以往学习(从小学开始)、工作(包括适应性、调动情况等)、劳动等经历，以及人格特征、人际关系是否正常等(尽可能详细具体)。有无重大躯体疾病及家族史，神经精神疾病史应尽可能详细。是否个性异常、犯罪史以及家庭成员关系、经济地位、对被鉴定人成长的影响。

2. 书证材料

(1)历次讯问时口供摘录；

(2)书写材料、病史资料等；

(3)其他知情人的调查笔录。

注意：这部分资料对于鉴定工作极为重要，书证材料包括有关案件情况，审理状况，包括审讯笔录，证人以及由诉讼的有关人员所提供的情况、病情状况和医院证明、诊断、伤残证明、既往检查资料，以及调查研究材料等，要求尽量完整真实。作为接受鉴定任务的司法精神医学鉴定人，还要求委托鉴定单位提供有关被鉴定人的知情人情况(被鉴定人所在单位和组织领导人、同事、邻居、朋友、居委会、工会、老师、同学、亲属、监所管教人员、同监室有关犯人等)，对被鉴定人实施危害行为当时及其以前的精神状态等客观证明材料。

所有材料对全面深入、实事求是地评估被鉴定人的实际确切精神状态，是否患有精神疾病，确定疾病与危害行为之间的确切关系，对明确确定具体疾病之诊断和评价法定能力，以及书写鉴定意见书等，都是不可缺少的。这些材料很大程度上都需要司法机关，特别是刑警来完善。

3. 调查材料

在一些复杂案件的鉴定中，侦查人员有时须对口供无法反映但在走访调查中掌握的重要案情作一情况说明。另外，如果有可供反映案发当时、案发前后被鉴定人的精神状况的视频资料，侦查人员也应提供给司法鉴定人员，这对鉴定结论的客观真实性有重要的参考价值。

（二）检查所见

1. 精神检查

精神检查是鉴定人阅过鉴定材料后与被鉴定人直接接触的一个环节，在鉴定工作中占举足轻重的地位。鉴定人结合已掌握的病情和案情材料，通过亲自观察被鉴定人的意识、外貌、表情、举止，及对被鉴定人有重点的询问，并要求被鉴定人详细说明导致其作案的各种内外因素，及对自己作案行为的对错想法，从认知、情感、意志行为三方面推断被鉴定人作案当时的精神状况，主要包括以下项目内容：

（1）被鉴定人的一般情况及合作程度：意识是否清楚、仪表衣着情况、人物、时间、空间定向力、主动或被动接触、是否合作等。

（2）精神活动：包括认知、情感、意志行为三大领域的情况。若疑似智力障碍者，应在此段中对智力检查情况作详细记述。可精选援引必要的问答内容，确认症状。根据需要可分为多个部分按顺序罗列。如①个人基本情况（包括成长过程中的重大事件、影响人格发展的相关因素等）；②重要的阳性和阴性精神症状；③自知力情况。

（3）通过问答的形式核实与案情有关的情况：作案时间、地点和经过，特别注意了解行为动机、目的、决意过程、手段与方式、准备与安排以及对案件处理的反应、对自己行为罪错性认识等。这些情况必须与多次口供、调查材料所反映的事实相互印证，特别要了解最初的几次口供与后面口供不一致的原因。

2. 神经系统查体

神经系统查体属于专科查体，对全身的中枢神经系统和周围神经系统作全面的检查，包括一般检查、脑神经检查、运动系统、感觉系统、反射检查、自主神经功能检查等，须用到叩诊锤、棉签、大头针、音叉、双规仪、试管、电筒、眼底镜以及嗅觉、味觉、失语测试用具等。若严格实施全面的查体则费时较长，一般精神科鉴定人员只作重点的有针对性的检查，只记录阳性体征和病理性反射。

3. 辅助检查

结合个体和案情选择适合的检查项目,所采用的项目应该是经过权威学术部门或者法定机构认可有效的,如果属于特殊项目应该对其意义和参考值作出说明。检查项目包括影像学检查(CT/MRI)、脑电图(EEG)及脑电地形图(BEAM),特殊情况下需要诱发试验和24小时脑电图等。

4. 心理测验和量表评定

心理测验和量表评定必须是经过标准化的,而且要有行为(合作性)观察描述。其对人格障碍、精神分裂症等诊断有重要参考价值。

四、分析说明

(一)精神医学诊断分析

综合以上资料,列举诊断依据,按照现行诊断标准进行医学诊断。注意症状与症状间相关性,症状的出现是否符合疾病规律,有无相互排斥或矛盾等。诊断依据可分为以下几部分。

1. 被鉴定人人格特点及家族史

如平时的人际关系是否正常,是否存在人格障碍倾向,通过客观性测验工具确定或者印证人格类型;是否存在精神疾病高危发病因素,成长过程中的重大事件是否对被鉴定人造成影响等。

2. 送检资料的分析

结合被鉴定人的病情和案情信息,归纳被鉴定人的反常表现,包括具体表现和时间、有无社会功能严重受损的证据等。

3. 精神检查结果分析

需逐条分析精神检查中发现被鉴定人存在哪些病理性精神症状,如幻觉、妄想等,包括有特殊意义的阴性症状、有无自知力等。

4. 辅助检查及心理评估结果分析

结合常见的脑电地形图、眼动实验、明尼苏达多项人格测验(MMPI)等协助诊断。

精神诊断须符合《国际精神与行为障碍分类》(ICD-10)和《中国精神障碍分类与诊断标准》(CCMD-3)诊断标准。

(二)案发时刑事责任能力分析

主要反映案发时的病情程度、对作案行为的辨识能力和控制能力有关的精神状况。辨认与控制能力损害程度的判断应从以下方面进行评估：作案动机、作案前先兆、作案的诱因、作案时间选择性、地点选择性、对象选择性、工具选择性、作案当时情绪反应、作案后逃避责任、审讯或检查时对犯罪事实掩盖、审讯或检查时有无伪装、对作案行为的罪错性认识、对作案后果的估计、生活自理能力、工作或学习能力、自知力、现实检验能力、自我控制能力。

根据上述评估项目，评定为无或有（完全/限制）责任能力。如果因为证据不足无法作出结论，应该如实说明。

五、鉴定意见

1. 被鉴定人××患××疾病（或可以明确的人格障碍），案发时处于疾病的××阶段。

2. 被鉴定人××在××××年××月××日实施××行为时，其行为丧失/存在实质性辨认能力或控制能力，评定为××责任能力。

司法鉴定人签名：

《司法鉴定人执业证》证号：

司法鉴定人签名：

《司法鉴定人执业证》证号：

司法鉴定人签名：

《司法鉴定人执业证》证号：

××司法鉴定机构

××××年××月××日

第五节　相关检查的意义

对精神障碍的诊断与司法鉴定，主要是依靠有资历的精神病学专家凭专业素养和经验作出主观的判断。但由于异常的精神活动常有器质性的因素，如颅脑外伤、颅内感染、颅脑肿瘤、中毒等，因而在正式精神鉴定之前，除体格检查和神经系统检查外，有必要进行相关的辅助检查。常规的辅助检查包括脑电图、脑电地形图、心电图、胸部X线、头颅CT、头颅MRI、血常规、生化、心理测验等。

一、体格检查及神经系统检查

精神障碍分器质性和功能性，大部分精神障碍者为功能性精神障碍，体格检查及神经系统检查无阳性发现，但查体却是不可省略的重要内容，因为有少数器质性精神障碍者，其器质性病变为其精神障碍的重要原因甚至是唯一原因，有明显的神经系统定位体征。在常规实践中，由于经济因素的限制，不可能每个人都做头颅影像学检查，因此首先进行体格检查和神经系统检查有助于排除明显的躯体疾病和神经系统器质性病变，如外伤、脑肿瘤等。

二、辅助仪器检查

在目前的司法实践中，做得最多的辅助检查为脑电地形图、心理测验，其他的辅助检查为选做项目。虽然其他的检查结果大部分是阴性的，但在特殊情况下是必不可少的诊断和鉴别诊断的依据。

（一）EEG

脑电图（Electro Encephalo Gram，EEG）是一种电生理检查技术，是通过置于头皮的电极将脑内自发或诱发的生物电位的活动变化引出，并给予即时描记观察的一种方法。观察指标主要包括脑电波的频率、波幅、波形、位相等。正常情况下，每个人的EEG都不完全相同，且随着年龄而发生一定变化。用这种方法既可以了解脑组织的生理功能，也能反映脑组织的病理性变化，帮助医生了解因脑部某种疾病导致的脑功能改变，对于癫痫、脑炎、痴呆、精神发育迟滞等很多脑病的诊断具有辅助作用。

（二）BEAM

脑电地形图（Brain Electric Alactivity Map，BEAM）是用计算机将脑电波进行处理并显示的技术，是EEG技术的发展和延伸。数字脑电地形图仪是集脑电图、脑地形图、脑电监护于一体的多功能仪器，具有16导无笔描记脑电图、动态三维脑电地形图和完备的病案管理系统等功能，在功能性诊断方面优于CT，如颅内感染性疾病、脑膜炎、脑脓肿、中毒等有敏感的反应，对神经衰弱、精神分裂症、神经症、神经发育迟滞等都有协助诊断、分型的作用，而对颅内占位性病变、脑血管病等疾病与CT具有一致性。本检查为无创性检查、无放射性等副作用，价格较CT、MRI便宜，因此在司法鉴定工作中几乎为必做项目。

（三）诱发电位

机体的自发电活动可以为直接的或外界的确定性刺激（电、光、声等刺激）所影响，产生另一种局部化的电位变化称为诱发电位（evokedgraphy，EP）。其不同感官的诱发电位不同，主要有以下几种：

（1）视觉诱发电位（Visual Evoked Potential，VEP），它是大脑皮质枕叶区对视刺激发生的电反应，是代表视网膜接受刺激，经视路传导至枕叶皮层而引起的电位变化。VEP是目前视神经病变最敏感的客观检查方法，结合眼科常规检查可以识别伪盲和明显夸大视功能障碍者。

（2）脑干听觉诱发电位（Auditory Evoked Potentials，AEP），它是由听觉神经系统的刺激引起的中枢神经系统的生物电反应。AEP可反映听觉通路是否有损害，其损害属周围性或脑干性，且在一定程度上反映整个脑干功能的发育或损害情况。

（3）事件相关诱发电位（Event-related Potentials，ERP），ERP是在神经精神学科中研究最广泛的诱发电位，也被称为认知电位。通过平均叠加技术从头颅表面记录大脑诱发电位来反映认知过程中大脑的神经电生理改变，可以反映大脑高级思维活动，作为其内源成分的P300是ERP中最典型、最常用的成分，与认知过程密切相关，被视为“窥视”心理活动的一个窗口。ERP可协助诊断精神分裂症、脑血管疾病、痴呆、精神发育迟滞等。另外，ERP对识别伪装精神病及测谎也有重要作用。

（4）随因电位（Contingent Potential，CP），它发生于脑电基线上的两个相继刺激，即预告信号和行动信号之间的慢电位变化。其中最显著的是随因负变化（Contingent negative variation，CNV）。一般认为CNV与预期、意动、动力、学习和注意有关，在精神病学中是一个有价值的参考诊断手段。如焦虑症患者的CNV发展缓慢，幅度小而不稳定。强迫观念患者的CNV幅度高，不容易恢复到基线。精神分裂症者的CNV持续时程较长，幅度也较小。

（四）头颅CT

计算机体层摄影术（Computertomo Graphy，CT）是一种放射性检查技术，其成像原理是利用高度准直的X线束，对人体的某一部位进行环绕，并以一定层厚度的层面进行扫描，最后变为数字化图像，其成像取决于身体各个组织器官对X射线的吸收和反射程度，应用非常广泛，在司法精神医学鉴定工作中，头颅CT能明确被鉴定人是否有颅脑损伤、脑肿瘤、脑萎缩、脑出血、脑梗塞等多种器质性病变。

(五)头颅 MRI

磁共振成像(Magnetic Resonance Imaging,MRI)是利用人体中富含的大量水分子中的氢原子,在强磁场内受到脉冲的激发后,产生的磁共振现象,经过把在磁共振过程中所散发的电磁波,以及与这些电磁波有关的质子密度、弛豫时间、流动效应等参数,接收转换的空间编码技术,再通过电子计算机的处理,最后形成图像,作出准确的判断。在临床和司法精神医学鉴定中也用来明确是否有颅脑内器质性病变,其对软组织分辨率高于 CT,所获得诊断信息较 CT 丰富,但价格也更为昂贵。

(六)多导睡眠图

多导睡眠图(Poly Somno Graphy,PSG)又称睡眠脑电图,主要用于睡眠和梦境研究以及抑郁症和睡眠呼吸暂停综合征的诊断。正规 PSG 监测除脑电图外,还包括心电图、肌电图、眼动图等。如果遇到疑似在异常睡眠状态(如梦游、病理性朦胧状态等)下作案的情况,可以做此检查协助诊断,当然,如果没有阳性发现并不能排除作案当时处于异常睡眠状态。

(七)其他辅助检查

当前医学科学技术发展迅速,还有一些可供选择的高端检查技术,如功能磁共振(Functional Magnetic Resonance Imaging,FMRI)、单光子发射计算机断层摄影(Single Photon Emission Computerized Tomography,SPECT)、正电子发射断层摄影(Positron Emission Tomography,PET)。此外,为排除躯体疾病导致的肝性脑病、肺性脑病、肾性脑病等多种器质性精神障碍,对疑似有各器官系统损害的被鉴定人还须完善肝肾功能、血生化、心电图、胸部 X 线、腹部 B 超等各项检查。

三、心理测验

心理测验是应用心理测验工具对被鉴定人的精神活动进行检查的手段之一,是按照一定的科学法则和心理学原理,使用一定的操作程序,对个体的认识、行为、情感体验、人格特征等各种有关的精神活动给予量化性评价和判断的过程。目前用于心理测量的各种心理测验和心理量表有二三百个,临床上和心理咨询工作中常用的只有一二十种。司法精神医学鉴定中常用的心理测量工具主要是有助于了解被鉴定人智力、人格心理特点的心理测量量表，分为两大类。

（一）人格测试量表

人格测试以提示人格特点和辅助诊断为目的。现有人格测试种类通常可分为三大类，即问卷类、投射测验类和其他类。以下介绍几个常用的测试工具。

1. 明尼苏达多项人格调查表（Minnesota Multiphasic Personality Inventory, MMPI）

鉴定中应用最广的是明尼苏达多项人格测试，这也是目前国际上应用最广泛的人格测试，可用于测试正常人的人格类型，也可以用于区分正常人和精神疾病患者。MMPI 共有 566 个自我报告式的条目，主要内容包括 26 个方面的内容，涉及人生经验的广泛领域，诸如健康状况、精神症状，以及对家庭、宗教、政治、法律、社会等方面的态度等，可鉴别强迫症、偏执狂、精神分裂症、抑郁性精神病等。其中含有 4 个效度量表，疑问量表反映被测试者回避问题的倾向，原来是为了鉴定疑病患者而制定的。其中共 33 个题目，得分高者即使身体无病，也总是觉得身体欠佳，表现疑病倾向。谎言量表中的题目是测试被试者的回答是否有掩饰自己的倾向，题目的内容都是社会大众常见的小问题、小毛病。该分数高，说明过分掩饰自己所存在的问题，心理防御过度。伪装量表由一些不经常遇到的问题组成。分数高表示被测试者回答问题不认真或者理解错误，表现出一组相互无关的症状，或在伪装疾病。修正量表用于测验受测试者是否愿意议论个人事情，它与智力、教育以及社会地位有关。分数过高，可能是被测试者不愿合作。

2. 艾森克人格问卷（Eysenck Personality Questionhaire, EPQ）

艾森克人格问卷由英国心理学家艾森克编制，我国龚耀先教授等最先借鉴，并于 1983 年完成修订。此量表适用于 7 ~ 15 岁的少年儿童及 16 岁以上的成年人。该问卷由 E、P、N、L 4 个量表组成，有 88 项问卷，主要调查内外向、精神质、情绪稳定性几个方面的人格特点。

3. 卡特尔 16 项人格测验（Sixteen Personality Factor Questionnaire, 16PE）

卡特尔 16 项人格测验由美国心理学家卡特尔于 1949 年编制。此量表采用因素分析的方法，在大量描述人格特质的词语中分析出 16 组性质相同的要素，编出 16 个量表。此量表适用于 16 岁以上成人的人格评估。

（二）智力测试量表

智力测试主要评定被鉴定人的智商水平，特别是有助于评估精神发育迟滞者,为评估智力发展水平及智力损害程度提供参考依据。目前在司法鉴定工作中使用较广泛的智力测验量表为韦氏成人智力量表(Wechsler adult intelligence scale-rerised in China,WAIS-RC),可协助明确成年被鉴定人的智商水平。WAIS-RC由言语分测验(包括知识、领悟、计算、相似性、数字广度、词汇6个测验项目)和操作分测验(包括数字符号、填图、木块图、图片排列和图片拼凑5个测验项目),将测验结果按照规则换算后就得到被鉴定者的智商值。

值得注意的是,智商并不是判定智能水平高低的唯一依据,它只能作为一种辅助诊断。因为智力测定往往受诸多主客观因素的影响,如受试者的心理状态、合作程度、文化水平、测试环境、主试者专业技术水平等。所以在判定智能障碍及其程度时除作智力测验外,还应当作精神检查,并结合病史及社会适应能力,如社交能力、日常生活能力、工作能力、劳动能力、学习能力等进行综合评定。

第三章 刑事案件中的相关法律能力评定

在我国司法精神医学鉴定中，大多参照CCMD－3和ICD－10中相关精神障碍的诊断标准对涉嫌刑事犯罪的疑似精神障碍者进行医学诊断及相关法律能力评定。

当前，刑事案件司法精神医学鉴定的案件类型以故意伤害、故意杀人、强奸案为主，抢劫、盗窃案比例也相对较高。在刑事案件司法精神医学鉴定的诊断结果中，以精神分裂症、精神发育迟滞最多，酒精所致精神障碍、器质性精神障碍也有一定的比例。其他类型还有情感性精神障碍、急性短暂性精神障碍、拘禁反应、癔症、使用精神活性物质所致精神障碍、偏执性精神障碍、神经症、应激相关精神障碍、人格障碍等。近年来，使用精神活性物质所致精神障碍呈上升趋势，与新型毒品滥用人数不断增长有关。

在刑事案件的法律能力评定中，评定刑事责任能力的案件占首位，其他较多见的鉴定事项为服刑能力，性自我防卫能力，民事行为能力，受害者精神损伤的性质、程度、伤残范围与等级及其与加害行为之间的因果关系等。相比之下，刑事案件的犯罪嫌疑人的受审能力、证人证言能力鉴定得较少，这与办案人员缺乏相关的意识、对受审能力鉴定等重视不够有关。以下主要介绍刑事责任能力、服刑能力、受审能力及性自卫能力的评定。

第一节 刑事责任能力的评定

2011年3月17日司法部颁发《司法鉴定技术规范——精神障碍者刑事责任能力评定指南》（以下简称《规范》），此技术规范参考了CCMD－3、ICD－10、我国《刑法》和《麦克纳顿条例》(McNaughton Rule)、《不可抗拒冲动法则》(Irrestible Impulse Test)及《美国法律协会法则》(ALI Test),实质能力标准法则(Substantial Capacity Rule)。

《规范》指出,刑事责任能力的评定有两个要件:医学要件和法学要件。医学要件为存在某种精神障碍;法学要件为该精神障碍是否影响其危害行为的辨认能力或控制能力及影响程度。

进行刑事责任能力评定时,首先应评定被鉴定人的精神状态,根据 CCMD－3 或 ICD－10 进行医学诊断,在医学诊断的基础上再考察辨认能力和控制能力受损程度,根据辨认或控制能力的损害程度评定责任能力等级。

辨认能力与控制能力的损害程度的判断,应从以下方面进行评估:作案动机、作案前先兆、作案的诱因、作案时间选择性、地点选择性、对象选择性、工具选择性、作案当时情绪反应、作案后逃避责任、审讯或检查时对犯罪事实掩盖、审讯或检查时有无伪装、对作案行为的罪错性认识、对作案后果的估计、生活自理能力、工作或学习能力、自知力、现实检验能力、自我控制能力。

一、法律对刑事责任能力的规定

刑事责任能力,是指行为人构成犯罪和承担刑事责任所必须具备的刑法意义上辨认和控制自己行为的能力,不具备刑事责任能力者即使实施了客观上危害社会的行为,也不能成为犯罪主体,不能被追究刑事责任;刑事责任能力减弱者,其刑事责任也要相应地适当减轻。

对于一般公民来说,只要达到一定的年龄,生理和智力发育正常,就具有了相应的辨认和控制自己行为的能力,从而具有刑事责任能力。但是,在出现疾病的情况下,辨认自己行为的性质、后果的能力与自我控制的能力也可能分离。只有辨认和控制自己行为的能力都具备,才属于有刑事责任能力。

(一)刑事责任年龄的规定

我国《刑法》第 17 条对刑事责任年龄作出规定如下:

(1)已满 16 周岁的人犯罪,应当负刑事责任。

(2)已满 14 周岁不满 16 周岁的人,犯故意杀人、故意伤害致人重伤或者死亡、强奸、抢劫、贩卖毒品、放火、爆炸、投毒罪的,应当负刑事责任。

(3)已满 14 周岁不满 18 周岁的人犯罪,应当从轻或者减轻处罚,不会被判处死刑(包括死缓)。

(4)因不满16周岁不予刑事处罚的,责令他的家长或者监护人加以管教;在必要的时候,也可以由政府收容教养。

(5)已满75周岁的人故意犯罪的,可以从轻或者减轻处罚;过失犯罪的,应当从轻或者减轻处罚。

(二)刑事责任能力的规定

我国《刑法》第18条对精神病人刑事责任能力作出以下规定:

1. 完全无刑事责任能力的精神病人

《刑法》第18条第1款规定:"精神病人在不能辨认或者控制自己行为的时候造成危害结果,经法定程序鉴定确认的,不负刑事责任,但是应当责令他的家属或者监护人严加看管和医疗;在必要的时候,由政府强制医疗。"由此可以看出:第一,精神病人应否负刑事责任,关键在于行为时是否具有辨认或者控制自己行为的能力;第二,行为时是否有辨认或者控制能力,既不能根据行为人的供述来确定,也不能凭办案人员的主观判断来确定,而是必须经过法定的鉴定程序予以确认;第三,对因不具有刑事责任能力不负刑事责任的精神病人,并不是一概放任不管,而是应当责令他的家属或者监护人严加看管和医疗,必要时也可以由政府强制医疗。

2. 完全有刑事责任能力的精神病人

《刑法》第18条第2款规定:"间歇性的精神病人在精神正常的时候犯罪,应当负刑事责任。"间歇性精神病人在精神正常的时候,具有辨认或者控制自己行为的能力,因此应当对自己的犯罪行为负刑事责任。

3. 限制刑事责任能力的精神病人

《刑法》第18条第3款规定:"尚未完全丧失或者控制自己行为能力的精神病人犯罪的,应当负刑事责任,但是可以从轻或者减轻处罚。"限制刑事责任能力的精神病人,是介于前两种精神病人之间的一种精神病人。与完全无刑事责任能力精神病人相比,这种人并未完全丧失辨认和控制自己行为的能力,因此不能像完全无刑事责任能力的精神病人那样,完全不负刑事责任。但是这种人作为精神病人,其刑事责任能力毕竟又有所减弱,因此,我国刑法规定对这种人可以从轻或者减轻处罚。

行为人必须在具有完备的辨认能力和控制能力的前提下,才对自己的犯罪行为承担完全的刑事责任。刑法上的辨认能力或控制能力,与通常意义上要求人们对自己行为负责任所必须具备的辨认能力或控制能力是有本质区别的。如果行为人的辨认能力或控制能力不是表现于刑法所规定的危害社会行为当中,就不具有刑法意义,也不属于刑法规定的行为人负刑事责任的前提。刑法意义上的辨认和控制自己行为的能力应理解为,行为人具备认识自己行为在刑法上的性质意义、作用和后果,并依据这样的认识而自觉有效地控制自己行为的能力,这是刑事责任能力区别于其他部门法确定的行为能力的本质所在。特别是基于各部门法律所调整的行为人权利义务性质及行为复杂程度的差别,法律判定行为人有行为能力、限制行为能力和无行为能力的标准,即认识、判断和决定自己行为能力的性质及程度的划分标准,必然作出不同的规定来加以要求。这样就造成了在现实生活中,往往会出现有民事行为能力或行政行为能力的人并不具有刑事责任能力的情形。

刑法意义上的辨认能力和控制能力的具体化还表现为:精神病人必须在病理性机制(如妄想、幻觉、思维障碍等精神症状)的直接影响下实施严重危害社会的行为,才能被视为辨认能力或控制能力丧失或尚未完全丧失,而被判定为无刑事责任能力或限制刑事责任能力。精神病人不能辨认或者不能控制自己行为,以及尚未完全丧失辨认或者控制自己行为能力的主观状态,必须体现于刑法分则所规定的某种犯罪行为或者危害行为之中;其所实施的危害社会行为与其所患精神病的症状之间存在必然的因果联系。这就是我国《刑法》第 18 条中规定“精神病人在不能辨认或者不能控制自己行为的时候造成危害后果”和“尚未完全丧失辨认或控制自己行为能力的精神病人犯罪”的实质含义所在。

前述内容充分说明刑事责任能力是与道德责任能力、其他法律行为能力严格区别的,在刑事责任能力的概念上,也有必要加上刑法的印记。从而刑事责任能力,就是行为人理解自己行为在刑法上的性质、意义和后果,并对自己行为加以控制和承担刑事责任的能力。

二、刑事责任能力的制约因素

刑事责任能力的制约因素,即指制约精神病人限制刑事责任能力的基本因素,包含以下几方面。

(一)意志自由程度

"意志自由只是借助于对事物的认识来作出决定的那种能力",它是确定行为人法律责任和道德责任的主观根据。刑事责任能力是意志自由在刑事法律关系中的具体化,刑法意义上的意志自由与刑事责任能力应该是内涵相同的范畴。应从以下几个方面把握精神病人的意志自由特征。

首先,承认客观必然性是意志自由的前提。精神病人的共同点是,他们都可能受精神疾病的影响而出现反常行为,从而给本人、他人或社会造成危害。这些精神病人实施的危害行为,是他们不能抗拒或者不能完全抗拒的自然现象、客观规律。

其次,刑法意义上的意志自由的基础是对刑事法律的认识,就是能正确认识自己行为在刑法上的性质、意义、作用和后果的能力,即辨认能力。刑法上的辨认能力是控制能力的前提,前者对后者起着决定、制约作用。辨认能力和控制能力不仅存在性质上的区别,而且存在程度上的差异,在各种具体行为方面的辨认能力和控制能力,也会表现出性质上的区别和程度上的差异。

最后,刑法上的意志自由是一个受多种因素制约的发展变化过程,如疾病、身心发育、智力发展程度、参与社会实践活动和社会知识积累等因素的制约。

(二)主客观特征

犯罪主观方面的罪过是任何犯罪构成所必备的主观要件。罪过是犯罪主体的一种应受法律谴责的心理态度,源于意志活动,即行为人已经认识到自己行为的危害后果,却依然希望或放纵这种结果的发生。我国《刑法》第 14 条规定:"明知自己的行为会发生危害社会的结果,并且希望或者放任这种结果发生,因而构成犯罪的,是故意犯罪。"

犯罪意志是犯罪故意的核心、关键与本质。犯罪意志是行为人自觉选择犯罪行为并支配行为向符合构成要件事实的方向发展的心理过程。犯罪意志中含有意志选择(实施犯罪行为的决意和犯罪行为过程的策划)、意志态度(对犯罪行为的希望、容忍、放任)、意志努力(为了完成犯罪行为而克服困难、排除障碍、控制发展方向)。以上 3 项内容密不可分,从不同方面反映着犯罪意志的功能。这几项意志内容的紧密结合,构成一个完整的意志心理过程。它明确反映了行为人在认识犯罪事实及其违法性的前提下,自觉选择犯罪行为并支配行为向符合构成要件事实的方向发展的主观能动性,从而说明了行为人主观上的可责难性及其严重程度。这一点正是犯罪故意之所以成为故意犯罪主观责任根据的关键环节。①

限制责任能力的精神病人,由于受精神疾病的影响,其辨认能力和控制能力受到一定的损害或削弱。这造成了他们实际是在被削弱的意识力和意志力的支配下而实施犯罪行为的主观特征。因此直接故意犯罪时,行为人为了完成预定犯罪目的意志行为所表现出来的意志,实际是具有某种病态成分的犯罪动机所驱使的结果。而间接故意犯罪时,行为则是在具有一定荒谬色彩、不合情理内容的精神障碍影响下,选择实施犯罪,放任危害结果的发生。同样,精神病人在实施过失犯罪时的主观意识能力和意志能力也与正常人大相径庭。

综上所述,考量精神病人犯罪的社会危害程度,不能仅局限于犯罪的客观方面,而应结合其犯罪的主观方面的特征,进行客观的综合性评价。仅从客观方面来看,精神病人实施的犯罪多是杀人、伤害、强奸等严重危害社会的犯罪,而且犯罪手段残酷,造成的危害后果严重。但这种严重的社会危害性只是表面现象,其后起支配作用的实际是受紊乱的精神活动制约而有所缺损的意识力和意志力。

(三)社会性与生物性

刑事法律和其他社会行为规范都是调整社会的人的行为。社会的人的本质是具有自我意识,正是这种自我意识,让社会的人与生物的人乃至其他物种相区别。人产生自我意识,不仅首先需要以一定的生物基础,即以大脑为前提,而且需要以处于社会关系之中为条件。精神病人正是由于大脑机能失调或处于紊乱状态而产生了疾病,从而导致自我意识的能力和以此为前提形成的意志能力丧失产生的基础,或该基础受到破坏。

法律不应谴责无意识力、意志力者的危害行为,否则就像谴责动物的侵袭行为或自然界的破坏一样,是异常荒谬且毫无意义的。就犯罪个体而言,犯罪行为是动机和作出决定的心理过程的某些环节变形的结果。无责任能力的精神病人实施危害行为,完全是生物性原因直接作用的结果。就限制责任能力的精神病人个体而言,因为他们并非完整意义上的社会的人,其心理过程的各个环节都要受到处于紊乱状态的大脑的支配。尽管此类精神病人犯罪原因中的社会性因素和生物性因素相互交织、渗透,但依据已有的科学技术尚无法将它们准确地分开。

---

① 参见贾宇:《犯罪故意问题》,载赵秉志主编:《犯罪总论问题探索》,法律出版社 2003 年版,第 243 ~ 249 页。

三、刑事责任能力的法律标准

刑事责任能力的认定标准有三种：生物学标准（医学标准）、心理学标准（法学标准）和混合标准（医学—法学标准），现代各国多采用混合标准。

医学—法学标准有两个要件。

第一个要件是医学要件。医学要件要求行为人必须患有刑法规定的精神疾病。比较世界各国对因精神疾病所致的无刑事责任或限制刑事责任的术语时，我们可以发现有两种不同的方式：一种是完全避免医学术语。如日本刑法中使用"心神丧失""心神耗弱"；另一种则是尽可能地使用与精神医学的术语，如美国《模范刑法典》以及1984年美国国会制定的《精神错乱辩护改革法案》，都使用了"精神疾患或缺陷"这一法律术语。这样使精神医学和法律能相互沟通，法官能懂得医师们的意见。我国刑法使用了"精神病人"这一术语。

第二个要件是法学要件。法学要件关注的是行为人的认识和控制能力，它要求在认定精神疾病患者的刑事责任能力时，必须考察其在犯罪时的认识能力和控制能力是否受到精神障碍的损害，以及这种损害对其犯罪行为有何影响。法学要件以医学要件为前提，同时又是医学要件的必要补充。一方面，如果证明行为人不是精神疾病患者，就无须再考察法学要件；另一方面，如果已知行为人是精神疾病患者，就必须考察法学要件。

采用医学—法学标准的国家，尽管其刑法对法学要件的规定也不尽相同，但一般说来，现代各国刑法普遍认为，法学要件包含着两个基本的内容：辨认能力和控制能力。

（一）辨认能力

从心理学的角度上说，辨认能力以人的生理功能为基础，以一定的智力水平和知识水平为指标，生理功能基本正常，并且接受了一定社会基础教育的自然人，通常都具备刑法意义上的辨认能力。我国刑法把辨认界定为对自己行为的辨认。意识、智能、思维、认知能力均能影响辨认能力。

首先，一般认为辨认能力首先是指对行为作用方式的认识。人们对行为作用方式的认识通常是与对行为对象的物理性质、行为方式的物理性质的认识结合在一起的。同样是用刀刺入物体的行为，因对象和方式的物理性质的不同而性质不同。用刀刺人称为杀人，而用刀刺猪则是杀猪。同样是朝人扔东西，扔枕头是发泄情绪,扔石头则是伤害。精神正常者一般都可以认识并且描述行为方式和行为对象的物理性质,从而将此行为与彼行为加以区分,至多存在用语上的差异。但是,有些精神障碍者,由于存在感知、意识、智能等方面的障碍,不能认识或者不能正确认识行为和行为对象、方式的物理性质。例如,精神障碍者可能在幻觉支配下,把人当作鬼怪、木头,把杀人当作杀鬼、砍木头。对行为物理性质的认识能力,是人的最基本的辨认行为的能力。不能认识行为的作用方式,对行为的其他方面的性质的认识也就无从谈起。如果已经证实一个人无认识自己行为作用方式的能力,即可认定其无辨认自己行为的能力。

其次,对行为社会危害性的认识,也就是对行为的社会性质的认识。所谓行为的社会性质,就是人们从道德以及经济、政治、法律等角度对行为的评价。行为的对与错、高雅与低俗、文明与野蛮、正义与邪恶、公正与偏颇、合法与违法等,都属于行为的社会性质。比较而言,可以认识行为的物理性质但在认识行为的社会性质方面存在问题的精神疾病患者更为多见。有些人因感知、智能等方面的障碍,不能接受文化知识、道德法制教育,无法形成可以使其适应社会的种种观念意识,从根本上不具备认识行为社会性质的能力。还有些人虽然生理上具有良好的感知能力,但因为没有接受过最基本的文化教育,也同样缺乏认识行为社会性质的能力。例如,亚文化妄想往往在一些低文化阶层和偏僻闭塞的农村地区多见,常和一些迷信的宗教观念联系起来,偶尔还可见许多人同时被“传染”。在强烈的暗示作用下,许多人意识范围缩小,坚信某一妄想信念属实,在有着魔妄想的情况下,甚至做出残害亲人的行为,如众人将某一对象当作妖魔鬼怪来处死。

最后,还有对行为实质性的认识。之所以用实质性认识来表述,是因为有些精神病人从表面上看,具有对行为对象和方式的物理性质以及社会性质的认识,但基于一种病理性强烈信念的支配,从而对自身环境、人际关系作出不符合客观实际的判断,进而作出反应,有针对性地实施某种行为。在病理精神症状的影响下,他们事实上丧失了对行为社会性质的认识。最典型如偏执性精神病患者,他们除了具有强烈的病理性观念即妄想之外,其他的精神活动几乎和正常人一样,但妄想的观念完全来自病理性的精神损害,没有任何客观的依据,而且也非外力可以纠正、可以说服的,这种病理性的妄想使他们在对待特定的问题上被“蒙上了双眼,堵住了双耳,剥夺了所有的感知觉”,思维活动完全建立在主观的非客观的体验上,而且这种体验具有超常的、强烈的、难以克制的、无法摆脱的特点。因此在这种超强的主观错误体验的基础上，产生的认识偏离了正常的思维轨迹，其认识能力是具有明显的缺陷的。

如“扩大性自杀”的抑郁症患者，他们明明知道杀人是违法的，但在强烈的悲观厌世情绪影响下，他们认为，在自己死后亲人们会生活在更加深重的苦难之中，把他们杀死对他们来说是一种解脱，甚至以为亲人们也愿意和他一起死，而不能考虑到让亲人们活着是更好的选择。具有扩大性自杀的抑郁症患者具有极端病态的自恋特征，其病态的思维逻辑对辨认能力具有直接的作用。因此在抑郁症的观念中，杀死自己亲近的人是为了他好，是出于善良的考虑。笔者认为，一个人实施刑法禁止的行为，即使他知道自己行为的物理性质和行为的社会危害性，但假如他因精神障碍而不能认识自己的行为实质上是有害的，是违背一般的道德要求的，是应当避免的，即属于无刑事责任能力的。

（二）控制能力

精神正常者不仅具有辨认能力，还具有按照自己的意志实施行为的能力。虽然他们不一定能够使自己的行为产生预期的效果，但可以在没有外力制约的情况下，自主地选择、启动、执行、终止行为。这种按照自己的意志实施行为的能力，在刑法学上被称为控制能力。换句话说，控制能力是决定是否实施特定的行为、把握行为的方向、时机、强度及其后果的能力。控制能力表现在两个层面上：其一，能自由地选择一个行为目标，并发动和执行；其二，选择不去或者避免达成一个行为目标，抑制发动和抑制执行一个行为。建立在第一层面上的犯罪行为是在期待可能的前提下，选择发动和执行一个违法行为；相反，建立在第二个层面上的犯罪行为是在具有选择合法性行为可能性的前提下，却没有积极地发动并执行。对一个正常人来说，能够自由地选择和避开，实施或克制一个行为，最终使自己的行为符合理性的要求，趋利避害。但是对于一个精神异常的人讲，则失去了这种自由选择、克制、发动和执行的能力，使行为缺乏理性，令人难以理解，不可理喻。

一般来说，对行为的控制，以对行为的辨认为前提。一方面，错误的认识必然导致控制后的行为偏离其正常的轨迹。也可以说，单一地丧失了辨认能力也就足以导致责任能力的缺损。另一方面，认识能力和控制能力的损害也往往可以相互为因果关系，所以病理性的认识损害也可以导致意志能力的异常。比如，抑郁症患者对社会生活中的各种活动表现为意志的过分低下，相反，对于自杀行为则表现出超强的意志力。认识能力作为判断责任能力的法学标准，已被大多数国家的刑法理论所肯定,也被各国的立法所认同。但是在相反的情况下,也就是说当行为人已经具备了对自己行为完全的辨认能力,若行为的实施是由于处于精神病态而不能自控的结果,则该患者是否具有刑事责任能力?也就是说,是否可以将无控制能力作为免除刑事责任的一个独立的理由?在这个问题上,刑法理论存在分歧。当代医学研究发现和证实,还有部分精神疾病只单单地或主要损害人体的意志能力,对认识能力并不产生明显的损害,也就是说存在"许多在完全意识到行为的性质和后果时,人们不可抗拒地被迫进行犯罪行为的情况"。在这个问题上,各国刑法的态度则明显不同。一般来说,情感和意志能力决定了其控制能力。

第二节 现行刑事责任能力评定机制质疑

我国1989年《精神疾病司法鉴定暂行规定》第9条第1项规定,刑事案件中,精神疾病司法鉴定包括有确定被鉴定是否患有精神疾病、患何种精神疾病、实施危害行为时的精神状态、精神疾病和所实施的危害行为之间的关系,以及有无刑事责任能力。由此可见,司法实践中刑事责任能力的评定是由精神病医学专家单独作出的。

那么,司法精神医学鉴定结论书是否应提出被鉴定人有无刑事责任能力的意见?尽管多数的观点认可鉴定结论应该提出鉴定人是否存在刑事责任能力的意见且通行惯例是刑事责任能力的意见由精神病医学专家单独作出。但质疑的观点认为,司法精神医学医学鉴定属于医学鉴定,而不是法学鉴定,法学鉴定应当由司法人员进行,鉴定人的工作只是说明行为人是否是精神病人,至于行为人有无刑事责任能力则是司法人员的事情。现代学者对现行刑事责任能力评定机制有以下几点质疑。①

第一,突破刑事诉讼立法范畴之嫌。1989年《关于精神疾病司法鉴定暂行规定》与刑事诉讼法关于精神鉴定的评价范围不一致。我国《刑事诉讼法》第119条强调鉴定的范围是解决案件中某些"专门性问题",对鉴定人的要求是具有"专

① 参见黄伯青:《浅析将"刑事责任能力的意见"从司法精神医学鉴定中剥离》,载《人民法院报》2012年第9期。

门知识的人”。换言之,鉴定不能就法律性问题作出评价,而刑事责任能力的判断显然属于法律问题,应当由司法机关来认定。精神医学专家只能以其专门知识对刑事责任能力判断中涉及的医学问题作出评定,如果对刑事责任能力进行直接判断,就超出了证明事实的范围。

第二,违背刑事责任能力混合评定标准的初衷。我国《刑法》第 18 条第 1 款规定,精神病人在不能辨认或不能控制自己行为的时候造成危害结果,经法定程序鉴定确认的,不负刑事责任。由此可见,我国刑事责任能力的评定采用的是混合评定标准。医学判断由精神病医学专家鉴定,需要由其得出是否具有精神病以及精神病种类与程度轻重的结论。而法学判断,显然只能由具有法学专业知识的司法人员在医学判断的基础上,进一步判断行为人是否具有辨认或者控制能力。易言之,确定刑事责任能力的有无,先后两个层次、不同性质的判断,应由不同的主体独立进行。然现行医学判断和法学判断均由医师在同一程序中完成,有无责任能力的结论是由医师而不是司法人员作出。司法人员所能做的仅仅是接受或者不接受医师对该行为人是否具有刑事责任能力的结论,而无须也不应另行进行法学判断。如赵某故意杀人案,司法机关共委托鉴定机关对赵某作了 3 次司法精神医学鉴定,而司法机关最终只能在 3 次鉴定结论中选择采纳。这样的做法明显违背了混合标准的初衷。

第三,有悖鉴定结论作为证据的本质属性。《精神疾病司法鉴定暂行规定》的规定及实践中的惯例,违背了鉴定结论作为刑事证据所应具有的客观属性。鉴定结论应该是鉴定人对被委托鉴定的内容进行客观而真实的描述。但刑事责任能力的评定,不仅依据犯罪时行为人的精神状态,而且要考虑行为人的犯罪动机、犯罪目的、行为前后的言行等因素。如在吴某故意杀人案中,其司法精神医学鉴定结论有此表述:鉴于吴某在疾病发生前有漫长的原因自由行为过程,存在有意放任自己行为的动机,最后才导致精神障碍发作,因此吴某辨认和控制能力受到损害性质与一般重性精神病发病的不由自主的性质不同,仍应评定为具有完全责任能力。显然,该表述更像是法律意义上的评价,带有浓厚的主观判断色彩,有越俎代庖之嫌。而这样的鉴定结论已经不再是完全的客观描述,其客观性已丧失,与证据所应具有的本质特征不相符,不可作为证据使用。

第四,支撑通行惯例的理由有自相矛盾之处。持惯例观点者认为,如果不允许司法精神医学鉴定书提出被鉴定人责任能力状况的意见,那这种鉴定书就无异于临床精神病学诊断书,而很难说它是司法精神医学鉴定书;同时,鉴于司法人员不可能精通精神病学知识的情况,这样的鉴定书也会给司法人员对行为人责任能力的正确判定带来很大困难,从而影响司法工作的效率和正确性。当然,在我国,鉴定书的这种结论仅是提供给司法机关参考的意见,法官无须直接采用或无条件接受。该理由,一方面,要求在鉴定结论书中对责任能力提出意见;另一方面,又认为该种鉴定结论不具有其作为证据所应具有的价值,仅是参考。该观点互相矛盾,仅是为支持其结论成立所作的一种难以自圆其说的辩解。

第五,司法人员难以承担责任能力评定失误之责。精神疾病的复杂使司法人员不愿也不能对此作出判断,怕承担责任。根源在于实践中涉及精神病的问题极为复杂微妙,确实也因涉及的问题过于专业,使司法人员也不愿意独立地作出刑事责任能力有无的判断,而这样的制度安排正好成为司法人员逃避判断的理由,使刑事责任能力的评定为精神医学专家所垄断。

综上所述,有学者认为,司法鉴定机关不应对刑事责任能力的有无、大小提出意见。对刑事责任能力评定机制的设置可作如下思考。

首先,必须明确司法人员负有对刑事责任能力进行评定的主体地位。改革《精神疾病司法鉴定暂行规定》所规定的鉴定体制,鉴定结论中不应包含对刑事责任能力的判断。相比精神病医学专家,除所鉴定出的精神疾病的种类、程度之外,司法人员更熟悉犯罪动机、犯罪的过程、犯罪前后行为人的言行举止等案件综合情况,有助其进行全面的分析,从而作出一个独立的有关刑事责任能力评定的判断。在日本,有越来越重视心理学要素的倾向,即便医学鉴定认为行为人由于精神分裂症而处于心神丧失状态,但法官认为其具有可以了解的动机,而且在行为时也是经过精心准备的场合,就不能认定为心神丧失。在德国,同样也认为对责任能力的判定属于法律问题,由法官负责。在美国,《联邦证据规则》第 704 条规定,在刑事案件中,关于被告人精神状态或境况的专家证人证词,不能对该被告是否具有属于被指控的犯罪构成要素或相关辩护要素的精神状态或境况表态,此类最终争议应由事实裁判者独立决定。显然,国外的立法和实务的观点更加清晰地说明了法官独立判断的重要性。

其次,充分重视精神病医学鉴定专家的作用。当司法人员在进行责任能力判断时,必须要有精神病医师进行医学诊断后对行为人在案发时精神状态的详细分析和阐述以及行为人是否具有精神病及其程度的结论,不应在没有相关结论的背景下或者完全无视其结论而径直、盲目地进行有无责任能力的法律判断。毕竟鉴定人在有关专业领域相对于普通人甚至司法人员占有专业知识上的优势地位,而使其作出的鉴定结论具有较高的权威性。

最后,可要求鉴定人单独作出有关责任能力的意见作为参考。考虑到司法人员专业知识的缺乏,为避免出现不必要的失误,司法机关可以允许甚至要求鉴定人员在鉴定结论之外单独发表有关责任能力的意见,以供司法人员在对刑事责任能力进行评定时参考,从而进一步保障责任能力评定的准确性。深圳市的鉴定机构在司法鉴定结论中已开始尝试不评价刑事责任能力,而仅出具关于精神疾病的判断结论和刑事责任能力的评判参考意见。与此同时,司法人员也必须更多地了解、掌握精神疾病方面的知识,同时结合案情综合分析,避免盲目地采信上述意见。

第三节 受审能力和服刑能力的评定

一、受审能力

受审能力是指刑事被告人参加庭审,接受审判的能力,具体是指刑事被告人理解自己在诉讼中所处的地位和自己行为在诉讼中的意义,能够行使诉讼权利,并能与辩护人合作为自己进行辩护的能力。

从立法上看,我国《刑事诉讼法》中没有被告人受审能力的具体规定,只有三个相关的法律法规对此作了一些说明。

1. 1989 年 7 月 11 日最高人民法院、最高人民检察院、公安部、司法部、卫生部《精神疾病司法鉴定暂行规定》第 21 条第 1 项规定:“被鉴定人为刑事案件的被告人,在诉讼过程中,经鉴定患有精神疾病,致使不能行使诉讼权利的,为无诉讼能力。”

2. 1998 年 9 月 8 日最高人民法院《关于执行〈中华人民共和国刑事诉讼法〉若干问题的解释》第 181 条规定:“在审判过程中,自诉人或者被告人患精神病或者其他严重疾病,以及案件起诉到人民法院后被告人脱逃,致使案件在较长时间内无法继续审理的,人民法院应当裁定中止审理。由于其他不能抗拒的原因,使案件无法继续审理的,可以裁定中止审理。中止审理的原因消失后,应当恢复审理。中止审理的期间不计入审理期限。”

3.1997 年 1 月 15 日最高人民检察院第八届检察委员会第 69 次会议通过、1998 年 12 月 16 日最高人民检察院第九届检察委员会第 21 次会议修订的《人民检察院刑事诉讼规则》(2012 年已修订)第 241 条规定:“在侦查过程中……犯罪嫌疑人患有精神病及其他严重疾病不能接受讯问,丧失诉讼行为能力的,经检察长决定,中止侦查。中止侦查的理由和条件消失后,经检察长决定,应当恢复侦查。中止侦查期,如果犯罪嫌疑人在押,对符合延长侦查羁押期限条件的,应当依法延长侦查羁押期限……”第 273 条规定:“在审查起诉过程中犯罪嫌疑人潜逃或者有精神病及其他严重疾病不能接受讯问,丧失诉讼行为能力的,人民检察院可以中止审查……”

我国《刑事诉讼法》中缺少关于受审能力的规定,因此在司法鉴定实务中很少有受审能力鉴定的项目。但从辩护制度的完善和保护被告人权利的角度看,我国有必要借鉴国外的经验,在刑事诉讼法中构建精神病被告人受审能力规则。

首先,应构建独立的被告人受审能力规则。我国的刑事诉讼法虽然规定了精神病辩护制度但是没有构建被告人受审能力规则,其原因在于以下两个方面:一是没有认识到被告人受审能力规则的重要性,并且对这一概念的含义还没有形成共识;[①]二是认为既然两者都是由精神病因素导致的,那么精神病辩护制度可以包容被告人受审能力规则。从国外刑事审判的理论和实践看,虽然两者具有密切的联系,但是并不能相互包容或取代。构建被告人受审能力规则所要解决的是被告人在庭审时受审能力有无的问题,是一个程序问题;而构建精神病辩护制度要解决的是被告人在行为时有无认识能力和控制能力、能否对自己的行为承担刑事责任的问题,是一个实体和程序相结合的问题。既然两者不能相互包容或取代,那么就应当构建独立的被告人受审能力规则,以填补立法的空白。

其次,应规定被告人是否有受审能力的质疑提出、评估以及裁定的程序。从美国的刑事审判实践看,控辩双方和法官都可以对被告人是否有受审能力提出质疑,并且通常要求辩护方和控诉方在开庭前提出,以节约司法资源和防止诉讼中的突然袭击。我国 2012 年《刑事诉讼法》第 40 条规定:“辩护人收集的有关犯罪嫌疑人……属于依法不负刑事责任的精神病人的证据,应当及时告知公安机关、

---

① 参见宁松、白彦:《刑事被告人基本理论研究》,中国检察出版社 2007 年版,第 102 页。

人民检察院”。显然,这一规定还不够完善。虽然“不负刑事责任”的精神病人在通常情况下都无受审能力,但是仍然有一些不被认为是精神病人的被告人由于实际患有精神病而无法正常参加诉讼,无法进行自我辩护,也不能理性地接受辩护人的帮助,这些人同样是不具备受审能力的人。因此,应该赋予辩护方针对被告人是否具有受审能力提出质疑的权利。在美国,被告人是否存在影响受审能力的精神病因素是由精神病学专家或心理学专家进行评估的,而被告人有无受审能力是由法院通过审查来裁定的。由于我国《刑事诉讼法》没有确立被告人受审能力规则,因此在我国就不可能存在相关的评估程序。从我国精神病辩护的实际情况看,一般是司法机关委托有资质的精神病鉴定机构进行鉴定并出具鉴定报告,再由委托部门根据鉴定意见作出决定或裁定。对被告人是否具有受审能力的评估可以采用这一程序,但是委托机关只能是人民法院,并由人民法院根据评估报告作出裁定。值得注意的是,在美国的刑事诉讼中,对于被告人有无受审能力的裁定是法院通过听审程序作出的,这一点可以借鉴。

再次,应建立科学的被告人受审能力评估方法。由于美国存在联邦法域和州法域,各州立法与司法的独立性比较强,因此美国刑事诉讼中对精神病被告人受审能力进行评估的方法众多。仔细研究这些方法不难发现,它们主要涉及被告人的诉讼能力和精神病理两个方面。我国的一些精神病学专家自 20 世纪 90 年代开始借鉴美国的被告人是否有受审能力的评估方法来构建我国的相关标准,但是对这些方法的研究都没有持续下去且均未在实践中加以运用。[①] 1989 年 7 月 1 日最高人民法院、最高人民检察院、公安部、司法部、卫生部联合发布的《精神疾病司法鉴定暂行规定》第 17 条规定:“司法机关委托鉴定时,需有《委托鉴定书》,说明鉴定的要求和目的,并应当提供下列材料:(1)被鉴定人及其家庭情况;(2)案件的有关材料;(3)工作单位提供的有关材料;(4)知情人对被鉴定人精神状态的有关证言;(5)医疗记录和其他有关检查结果。”笔者认为,这些材料能在一定程度上反映被告人的精神状况,但是鉴定者仅根据这些材料往往很难评估被告人是否有受审能力。因为这些材料难以体现被告人理解刑事诉讼程序性质的认识能力和咨询其辩护人的行为能力。因此,有必要在借鉴美国上述评估方法的基础上,组织精神病学专家和法学专家结合我国的刑事司法实践构建符合我国国情的

---

① 参见陈晓冰、蔡伟雄:《精神障碍者受审能力标准化评定研究进展》,载《法医学杂志》2012 年第 4 期。

被告人是否有受审能力的评估方法。

最后,应完善精神病被告人强制医疗制度。虽然精神病人强制医疗制度本身并不是构建被告人受审能力规则的内容,但是前者与后者有着密切的联系。在美国,对于因患精神病而无受审能力的被告人应当进行强制医疗,以使其恢复受审能力。我国《刑事诉讼法》只规定了对依法不负刑事责任的精神病人进行强制医疗的程序,没有规定对无受审能力的精神病人进行强制医疗的程序。我国可以借鉴美国的经验,如果强制医疗能使被告人获得受审能力而不损害被告人的其他利益,并且强制医疗是恢复被告人受审能力所必需的,也没有可替代的、干预更小的、能达到同样效果的其他方式,那么就应当对无受审能力的精神病被告人进行强制医疗。①

国外对受审能力采取三分法,即为有受审能力、无受审能力和部分受审能力。部分受审能力是指被告人在某种治疗措施或其他科学措施下,具有的受审能力。

1984 年《美国刑法精神健康标准》对受审能力的有关规定,不仅阐述了评估受审能力的法律条件,而且指出了是否有精神障碍并不是评定受审能力的关键所在。除了患精神障碍以外,被告所患躯体疾病、精神发育迟滞或其他发育上的能力丧失等,均可导致无受审能力。

在美国,对于受审能力的鉴定,一般是由法庭委托鉴定人,且多为数周至数月的住院鉴定。如果被告被鉴定为无受审能力,则被送入医院治疗以恢复受审能力。一旦被告恢复受审能力就继续开庭。为避免出现某些被告因不能恢复受审能力而被长期滞留医院造成事实上的终身监禁等情况,1972 年联邦最高法院对恢复受审能力的住院期作了规定,强调不能超过合理和必要时限,在此时限内必须对被告受审能力恢复的可能性作出评估。如果被告不可能在可预见的将来恢复受审能力,则被告或被释放,或被引入民事强制住院程序,并可以无限期地将被告监护于医院中。②

对于受审能力的评定,西方司法精神医学与司法心理学一般规定 3 个标准:理解自己被起诉的目的和性质;理解自己在诉讼中的地位及与这场诉讼的关系;能与律师辩护人合作交流,协助为自己辩护。

---

① 参见赖早兴:《精神病被告人受审能力规则探析——基于美国刑事审判实践的思考》,载《法商研究》2014 年第 5 期。

② 参见徐声汉:《美国司法精神医学的状况》,载《精神医学杂志》2009 年第 1 期。

加拿大现行《刑法典》规定,如果被告由于精神障碍,不能在法院给出判决前的任何一个阶段为自己进行辩护,或者不能要求律师为其辩护,尤其是当被告由于精神障碍不能理解法律程序的本质及其特性,不能理解该法律程序的可能结果,不能与律师进行合作时,被告应该被评定为无受审能力。

目前加拿大评定精神障碍者受审能力的指导标准,有受审能力面谈测验(Fitness Interview Test,FIT)手册,该手册规定了评估受审能力必须包括的3个方面内容:一是被告对犯罪过程的认识;二是被告对其所参与的法律程序的评价及其重要性的认识;三是被告参与辩护的能力。

二、服刑能力

服刑能力是指经过判决被定罪的罪犯或者服刑人员,能够承受法院对其剥夺部分权益的刑罚,能够清楚理解自己犯罪行为的性质、危害程度、危害后果,能够理解刑罚的性质、目的、意义以及能够有效接受劳动改造的生理和心理条件,又被称为刑罚承受能力。[①] 目前,我国法学界对罪犯的服刑能力问题研究仍处于起步阶段,缺乏系统探讨,仅有4个法律条文对服刑能力有所体现:《刑事诉讼法》第214条、《监狱法》第17条、《精神疾病司法鉴定暂行规定》(1989年)第22条、《罪犯保外就医执行办法》附件(1990年)。其相关规定缺如或欠详细。这种理论和立法上的滞后与罪犯的文明改造、公正司法的价值取向是相违背的。

服刑能力受限者,"他们或者扰乱监狱的正常工作、生活、生产正常秩序,或者不能料理自己的生活而影响自己的健康、生命,或者有自杀、自伤倾向。服刑能力受限者迫使监狱管理机关不得不支付额外的人力、物力、财力,给监狱管理机关带来极大的额外困难"。对有服刑能力的罪犯实行刑罚有助于实现刑罚的价值与功能,但对于服刑能力受限的罪犯实施刑罚,不仅无助于刑罚价值和功能的实现,而且也从根本上违背了刑罚人道主义的基本理念。因此,我们有必要对罪犯的服刑能力进行客观的评价,评定其是否具备承受刑罚的现实基础,这不仅有助于实现刑罚的价值和功能,也能在一定程度上减轻监狱管理机关的额外负担。

尽管罪犯在服刑中被剥夺了人身自由,但并不意味着他们的其他权利不受法律保护;相反,罪犯在接受服刑时,对于法律未明文剥夺的其他权利仍应得到法律

① 参见宁松:《罪犯服刑能力探析》,载《政治与法律》2006年第3期。

的保障；罪犯在改造的过程中一旦罹患疾病以致其服刑能力受限，其健康状况不适宜再继续被监禁于监狱接受服刑改造，此时罪犯的健康权就受到威胁，理应受到有关机关的保障和法律的救济。另外，相对于一般公民和国家而言，罪犯是失去人身自由的特殊群体，在对罪犯改造的实践中，监狱管理机关的监管行为应体现法律的正义、公平等内在价值。因此对于罪犯的健康权，代表国家行使刑罚执行权的监狱管理机关应抱有宽容同情的理性心态给予保障，这样罪犯的人权才能得到保障，监狱管理机关才能在最大限度上实现个人与国家利益协调共存的和谐状态。

精神病患者由于受精神症状的影响，使其不能正确理解刑罚的性质、目的和意义，不能适应服刑环境（包括生活自理、互相交往、参加劳动、遵守监规、接受教育）接受改造，如果继续对其处罚没有积极意义，反而使其病情恶化，产生消极效果。据资料显示，被鉴定服刑能力的精神障碍者的医学诊断为：精神分裂症、情感性精神病、人格障碍、拘禁性精神病、神经症、轻度精神发育迟滞、癫痫、器质性精神病、偏执性精神障碍、癔症等。① 病情较重的精神障碍者，有不同程度的精神病性症状，严重影响被鉴定人的思维、情感、意志和行为，无法正常接受劳动改造，可评定为无服刑能力。而在恢复期、症状不突出，或治疗后症状明显缓解，不明显影响其接受劳动改造的精神障碍者，评定为有服刑能力。

但在当前的司法实践中，刑事审判机关对经过司法精神医学鉴定具有完全责任能力或部分责任能力的精神病人、刑事被告人，很少考虑其是否具有服刑能力。一般来说，有刑事责任能力（包括限定刑事责任能力）与有服刑能力基本上是一致的，但是二者也有不一致的情况，被认定有完全刑事责任能力的人在服刑过程中也完全有可能不具备承受刑罚的能力，因为服刑能力与罪犯的身体、精神状况、犯罪史、服刑环境等多方面的因素有关。刑事责任能力涉及行为人是否符合犯罪主体条件的问题，无责任能力即犯罪主体不存在，也就无从追究其刑事责任。② 而服刑能力则涉及具有犯罪主体资格并被判处刑罚者是否能够被执行刑罚的问题，罪犯因患严重疾病，可给予保外就医，但属于监外执行。经医疗病情好转，有服刑能力的，余刑仍要继续执行，这是服刑能力与刑事责任能力的不同之处。关

① 参见涂哲明等：《203 例服刑能力的司法精神医学鉴定分析》，载《中国民康医学》2008 年第 21 期。

② 参见赵秉志：《犯罪主体论》，中国人民大学出版社 1989 年版，第 163 ~ 189 页。

于服刑能力鉴定应始自哪一阶段,理论与实践有较大脱节。

关于服刑能力的划分,在精神疾病司法鉴定的具体实践中通常采用的是两分法,即分为有服刑能力与无服刑能力,不过笔者认为比较合理的划分方法是三分法,即完全服刑能力、限制服刑能力和无服刑能力。因为两分法的观点只是简单地将服刑能力分为或者有或者无,过于绝对化,不能适应刑罚执行工作的实际需要。尽管服刑能力与刑事责任能力是两个不同的法律概念,但是它们之间还是有一定程度的适应性。按照我国《刑法》第18条第3款的规定:“尚未完全丧失辨认或者控制自己行为能力的精神病人犯罪的,应当负刑事责任。”这里的“精神病人”是介于无刑事责任能力的精神病人与完全刑事责任能力的精神障碍人中间状态的一种精神障碍人,两分法实际上把这种中间状态的精神障碍人要么划入无服刑能力,要么划入有服刑能力,而这种划分方法可能会使有服刑能力和无服刑能力的范围得到不合理的扩大,进而直接违背罪刑相适应的法治原则。采用三分法则可以避免要么有要么没有的绝对化观点,可以防止有服刑能力与无服刑能力的滥用,是一种符合实际的划分方法。

对精神障碍者的服刑能力的鉴定应当以医学标准为基础,辅以法学标准。其医学要件主要是医学的临床诊断,法学要件是被鉴定人对刑罚的性质、目的和意义的理解能力。具体分类如下:①

无服刑能力的标准为:(1)有确定无疑的,符合CCMD-3标准的精神病的疾病诊断。(2)被鉴定人由于精神疾病,丧失了对服刑改造的实质性认识,不能遵守监狱中的法律规章,不能参加劳动改造、狱政管理,严重影响监狱的改造秩序。(3)病程超过三年和经过至少两次以上的正规治疗,病情无明显缓解,估计在法定服刑期内病情依然不会缓解。(4)生活不能够自理,言语行动异常,劳动能力丧失,有自杀自伤自残等异常行为发生。

限制服刑能力的标准:(1)有符合CCMD-3标准的精神疾病的诊断,属于间歇性发作。(2)对服刑改造的实质性认识有所下降,不能完全遵守监狱中相应的法规,不能完全参加正常的狱政管理、劳动改造,影响监狱的改造秩序。(3)新近患病未经正规治疗。

有服刑能力的标准:(1)符合CCMD-3无精神病的诊断标准。(2)鉴定时法

---

① 参见宁松:《罪犯服刑能力探析》,载《政治与法律》2006年第3期。

律心理正常,对服刑改造的意义、性质、目的有实质性认识。(3)生活能够自理,言语行动正常,劳动能力没有下降,没有发生自杀自伤自残等异常行为。

因此在判决生效后即应考虑有无服刑能力的问题。[①] 国外也是在法院判决后至交付执行前,被告人或其代理人就可向法院提出有关服刑能力评定的申请。[②] 从有利于保护精神病患者的合法权利角度来看,这种做法应是今后发展的方向。

第四节 性自卫能力的评定

一、性自卫能力的概念和法律意义

性自卫能力又称性自我防卫能力,名称来自我国最高人民法院、最高人民检察院、公安部、司法部和卫生部1989年颁布的《精神疾病司法鉴定暂行规定》中第22条第1款"被鉴定人是女性,经鉴定患有精神疾病,在她的性不可侵犯遭到侵害时,对自身所受的侵害或严重后果缺乏实质性理解能力的,为无自我防卫能力"。在理论上,性自卫能力是指正常女性维护自身性不可侵犯的能力;在司法实践中,性自卫能力评定是针对可能患有精神疾病的女性精神病人,判断她对于两性行为的社会意义、性质和后果是否有理解能力、自卫能力和抗拒能力。

精神发育正常的妇女,一般都具有对两性行为的辨认能力,当遭到侵害时做出自我防卫的行为。但患有精神疾病的妇女,不具有对两性行为的辨认能力,在遭到同样的侵害时丧失自我保护的能力,有的患者还会因本能的欲望亢进,不但不抵抗,还主动与男性发生性关系。如此一来,女性精神病人受到侵害的危险就显著增大,并且得不到有利的保护。

我国法律为了保护这样的妇女,规定对明知妇女是精神病人或痴呆而与其发生性行为的,无论采用何种手段,都以强奸罪论处。在司法实践中,探讨受害人的性自卫能力的意义,在于通过受害人性自卫能力程度的认定,决定实施危害行为

---

① 参见郑瞻培:《司法精神医学基础》,上海医科大学出版社1997年版,第36页;孙东东:《精神病人的法律能力》,现代出版社1992年版,第45~51页。

② See A. Smith, "Psychiatric evidence and discretionary life sentences", *Journal of Forensic Psychiatry* 9, 1998, pp. 17-38.

的犯罪人的刑事责任大小。受害人患有精神疾病且自卫能力程度低下，实施侵害者的刑事责任就相对较高，两者间成反比关系。确定这一点，以此作为被告定罪量刑处罚的根据，才能更好地保护精神活动异常的妇女的人身权利不受侵害，打击危害妇女身心健康的犯罪分子。

二、我国关于性自卫能力的相关法律规定

1984 年最高人民法院、最高人民检察院、公安部联合出台了《关于当前办理强奸案件中具体应用法律若干问题的解答》(以下简称《关于办理强奸案件的司法解释》)，它规定“明知妇女是精神病患者或者痴呆(程度严重的)而与其发生性行为的，不管犯罪分子采取什么手段，都应以强奸罪论处。与间歇性精神病患者在未发病期间发生性行为，妇女本人同意的，不构成强奸罪”。该条对性自卫能力给出了一个医学标准，即要求被害人是精神病患者或者痴呆(程度严重)。此标准因加上了限定语“程度严重”而稍显苛刻，表述上也存在歧义，既可以理解为程度严重的精神病患者与痴呆患者，也可理解为仅仅是对痴呆患者的限定。司法精神医学界通用后一种理解，认为痴呆程度未达到程度严重的鲁钝不能受到该司法解释的保护，这种理解显然是片面的。影响性自卫能力有无的不单是智能障碍的程度，还包括社会适应能力状况、对性行为性质和后果的认识等。仅仅考虑其中一点很容易造成被害者得不到及时救助的后果。而“不管犯罪分子采取什么手段，都应以强奸罪论处”使该司法解释太过绝对化，无法保障女精神病人的正当性权益。

1989 年最高人民法院、最高人民检察院、公安部、司法部、卫生部颁发的《精神疾病司法鉴定暂行规定》第 22 条第 1 款规定“被鉴定人是女性，经鉴定患有精神疾病，在她的性不可侵犯权遭到侵害时，对自身所受到的侵害或严重后果缺乏实质性理解能力的，为无自我防卫能力”。与最早出台的《关于办理强奸案件的司法解释》相比，该规定作为专用于司法精神医学鉴定领域的特别法，比起《关于办理强奸案件的司法解释》在某些方面规定的更加完善。第一，它规定保护的对象为“经鉴定患有精神疾病的女性”，与现行刑法关于强奸案的规定保持一致，并且准确地包含了所有的精神残疾与智力残疾。第二，在判断性自卫能力时，该规定采用了医学—法学混合标准，既要求患有精神疾病，又要求对所受侵害有实质性理解能力；既考虑了精神病人对眼前侵害的认知能力，又兼顾了病人对事件发

生后所带来的不良后果的预见能力。

1990 年出台的《残疾人保障法》第 52 条第 5 款规定："奸淫因智力残疾或者精神残疾不能辨认自己行为的残疾人的，以强奸论……"与前两项规定相比，《残疾人保障法》无论是在性同意能力判断标准还是语言表述上，都没有可以诟病的地方，但是，《关于办理强奸案件的司法解释》中有"明知妇女是精神病患者或痴呆者"的规定，1990 年版的《残疾人保障法》却没有。很显然，有"明知"规定可以避免处罚无过错相对人，也对保护女性精神病人的正当性权益有所帮助。2018 年修正的《残疾人保障法》已取消了这一规定。

三、性自卫能力的评定

判定一个女性精神病人的性自卫能力，应满足两个要件：一是医学要件——被鉴定人是否存在精神障碍、被性侵犯时处于何种精神状态及严重程度。二是法学要件——受害人对侵害人行为的性质、手段和后果以及自己的处境的理解能力，自己针对外来侵害行为所实施的相应抵抗行为的能力。鉴定人应该在明确了被鉴定人所患精神障碍的医学诊断基础上，分析病理性精神活动对受害人在遭受外来侵害时主观心态的影响程度和行为的应答反应程度，最终判断被鉴定人对该项侵害行为是否有自卫能力。

在关于此类鉴定案件的汇总中，被害人为精神发育迟滞患者占有较大比例。在评定其性自卫能力时，应综合考虑多方面的因素，包括智能缺陷的程度、社会适应能力状况、对性行为性质和后果的认识等。关于性自卫能力的具体评定，尽管法律规定采用的是两分法，但司法实践中常常采用三分法：

1. 性自卫能力丧失。被害人为重度、极重度及一部分重度精神发育迟滞患者，由于智能缺损，丧失对性侵害或严重后果的实质性理解能力。发病期的患者对两性行为实质性理解能力丧失。严重狂躁症和周期型精神病发作时由于意识障碍、行为紊乱等导致丧失对性行为的辨认和控制能力。

2. 部分性自卫能力。被害人为部分重度及轻度精神发育迟滞患者，由于智能低下或自控能力削弱使对性行为的辨认能力削弱。精神分裂症不全缓解期、残留型、部分慢性患者，这些患者的性自卫能力不一定会受到精神病理症状的直接影响，她们不存在智能缺陷，但对性行为的辨认能力不完全或有控制能力削弱的情况。另外，大多数狂躁症患者发病期由于情感高涨，意志亢进，性欲增强，性本能的控制能力减弱,也会影响对性行为的辨认能力。

3.存在性自卫能力。一部分轻度精神发育迟滞患者智能缺损轻微,社会适应能力较好,并不影响其对性行为的辨认能力。还有少数患者以获得钱财或性本能的满足为目的,反复与异性发生性关系,事后抵赖,把责任推给对方。这种行为与卖淫无异,应追究其法律责任。而精神分裂缓解期、狂躁症发作间歇期及其他发作性精神障碍的间歇期也被认为存在性自卫能力。

性自卫能力的评定,不但需要结合医学要件和法学要件,还应该从法理上的公正性及社会学角度综合案情考虑。这对鉴定专家有较高的要求,鉴定难度很大。有学者提出,对女性精神病人非婚性行为司法鉴定的目的,是确定被鉴定人的法律能力有无受损。在具体评定中,应注意以下几个方面:(1)社会适应能力的一般情况,如工作、学习、生活、人际交往情况及质量;(2)对性知识的了解程度,如对月经与受孕、性冲动与性高潮、爱情与婚姻、性行为的后果、如何避孕等的了解及程度;(3)对性行为实质性辨认能力,如什么是合法性行为、非婚性行为对自己在社会声誉上的影响、女性性不可侵犯性的法律规定等的了解及程度;(4)有无自我保护措施,如有无呼救、逃跑和有效反抗,是否主动告诉、报案,性被侵犯后的心理反应和要求;有无利益驱动,如有无主动向对方索要钱物、是否为满足自己性要求的主动性行为、是否为自己谋求利益的性行为开脱和推委等;性侵害嫌疑人的有关情况,如行为的动机和目的、采用的手段、对被鉴定人精神状态的了解情况等。通过以上几个方面的调查,结合案情综合分析,有利于作出一致性较高的性自卫能力的评定结论。部分专家①以此为基础,研制了"性自卫能力评定量表",有一定的信度和效度,为性自卫能力的量化评定提供了很好的测试工具。随着鉴定实践和研究的深入,相信该量表的设计会越来越完善,能提供更客观的参考指标,在鉴定实践中得到更广泛的应用。

四、司法实践中的现状

(一)司法实践中常见的案件类型

就智能障碍的病人而言,智商越低,性自卫能力也就越弱。但其他精神疾病患者的情况并不相同,因为有的精神疾病会导致病人性欲增强,有的却会引起性

---

① 参见谢斌等:《精神发育迟滞者性自卫能力评定的量化研究》,载《上海精神医学》1998年第1期。

欲减弱，而女精神病人对性行为的认知程度也会影响其性自卫能力。实践中我们遇到的情况大致可分两类。

1. 女精神病人主动型

有的女精神病人由于大脑功能紊乱，丧失了正常的意志，而且本能的欲望亢进，会主动接近和挑逗异性。在这种情况下男性与之发生性关系并不是违背当事人意志的行为，有的甚至“不明知”该女性为精神疾病患者，那么就不应以强奸论，更不必进行性自卫能力评定。而有一些轻度智能障碍的女精神病人，对非婚性行为有一定程度的认识，甚至有过相关的性经验。其中部分女精神病人平时生活不检点，为了获取个人利益甚至会有主动进行性交易等不良行为。把握好这类病人的性自卫能力评定对于定罪量刑有着十分重大的意义。例如，1983 年南通市发生了一起所谓的“集体强奸、轮奸女精神病患者”的大案。但事实却是一位患精神分裂症的妇女，由于性欲亢进及自我控制能力严重受损，主动勾引和追求男性发生性关系，前后涉及二三十人。案发后，当地司法部门将他们全部逮捕，以“强奸、轮奸女精神病患者”罪将其中几名判处死刑，其余的人分别判处死缓、无期徒刑及有期徒刑。

对这类精神病人的性自卫能力的评定存在分歧。多数学者认为因其性本能亢进、主动引诱他人，自我控制能力削弱，不应评定性自卫能力，而应评定责任能力。

2. 女精神病人被动型

若女精神病人被动接受对方性行为，则需要分析病人有无表现出反抗行为。对强奸行为有反抗，说明犯罪嫌疑人是在违背妇女意志的情况下与其发生性关系，不必作性自卫能力鉴定。只有当女精神病人被动发生性关系，病人同意且没有反抗时，才有必要作性自卫能力鉴定。经鉴定认为患者性自卫能力丧失或削弱的，则考虑对犯罪嫌疑人定“强奸罪”。最后是否需要定“强奸罪”，则需要根据具体案件情况进行分析。犯罪嫌疑人是否“明知”对方患有精神疾病、女精神病人在事件过程中的精神异常状态是否容易被识别出等，都是需要考虑的方面。

（二）司法实践中需注意的问题

1. 注意保障被害人的正当性权利

女精神病人虽然存在某些精神症状，但她们在生理上与正常人无异，大部分都会有正常的生理需求，即女性精神病人也有正当的性权利。法律在某种意义上应该是保护人权的,而不是干涉人们在私生活上的自由。它所保护的性自主权是一种拒绝与他人发生性行为的消极自由,当被害人由于精神疾病而不能正确理解性行为的意义时,她们无法有效地对性行为表示同意,不能有效地表达自己的权利意图,那么与之发生性关系显然侵犯了她们在性问题上的拒绝权。但是保护即限制,法律在保护女精神病人的同时也变相干涉了其在私生活上的积极自由,如下案所举即是一例。

【案例】

李某,男,沈阳市皇姑区人,未婚。刘某,女,某省临水县观音乡人,患有精神分裂症。在2001年7月的一天晚上,李某下班回家,途经铁西区兴工街的一个公共车站时,发现刘某一人蹲在地上哭。李某上前说道:"这么晚,已经没有车了,你走吧!"刘某哭着回答说:"我没地方去。"在接下来的对话当中李某了解到刘某是四川人,独自到沈阳来打工,还没找到工作,已经有两天没吃东西。李某心生怜悯,将其带回家,为其提供食宿和衣服,在一个多星期的时间里,李某对刘某颇为照顾。之后刘某对李某提出要求能多待一段时间,李某同意。就这样开始了将近两年的共同生活,直到案发。2003年7月的一天,公安机关接到举报,说李某没有结婚但家里有孩子和妻子,公安机关对此立案侦查。经过一审,皇姑区人民法院认定李某明知刘某是精神病人,没有性自卫能力,仍与其发生性关系,构成强奸罪,判处李某有期徒刑4年。判决结果一出社会为之哗然。几乎所有认识李某的人都认为李某只是出于好心收留了一名精神病人,2人在一起生活了两年,好好的,怎么就构成了强奸呢?李某不服一审判决提起上诉。在二审中,案件被提交到审判委员会裁决。最终沈阳市中级人民法院综合考量了法律、案件的具体情况和社会民意,判决李某无罪,当庭释放。

法律之所以对精神病人进行特殊保护,是为了保护弱势群体的利益不受他人的侵害。本案中,刘某是自愿与李某生活在一起的,与精神病人发生性关系的李某并没有利用刘某的弱势地位,所以也谈不上侵犯刘某的性自主权。法律对这种私生活不应干涉,否则就是对精神病人正当权利的剥夺。此案中一审的判决就没有考虑到女方刘某的正当性权利。

2. 重视完善被害人的救助机制

女性精神病人与正常人相比,生活能力低下,经济来源困难,遭遇侵害后的生活往往得不到保障,须重视女精神病人遭遇侵害后的救助问题。

【案例】

阿英,女,28 岁,广东惠来人,在广州市海珠区以卖菜为生。2005 年患有精神病的哥哥把阿英的脑子打伤,之后她也变得疯癫无常,总在海珠区七星岗地区游荡,附近居民都称她“疯婆”。令人惊讶的是,尚未成家的“疯婆”阿英 2007 年莫名其妙地怀了孕,不久生下一名女婴。2007 年 11 月 3 日警方接到报案后展开调查。当日,阿英抱着女婴站在街边声称被数名男子强奸后生下孩子。在海珠区江海杰做协管员的男子杨某经过,凑上前去看热闹,阿英顺手一指:“他强奸过我!”于是,杨某成了犯罪嫌疑人被警方带走。2007 年 11 月 8 日广州市公安局刑事科学技术中心分别对杨某和该女婴的 DNA 进行检验。结果显示,杨某确为阿英所生女婴的生父。2008 年 2 月 26 日司法精神医学鉴定组再次对阿英作出司法精神医学鉴定,结果是“阿英患有间歇性精神分裂症,在被强奸时处于发病期,无性防卫能力”。此案中的阿英被强奸后生下一名女婴。对阿英进行性自卫能力的司法精神医学鉴定,鉴定结果是无性自卫能力,根据法律规定杨某应定强奸罪。

本案中,罪犯虽然得到了应有的惩罚,但是阿英因为遭受强奸而怀孕生子,母子生活缺乏最低生活保障和基本医疗保障,处境艰难。当前,被告人没有赔偿能力或赔偿能力不足的情况普遍存在。陷入经济困境的被害人在无法从被告人那里得到赔偿时,一般由当地政府民政部门根据情况给予适当补贴。能否通过现行法律保护被害人的合法权益,对被害精神妇女进行赔偿和救助呢?

我国《刑法》第 36 条规定,由于犯罪行为而使被害人遭受经济损失的,对犯罪分子除依法给予刑事处罚外,并应根据情况判处赔偿经济损失。我国《刑事诉讼法》第 101 条也规定,被害人由于被告人的犯罪行为而遭受物质损失的,在刑事诉讼过程中,有权提起附带民事诉讼。由此可见,现行法律规定了加害人对被害人的刑事损害赔偿制度,但只限于因犯罪行为给被害人所造成的物质损失,即已经遭受的实际损失或者必然要遭受的损失。如果女精神病被害人没有遭到任何实质性的物质损失,被害人是无法通过现行的法律获得救助的。也就是说,现行刑事法律除了严惩犯罪分子,无法对性侵害案件中的女精神病被害人给予任何救济以恢复其正常的生活。

刑事司法的功能不仅仅只是惩罚和预防犯罪,而是如何使失衡的利益关系

(被害人、被告人和社会之间的利益关系)得到矫正,使被害人的生活恢复到正常的状态,使社会与被害人、犯罪人之间的良性互动恢复到犯罪发生以前的常态,也即从“犯罪研究核心”向“被害研究核心”转变。目前世界上大部分国家在该理论的推动下纷纷建立了刑事被害人救助制度,当被害人不能从被告人处获得足额赔偿时,由国家按照一定的条件和程序对被害人加以补偿。当前,我国立法在这方面还是一个空白,司法实践中存在法律地位不明确、资金来源没保证等问题。因此须重视探索并构建刑事被害人救助制度,保障刑事被害人的人权,不仅注重刑事法律惩罚犯罪的功能,也关注刑事法律对失衡的正义的恢复功能。

第三篇　精神障碍与刑侦实务

第一章　刑警掌握司法精神医学知识的重要作用

第一节　增强对精神障碍者暴力犯罪现场的处置能力

重型精神障碍者因存在幻觉、妄想等病理性精神症状，发病没有规律性，自控能力差，易出现发生迅速、行为无常、手段残忍、不计后果的暴力伤人行为，酿成杀人纵火、行凶伤人、侮辱妇女、妨害交通安全、扰乱公共秩序等肇事肇祸案件，社会危害性极大，处置困难。精神障碍者的肇事肇祸行为包括“肇事行为”和“肇祸行为”两类，肇事行为是指精神障碍者的行为已经触犯了我国《治安管理处罚法》，但尚未触犯刑法，如有行凶伤人等行为但导致受害者轻、重伤的；肇祸行为是指精神障碍者的行为触犯了我国《刑法》，涉嫌犯罪的。

肇事肇祸精神障碍者实施暴力危害行为多出于病理性动机，受病理性精神症状支配，造成的过度恐惧和愤怒是他(她)们实施暴力的原动力。由于其辨认能力或控制能力的缺失，相比精神正常者，更容易采取简单、暴力的方式进行自我保护及自我防御攻击。通过分析案发时情况，暴力危害行为的特点，可以发现其异常的精神活动，掌握其暴力危害行为诱因、动机等，制订更适宜的抓控方案，灵活地处置现场。

如果不了解精神障碍者的作案特点，很难做到快速处置，也不利于保护群众和民警自身安全，易出现较极端的伤人毁物的严重后果。掌握司法精神医学相关知识，有利于针对性地制定技战法、部署处置方案、选择处置工具，可以增强对精神障碍者暴力犯罪现场的处置能力。

一、精神障碍者暴力犯罪事件现场处置的策略战术

对于精神障碍者暴力犯罪案件的处置工作,应当遵循安全、依法、快速、有效的原则。安全须放在首位,包括保障周围群众安全、警察自身安全、精神障碍者的安全。依法处置,是警察执法必须遵守的行为准则,不能因为精神障碍者的极端行为而自乱阵脚,处置失当。快速处置要求在最短的时间内迅速控制现场,避免事态恶化,最大限度减少案件的负面影响。有效处置是要求处置措施能实现预期目的,以最小的代价获得最大的成效。

如前所述,精神障碍者暴力犯罪的特点有不分时间、地点、场合,突然发作,没有预谋,可无任何明显诱因;无特定对象,任何人都可能成为其攻击目标;行为随意,可就地取材,身边的刀具、棍棒、砖石等重物均可成为作案工具;缺乏理智,精神亢奋,易激惹,沟通困难,不计后果,拼死抵抗。根据其特点,除了与一般行动相同的周密部署、统一指挥、协同作战等方案外,须采取与制服一般犯罪嫌疑人不同的策略。这里以处置公共场所精神障碍者暴力伤人案件为例简述如下。

(一)目的明确,分工有序

现场处置是有组织的行动,必须在有明确目的的基础上,采取合理的战术方法,才能高效地处置成功。在精神障碍者的暴力犯罪现场,首先是控制精神障碍者的危害行为,防止其继续行凶施暴,同时组织围观群众疏散撤离,并救治受伤人员。到达现场后,指挥员应迅速判明形势,明确处置目的,做好战术和处置的分工,控制犯罪嫌疑人、疏散群众、救治伤员同步有序地展开。

(二)快速反应,寻找战机

快速反应,是警察战术的基本要求、战术行动基本原则的重要内容以及实现战术目的的重要保证。在重型精神障碍者暴力犯罪案件中,快速反应能够造成精神障碍者判断上的错误,并减少精神障碍者的反抗机会,减弱其反抗能力,从而提高处置行动的安全性和有效性。快速反应可以防止突发事件的扩大和失控,有效地控制犯罪嫌疑人进一步的犯罪行为。这一战术原则要求民警出警迅速,在整个处置行动中快速反应,抓住战机,掌握行动的主动权。

快速反应并不等于盲目抓捕。由于精神障碍者发病时精神亢奋、易激惹,野蛮不计后果,又无法沟通说服谈判,警察与之遭遇时不可急于处置,也不要立即作出言语威慑、鸣枪示警等举动,这些举动对于精神障碍者来说往往不能起到威吓

和制止的效果,反而可能激怒精神障碍者,使其出现更歇斯底里的疯狂行为。应先行预判其攻击能力,对其反应能力、动作的速度、力量及手中凶器的使用程度做到胸中有数,注意寻找和等待战机。

(三)以静制动,灵活处置

在对精神障碍者的抓捕过程中,视现场的不同情况,灵活运用多种战术。如"以静制动"战术:当精神障碍者体能充沛、反抗猛烈时,不必一味强攻,而应以消耗精神障碍者体能为主,多采取周旋战术,注重对民警自身安全的保护。待其体能下降、动作缓慢、身体疲惫时,再一举将其制服。"声东击西"①战术:警察的站位不可全部处于精神障碍者的视线范围内,要分散位于其前后左右,将其包围。当与精神障碍者周旋至其体能下降、身体疲惫时,一名民警可正面佯攻吸引其注意力,其余两名民警则可从精神障碍者视线范围之外的方向迅速出击,对其进行冲撞击打,造成精神障碍者顾此失彼,产生错觉,无法应对民警多方向的连续攻击,从而将其制服。总之,先对现场形势做好预判,再结合相应的战术灵活处置。

二、精神障碍者暴力犯罪现场处置的警械和武器的选择

(一)使用警械和武器的原则

我国《人民警察使用警械和武器条例》第4条规定:"人民警察使用警械和武器,应当以制止违法犯罪行为,尽量减少人员伤亡、财产损失为原则。"这一规定通常被称为武力使用等级原则,即凡是可以使用警械处置的,不得使用武器;只有在符合使用武器规定的紧急情况下,才可以使用武器。依据该条例,警察处置精神障碍者暴力犯罪事件,除法定紧急情况下可以使用武器外,一般应当使用非杀伤性警械具予以处置。

(二)合法使用武器

《人民警察使用警械和武器条例》第10条规定:"人民警察遇有下列情形之一的不得使用武器:(一)发现实施犯罪的人为怀孕妇女、儿童的,但是使用枪支、爆炸、剧毒等危险物品实施暴力犯罪的除外;(二)犯罪分子处于群众聚集的场所或者存在大量易燃、易爆、剧毒、放射性等危险物品的场所的,但是不使用武器予

---

① 朱连庆:《精神病人小客车内持刀肇祸事件处置之技战术研究》,载《北京警察学院学报》2014年第6期。

以制止,将发生更为严重危害后果的除外。"《公安机关公务用枪管理使用规定》第22条规定,公安机关的人民警察应严格按照《人民警察法》和《人民警察使用警械和武器条例》的规定使用公务用枪,有下列情形的不得使用枪支:处理一般治安案件、群众上访事件和调解民事纠纷;在人群聚集的繁华地段、集贸市场、公共娱乐及易燃易爆场所;在巡逻、盘查可疑人员未遇暴力抗拒和暴力袭击时;从事大型集会保卫工作时;在疏导道路交通和查处交通违章时;与他人发生个人纠纷时;使用枪支可能引起严重后果时。

在司法实践中,有一部分持有凶器的暴力精神障碍者,行为凶残,作案对象不定,逢人便杀,社会危害性极大。在这种情况下,警察是完全可以动用武器的。根据《人民警察使用警械和武器条例》第三章第9条、第10条之规定,对实施凶杀,严重破坏社会治安秩序,暴力袭警的犯罪嫌疑人,允许人民警察使用武器。又根据第四章第15条之规定,人民警察依法使用武器,造成无辜人员伤亡或财产损失的,由该人民警察所属机关参照《国家赔偿法》的有关规定给予补偿。

司法实践中,在公共场所处置精神障碍者暴力犯罪事件,即便符合使用武器的法定紧急情况,但由于人员密度大,情况复杂,使用杀伤性武器极易误伤无辜群众,往往也不能使用杀伤性武器。

当犯罪分子处于群众聚集的场所时,该不该开枪射击,应通过社会价值、社会利益衡量,发现执行不得使用武器的规定得不偿失时,就应当使用武器;发现使用武器比不使用武器造成的损失更大时,就应当停止使用武器。两害相权取其轻,两利相衡取其大。①

(三)针对性地选择处置工具和必要的防护装备

实战中,面对疯狂的暴力性精神障碍者,特别是在其手持凶器的情况下,警察虽手持警械具,却并不完全具备制服暴力性精神障碍者的信心和能力,这也是造成警察与持刀精神障碍者对抗时常常负伤甚至牺牲的重要原因。② 所以警察在进行处置时除了要具备警力优势外,还应在警械具选择上具备绝对优势,做到全面压制。笔者认为,在处置工具的选择上,可配备伸缩长警棍、钢叉、网枪、催泪弹、高压水枪、特种防暴枪等不用近身便可以实施打击的警械,也可隐蔽地携带胡

---

① 参见朱景伟:《对江苏8·27民警处置武疯子案例的战术探讨》,载《警察实战训练研究》2013年第1期。

② 参见朱庆宾、许金锋:《警械配合人道处置》,载《公安教育》2013年第3期。

椒喷雾器等驱逐性警械。值得注意的是,参与精神障碍者抓捕的民警常反映胡椒喷雾剂对高度亢奋的精神障碍者作用有限,就算准确地将喷雾喷向其面部,他们仍能睁眼负隅顽抗,有时反倒使民警出现刺激性咳嗽,难以睁眼,影响抓捕。此外,应配备必要的防护装备,如防暴盾牌、防护服、头盔,在切实做到保证民警和群众的人身安全基础上,对精神障碍者的暴力犯罪行为快速制止、精确打击、有效控制。

第二节 维护司法精神医学鉴定的公正性

侦查机关在刑事诉讼中承担着全面查明案情、维护社会公共安全、防控犯罪的职能。目前,大量精神病患者制造的刑事案件严重危害人民群众生命财产安全,严重影响社会秩序。面对舆论的压力,对于涉及疑患精神障碍者违法的这类特殊案件的处理,侦查机关却常常是心有余而力不足,侦查效率不高,案件的处理结果也常常招来民众的质疑。因此,为了实现法律对违法精神障碍者、被害人、社会公共安全的平衡保护,侦查人员有必要掌握相关的司法精神医学知识,并进一步发挥司法精神医学鉴定在侦查破案中的辅助性作用。

在刑事诉讼中,警方承担的主要职能是查明案情。刑警案发后最早接触犯罪嫌疑人,其言谈举止反映出来的精神状态与作案当时的精神状态最为接近,刑警最容易发现嫌疑人是否有精神障碍的可能,因此,公安机关为大部分的司法精神医学鉴定案例的启动主体。

在早期审讯阶段,作案精神障碍者最容易真实描述作案当时的病态想法,归案时间一长,部分病人的思想就有变化,从而妨碍鉴定人分辨真假的准确性。如果刑警缺少精神医学的相关知识,对病人的一些反常表现觉察困难,更不会有意识地去询问和探索其病理性精神活动的细枝末节。而一些佯装精神障碍者的真正罪犯却可能迷惑了刑警,再通过他们传递的错误信息误导鉴定人。

我国《刑事诉讼法》第50条规定:“可以用于证明案件事实的材料,都是证据”。刑事诉讼证据是指国家司法机关依照法定程序收集的,能够证明犯罪事实是否存在,犯罪嫌疑人、被告人是否有罪、罪责轻重及其他有关案情的一切事实。证据有下列八种:(1)物证;(2)书证;(3)证人证言;(4)被害人陈述;(5)犯罪嫌疑人、被告人供述和辩解;(6)鉴定意见;(7)勘验、检查、辨认、侦查实验等笔录;(8)视听资料、电子证据。对于精神障碍者所致刑事案件,以上八种证据中,证明作案人案发当时有精神障碍的证据,事实上是证明犯罪嫌疑人无罪或轻罪的间接证据,这些证据是客观存在的,但如果刑警缺乏司法精神医学知识,有些证据可能无法发现和提取。

我国《刑法》第18条规定:"精神病人在不能辨认或者不能控制自己行为的时候造成危害结果,经法定程序鉴定确认的,不负刑事责任,但是应当责令他的家属或者监护人严加看管和医疗;在必要的时候,由政府强制医疗。"本款规定的"法定程序"是指修改后的刑事诉讼法规定的对精神病人进行鉴定的程序。即司法精神病鉴定,由省级人民政府指定的医院进行。鉴定人进行鉴定后,应当写出鉴定结论,出具被鉴定人是否有精神病、精神病类型的诊断及是否具有刑事责任能力的鉴定意见书。

在刑事案件中,司法精神病鉴定的重要任务是判断被鉴定人作案当时的精神障碍的有无、类型,及精神障碍是否影响其"辨认能力"和"控制能力"。司法精神医学专家要查明作案当时犯罪嫌疑人的精神状况、作案动机、作案特点、作案前后表现等,才能判断犯罪嫌疑人在作案当时是否有辨认能力和控制能力,从而确定其刑事责任能力。司法精神病鉴定的时间,90%以上都是在被鉴定人实施危害行为一段时间以后,才由委托鉴定机构提出并安排。从发生危害行为,到实际作鉴定时的精神检查之间,间隔十几天至数月之久,有的重新鉴定的案例,甚至可间隔1~2年的时间。此时,被鉴定人的精神状况往往与作案当时不同,鉴定医生要确定被鉴定人作案当时的精神状态和行为能力,参阅卷宗材料是至关重要的环节。其中案件事实、作案人的讯问笔录、相关人员的证人证言等均靠侦查人员提供,司法精神病专家很少亲自去调查搜集相关的信息。当然,对被鉴定人的精神检查及当面询问也很重要,这一过程一般只有1小时左右,作案当时的细节、过程、作案动机等只能靠被鉴定人对当时情况的回忆及陈述。但鉴定时机选择不及时,被鉴定人对细节等记忆已非常模糊,或由于心理的变化,不想合作或有意识的回避推托,或简单地以"想不起来"为借口拒绝陈述。

在刑事诉讼中,侦查人员在查明案情的同时,能够在案发后最早接触犯罪嫌疑人,其言谈举止反映出来的精神状态与作案当时的精神状态最为接近,且因缺乏准备,伪装精神病可能性较小,精神状态较为真实。公安机关为大部分的司法精神医学鉴定案例的启动主体,能否全面、真实的调查、收集案件事实的证据及证明嫌疑人作案当时精神状况的证据,将极大程度地影响司法精神病鉴定意见的准确性、科学性、公正性。

此外,临床精神科可通过反复门诊或收治入院,对精神障碍者进行长期接触和精神检查,最后诊断的精神障碍性质、类型会比较准确。但司法鉴定一般要求在限定时间内完成鉴定工作,鉴定实务中,往往仅通过一次对被鉴定人的精神状况的检查和对作案当时精神状况、作案动机、心理活动的询问,作出精神障碍的诊断及法定责任能力的判定。因此,如果在鉴定过程中,被鉴定人或他的亲属等有意歪曲事实,不予配合,而卷宗材料对反映被鉴定人案前、案中、案后行为特征、精神状况的相关细节记录得不细致、不具体,司法鉴定人又缺乏相关应对经验,其得出的结论就很难反映被鉴定人作案当时的精神原貌及相关的法定能力。

根据学者们对司法实践中精神病鉴定实施情况的调研,鉴定专家和司法人员普遍认同"精神病由医生负责判断,刑事责任能力由法官负责判断"的理论,但这一逻辑在实践中具有非现实性。虽然法官对被告人精神状况到底如何具有最终裁断权,但其因欠缺精神医学专业知识,其自主裁决的主观能动性并不强;且由于侦查取证中可资证明嫌疑人作案当时精神状况的证据并不规范、完善,司法办案人员对其刑事责任能力的判断上往往觉得力不从心,倾向于采信鉴定人的意见,可谓是一种无奈之举。

由此可见,司法精神病鉴定意见在很大程度上取决于侦查取证是否准确而完善,而法官对刑事责任能力的裁决依赖于司法精神病鉴定意见,可以说,侦查取证直接影响对嫌疑人刑事责任能力的认定。

在司法实践过程中,一些涉案精神障碍者的精神症状并不明显,被公安机关抓获后,并未表现出明显的精神症状,公关机关可能意识不到该嫌疑人为精神障碍者,直到案件进入诉讼和审判环节后,应检察机关或法院的要求作司法精神医学鉴定时,才重新去补充相应的鉴定材料。而如果检察机关、法院未提出鉴定要求,该嫌疑人会被当成正常人被追究刑事责任,不利于保护精神障碍者的合法权益。如果公关机关掌握相关的司法精神医学知识,可以敏感地识别精神症状,对及时启动司法精神医学鉴定,保护精神障碍者的权益有重要意义。

目前有学者认为,公安机关作为侦察机关虽然负有"收集、调取犯罪嫌疑人无罪、罪轻的证据材料”的义务,但其更重视追寻案件责任人,关注能够证明犯罪嫌疑人“有罪或罪重”的证据材料,因此公安机关可能会更为怠于启动司法精神医学鉴定获取利于犯罪嫌疑人的证据。另外,公安机关对鉴定结果有更加明显的取向性,进而可能影响专家的鉴定结果。但其实这些想法是多余的。

目前公安机关刑事执法办案程序要求越来越严格,司法实践中,更多见的是根本不需要进行司法精神医学鉴定的案例(嫌疑人精神状况完全正常),仅仅因为受害人是嫌疑人亲近熟识的人,就必须启动司法精神医学鉴定,一些省市公安局还要求只要是单人作案的命案必须启动司法精神医学鉴定。另外,越来越多的侦查人员已经意识到鉴定为重型精神病、无刑事责任能力,又造成严重社会危害的的犯罪嫌疑人,并不是被证明“无罪”就可以轻松度日,这类精神障碍者会被予以强制医疗,数十年如一日地被关在精神病院里。坐牢还能放风保释减刑,但被关在精神病院里,不但失去自由,还要每天服用可能对身体有严重副作用的药物。因此只要侦查人员照实收集可供证明犯罪嫌疑人真实精神状况的证据材料,无论鉴定结果提示是否存在刑事责任能力,犯罪嫌疑人都会受到应有的处理。

基于以上种种情形,刑警在司法精神医学鉴定中起着至关重要的作用,有重要的法律地位。刑警是否能对精神障碍的症状识别、对患者精神症状的讯问是否详细、对司法精神医学鉴定的启动是否及时、对司法精神医学鉴定意见书的审查是否有效,等等,都极大地影响着鉴定结论的客观性、公正性、准确性。

第三节　对违法精神障碍者的危险性防控

违法精神障碍者再次出现违法行为的概率较大,其人身危害性并未随着不追究刑事责任而消失,而国家基于人权保护不对危害社会的精神障碍者施以处罚,但却不能不保护社会。对于无刑事责任能力的违法精神障碍者是该放归社会还是进入司法医院或者矫治机构进行隔离治疗与矫正,须对精神障碍者进行危险性评估,以便采取有针对性的处置措施,防止其再次出现违法犯罪行为。

我国卫生部于 2012 年出台了《重型精神疾病管理治疗工作规范(2012 年

版)》(以下简称《规范》),[①]其中制定了对重性精神疾病患者的危险性评估的分级标准——0 级:无符合以下 1 ~ 5 级中的任何行为;1 级:口头威胁,喊叫,但没有打砸行为;2 级:打砸行为,局限在家里,针对财物,能被劝说制止;3 级:明显打砸行为,不分场合,针对财物,不能接受劝说而停止;4 级:持续的打砸行为,不分场合,针对财物或人,不能接受劝说而停止,包括自伤、自杀;5 级:持械针对人的任何暴力行为,或者纵火、爆炸等行为,无论在家里还是公共场合。根据规定,危险性评估中被评为 3 级以上的重性精神疾病患者被列为公安部门的管控对象,需根据其病情严重程度定期随访,并排查其肇事肇祸的风险。根据我国《精神卫生法》第 30 条的规定,"诊断结论、病情评估表明,就诊者为严重精神障碍患者并有下列情形之一的,应当对其进行住院治疗:(一)已经发生伤害自身的行为,或者有伤害自身的危险的;(二)已经发生危害他人安全的行为,或者有危害他人安全的危险的。"另外,2015 年出台的《易肇事肇祸精神病人管理办法(试行)》规定了各个部门对易肇事肇祸精神病人的特殊监护、治疗和管理措施。此《办法》中的易肇事肇祸精神病人是指患有精神分裂症、双向情感障碍、偏执性精神障碍、分裂情感性精神障碍、癫痫所致精神障碍和严重精神发育迟滞共 6 大类重性精神疾病,病情不稳定、经精神卫生专业机构评估为有暴力倾向等表现、达到 3 ~ 5 级高风险行为的患者或在不能辨认、不能控制自己行为的情况下有违反我国《刑法》或我国《治安管理处罚法》的行为的精神病人。

实践中,预测某个体是否存在潜在危险性是非常困难的。美国心理学会与美国精神病学协会都规定,心理学家和精神病学家都不能作为可靠预测暴力行为的重要权威。美国对于精神障碍罪犯所进行的危险性评估,是由美国精神病安全复核委员会依据该犯所患精神障碍的医学特点,来推断精神障碍罪犯再犯的危险性,然后根据评估结果对他们进行监督管理。

国外对于危险性评估的研究较多。在美国得克萨斯州,一个罪犯将来的危险性是陪审团决定是否判死刑的不可缺少的方面。德国《刑法》第 63 条规定,对于减轻责任能力或无责任能力人(主要为精神疾病违法者)是否收容于精神病院,必须以该行为人将来是否仍有严重违法行为的可能为前提,亦即对于社会大众有

---

① 2018 年发布《严重精神障碍管理治疗工作规范(2018 年版)》,《重型精神疾病管理治疗工作规范(2012 年版)》已废止。

危险性。

该法同时规定，“有无再犯的危险性以及要多长的时间才能去除犯罪人的再犯危险性，是保安性强制处分宣告与否，以及宣告期间长短的基础。保安性强制处分不以行为人的责任为基础，而是以行为人‘再社会化’与‘危险性’为基础”。这里的“再社会化”的目的就是要去除犯罪人的“再犯危险性”，是特别预防的基本理念。违法精神障碍者的人身危害性并未随着不追究刑事责任而消失，被释放后的精神障碍者由于未得到较好的监管，再加上他们辨认能力及控制能力的缺失，导致回归社会的精神障碍者重新犯案的事件时有发生。

掌握司法精神医学知识，可以帮助民警充分认识精神障碍者的违法特点，早期识别“有伤害自身的危险的”和“有危害他人安全的危险的”精神障碍者，重视危险性精神障碍者的管控，预防再次出现违法行为，并有助于精神障碍者暴力犯罪的预警机制的建立和完善，对违法精神障碍者的有效监管有着重要意义。

第二章　刑警在司法精神医学鉴定中的重要职责

在刑事诉讼中，刑警在查明案情的同时，能够在案发后最早接触犯罪嫌疑人，其言谈举止反映出来的精神状态与作案当时的精神状态最为接近，且因缺乏准备，伪装精神病可能性较小，精神状态较为真实。公安机关为大部分的司法精神医学鉴定案例的启动主体，能否全面、真实地调查、收集鉴定材料，能否及时启动司法精神医学鉴定，能否全程配合鉴定专家进行司法精神医学鉴定，能否结合案情审查作为法定证据之一的司法精神医学鉴定意见，都极大程度地影响鉴定意见的准确性、科学性、公正性。

第一节　调查、收集鉴定材料

与国外的双轨制证据调查模式不同，我国刑事诉讼的庭审证据调查为单轨制，主要由公诉方负责刑事案件的证据调查工作，法庭证据调查的主线就是公诉方的举证和法官对公诉方证据的确认，公诉方对疑似精神病嫌疑人的精神状况的证据调查任务主要由侦查人员来完成。由于精神障碍者所致刑事案件的犯罪主体特殊性，对此类案件侦查取证内容除了案件事实外，还包括证明案发当时嫌疑人精神状况的证据。司法精神病鉴定意见作为证据的一种，具有确认责任能力、诉讼能力及服刑能力的作用，与其他物证、法医、声像资料等鉴定意见的法律效力存在明显差异。司法实践中，司法精神医学专家很少亲自去调查搜集相关的信息，刑警承担了主要的调查、收集鉴定材料的工作。送鉴材料是否全面、真实、详细，直接影响鉴定质量的好坏。

任何一个刑事案件发生后，侦查人员最早接触犯罪嫌疑人，这时其精神状态最接近于作案当时。司法精神医学专家要查明作案当时犯罪嫌疑人的精神状况、作案动机,主观犯意,进而判断犯罪嫌疑人在作案当时是否有辨认能力和控制能力,从而确定其刑事责任能力,卷宗中所记载的讯问笔录是重要的参考依据。由于精神病患者缺乏诊断意义上的体征和实验室检查的阳性结果,对其精神症状的判断主要靠其语言的表达。因此,对疑似精神障碍者嫌疑人的讯问技巧便显得尤为重要。如何提问、提出哪些问题、如何描述一个问题,可能直接决定信息收集的真实性、客观性和完整性。因为司法精神医学鉴定往往在案发一段时间后进行,其精神状况可能有变化,因此刑警讯问得越专业、越详细,越能反映嫌疑人真实的精神状况,其形成的相关鉴定材料就越完善,越具有参考价值。

一、调查取证内容

调查的内容要有针对性,包括被鉴定人平日的精神状态、人格特征、智能水平及案发前后的精神状态等。如有被鉴定人的书信、日记等书证,应尽可能调取。

鉴定材料主要包括以下几方面的内容。

(一)被鉴定人的一般情况

一般情况主要包括各种身份材料,如姓名、性别、年龄、婚姻、民族、籍贯、文化、宗教信仰、职业、住址、身份证号等。

(二)案情经过

了解案情的详细经过,有助于明确犯罪的性质和形式,分析犯罪人犯罪的主观、客观原因,推断犯罪行为与精神障碍的相关性。根据 2016 年司法部司法鉴定管理局公布的《精神障碍者刑事责任能力评定指南》,对精神障碍者的刑事责任能力主要从以下 18 个方面来判断:作案动机、作案前先兆、作案的诱因、作案时间选择性、地点选择性、对象选择性、工具选择性、作案当时情绪反应、作案后逃避责任、审讯或检查时对犯罪事实掩盖、审讯或检查时有无伪装、对作案行为的罪错性认识、对作案后果的估计、生活自理能力、工作或学习能力、自知力、现实检验能力、自我控制能力。

侦查人员在对案情调查取证时要尽可能完善可供佐证以上方面的证据,如是否有作案的预谋(刻意选择时间、地点、对象及准备工具等)、案发前后及作案过程中有无异常精神活动(如怪异的言行举止、异常的情绪反应)、作案后是否逃避侦查(如破坏现场物证、藏匿武器、秘密潜逃、关掉或换手机、隐姓埋名、讯问时掩盖犯罪事实或为犯罪行为辩解等)、是否对作案行为知错后悔等。

(三)被鉴定人的精神状态

在刑事案件中,确定犯罪嫌疑人作案前一段时间、作案过程中及案发后各时间段的精神状态是鉴定过程中的重要任务。了解被鉴定人的精神状态,有助于了解其作案的目的、动机及犯罪心理活动。

这些情况的提供者应该是直接知情者,包括被鉴定人的家属、邻居、同事、同案人、目击者、对方当事人等。如果被鉴定人确有异常精神活动,应收集可证明异常精神活动出现的时间、出现之前遭遇的生活事件、症状表现与变化规律、相应治疗情况等的证据。同时,材料中还应包括侦查过程中发现被鉴定人的异常精神活动、被拘留后的表现、讯问笔录、入监舍后的行为等详细情况。如有能证实被鉴定人精神状态的书写物、音像资料等,也应一并提供。所有这些材料如能形成一条完整的“证据链”,对正确鉴定有很大的帮助。

一般来讲,刑警在搜集疑似精神障碍者的相关信息时都会问及以上人员,但询问只限于“以前是否有精神病”“父母是否有精神病史”“精神状态是否正常”等简单问题。对毫无精神医学知识的相关人员来讲,这样的问题难以让他们回想起一些并不明显的精神症状。刑警做了大量的工作却未得到有用的线索,非常可惜。其实,如按照以下的思路来逐一了解就可得到较全面反映其精神状态的资料,为司法精神医学鉴定提供重要的参考。

1. 人格改变、情绪异常:如性格温和的人变得脾气暴躁、冲动易怒,常为一些小事与人发生争执甚至大打出手;或情绪无故变得高涨、过度活跃、滥交朋友;或情绪消沉、悲观抑郁;或变得孤僻自闭、不与人接触;或变得不修边幅、不讲卫生等。

2. 言语、表情变化:明显变得话多或话少;谈话内容答非所问、逻辑混乱、沟通困难、荒谬难解、不符合客观现实等;表情变得呆滞或过于喜形与色,有凝视、自笑、自言自语等。

3. 动作行为异常:出现怪异的举止、刻板或模仿动作、动作明显增多或动作明显减少;对空指骂等。

4. 社会功能受损:常迟到、早退、旷工、无法胜任工作;无法按时完成作业、学习成绩下降;无法建立或维持和谐的人际关系等。

5. 睡眠、饮食:精神障碍者常伴睡眠障碍,表现为入睡困难、多梦、梦魇增多、浅睡眠、早醒等;进食习惯改变、异食症、食欲明显增强或减退等。

(四)被鉴定人的个人情况、社会功能

1. 个人简历、学业、成绩;何时参加工作、工作性质及表现;最近半年学习工作能力;有无违法前科等。

2. 一贯的个性特点、品行、有无特殊嗜好。

3. 最近半年人际关系情况、恋爱婚姻及生育情况。

4. 生活中有无重大事件或心理创伤;有无暴力攻击行为、最近半年有无怪异行为。

(五)被鉴定人的既往史、家族史

1. 幼年期的生长发育情况,既往有无脑炎、脑外伤、癫痫、昏迷、抽搐等脑器质性损害的病史,精神病史和其他躯体重病史。

2. 父母两系三代直系亲属中,有无其他精神障碍者及精神活动异常者,如精神障碍、癫痫、智力低下、自杀。

刑警在调查取证的过程中可接触不同的相关人员,可针对以上各方面搜集到相对详尽的信息,反映精神障碍者作案的相关特点,为司法鉴定专家提供至关重要的资料,对司法精神医学鉴定的真实性、客观性、准确性起到举足轻重的作用。切忌因认为鉴定专家会亲自检查和询问嫌疑人而不重视以上跟异常精神活动相关的调查取证工作。

二、刑警须注意的事项

(一)详细记录可提供嫌疑人精神状态的表现

精神活动不能通过体格检查、化验检查或某种仪器检查来得出正常或异常的客观结论,故通过观察、对比、分析个体的动作、表情、情绪等来发现个体的精神活动是否异常是重要的、不可替代的方法之一。一些精神症状量表与人格验测量表的评估也只能建立在发现和识别异常精神活动的基础上:(1)表情常反映个体的内心体验、思维状态,应与客观现实和围周环境变化相适应。精神异常的个体会表现出眼神呆滞,表情呆板,或眼神过于灵活,无故喜形于色,或忧愁、凝视、倾听、痴笑、恐惧表情等。应结合其言语分析其表情与内心体验是否一致,是否与现实一致。(2)精神障碍者常有异常的动作行为,如动作举止怪异、作态、保持特殊的姿势、刻板动作、模仿动作、动作增多或减少等。(3)观察情绪状态也是精神检查重要的方面，个体有情感高涨、低落、焦虑、恐惧、情感倒错、情绪不稳、易激惹等情况常提示精神异常。

在讯问记录过程中，刑警往往只考虑案件审理、侦查方面的需要而忽略很多嫌疑人的现场表现。在询问或讯问某些问题时，嫌疑人异常的眼神、表情、动作、手势等，及对答不切题、自言自语、痴笑、情绪异常激越或低落等情况也是重要的精神异常表现。如果注意分辨，详细记录，对司法鉴定有重要的参考价值。理论上，如果鉴定人能审看讯问时的同步录音录像，应该能发现更多的异常精神活动的蛛丝马迹。但实践中鉴定人不可能花大量的时间和精力来观看录像，因此侦查人员应掌握司法精神医学基础知识，加强对异常精神活动的识别能力并记录在案。详细识别的方法及内容参阅“识别常见涉案精神障碍”一章。

(二)如实记录，不轻易“省略”

由于精神病患者缺乏诊断意义上的体征和实验室检查的阳性结果，对其精神症状的判断主要靠其语言的表达，嫌疑人的言词证据是证明其精神状况的重要证据。因此，对疑似精神病人嫌疑人的讯问取证技巧便显得尤为重要。如何提问、提出哪些问题、如何描述一个问题，可能直接决定言语证据收集的真实性、客观性和完整性。

言语反映个体感知形式、思维形式、思维内容、内心体验等重要方面，精神异常者的言语往往逻辑混乱，荒谬离奇，难以与之进行有效的沟通，或言语内容前后矛盾、冗长累赘、答非所问，有的还有自言自语、模仿语言、持续语言等明显异常。如实记录反映个体的思维量、思维速度、思维形式、思维内容等是发现其异常精神活动的最有效手段。

一些精神异常的嫌疑人在接受讯问时有怪异的言论，刑警可认识到其精神状态不正常从而记录在案。但如果这些言论虽不符逻辑但又带有某些现实性因素，往往被认为“胡说八道”“编造谎言”，从而被侦查人员省略。刑警在作讯问笔录过程中，如实记录嫌疑人的原话，对还原嫌疑人接受讯问时的精神状况有重要意义。

(三)注意搜集反映作案前后表现的证据

实践中，侦查人员对嫌疑人的作案动机、作案特点、作案前的预谋与否等证据较为重视，但对案发前后及作案过程中有无异常精神活动的证据，及作案后是否具有反侦查行为的证据可能遗漏，影响对其刑事责任能力的判断。

对精神障碍者来说，其案后是否有逃避侦查的主观故意，往往是评估精神障碍者是否具有辨别能力的关键所在，反侦查行为的出现，提示作案人至少具有限制刑事责任能力的可能性更大。

如某精神障碍者杀人案，案犯基于病理性动机，杀人后并未将作案工具菜刀丢弃，而是将菜刀揣入裤兜里，徒步行走近百公里回到老家，每天用此菜刀砍树切菜。在侦查过程中提取到了案发前一天嫌疑人身着不合时令的衣服拿着菜刀在大街上徘徊的视频，锁定了嫌疑人，将其抓获。但此反映嫌疑人异常行为的视频仅作为破案线索，并未形成书面证据提交鉴定人；虽然提取了菜刀作为物证，但在卷宗里并无此菜刀即作案工具的证据，也未反映出案犯杀人后将菜刀揣入裤兜的异常行为，致使鉴定专家一开始得出嫌疑人具有较强反侦查能力的错误结论，影响对其刑事责任能力的判断。

（四）须及时固定早期应当收集的证据

精神障碍者具有一定的自我保护意识，近年来发现暴力犯罪的精神障碍者在审讯中常表现出对犯罪事件的否认，严重影响侦讯工作。然而嫌疑人在作案后短时间内因其思维混乱还没有反应时间，往往会将作案过程坦然相告，这种时候应该及时录音录像固定证据，且不一定拘于在审讯室才录音录像。但侦查人员有时听嫌疑人念念有词，言语荒诞，但并未敏感的意识到与案情、作案动机相关，因而失去了宝贵的取证机会。等犯罪嫌疑人在审讯室或看守所呆着慢慢思考，可能有自我防御心理机制的参与而对案件事实有所隐瞒，最终造成口供隐蔽且难查证。精神障碍者思维异于常人，针对正常人的审讯策略可能无法奏效。且这类嫌疑人的确在案发前有明确的幻觉、妄想，一旦其声称自己失忆，侦查人员就算有明确证据证明嫌疑人作案，也可能认为精神障碍者有遗忘的可能，从而有损自己的内心确信，在后续的审讯中缺乏底气和信心。敏感的观察注意嫌疑人在案后的表现，及时侦查取证有助于正确分辨这种否认行为是基于真正的“遗忘”还是逃避侦查的自我保护行为，对制定后续的审讯策略、认定作案事实、明确嫌疑人的刑事责任能力有重要意义。

第二节　及时启动司法精神医学鉴定

司法鉴定的科学性，决定了它将为裁判者提供专业的辅助。鉴定结论作为证据，有助于查明真相，而鉴定结论生成的整个程序也是保证程序正义的题中之义。同时，司法精神医学鉴定对于精神障碍者来说更是维护其基本人权的手段。特别是在刑事案件中，我们难以想象对于一名精神病患者不经过司法鉴定而直接以正常人的标准对其定罪、量刑、行刑，这样的程序不合法，违反了我国《宪法》中规定的“国家尊重和保障人权”。

在对任何人启动司法精神医学鉴定并得出确切结论之前，都应当推定其为无精神疾病，并且具有相应的刑事责任能力，即“疑病从无”。而启动司法精神医学鉴定或者鉴定结论显示其为精神病患者，也并不必然意味着当事人将免除刑事责任，还须经过质证环节对鉴定结论的可采性予以认定，即给予鉴定机会与评价鉴定结论的证明力是处于两个层面的问题。启动鉴定程序意味着需要以鉴定结论明确事实，而鉴定结论的具体内容可影响审判者对刑事责任的评判，这两者不能相互混淆。

在识别或怀疑嫌疑人有异常精神活动的基础上，按前述的调查范围和项目进行缜密的调查取证后，应及时启动司法精神医学鉴定，及时将相关资料送鉴。越是及时的调查取证，证据的证明力越强。距案发时间越长，人证、物证可能越不容易找到，或是证人和当事人的记忆变得模糊，造成证据证明力下降。

此外，如果送鉴拖延，司法精神医学专家的鉴定难度也会增大。一般来说，拖延时间越长，作案时的精神状况与鉴定时的精神状况差别越大：如作案有病理性精神症状，经过一段时间后可能恢复正常，有些出于自我保护的本能，也可掩盖事实；作案时精神正常者，也可因心理压力大出现焦虑、抑郁等症状。也有的嫌疑人为逃避法律处罚，关键问题上常以“记不清楚了”为托词避而不答，如确离作案时有较长时间，鉴定专家会受其影响难辨真伪。此外，鉴定前的较长时间可为嫌疑人提供绝佳的准备时间，并可反复推敲措词和细节，使其刻意伪装精神病或佯装失忆成为可能。

刑事诉讼中只有侦查机关和司法机关有权决定是否启动司法精神医学鉴定，而我国法律尚未以成文的形式规定司法精神医学鉴定的启动条件，将其纳入法制的框架中。笔者认为，在这个问题上我们可以借鉴某些国家的强制鉴定制度，以明确的法律条文规定在何种情况下应当启动刑事司法精神医学鉴定，以及在何种情况下无须启动。这样既能防止启动权被滥用，也可避免诉讼各方对是否启动程序的决定产生质疑。如在俄罗斯的刑事诉讼中“对犯罪嫌疑人、刑事被告人的刑事责任能力或在刑事诉讼中独立维护自己权利和合法利益的能力产生怀疑时”，[①]就要强制指定进行司法鉴定。同时某些英美法系国家也在司法精神医学鉴定程序方面也有着严格的规定，如“犯罪嫌疑人如果可能患有精神病，必须在法院指定的精神病医院由精神科和心理科的医生进行30天住院观察，然后向法院写出鉴定报告”。

2006年邱某华一案引发了社会各界对我国刑事司法精神医学鉴定启动程序的讨论。根据陕西省安康市中级人民法院刑事判决书：[②]“邱某华认为，道观主持熊某成有调戏其妻的行为，由此心生愤怒，遂产生杀人灭庙之恶念……随后，被告人邱某华又找来斧头，再次向多人头部砍击，致其10人全部死亡。尔后，又将熊某成的眼球、心肺、脚筋挖出，炒熟喂狗……在一笔记本上写下：‘今借到各位精仙的现金柒百贰拾元贰角正，借款人：邱金发’……随后又将道观内一只白公鸡杀掉，用鸡血在一硬纸板上写道：‘古仙地不淫乱违者杀公元06’和背面‘圣不许将奸夫淫婆以□六年六二十晚’的字样……”精神病专家刘锡伟教授认为邱某华可能患有精神疾病，并呼吁对其进行司法精神医学鉴定，邱某华的妻子向法院提交了家族成员具有精神病史的证据材料以及对邱某华进行司法精神医学鉴定的申请书，但是法院最终没有同意该申请，邱某华到底是否是精神病患者成了永远的疑问。

2010年3月23日早，福建省南平市郑某生在南平实验小学门口砍杀数名小学生，造成8死5伤的惨剧。由于常人无法理解其作案动机，加之对其日常表现的考察，人们同样对郑某生的精神状态产生了质疑。精神病学专家刘锡伟教授认为应当对其启动司法精神医学鉴定，然后再展开公诉、庭审等诉讼程序。但是在整个案件的审理过程中，控辩双方甚至郑某生本人及其家人都没有提及要申请司法精神医学鉴定。

在这两案带来的全社会的舆论探讨和学者激辩声中，很多专家学者在质疑我国现有司法精神医学鉴定启动程序的同时，提出了多种理论来构建一个合理的刑事司法精神医学鉴定启动模式。如有些学者倾向将启动权利赋予当事人，让辩方也有权利拿起对抗的武器进行抗辩。但事实上近年来，像上述两案该作而未作司

---

① 《俄罗斯联邦刑事诉讼法典》（新版），黄道秀译，中国人民公安大学出版社2006年版，第25页。

② 《陕西省安康市中级人民法院刑事判决书（2006）安中刑初字第43号》，载北大法宝：http://vip.chinalawinfo.com/newlaw2002/slc/slc.asp? db = fnl&gid = 117533761，最后访问日期：2015年10月23日。

法精神医学鉴定的案例已不多见,为杜绝这种现象,一些省市的公安局甚至有类似规定:“只要是单人作案的命案,一律申请作司法精神医学鉴定。”

在我国刑事诉讼中,司法精神医学鉴定的启动程序中没有辩方的参与、公权力机关掌握启动权却没有相应的程序性规定予以规范和监督,这些都是我们在改进该程序中应当注意的地方。但从当下的司法体制和现实国情考虑,直接赋予当事人启动刑事司法精神医学鉴定启动权和取消侦查、检查机关启动权限都不是适宜之举。完善司法精神医学鉴定的启动程序,既需要观念上的转变也需要在立法上予以支持,在不断的修正和努力中完善这一程序规定。而刑警能做的就是敏感地识别犯罪嫌疑人是否有患精神病的可能,继而及时启动司法精神医学鉴定。

第三节 到场全程参与司法精神医学鉴定

为保证鉴定专家尽量掌握案情和病情,确定嫌疑人精神状况的前后一致性,刑警须全程参与司法精神医学鉴定的过程。一般来说,鉴定专家在与精神障碍者面谈前,都应该仔细研读案件卷宗。但在实践过程中,往往由于卷宗资料过多,鉴定专家临床工作忙碌,无法逐页审看送鉴资料。这种情况下,办案刑警到场参与司法精神医学鉴定的全过程就显得尤其重要。其重要性体现在以下几方面。

一、全面提供案情

鉴定专家在审阅卷宗材料时,可以从讯问笔录、证人笔录、抓捕过程等资料中了解到大致的案情经过。但随着刑事诉讼法的完善、司法程序的日臻严格,卷宗材料也越来越丰富而厚重。如果是命案,讯问笔录一般要问 7 次以上,且嫌疑人的供述很多都前后不一致;或是供述与侦查情况不相符;或是对细节问题有遗忘,且这些细节往往是明确是否患精神病的重要线索;也有在讯问中一言不发的情况。如果再没有证人证言或视频侦查的资料,鉴定专家很难在有限的时间里从厚厚一本卷宗中获取完整详细的案情。

办案刑警由于对嫌疑人讯问了多次,又亲自参与了侦查、抓捕等全过程,对案情是最熟悉的,可以提供很多卷宗材料上反映不出的细节问题,如侦查过程和抓捕时嫌疑人的言谈举止、视频侦查反映出的怪异举动等,往往能对鉴定的准确性起到决定性的作用。

笔者参与办理的一起案件中,嫌疑人用菜刀砍死受害人后徒步近百公里回到老家,在那里被抓捕归案后,供认曾在案发现场,但否认砍人事实。经反复讯问,才承认当时是见到一个像自己舅舅的人向他挥来拳头,他摸了一下菜刀,就看见"舅舅"脖子上突然出现一把菜刀,然后就倒地消失了,还把他自己吓一跳,认为"舅舅"脖子上出现的刀和自己的刀可能不是同一把。由于口述过程离奇,很难分辨嫌疑人真是这么认为还是刻意编造事实。送鉴材料中虽然有提取到嫌疑人随身携带的菜刀的信息,但并未反映出受害人作案后仍将菜刀揣入自己裤兜里长途跋涉的这一细节。此外,通过监控录相发现,在案发前 1 天夜间,嫌疑人穿着不合时令的衣服拿着菜刀在路上徘徊。正是因为办案刑警在场与鉴定专家进行了充分细致的交流,提供了这些送鉴材料不能反映但又至关重要的信息,才使鉴定结论趋近于真实、客观、准确。

二、协助判断是否有伪装精神病

发生重大的刑事犯罪以后,嫌疑人为逃避刑事惩罚可能伪装精神病。特别是在面见鉴定专家时,伪装者更可能使出混身解数来表演各种症状。虽然有经验的专家能够识别伪装精神病,但如果伪装者具有一定的精神病学知识和经验,可能会产生一定的迷惑性。目前识别精神病伪装最可靠、最实用、最简便的方法就是全面深入细致地调查、严密观察以及对资料系统地进行分析、判断和推理。

在鉴定过程中,除专家应当作深入细致的调查及全面详尽检查外,刑警的密切配合必不可少。因为专家见到的只是被鉴定人的一个短时间内的表现,而对其一贯的、持续性的表现并不知情。刑警与被鉴定人接触时间更长,交谈机会更多,且在收集鉴定资料时接触了大量相关人员如被鉴定的父母、亲戚、朋友等,对其一贯的精神状况有较客观的掌握,对其作案前工作、劳动情况,人际关系、日常生活情况以及案后表现、讯问情况、关押期间表现都有详尽的了解。如果刑警在鉴定资料收集阶段不全面、不准确、不真实或主观片面,专家就很难作出准确的结论。另外,在递交鉴定材料以后,如果新查到犯罪嫌疑人的日记、书信、医疗记录、检查结果及其他可供提示嫌疑人精神状况的材料等,也应带给鉴定专家作重要的参考。

三、补充鉴定资料

在司法精神医学鉴定的过程中，鉴定专家通过审阅鉴定材料、与被鉴定人交谈后，常常会发现一些问题，导致无法作出准确的鉴定结论。在这种情况下，如果刑警在场进行当面的沟通，能协助鉴定专家解决需要进一步明确的问题。如果资料不完善，就需要办案刑警补充鉴定资料。常见的问题包括：证人证言不全面、侦查中的重要细节未作补充说明、有其他佐证材料未提供等。刑警跟鉴定专家当面沟通接洽能保证鉴定资料的进一步补充与完善，能最大限度地保障鉴定意见的准确性。

如前案中，嫌疑人被发现后因当时证据不足，暂时被送往当地的精神病院住院观察了近两周的时间，鉴定人在通过沟通了解这一情况后，要求补充了住院期间反映其精神状况的相关资料，保证了鉴定资料的连续性和完整性。

第四节　重视对司法精神医学鉴定结论的审查

公安司法人员如何审查判断司法精神医学鉴定意见，既决定着相关当事者的刑事责任承担问题，也是对专业鉴定人员劳动成果的一种最终评价，因而是整个司法精神医学鉴定程序的“最后一环”，十分关键。然而现实却是，无论从实践层面还是理论层面，我国对于司法精神医学的审查判断环节还存在诸多问题，不同程度地制约了司法精神医学鉴定程序的科学性和公正性。

在实践中，办案人员认为自己“不具备精神医学的专业知识”，从而对鉴定意见不加审查地全盘接受，这种情况占了绝大多数。然而作为一种法定的证据形式，精神病鉴定意见必须经过查证属实，才能作为定案证据。司法精神医学鉴定意见是一种主观证据，且具有一定的局限性，存在失真的可能。因此应重视审查环节，从失真可能产生的环节对鉴定结论进行严格的审查。

审查一般采取两种形式：书面审查和鉴定人出庭作证审查。由于司法精神医学鉴定的特殊性，鉴定意见中包括了被鉴定人是否有刑事责任能力的项目，司法人员又缺乏相关专业知识，如果鉴定专家能够出庭质证，当庭阐述送检资料与鉴定意见的关联性，解释鉴定意见与讯问笔录和其他证据之间可能的矛盾点，无疑能提高鉴定意见的证明力,有利于案件的圆满解决。然而当前法律有鉴定人“应该”出庭的规定,但并未规定鉴定人必须出庭,目前要求司法精神医学鉴定人出庭质证的案件少之又少,就算是法院要求,鉴定人也基于临床工作的繁忙、经济补偿的低廉、人身安全缺乏保障等种种原因不愿出庭。另外,如果鉴定人出庭质证,诉讼参与人不具备司法精神医学的专业知识,无法对鉴定意见内容和程序的客观性、科学性进行针对性的提问和质疑,其审查力度也非常有限。因此一些学者①已提出,在刑事诉讼案件中,参照民事诉讼的经验引入专家辅助人制度,对诉讼中的专业技术问题进行研究并发表意见,辅助当事人进行诉讼,进而强化鉴定意见在庭审质证中的对抗性,提高庭审质量,强化鉴定意见的权威性。

2018 年修正的《刑事诉讼法》第 50 条在明确说明了什么是证据的同时,还特别规定:“证据必须经过查证属实,才能作为定案的根据。”2010 年出台的《关于办理死刑案件审查判断证据若干问题的规定》中,对鉴定意见证据能力的审查内容作了细化,其第 23 条规定:“对鉴定意见应当着重审查以下内容:(一)鉴定人是否存在应当回避而未回避的情形。(二)鉴定机构和鉴定人是否具有合法的资质。(三)鉴定程序是否符合法律及有关规定。(四)检材的来源、取得、保管、送检是否符合法律及有关规定,与相关提取笔录、扣押物品清单等记载的内容是否相符,检材是否充足、可靠。(五)鉴定的程序、方法、分析过程是否符合本专业的检验鉴定规程和技术方法要求。(六)鉴定意见的形式要件是否完备,是否注明提起鉴定的事由、鉴定委托人、鉴定机构、鉴定要求、鉴定过程、检验方法、鉴定文书的日期等相关内容,是否由鉴定机构加盖鉴定专用章并由鉴定人签名盖章。(七)鉴定意见是否明确。(八)鉴定意见与案件待证事实有无关联。(九)鉴定意见与其他证据之间是否有矛盾,鉴定意见与检验笔录及相关照片是否有矛盾。(十)鉴定意见是否依法及时告知相关人员,当事人对鉴定意见是否有异议。”其第 24 条规定:“鉴定意见具有下列情形之一的,不能作为定案的根据:(一)鉴定机构不具备法定的资格和条件,或者鉴定事项超出本鉴定机构项目范围或者鉴定能力的;(二)鉴定人不具备法定的资格和条件、鉴定人不具有相关专业技术或者职称、鉴定人违反回避规定的;(三)鉴定程序、方法有错误的;(四)鉴定意见与证

① 参见孙皓:《谈刑事诉讼中司法精神医学鉴定的审查判断》,载《广西大学学报》(哲学社会科学版)2012 年第 2 期。

明对象没有关联的;(五)鉴定对象与送检材料、样本不一致的;(六)送检材料、样本来源不明或者确实被污染且不具备鉴定条件的;(七)违反有关鉴定特定标准的;(八)鉴定文书缺少签名、盖章的;(九)其他违反有关规定的情形。对鉴定意见有疑问的,人民法院应当依法通知鉴定人出庭作证或者由其出具相关说明,也可以依法补充鉴定或者重新鉴定。”应该说,这两条规定对鉴定意见的证据能力问题从主体适格、程序合法、关联性、可靠性、形式标准等多项要件在法律层面作了相对完善的规范。

然而在实践中,由于对司法精神医学鉴定的相关理论知识、专业方法、鉴定程序不甚了解,司法办案人员虽然被赋予审查的权利和义务,但在审查环节往往力不从心,只对鉴定人、鉴定机构是否有法定资格、文书是否有签字盖章等进行简单的审查,而对实质性的内容和方法的审查一筹莫展,大都选择认可鉴定专家的意见。

就证据法的角度而言,对证据能力的审查是必须进行的。在当前我国并未建立专家陪审员制度的情况下,为了改善实践中存在的问题,公安司法人员应该重视审查环节,学习掌握司法精神医学的基本知识,重视与鉴定专业人士建立长效的沟通机制,对鉴定意见作进一步的解读、分析和审查,避免完全盲目轻信有问题的鉴定结论。要特别注意鉴定意见的依据是否科学、充分,如果仅以被鉴定人本人及其家属提供的材料作为鉴定依据,应该质疑鉴定结论的客观性。

第三章　识别常见涉案精神障碍

第一节　异常精神活动的识别方法

人是万物之灵,每个人都有丰富而复杂的精神活动。精神活动的表现,既与生物因素有关,也与社会环境密切相关。精神活动的方式与内容源于社会环境,直接或间接地反映了个体所生活和生存的社会环境的内容及其变化情况。社会的文明程度、种族差异、风俗习惯、行为规范,以及个人的社会经验、地位高低、文化程度、生活方式都极大地影响着个人的精神活动,也在精神障碍的产生、发展、变化中起着重要作用。

与躯体疾病不同,精神障碍没有客观的检查和检验手段,也不可能通过大脑影像学检查或体液的生化分析得出正常与异常的区别。且有些精神活动对应的思维、行为在此时此地被认为是正常的,而在彼时彼地可能被认为不正常。在千差万别的精神活动中,如何才能识别哪些是正常的,哪些是异常的呢?

一、异常精神活动特点

由于精神活动表现出很强的社会性和主观性,而他人在评价某一精神活动时,也是基于自己的社会经验、文化水平、道德标准、认知角度等主观的因素。因此对精神活动及其异常的判断需运用多种不同的方法,从社会、生理、心理、精神医学等不同的方面来全方位综合分析,才能得出相对科学的结论。

一般情况下,异常精神活动有以下特点:

1. 症状的出现不受病人意识的控制;

2. 症状一旦出现,难以通过转移令其消除;

3. 症状的内容与周围的客观环境不相称；

4. 症状会给病人带来不同程度的社会功能损害。

二、识别异常精神活动的方法

精神活动虽然看不见摸不着，但有其外化表现。个人的表情、言语、动作、行为、情感等各方面均反映了他的精神活动状态。要判断某种精神活动属于病态或正常范围，应从六个方面进行对比分析。

（一）纵向比较

纵向比较即个体现在的精神状况与过去的精神状况对比。若过去一贯表现较正常，最近却一反常态、判若两人，则提示他现在的精神活动可能不正常了。比如若干年来一直热情好客、彬彬有礼的个体，最近变得孤僻、少语，经常与人发生争执，动辄破口大骂，就提示其可能出现了精神障碍。

（二）横向比较

横向比较即个人与他人的对比，即将周围多数人的精神状况作为正常，考察个人的精神活动与大多数人相比是否有显著差异，持续时间和严重程度是否合理，是否超出了可理解的限度。如课堂上老师点名发言，大多数学生们都有些紧张，这是可以理解的，是正常的。但若个体听到老师要点名就吓得瑟瑟发抖，甚至心慌气短、面色苍白、焦虑异常，就并非正常了。

（三）社会背景比较

个体的精神活动、言语行为应与相应的社会背景、时代特征、风俗习惯相符。如果精神活动与社会环境不符，或与环境变化无关，或反应强度过激等，都提示有精神活动异常的可能。比如，一个人的母亲离世，这个人没有悲伤痛苦，反而表现得欣快轻松，满面笑容，就很可能有精神障碍；一个人的亲人离世，他绑上一根红头绳神色凝重的跳舞，大多会被人认为精神不正常，但后经了解，这个人的村落里有这样的习俗，跳舞是恭送死者升天的祭祀仪式，其行为表现与其村落的习俗一致，因此不能将其作为精神异常的表现。

（四）是否符合客观实际

人的精神活动是对客观现实的能动性反映，正常的精神活动是符合客观实际的，而异常的精神活动往往是无中生有，或是对客观实际的歪曲。如在安静的环境中一个人老听到有人说他坏话，议论他骂他，或认为妻子在其食物中下毒，母亲会趁其熟睡给他注射毒药等,但事实调查却绝非如此,这就是精神障碍的表现。

(五)是否有不可理喻的行为表现

一般来说,正常的行为都是在正常的意志作用下表现出来的,有现实的动机和目的,是人们可以理解的。而毫无动机和目的的行为表现,则可能是在病态的意识障碍、幻觉、妄想的支配下产生的,提示可能是精神障碍者。如行凶杀人,如果有情杀、仇杀、劫财、劫色等目的和动机,则很可能是正常人所为,若无缘无故将人杀死又没有其他目的,则可能是精神障碍者所为。

(六)各方面精神活动是否协调统一

正常的精神活动是一个相互联系、协调统一的有机整体。如内心感到愉快时,同时也会流露出喜悦的表情。如果本来是值得高兴的事,内心却毫无喜悦甚至感到悲伤,痛哭流涕;或毫无原因和内心体验的独坐痴笑,情感体验与行为表情彼此分裂,自相矛盾,则是精神障碍的表现。

三、判断异常精神活动的注意事项

由于精神活动的主观性、复杂性、多变性、发展性等特点,"正常"与"异常"之间不存在非此即彼、非常明确的界限。只有将个体与其精神活动,与他所处的客观环境和文化背景中被社会所认可的行为常规比较,并和他一贯的行为方式和人格特征加以比较,并进行综合的分析,才能判断是否异常或病态。[①]

此外,个体的精神活动要从各方面综合考虑,其认知、情感、意志是否协调统一,与社会环境是否相适应。有经验的判断者须对正常精神活动及病理性精神症状非常熟悉,对个体言语及行为观察入微,对个体一贯的人格特征比较了解,对相应的社会环境变化情况准确掌握,这样才能得出相对准确科学的判断。

第二节　异常精神活动的识别内容

在司法工作中,如何发现涉案个体是否有精神障碍,有哪些精神障碍,判断其特点、种类、严重程度如何等,是有一定困难的,需要对精神障碍具有比较全面、综

---

① 参见季建林主编:《医学心理学》,复旦大学出版社 2001 年版,第 95 页。

合的了解和认知,具有相关的精神医学、心理学、刑事侦查学的专业知识,熟悉精神障碍的表现和识别方法和技术。

刑警是案发后最早接触作案者的司法人员,可以根据犯罪嫌疑人的言谈、举止、行为、情感等精神活动的外化表现来判断其正常与否,具体分为以下几个方面。

一、观察外貌表情与动作,了解一般情况

精神活动不能通过某种仪器或检查手段来得出正常或异常的客观结论,故通过观察、对比、分析来发现个体的精神活动是否异常是重要的、不可替代的方法之一。

外貌可通过体格、体质状态、发型、装束、衣饰等几个方面来观察。精神异常者的外貌、仪表常异于常人,如精神分裂症患者常衣冠不整,不修边幅,外表污秽;躁狂症患者常打扮艳俗,穿着招摇;神经性厌食症患者形容枯槁,明显消瘦。

表情常反映个体的内心体验、思维状态,应与客观现实和周围环境变化相适应。精神异常的个体会表现出眼神呆滞,表情呆板,或眼神过于灵活,无故喜形于色,或忧愁、凝视、倾听、痴笑、恐惧表情等。要结合其言语分析其表情与内心体验是否一致,是否可以理解。

精神障碍者还有异常的动作行为,如动作举止怪异、作态、保持特殊的姿势、刻板动作、模仿动作、动作增多或减少等。

其他一般情况包括接触情况、合作程度、饮食、睡眠、生活自理状况。如多种精神障碍都伴有睡眠障碍的情况,包括入睡困难、多梦、早醒等。睡眠障碍可以作为精神障碍的预测因子。①

二、识别言语与思维的异常,使用开放式、推进式问话

言语是反映个体感知形式、思维形式、思维内容、内心体验的重要方面,精神异常者的言语往往逻辑混乱,荒谬离奇,难以与之进行有效的沟通,或言语内容前后矛盾、冗长累赘、答非所问,有的还有自言自语、模仿语言、持续语言等明显异常。了解个体的思维量、思维速度、思维形式、思维内容等是发现其异常精神活动的最有效手段。与之沟通时注意倾听,把握个体言语的逻辑、内容、语速、语调,认

---

① 参见毛洪祥等:《抑郁症相关睡眠障碍》,载《国际精神病学杂志》2007 年第 3 期。

真分析有无感知障碍如错觉与幻觉,有无思维奔逸、思维迟缓、贫乏、中断,有无思维破裂、病理性象征性思维、语词新作等,有无妄想、超价观念等,有助于判断是否为精神障碍。

要注意的是,在与疑似精神障碍者沟通时应尽量使用开放式的问句,而不是封闭式的问句(开放式问题就是无预设选项,可以根据自己的理解自由回答,而封闭式问题是只有是或者不是,可选项有限),且不要轻易否定其所述的内容,应层层递进,进行推进式的问话,以了解其精神活动的整个细节。

推进式问话

问:你周围的人对你如何?

答:不太好。

问:能具体谈一谈吗?(不能说"那怎么可能呢?"或反问"你对别人好吗?")

答:他们都议论我,说我的坏话,有人还骂我。

问:你是怎么知道他们在议论你呢?(不要否定其所述内容)

答:听到的。

问:他们是当你面议论你时被你听到呢,还是暗中议论你时被你偶然听到的呢?

答:暗地里。

问:是他们偷偷议论你时被你发现的还是在其他情况下被你发现的?

答:他们几乎天天都在议论我,我看不见他们。

问:你能听到他们的声音却看不到他们那些人,是吗?

答:是。我只听到了他们的声音,却找不到他们的人。

问:你认为这是怎么回事呢?

答:不清楚,可能是他们会隐身吧。

问:根据你的知识,这个世界上存在会隐身的人吗?

答:不知道,说不清。

问:你父母和爱人也听到过他们议论你的声音吗?

答:我父母和爱人说我是在乱说。

问:家里人为什么说你是乱说呢?

答:家里人与那些人可能是一伙的。

问:你为什么会这样认为呢?

答:这不是明摆着的事吗?明明有人在大声议论我,他们却硬说没有听到。

问:你与家里人吵架是因为这件事吗?

答:是。

问:他们主要是在一天中的什么时候议论你呢?

答:每天晚上我一上床睡觉他们就开始议论我,闹得我心烦,睡不着觉。

问:他们有几个人呢?

答:……

问:你认识他们吗?

答:……

问:他们为什么要议论你呢?

答:……

问:他们是在什么地方(屋里、窗外、楼上、楼下)议论你呢?

答:……

问:你打算对他们怎么办呢?

答:……

问:你考虑过这样做对你自己会产生什么影响吗?

答:……

问:还有无其他的解决办法?

答:……

问:除了这几个人之外,其他人对你怎么样?

答:……

三、观察情绪状态,讯问笔录尽量详细

观察情绪状态也是精神检查重要的方面,要观察个体有无情感高涨、低落、焦虑、恐惧、情感倒错等。精神异常者有较大的情绪波动、情绪不稳、易激惹,可出现激动和暴怒而产生违法行为。

在笔者参与的一次审讯中,犯罪嫌疑人在打牌纠纷中因对方拿走了自己赢的钱发生抓扯,气愤中持菜刀砍对方头颈部数下致人死亡。在作讯问笔录时,其自我感觉良好,面带笑容,语气轻快,有情感高涨的表现,连采集他信息时的照相都

是满面笑容的。他虽然觉得杀人不对，有后悔之意，但反复强调杀人是因别人欺负他，实属无奈，反正杀了人，只求一死，反而是种解脱。结合其语速快，有大量赘述，话题随境转移且动作增多，有精神运动兴奋的特点，为躁狂症患者的表现。笔者特写下了第一次讯问后手记，为再次讯问提供参考。但由于此人作司法精神医学鉴定时已离发案有较长的时间，上述症状已完全消失，鉴定意见为无精神障碍。

第一次讯问后手记

根据疑犯第一次讯问情况，其处于躁狂状态的可能性大，其特征如下：

1. 情感高涨：此为躁狂症的基本症状，疑犯在杀人后自我感觉良好，脸带笑容，无忧无虑，虽然觉得杀人不对，有后悔之意，说“其实这件事本来可以不发生的，如果在他们撕我衣服，抢我钱时我去报了警，也不会发生这件事，我就可以在家看电视，喝酒，吃稀饭，好舒服”，但又反复说“反正我杀了人，只求一死，对我也是一种解脱，我还高兴得很”。

值得注意的是，躁狂症的患者尽管情感高涨，看起来兴高采烈，但情绪不稳，易激怒，可出现激动和暴怒，可出现冲动性的破坏及攻击性行为。此特征可解释疑犯因打牌的纠纷被抓扯后愤而持菜刀砍人的行为。

2. 思维奔逸：又称思维活跃或思维联想加速。思维奔逸主要表现为思维联想速度快，自觉思维敏捷，言语增多，滔滔不绝，且很快从一个话题转到另一个话题。疑犯的语速快，在几次侦查人员打断其谈话想继续讯问时他都说“你们让我说完”，一人继续滔滔不绝。一会又说“人之将死，其言也善”，“早就说过人活一世，难逃一死，求财并不重要，人死钱财万贯都带不走”，一会儿又说“你们公安人员也辛苦，这么晚了还熬更守夜的，大家都是为了拿工资”。“你们对我这么好(指给他烟抽，水喝)，只有来世再报答了”。讯问中反复提到“最好是你们现在就掏把枪出来打死我算了，免得走程序这么复杂”。然后很快又注意到摄像头，说“好像摄像头是歪的哟”，阐述一件事的过程中很快又插话说“凌晨两点了”。话题随境转移明显。

3. 精神运动兴奋：意志增强或动作行为增多等，表现为精力旺盛，兴趣范围广，动作快速敏捷，做事随心所欲，不考虑后果，与陌生人过分的“见面熟”。讯问中，疑犯对所有问题都侃侃而谈，甚至提供过多的信息，包括以前找小姐的事和私处溃烂可能染上艾滋病的事。自觉精力充沛，不知疲倦。自称入睡困难，长期服用“氯丙嗪”(氯丙嗪可治疗精神病:用于控制精神分裂症或其他精神病的兴奋躁动、紧张不安、幻觉、妄想等症状)。

结合疑犯谈到既往也出现过情绪低落、整日卧床等行为,有过自杀的举动,该犯可能患有躁狂—抑郁双相情感障碍,还需既往的就诊病历及熟人提供的病史进一步证明。

初步印象:疑犯在第一次讯问时有情感高涨、思维奔逸、精神运动兴奋的特点,是典型的躁狂状态表现,其提供的作案过程中没有明显的幻觉、妄想等病理性精神症状,作案动机为打牌纠纷下产生激怒而冲动杀人,作案后能清楚地回忆整个作案过程,作案当时的辨别能力存在,控制能力减退。根据我国《刑法》第18条的规定,应属完全或限制性刑事责任能力。

讯问笔录的详细与否、是否反映犯罪嫌疑人的情绪状态,对准确掌握作案当时犯罪嫌疑人的内心体验至关重要。

笔者参与调查的另一案件:两名流浪汉遇害,损害方式相似,均为全身多处机械性损伤,钝性物体打击颅面致面颅多处粉碎性骨折;颈部一圈多次切割伤,胸腹部及双下肢多处纵行割创伤,会阴部皮肤及外阴缺失,胸部肋间有刺创入胸腔导致肺刺伤,腹部切割创致腹部暴露;肛门木棍捅刺创,入后腹腔。经现场走访、图侦、摸排流浪人员等案侦工作很快确定了犯罪嫌疑人并抓捕归案。在第一次讯问中,犯罪嫌疑人交代了作案的详细过程,包括如何搬石头砸被害人的头部,如何割下头颅、耳朵及生殖器、剖腹、多次切刺躯干部、棍捅肛门等细节。反复问及他为什么要这么做时,称“确实不清楚为什么要杀他们”,“他们与我无怨无仇,我也不知道为什么就想用石头砸他们,没啥理由,杀人是事实,杀人判死刑”,“当时就想用刀刺他们”,“就想把头割下来”,“没什么目的”。

笔者在第一次讯问结束后介入此案,了解了讯问的基本情况,与犯罪嫌疑人有几分钟短暂的接触,敏感地意识到犯罪嫌疑人有可能是属于“不明动机”杀人,但也有可能因不可告人的目的故意隐瞒动机,因此特意写下分析意见,提醒刑警在第二次讯问中明确其作案当时的情绪状态,为判断其是否有精神障碍及精神障碍的种类提供重要参考资料。

第一次讯问后案情分析

根据现场勘查及第一次讯问后提供的情况,犯罪嫌疑人在不同时间、地点杀害两人，作案手法相似，手段极其残忍，有对被害人击打颅面部、割下头颅、耳朵及生殖器、剖腹、多次切刺躯干部、棍捅肛门等侵害方式，混合了暴力犯罪及性犯罪的特点，因反复讯问犯罪嫌疑人都没有交代犯罪动机，自诉“自己也不清楚为什么要杀他们”，但对作案过程能清楚地供述，现将犯罪嫌疑人最可能的两种犯罪成因简述如下。

一、性欲杀人

根据司法精神医学界“疑病从无”的特点，首先应假定犯罪嫌疑人没有精神病，不交待犯罪动机是因为动机是不可告人的隐私。根据犯罪嫌疑人对尸体的百般摧残，自诉有离开后又再次折回继续砍刺尸体的情节，作案细节与性器官有关，可能性最大的是嫌犯为满足自己的性欲而杀人。

性欲杀人犯罪也被称作变态杀人狂，是从杀人行为中获得性满足，他们追求的并不是被害人的死亡，而是被害人死亡过程中精神上和身体上的种种反应，如抽动、呻吟等都可以带给他性快感，对尸体的摧残、虐待也能让他们兴奋异常。性欲杀人狂也有先奸后杀的，但性行为只是他满足性欲的次要途径，杀人才是满足性欲的主要途径，这是不同于一般强奸杀人之处。

性欲杀人犯因在犯罪时有快感，会反复回味其杀人细节，有其相应特点：

1. 重回犯罪现场：有些罪犯会回到犯罪现场，回味犯罪情形，以加深印象，或再次虐待尸体，甚至与被害人尸体再度发生性行为。本案中犯罪嫌疑人对尸体的百般摧残，自诉有离开后又再次折回继续砍刺尸体的情节符合这一特点。

2. 收藏被害人物品：一些罪犯会将被害人物品或身体某一部分、犯罪时拍摄的照片、报道的案情收藏起来，供以后慢慢把玩、回味。本案中犯罪嫌疑人离开现场提有一个塑料袋，且被害人的一只耳朵未找到，还有继续查实的必要。

3. 主动介入侦查：匪夷所思的是，有些罪犯会以不同形式关注、参与警方的调查行动，有时甚至“热心”提供线索，有的主动让警方盘问或侦讯，推测这些行为可以让自己重温杀人的细节，获得激情和体验到掌控一切的感觉。

本案中犯罪嫌疑人对作案过程供认不讳，但对动机只字不提，且嫌疑人在第一次讯问之后提出还想再次看看自己的讯问笔录，经允许后仔细阅读了笔录这一细节，比较符合这一特点。

二、不明动机杀人

假定犯罪嫌疑人确实不清楚自己的作案动机，则称为不明动机（指作案当时确有意识障碍或自己无法解释原因)。

结合犯罪嫌疑人的经历、症状、生活方式、个人卫生情况,以精神分裂症单纯型的可能性较大。

精神分裂症单纯型主要以阴性症状为主,如情感淡漠、意志减退或缺乏、思维贫乏、行为孤僻。患者一般无幻觉妄想,平时跟常人并无明显区别,但可出现无原因的冲动行为而导致严重危害社会的后果。有时患者由于意志缺乏,也无想做任何事的意愿,终日无所事事,常成为流浪汉或乞丐。

犯罪嫌疑人自述很早就离开了家,家里经济状况不好,与父母兄妹等失去联系,也从未回去过,青年时候也没有任何朋友,可能与其情感淡漠有关。问他平时干什么,看不看电视、小说等,答没有什么兴趣,就是喜欢女人。但自诉没有女人喜欢他,从未谈过恋爱,从未追过女孩,也从未与异性发生性关系,可能与意志减退有关。自诉"脑子是晃的,在动,X线等仪器应该可以查出来"跟感知障碍的精神症状有关。自己无法说明作案动机可以是不明动机,但较可疑的是冲动作案行为发生两次,时间相隔近,手段相似,有性变态犯罪的特点。

为了区分性变态杀人还是精神分裂症单纯型,还可做以下工作(其中前6个问题针对性变态杀人,后4个问题有助于了解是否确有意志缺乏):

1. 再次详细讯问犯罪嫌疑人作案当时的情绪反应,是否有兴奋及快感。

2. 再次要求犯罪嫌疑人陈述作案过程,仔细观察其表情是否有欣快、得意,是否很愿意回顾当时的杀人细节。

3. 查实犯罪嫌疑人是否带走了被害人的物品或部分器官。

4. 在讯问笔录签字后一段时间再次讯问他是否还想再看一下(寻找其有无想反复重温其杀人细节的证据)。

5. 其作案时间和地点是否精心选择而不易被人发现。

6. 儿时的性经历,是否被性虐待等,是否有性功能障碍的问题。

7. 作案前对生活有什么希望,有什么未了的心愿。

8. 是否想念家人,以前都有什么朋友。

9. 从未谈过恋爱,从未追过女孩,也从未与异性发生性关系是否属实,为什么(是没有强烈的愿望还是有过失败的经历)。

10. 以前做过哪些工作,为什么后来没做了,现在如果找工作想做什么。

后　记

经过第二次讯问，犯罪嫌疑人交代了其杀人是为了体验，杀人过程中确有快感，越杀越兴奋，描述作案过程时也明显兴奋异常。同时也更细节地描述道："割头颈时看到男子流尿，就想到割下生殖器看看，还放在嘴里咬，并将树枝插入死者肛门。"并述其21岁时无故离家出走，曾经在外发电报要求家里寄钱，却不给通信地址及电话，常年四处流浪乞讨，漫无目的。

在羁押期间，还观察到嫌疑人自言自语、言行怪异。司法精神医学鉴定作精神检查时，问其杀人后悔不，回答"我不后悔，不感到内疚，不想忏悔，想都没想改造"。问其坐监时为什么自言自语，声称"这与本案无关，不与人说话就会失去语言功能，找不到人就自言自语几句"。谈到家人，明确表示"不想见"，谈到胆量，自称胆小，不敢杀鸡，指着在场人员说"一看就知道你爱吃鸡，经常杀鸡"，问其怎么看得出来，面向另一人呵呵笑道"你也爱吃鸡"。问其笑什么，回答"我想笑就笑，没什么原因"。

司法精神医学鉴定意见摘录：

1. 精神检查结果：意识清楚、检查合作、定向力无障碍，被动接触较好，言无条理，有时答非所问，存在隐喻性思维、妄想性音义联想等形式思维障碍，不愿暴露内心感受，有冲动被动体验及病理性直觉（杀人为了体验，为了快乐），情感反应平淡且不协调，无自知力。记忆、智能正常。符合精神分裂症诊断。

2. 被鉴定人罹患精神分裂症，案发前无故出走，行为怪异，案发时意识清醒，缺乏作案目的和动机，作案行为发生突然，无主、客观原因，无预谋和计划过程，手段残忍，行为后果严重，案后对作案过程基本能够回忆，对违法行为的意义和后果有认识，作案对象有一定指向性和选择性、案后存在部分自我保护（逃离现场、遮盖或隐藏尸体）。综上，被鉴定人案发时受精神疾病影响，其辨认能力和行为控制能力削弱，故评定为限定刑事责任能力。

本案例有其特殊性，既有精神分裂症作案的部分表现，也呈现出性变态杀人的部分表现。必须综合疑犯的生活环境、人格特征、精神症状、作案特点、作案动机、内心体验、情感反应、自知力等诸多因素才能作出相对准确科学的判断。但本案的司法精神医学鉴定也有局限性，即本案作案人为流浪汉，平时独来独往，没有家属、邻居等比较熟悉和了解他的人，缺少相关人员的旁证来提供被鉴定人一贯的言行表现、精神状况等信息。鉴定资料主要源于被鉴定人自己的供述及精神检查的短时期内观察到的精神活动现象。如果被鉴定人有伪装精神病的故意,且有一定的伪装技巧,则其鉴定意见就跟实际情况大相径庭,难以采信。

四、重视相关人员提供的信息

相关人员是指熟悉、了解、有机会观察到被鉴定人精神状态的知情人员。多数精神障碍者在作案前的一段时间内都有一些异常的表现,如情绪异常或性格改变、言语行为变化、睡眠饮食异常等,有的较明显,有的容易被忽略。详细询问相关的知情人员可以反映作案者在作案前是否有精神异常的表现。

1. 亲属:亲属包括配偶(包括离异的)、父母、子女、兄弟姐妹等。亲属与被鉴定人朝夕相处,是最了解被鉴定人的人,知道其平时精神活动是否正常,并能以此为参照,从纵向的角度较准确地判断个体在作案前后的精神活动是否异常。不过,作案者的家属可能出于替作案者开脱的心态,编造其精神"异常"的表现。因此,让家属提供相应的证明材料(如门诊及住院病历、住院证、诊断证明等)显得尤其重要。这些材料应该有相应的精神症状出现的时间、内容、类型、诊断、治疗经过、转归等。值得注意的是,以前有精神障碍并不代表现在有精神障碍,反之亦然。

2. 邻居、朋友:因与被鉴定人熟识,可反映被鉴定人生活自理能力、家庭关系、人际关系、平时的言行正常与否。

3. 社区、单位领导、同事:可反映被鉴定人的业务工作能力、为人处事、社会交往能力、在外的言行表现等。

4. 老师、同学:被鉴定人特别是青少年需要老师、同学提供其以前的学习能力如何、是否有品行不端的行为、是否有怪异的言谈举止等。

5. 看守所的管理人员及同监舍囚犯:常常可以提供重要的线索,了解被鉴定人在刑警观察视野以外的表现。

五、认清其作案行为特点

精神障碍者的认知、情感、意志、行为都有别于普通人,因此其作案时的动机、行为表现出与普通犯罪不同的异常心理特征。以下的特点有些与普通人的冲动性犯罪类似,但这些特点出现得越多,提示作案人有精神障碍的可能性越大。

（一）具有随意性和冲动性

精神障碍者的作案行为大多缺乏预谋，在旁人看来非常突然，表现为作案行为突然发生，出乎人的意料之外，且多不会特意选择时间、地点、方式、对象，作案工具也大多是就地取材，什么顺手、什么方便就选什么。精神障碍者的作案行为虽然看上去有突发性，但往往其亲近的人能发现一些先兆。认为案发突然主要是因为周围人对精神障碍的早期表现和先兆缺乏识别能力，没有防备之心，因而就感觉作案行为发生得非常突然。

重型精神病者往往伴有幻觉、妄想等病理性精神症状，受其影响，往往行为不受自己控制，也增强了其行为的随意性和冲动性。精神障碍者也有事先预谋的，但往往是漏洞百出、极不严谨的。预谋的目的与被害妄想、嫉妒妄想、钟情妄想等内容有关。

（二）动机怪异或动机不明

作案动机是促使犯罪人实施犯罪行为的内心起因，普通人的作案动机具有现实性，如出于物欲、出于性欲等的犯罪行为，是明确且能被人理解的。精神障碍者由于病理性精神症状的影响，感知觉、思维形式和内容都异于常人，作案动机更是怪异、离奇、缺乏因果关系和逻辑，令人难以理解。虽然有时可能理解其部分作案动机和目的，但动机与作案行为的严重后果不相称。通常把基于幻觉、妄想等病理性精神症状作案的动机称作病理性动机。

国内相关统计显示，精神障碍者导致的凶杀案中，受幻觉、妄想等病理性精神症状的支配，攻击幻觉、妄想指向的对象，这种情况占了很大的比例。另外，一些精神障碍者有病态的意识障碍，在意识模糊、半醒状态下作案，清醒后往往不能记起案发时的情景；一些精神障碍者也可能在病理性激情、冲动下肇事肇祸，其行为带有偶然性、冲动性和盲目性，但事后自己也说不清当时为什么会出现那些行为。这样的动机称作不明动机。

（三）多为单人作案

导致作案行为的病理性精神症状一般是精神障碍者自身独有的，受其影响，精神障碍者在作案时常常独自一人，不会集结同伴，不具有团伙性。

一般来说，相同性质、相同表现形式的精神障碍，同时发生在多人身上可能性很小。但有一种少见的特殊情况：感应性精神病是一种以系统妄想为突出症状的精神障碍，往往发生于同一环境或家族中两个或两个以上关系极为密切的亲属或挚友中,如母女、兄妹、夫妻、师生等。原发者和被感应者长期生活在一起,表现相亲相爱,互相关怀,同情体贴,甚至相依为命,有深厚的感情基础。其中,原发者在家族中多为威信较高、受人尊重、影响较大、占主导地位的人。继发者多为内向性或癔症性格的人,他们情感不稳定,易受暗示,意志薄弱,缺乏主见,一向处于被支配的地位。在文化程度偏低、迷信保守的环境中,在遗传、病前性格等因素影响下,相互暗示、彼此影响,故出现了类似的精神症状。患感应性精神病者出现与原发者相似的妄想内容,如都觉得某人是妖魔鬼怪,有可能一起出现攻击行为,酿成恶性事件。

(四)缺乏自我保护

重型精神障碍者由于感知觉障碍、思维障碍的影响,缺乏正常的逻辑思考能力,因此在作案过程中往往缺乏自我保护意识。即使有些精神障碍者有一定的自我保护意识,也比较简单和肤浅。

具体表现为作案前没有预谋,作案时和作案后缺乏逃避侦查的行为,如对作案时间、地点、对象、方式等不加选择,易被发现,如就在大白天的公开场合作案,或就在自己家里作案等;作案时不带手套,不考虑会留下犯罪痕迹;作案后随手丢弃作案工具,或直接将作案工具带在身边,或放在自己家里;不会刻意破坏现场,不清除犯罪痕迹;不逃跑,甚至就留在现场;或出逃方式简单幼稚,易被发现。正是因为精神障碍者缺乏自我保护意识,作案现场常遗留大量、明显的痕迹和物证。

(五)受害人为亲近的人

虽然大多精神障碍者不会刻意选择作案对象,但因精神障碍者的作案行为突然发生,自身也难以控制,常常影响和伤害案发当时处在附近的人,而自己的近亲因与作案人相处时间长,被伤害的概率最大,如配偶、父母、子女等。其他的如好友、邻居等也常被累及。这类案件的袭击地点多在作案人或受害人家里,在案发前往往没有明显的纠纷和矛盾,因此更让人防不胜防。

(六)具有暴力性和残忍性

由于精神障碍者作案动机怪异,作案当时可能意识不清、神志模糊,行为带有冲动性和盲目性,作案人可能无法意识到自己的所作所为,或是无法自控,因而行为手段可能极为暴力残忍。

调查发现,精神障碍者作案时多使用菜刀、榔头、锄头等多次砍杀、重击受害者,杀人现场有大量喷溅血迹,有大面积血泊,受害人伤口多且深,常遍布全身且十分紊乱。受害者死后可遭到残忍蹂躏,如被开膛破肚、剜心掏肝、肆意切割等。值得注意的是,变态杀人狂为满足自己变态的性欲也可能有类似的行为,需要结合犯罪动机和其一贯的行为作仔细辨别。

(七)违法行为的重复性

精神障碍者因违法行为导致严重后果,经法定程序鉴定后,有部分可能会被认定为无责任能力。目前对于这部分人的监管、强制医疗的处遇,有关的法律、法规并不完善,有相当比例的违法精神障碍者在病情好转后被释放回家,进入社会,其中再次肇事肇祸者比例很高。

六、检视作案后的心理

对普通人来说,作案后基于畏罪心理,可有紧张、恐惧、后悔的情绪反应,有的又怀有侥幸心理,拒不认罪,千方百计的为自己开脱罪名,为自己辩解。即使证据确凿,也可能声称不记得作案过程。而精神障碍者作案后,往往不能正确认识自己所作案件的法律性质和严重后果,没有畏罪心理,也谈不上罪错性认识,表现出无所谓的态度,大多可以对自己的作案过程如实相告;他们或不为自己辩解,或辩解的理由缺乏逻辑,内容荒谬,难以理解;特别是在幻觉、妄想等病理性精神症状的支配下产生的作案行为,作案人不仅会认为自己没做错,还认为自己作案的理由是正义的,是替天行道,甚至扬扬得意、津津乐道;也有的精神障碍者根本无法说清自己的作案目的和动机,可表述为"当时突然就想这样做,我也不知道为什么","就想杀人,自己也无法控制"等;一些精神障碍者对自己将要承担的法律后果显得无所谓,似乎案件是别人做的,跟自己没有关系,表现得若无其事,神情自得。根据精神障碍者在对犯罪的认识这个问题上的表现,大致可以分为六种类型。①

(一)不知所为型

在严重意识障碍状态下犯罪的精神障碍者,犯罪后即使恢复了正常的意识,也常常出现对犯罪经过完全或者基本遗忘的情况。如果不经人提示,他们不会知道自己曾经做了些什么。对他们来说,犯罪的事实根本不存在,或自己与犯罪事实毫无关系。在这种情况下,根本不存在对犯罪的认识这个问题。有严重智能缺

① 参见刘白驹:《精神障碍与犯罪》,社会科学文献出版社2000年版,第313页。

陷的精神障碍者,在犯罪后虽然可能记得犯罪的经过,但是他们一般不能了解自己行为的性质。

(二)认罪服法型

在严重意识障碍状态下犯罪的精神障碍者,犯罪后如果恢复了正常的意识,并且经他人提示和面对自己行为的危害结果,了解到自己曾经犯罪,大多会首先感到十分震惊,继而会陷入痛苦之中不能自拔。他们大多都愿意接受惩罚,甚至主动要求得到严厉惩罚,有的还会产生自杀谢罪的念头。如果被害人是他们的亲属,他们的情绪和言行可能会更为消极。在幻觉状态和非系统性妄想状态下犯罪的精神障碍者,在犯罪后如果了解到事实的真相,也会感到震惊、悔恨和痛苦,甘愿接受惩罚。实施"间接性自杀"的精神障碍者,对惩罚持过度积极的态度,这是因为他们犯罪的目的就是主动寻求惩罚。还有少数的精神障碍者在犯罪后存在罪恶妄想,他们可能不但承认自己的犯罪行为,还夸大自己的犯罪行为,或者为自己编造子虚乌有的罪名,甚至将别人的罪名揽到自己身上。另外,轻度精神发育迟滞者在接受审问时,为了争取宽大,可能会投司法人员之所好,编造自己的"犯罪事实",或胡乱揭发他人的"犯罪事实"。

(三)极度冷漠型

有些精神障碍者在犯罪后经过讯问,会很快承认自己犯罪,且能清楚地叙述犯罪经过,但与众不同的是,他们在承认自己犯罪和描述犯罪经过时持有一种超乎寻常的冷漠,既不辩解,也无忏悔之心,就好像犯罪是他人所为而与自己无关一样。他们对自己可能会受到惩罚一事也持无所谓的态度。

(四)固执己见型

有些精神障碍者,特别是妄想型精神障碍者,犯罪后能够承认危害行为是自己所为,但是坚决否认自己的行为是犯罪。无论别人如何解释,他们总是认为自己的行为是正义的,或者是事出有因,责任不在自己,而是被害人"罪有应得"。即使有确凿的证据证实他们的认识是错误的,他们还是会固执己见。

(五)屡教不改型

有些精神障碍者在犯罪后可能表示了不再犯罪的真诚愿望,但是,如果不彻底地消除导致他们犯罪的病理性原因的话,他们很可能重新实施犯罪。性变态者、冲动控制障碍者属于典型的屡教不改型,他们认罪服法的同时,真心的自觉治疗,但由于其心因性控制障碍很难纠正,导致一再地重蹈覆辙。

(六)顽固不化型

在人格障碍者、性变态者以及其他有比较完整的辨认和控制自己行为能力的精神障碍者中,有一些人主观恶性大,犯罪主要出于非病理性原因,他们在犯罪后多不能认罪服法。首先,他们的犯罪行为通常有预谋,在犯罪中和犯罪后有自我保护措施,在犯罪后可能百般抵赖,不承认自己实施了犯罪行为。其次,即使他们在确凿的事实面前不得已承认了犯罪的事实,他们也不会真的认为自己的行为有罪,没有悔过之心,也不会心甘情愿地接受惩罚,重新犯罪的可能性很大。最典型的顽固不化型是反社会人格障碍者。

第四章　异常精神活动的分类与刑事责任能力

人的精神活动是一个极其复杂的自然过程，其表现形式存在极大的个体差异。尽管医学的发展很快，但是对于精神疾病还不能采取同其他疾病一样的实验室检查的方法来加以明确，也无法使用生物学指标来显示精神活动的异常。人的行为是精神活动的外部表现，因此精神活动本身是潜在的、内部的，而精神活动的表达和作用则是显在的、外部的，人们可以通过外化的人的行为来发现人内部的精神世界，而考察和发现精神世界的重要手段之一就是精神症状。对异常精神活动各种症状表现形式的充分认识、深入了解和全面掌握，是精神病医生诊断的工具，也是司法精神医学专家提供刑事责任能力判断的依据，更是司法裁判者作出刑事责任能力判定的基础。对于刑警来说，熟悉和了解这些常见精神症状的各种表现形式，有助于及时发现、识别可能有异常精神活动的当事人，进而对其采取正确、恰当的应对措施。这对推进后续的司法工作必将产生积极的影响。

精神障碍者的症状表现形式多种多样，常见的致病因素有多方面，如先天遗传、个性特征、器质性因素、社会环境因素等。精神障碍者的症状又称作病理性精神症状。病理性精神症状的特征有：(1)症状的出现不受患者意识的控制；(2)症状一旦出现，难以通过转移令其消失；(3)症状的内容与周围客观环境不相称；(4)症状会给患者带来不同程度的社会功能损害。

在精神医学和心理医学的范围内，人的正常的精神活动一般被区分为认知过程、情感过程、意志过程三大类别，但这三者本身是一个统一而协调的整体，三者有交叉重叠的部分。理论区分仅仅是为了便于分析研究。

一般而言，精神医学按照人的精神活动过程中出现的异常表现，将病理性精神症状分为意识障碍、认知障碍、情绪障碍、意志行为障碍等主要类型。

第一节　意识障碍

一般说来,人的精神活动是一个协调统一的过程,是由不同的环节有机地组合而成的,形成完整的心理过程,最后表现为人的行为。在这一过程中,机体必须提供一个有效的环境,让大脑保持积极的工作状态,才能使整个心理活动有序进行,意识就起到这样的作用。

意识是正常精神活动的基础,贯穿于整个心理活动当中。而意识水平的解剖基础是脑部的上行性网状结构激活系统(ascending reticular activating system)。它的功能是把自身体内和体外的各种刺激广泛地传递到大脑皮质各部的神经元,以保持大脑皮质的醒觉状态。网状结构调制着中枢神经系统内各种上行和下行的冲动流,参与躯体和内脏的各种感觉和运动的整合,它唤醒并使之保持觉醒,进而同注意、警觉、内省、学习和记忆等脑的高级功能密切相关。可以说,没有上行网状激活系统,就没有意识,也没有认知、情感、意志等精神活动。如果此结构被破坏,则引起嗜睡、昏睡乃至昏迷。

意识水平对人体的认知活动和意志能力的作用力都很大,因为行为活动往往建立在认知的基础上,所以意识对认知的损害往往就足以导致责任能力的降低或缺失,所以从责任能力的角度来说,意识障碍对认知能力的损害更为明显。

意识障碍是指意识清晰度下降和意识范围改变,它是由于脑功能的抑制所引起的,不同程度的脑功能抑制,造成不同程度的意识障碍。意识障碍时许多精神活动都受到影响,表现为:感觉阈值升高,感知清晰度下降、不完全,甚至不能完全感知;主动注意减退,注意集中困难,或不能集中注意;思维能力下降,难以形成新的概念,思维联想松散,思维缓慢,内容含糊,抽象思维和有目的的思维困难;情感反应迟钝、茫然、记忆减退,常有遗忘;行为和动作迟缓,缺乏目的性和连贯性;定向障碍,表现为时间、地点、人物的定向错误,通常为时间定向最先受累,其次是地点定向,最后人物定向受损。定向障碍是临床上判断患者有无障碍意识的重要标志。临床上常见的意识障碍有对周围环境的意识障碍、自我意识障碍两种类型。

一、对周围环境的意识障碍

对周围环境的意识障碍,是指对周围环境的清晰度、意识范围以及意识内容的变化认识上障碍,临床上主要表现有嗜睡、昏睡、昏迷、意识混浊、谵妄、梦样状态、朦胧状态等。

(一)嗜睡

嗜睡(Somnolence),是指患者的意识水平下降,如不予刺激,患者昏昏入睡,但呼叫或推醒后能够简单应答,停止刺激患者又进入睡眠。此时患者的吞咽、瞳孔对光反射、角膜反射存在。

(二)昏睡

昏睡(soper),是指患者的意识水平更低,对周围环境及自我意识均丧失,在强烈刺激下患者可以有简单或轻度反应。此时角膜反射减弱,吞咽反射和瞳孔对光反射存在。

(三)昏迷

昏迷(coma),是指患者的意识完全丧失,对外界的刺激没有反应,随意运动消失。此时吞咽、角膜反应、咳嗽反射,甚至瞳孔对光反射均消失。

(四)意识混浊

意识混浊(clouding of consciousness),是指患者的意识清晰度受损,表现似醒非醒,缺乏主动,强烈刺激能引起反应,但患者的反应迟钝,回答问题简单,语音低而慢,有时间、地点、人物的定向障碍。此时吞咽、瞳孔对光反射、角膜反射尚存在。

(五)谵妄

谵妄(delirium),是指患者除了意识水平下降外,还有记忆障碍和时间、地点定向障碍,常常伴有幻觉、错觉、情绪和行为障碍。谵妄常见于感染、中毒、躯体疾病所致急性脑病综合征。

(六)梦样状态

梦样状态(dream-like state),是指患者表现像做梦一样,完全沉湎于幻觉幻想之中,对外界环境毫不在意,但外表好像清醒,对其幻觉内容过后并不完全遗忘。迷茫状态、困惑状态和梦呓状态都可纳入意识梦样改变的范围。睡眠剥夺或过度疲劳均可引起梦样状态,精神分裂症、某些药物如致幻剂也可以引起梦样状态。

（七）朦胧状态

朦胧状态（twilight），是指患者的意识活动范围缩小，但其意识水平仅有轻度降低。患者对一定范围内的各种刺激能够感知和认识，并能作出相应反应，但对其他事物感知困难，朦胧状态可有多种原因，其中器质性原因有癫痫、脑外伤、脑血管疾病、中毒等；心因性朦胧常见于癔症和心因性精神障碍。

通常，意识障碍可能损害人体的感知觉、思维能力，所以伴有意识障碍的患者在不同程度上丧失了认知能力。一般来说，意识障碍会导致精神活动的低下，相应地出现行为明显的抑制，很少会有违法事件发生。但是当患者的意识障碍表现为谵妄时，患者的意识水平会有明显的波动，往往伴有内容恐怖的错觉和幻觉，患者在恐怖性幻觉和错觉的刺激下，常常会有自卫性的攻击行为。所以在司法实践中，当患者出现谵妄，并伴有幻觉、错觉时，患者因此而导致的危害行为，行为人往往不承担刑事责任，这点在器质性精神疾病中表现得尤为突出。

二、自我意识障碍

自我意识或称自我体验，是指个体对自身精神状况和躯体状况的认识。每个人都意识到自己的存在，并为与客观环境相对独立的单一的个体。自己的精神活动完全由自己控制，并为自己所认识。过去的我和现在的我是相互联系的同一个体。

常见的自我意识障碍有人格解体、双重人格、自我界限障碍、自知力障碍。

（一）人格解体

人格解体（depersonalization），是指患者感到自身已有特殊的改变，甚至已不存在了。有的患者感到世界变得不真实，或不复存在，则称为现实解体或非现实感。有些患者感到自己丧失了与他人的情感共鸣，不能产生正常的情绪或感受。人格解体多见于抑郁症，也见于精神分裂症和神经症。

（二）双重人格

双重人格（double personality）甚至有多重人格，是指患者在不同的时间体验到两种或多种完全不同的心理活动，有着两种截然不同的精神活动，是自我单一性的障碍。除了自我以外，患者感觉还有另一个"我"存在，或者患者认为自己已经变成了另一个人。双重人格常见于癔症及精神分裂症。

(三)自我界限障碍

自我界限障碍(self-bound disorder),是指患者不能将自我与周围世界区别开来,因而感觉精神活动不再属于自己所有,自己的思维即使不说出来,他人也会知道,称为思维被洞悉感或思维被播散;自己的思维、情感、意志、冲动和行为不是自己的,而是由他人或某种仪器所操纵或强加控制,称为被控制感。这些都是精神分裂症的特征性症状,偶见于癫痫及其他精神障碍。

(四)自知力障碍

自知力(insight)又称内省力,是指患者对其精神病状态的认识能力,即是否察觉到自己的精神状态存在异常,对自己异常的表现能否正确分析和判断。能正确认识自己的精神病理病态的为有自知力,相反则为无自知力,介于两者之间的为部分自知力。有自知力表明患者具有辨别自己精神活动是否异常,辨别自己的认识是否正确的能力,也就是刑法中的"辨识能力",所以认知能力在一定范围内受损,并不会影响到患者的辨识能力,患者能够识别认知的异常,并不会对自己的意志行为产生明显的影响。通常,重症精神疾病患者往往缺乏自知力,而轻型精神疾病患者的自知力较为完全,如神经症患者往往主动地就自己的异常精神表现求医。自知力在精神医学的领域被作为判断疗效的一个指标,同时在刑事司法领域内,被作为判断是否有辨识能力,即其刑事责任是否存在的一个依据。所以意识障碍是种严重的精神异常表现,是对认识能力的较为彻底的破坏,多发于重症的精神障碍中,很多情况下直接对责任能力作出了否定。

认知过程、意志行为过程、情绪过程是人类心理活动的三个基本的组成部分。认知活动是基础,意志行为是表达,而情绪贯穿在认知和意志行为活动中,通过对行为的调整来应对外界的变化。在精神活动的范畴内,任何有目的的行为都是认知、意志、情绪三者相互统一协调的结果。在刑事司法领域内,任何犯罪行为都是认知、意志、行为的结合。个体的精神活动是否存在病理性的改变,行为人是否具有刑事责任能力,无论是医学诊断还是责任能力鉴别都具有相同的思维方式,都依赖于对个体精神活动的外部表现进行考察。不同于医学诊断的是,责任能力是否存在的甄别着重于行为发生时的精神状况,所以除了需要肯定行为人确实存在着某种精神疾病的病理学基础之外,还需要确定精神疾病对其认知、意志和控制的相互统一性机制产生了根本的损害,也就是说丧失了或部分丧失了认知或控制能力。故而,精神症状与认知、控制能力之间的相互关系,正是本节之所以要着重讨论的意义所在。

第二节　认知障碍

如上所说,刑事责任与认知活动有着紧密的联系,认知能力是承担刑事责任的前提条件,认知又是意志形成的基础。

认知过程是最基本的心理活动,包括感觉、知觉、记忆、思维、注意力、智能、定向力、自知力等反映人脑对客观事物加工认知的心理过程。人脑通过认知的过程,可辨别客观事物、行为的性质。而刑法中的“明知”和“辨别能力”这些法律用语,与精神医学层面中的认知能力密切相关。

一、感觉障碍

感觉是指外界客观事物的个别属性在大脑中产生的反映,其形成基础是感觉器官接受到的视觉、听觉、嗅觉、味觉、触觉、平衡觉、内脏觉等刺激传递到大脑感觉中枢形成的直接印象,如感受光、色、声、温、形、重量等。神经系统的器质性损伤和精神疾病都可有感觉障碍的症状。其分类如下:

1. 感觉过敏(hyperesthesia):是指对外界刺激的感受性增强,感觉阈值降低。如用羽毛轻轻拂过患者的皮肤,患者可感觉到强烈的疼痛。

2. 感觉减退(hypoesthesia):是指对外界刺激的感受性降低,感觉阈值增高。严重的感觉减退,患者即使用针刺其皮肤表面也浑然不觉。

3. 感觉倒错(paraesthesia):是指对外界刺激产生与正常人不同性质或相反性质的异常感觉。如将患者的双脚浸入一盆凉水中,患者却觉得水很烫。

4. 体感异常(内感性不适,senestopathia):是指躯体内部产生各种不舒适的或难以忍受的异常感觉,往往难以描述,如感到体内有牵拉、挤压、撕扯、搅动、虫爬、流动等异样感觉。患者往往不能明确指出感觉异常的部位。

感觉丧失或被抑制会对认知活动带来损害,进而还会影响到思维能力和智力发展,可能从根本上降低刑法意义上的辨别能力,但感觉障碍并不一定必然导致认知能力的丧失,认知能力还与感觉障碍的程度、范围紧密相关。感觉障碍还可能成为被害妄想、物理影响妄想、疑病妄想的基础。

二、知觉障碍

知觉(perception),是指客观事物的整体属性在人脑中的反映。其形成基础是客观事物的各种属性在大脑中进一步加工,并且借助于过去的经验所形成的一种完整的印象。知觉是人类认知活动的基础,如蝴蝶在飞舞,我们在获得这一知觉时,综合了形状、颜色、大小、硬软、快慢等感觉属性,知觉是人们对事物的综合感受,比感觉更复杂。其分类如下。

(一)错觉

错觉(illusion),是指一种歪曲的知觉,是把实际存在的事物歪曲地感知为与实际不相符合的事物,分为生理性错觉和病理性错觉。

生理性错觉是正常人都可以产生的错觉,又分为普遍性错觉和偶然性错觉。普遍性错觉,如将静止在激流中的一艘船看成在逆流而上,将放置在有水的玻璃杯中的吸管看作断为两截。普遍性错觉大家都可能经历,学习和经验可以纠正。偶然性错觉是在特定的条件、特定的场合中,多伴有紧张、焦虑、恐惧的心理因素出现的错觉,如"草木皆兵""杯弓蛇影"等。

病理性错觉是在中枢神经系统损害或精神疾病影响下产生,多有以下特点:经常发生、持续时间长、内容离奇、患者对错觉的内容坚信不疑、辨认能力丧失。如高热的病人会出现烈火焚身的错觉;有的精神分裂症患者会把叩门声听为枪声,把墙上的水渍印看成怪兽的图案,惊恐万分,继之产生被害妄想。

(二)幻觉

幻觉(hallucination),是指在无外界客观刺激作用于感觉器官时所出现的虚幻的知觉体验,是一种严重的知觉障碍。

幻觉是最常见且最重要的病理性精神症状。它与错觉最大的不同是错觉是客观存在的事物被错误地感知为另一种事物,而幻觉是虚幻的知觉体验,即没有相应的客观刺激的存在却出现相关的知觉体验。根据所涉及的感官,幻觉分为幻听、幻视、幻嗅、幻味、幻触、内脏性幻觉等。

正常人在特定的环境下也可能产生幻觉,如半梦半醒之间产生的入睡前幻觉,或在暗示下听见远处的鸟叫声等。正常人产生的幻觉多短暂,能被迅速纠正。而病理性幻觉多见于各种原因引起的精神障碍者,通常有两大特点:一是幻觉的感受常常逼真生动,可引起愤怒、忧伤、惊恐等过激的情绪。二是患者坚信幻觉来自客观现实。幻觉可以分为以下几种。

1. 幻听

幻听在幻觉中最为常见,分为机械性幻听和言语性幻听。其中,机械性幻听是指幻听的内容为单一机械的声音,如钟表声、蝉鸣声、流水声。正常人有时也可能出现。言语性幻听是指听到的是有内容的讲话,声音清晰,能辨别男女,可以表现为耳语、喊叫或责骂等,其来源、清晰程度和内容各不相同。常见的言语性幻听有:

(1)评论性幻听:幻听内容是对患者加以叙述或评论。

(2)争论性幻听:幻听内容是两人或多人用第三人称对患者进行评论。

(3)命令性幻听:幻听内容是即命令患者执行某项指令。

(4)思维鸣响:又称读心症,指同步地把患者的思维说出来。

值得注意的是,评论性、争论性幻听多为对患者的指责、嘲笑、诽谤、谩骂等负性评价,而命令性幻听多为声音突然出现,往往带有威胁性。言语性幻听能够影响多数患者的行为和情感,然而患者如何应对幻听与其教养、性格、道德、法律意识有关。患者可能由于幻听极度愤怒而对天指骂,奋起反抗;有时如听到对自己的赞美、同情的话可自笑或扬扬得意,也可能长期出现幻听已习以为常,漠然置之。如果出现命令性幻听,患者往往对命令内容高度服从,可产生暴力性的攻击行为,出现伤人、损物、自伤、自杀等行为。言语性幻听是精神障碍特有的症状,具有重要的临床诊断价值,其与刑事责任能力的关系也最为密切。

2. 幻视

幻视,是指看到事实上并不存在的形象。患者所看到的幻象往往清晰而生动,人物、场景、静态、动态的均可能。也有些患者能看到客观现实中不存在的形象,如怪兽、鬼怪、神仙等。

幻视发生率仅次于幻听,如出现恐怖性内容可导致患者强烈的情感反应,并出现暴力攻击性行为。

3. 幻嗅

幻嗅,是指嗅到客观实际中并不存在的气味。通常是嗅到难闻的气味,如农药味、焦味、腐败味、粪臭味、尸臭味。幻嗅多见于精神分裂症患者。患者可在幻嗅的基础上,怀疑有人在其房间施放毒气或放置死尸,惶惶不可终日,继而出现被害妄想。

4. 幻味

幻味，是指进食或饮水时尝到客观实际中并不存在的味道。如患者可尝到可口的饭菜中有苦涩味、金属味等特殊味道，继而怀疑有人在自己的饭菜、水中投毒。

5. 幻触

幻触，是指体验到身体表面或内部，有虫爬、针刺、抚摸、电击、火灼等异常感觉。有人可出现性器官的接触感，称为性幻觉。性幻觉主要见于精神分裂症，发生者多为女性，产生性器官的被抚摸感、硬物插入感等，感觉真实生动。有些性幻觉患者甚至因认为自己被非礼或强奸而报案。近年来，有关麻醉性药物在门诊无痛手术或无痛检查期间引发患者“性幻觉”的报道增多。刘明舟等①对2176例行无痛人流的患者进行调查，结果发现有231例出现不同程度的性幻觉，其发生率为10.6%，其中79例表现为“性侵犯”或“性暴力”；而对同期的1608例行无痛胃镜检查女性患者进行调查，结果发现其“性幻觉”的发生率为3.0%，绝大多数表现为愉悦感。这种幻觉的产生有时极其逼真，患者描述非常生动和形象，特别是产生“性侵犯”和“性暴力”的患者，在感情上非常痛苦。究其原因，在麻醉状态或亚麻醉状态下，患者可能会产生多种情感幻觉，而“性幻觉”的产生可能与身体敏感部位受到刺激有关，这种刺激包括手术治疗本身所产生的刺激和手术过程中各种无意识身体接触所带来的刺激。在门诊无痛人流手术或门诊无痛妇科检查期间，对外阴消毒可致使其产生抚摸阴部的幻觉；而在刮宫或检查期间，患者可因为宫颈牵拉、子宫受器械扩张等操作，产生一种极其难受的情感，有的会将这种情感幻觉成“性暴力”，即“被强奸”的性暴力。也有资料报道显示，在口腔内窥镜手术中，也有患者因为手术操作产生暴力性“性幻觉”。另外，在丙泊酚麻醉恢复期，麻醉医生去除患者胸部电极片可让患者产生抚摸胸部的幻觉；让患者握麻醉医生的手指判断其肌张力的恢复程度，可幻觉为让其手握男性生殖器。所以对于有潜在性发生“性幻觉”的手术操作，须引起高度警惕，以免带来一些不必要的医疗纠纷。②

6. 体感幻觉

体感幻觉，是指身体的整体或部分体验到的并不符合客观现实的感受，表现

---

① 参见刘明舟等：《丙泊酚无痛人流术中的性幻觉作用》，载《临床麻醉学杂志》2009年第7期。

② 参见杨燕等：《门诊应用丙泊酚致性幻觉原因与应对》，载《医药导报》2014年第6期。

形式多种多样。

内脏性幻觉：感到内脏发生奇异的令人难以忍受的痛苦感受，如感到内脏被撕扯、牵拉、搅动、啃咬，可继而发生疑病妄想、被害妄想，多见于精神分裂症、重型抑郁症等。

运动性幻觉：感到实际处于静止的身体某部分处于运动之中，如安静地躺在床上时觉得自己的躯干、四肢、唇舌在运动。

此外，还存在一些特殊类型的体感幻觉，常见的有幻肢、妊娠幻觉等。幻肢是指感觉被截肢的肢体依然存在，有的还感觉被截肢的已不存在的肢体上有疼痛感，称为幻肢痛。妊娠幻觉多见于未婚女性，她们坚信自己已经怀孕，并可感到胎动或听到胎儿发出声音。

三、感知综合障碍

感知综合障碍是患者在感知某一现实事物时，作为一个客观存在的整体来说是正确的，但对该事物的个别属性，如大小、形状、颜色、空间距离等产生与该事物不相符合的感知。感知综合障碍有以下几种类型。

1. 空间感知综合障碍，是指感知的事物大小比例和空间距离结构与实物有偏差的感知综合障碍。如视物显大症，视物显小症，分别为感受到的客体比实物大或小得多。视物变形症，指感受到的客体形状有明显改变，如看到人脸口眼歪斜、电视机形状不规则。视物错位症，可将远物看得很近或近物看得很远。

2. 时间感知综合障碍，是指对时间感知出现歪曲的体验的感知综合障碍，如感到时间“飞驰如电”，或时间突然停滞，或时间流逝时快时慢等。

3. 运动感知综合障碍，是指患者出现的运动性感知觉与实际情况不相符合的感知综合障碍，如感到停止的事物向自己眼前飞来，静止在湖面上的小船在剧烈颠簸，或看到正在走动的表针停止。

4. 形体感知综合障碍，是指患者感知自己的形体发生明显变形，如头部变小，耳朵变大，四肢被拉长或变粗等。有时感到自己有两个躯体，称为双重自体。

5. 非真实感，也称现实解体，是指患者感知到的事物、人物和环境变得模糊不真实，周围的人和物就像是画中人、舞台布景般，令患者觉得不是现实世界中的事物。

上述多种多样的感知综合障碍均可见于精神分裂症、脑器质性精神障碍等中。

从病理的角度说,对客观世界错误或虚幻的感知觉为大脑提供了一系列错误的信息,在此基础上被大脑加工整合,形成了错误的认知。在这些错误认知的基础上可能产生错误的意志和行为,例如,出现性幻觉的女患者诬告无辜男子强奸;出现命令性幻听的男病人受其支配将田边一农妇杀死等。

据统计,精神分裂症病人的幻觉出现率为 40% ~50%,而精神分裂症占司法精神鉴定案例中的 50% 左右。因此,识别错觉、幻觉等病理性精神症状,对于判断行为人是否具有刑事责任能力以及民事行为能力,具有非常重要的意义。但是,是不是只要出现了病理性错觉或幻觉,犯罪嫌疑人便可不负刑事责任呢?显然不是。下面的案例可助于理解这一问题。

【案例】

2006 年 9 月 20 日下午,湖南省一中学的历史教师李某,称其听见辱骂自己的声音,在课堂上先用钢筋殴打一名 11 岁女学生章某,然后亲手把她从 4 楼扔下并致其死亡。据目击者称,当时李某将女学生的头往桌子上使劲撞,然后将她推倒在地上,又用脚踩她的头,之后掏出一根钢筋使劲打她的头。章某被打得不能动了,李某把她抱起来,说了一句送医务室,然后走到窗边,打开窗户,把她丢了下去。现场血迹斑斑,还有被打掉的牙齿。当问及这位老师的杀人动机的时候,他说他听见这位女学生说了辱骂自己的话而教训了女学生,而在场的其他学生根本没有听见什么辱骂的话。很显然,这位老师是出于幻听才起了杀机。经过司法精神医学鉴定,鉴定意见书指出:李某确有精神分裂症,不负刑事责任。当时一片哗然,死者的家属也无法接受这样的结果。我们来比较一下另一个案例:有位母亲带着自己 1 岁的儿子睡觉,半夜突然举起床边的凳子把儿子砸死了。问及她的作案动机,她说半夜醒来觉得身边睡了一头狼。分析起来,这位妈妈是出于错觉,才酿成了惨剧。经过司法精神医学鉴定,这位母亲患有精神分裂症,丧失了辨别能力,不负刑事责任。这两个案例,作案者都有感知觉障碍,都是在病理性精神症状作用下作案,但论及作案动机,一个是因为出现女学生骂了他的幻觉而恼羞成怒,报复杀人,其作案时十分清楚自己是在“教训女学生”,而另一个是出现身边有狼的错觉出于自卫而杀人,其作案时根本不知道自己行为的性质。两作案人作案动机一个是有现实性动机的参与,另一个是病理性动机,且主观上的犯意不同,作同样的免罪处理显然是不公正的。

四、记忆障碍

人脑对过去感知过的事物,可以在一定条件下重新反映出来。从性质上说,记忆是人脑对经历过的事物和经验的识记、保持、回忆和再认。识记是通过反复感知,将客观事物在脑中留下痕迹的过程。保存是将痕迹信息储存于脑中并保存一段时间。回忆是在一定条件下,储存在脑中的痕迹信息能够重新提取出来。再认是当原事物再次出现时有熟悉感,能够认识。

记忆可分为即刻记忆、近事记忆和远事记忆。一般而言,即刻记忆指数秒至数分钟内经历的记忆,如拨打查号台问了一个电话号码,记住后马上拨打,打完电话后可能此号码就不记得了;近事记忆指在 24 小时或者 48 小时以内经历的记忆;远事记忆指在 48 小时以前经历的记忆。

记忆是认知活动的基础,只有通过记忆,人类才能不断丰富积累经验,而人的思维活动,必须依靠过去的经验、过去的认知和信息内容,才能完成判断、分析、归纳、综合、推理等心理过程。所以记忆是思维之母,记忆障碍,特别是严重的记忆障碍必将降低人的认知和思维辨别能力,从而影响人的行为。

一般记忆障碍分为遗忘和记忆错误两大类。

(一)遗忘

遗忘(amnesia),是指记忆的丧失。患者部分或完全不能回忆和再现以往某段时期的经历。遗忘可分为心因性遗忘(psychogenic amnesia)和器质性遗忘(organic amnesia)。

心因性遗忘是选择性遗忘,指患者生活中某一特定时期内的经历或事件的有关记忆丧失。这一症状往往发生在重大的精神刺激后,遗忘的内容往往是患者有极度痛苦、悲愤、恐惧体检的事件或经历,多见于癔症和心因性反应。

器质性遗忘是由于脑部器质性病变引起的记忆缺失。常见的器质性遗忘有:

1. 逆行性遗忘,是指患者对疾病发生之前一段时间的经历不能回忆。

2. 顺行性遗忘,是指患者对疾病发生之后一段时间的经历不能回忆。

3. 进行性遗忘,是指随着器质性脑病的加重,遗忘持续发展,日趋严重,一般由近事遗忘(新近发生的事不能回忆,如想不起早上吃了什么、买菜与否)逐渐发展到远事遗忘(很早前就形成的记忆,如自己姓氏、家庭住址、有几个子女),常见于老年性痴呆患者。

（二）记忆错误

记忆错误，是指当记忆再现时，记忆内容出现对实际内容的歪曲。记忆错误常见类型有：

1. 错构，是指回忆时记错了事情发生的时间或在真实事件中添加了并不存在的情节。

2. 虚构，是指在存在严重记忆损害的情况下，将并未发生过的事当作已经发生过的事情，用虚构填补记忆的缺失。由于虚构的情节源于患者的想象，往往在多次述说时内容不一致。虚构不同于病理性说慌。病理性说慌者记忆并无损害，他们一开始的说谎可能出于有意，但由于自我暗示作用，到最后自己也对内容信以为真。

3. 似曾相识感，是指在体验新事物时，有曾经体验过的熟悉感。轻者可能出现记忆的恍惚，混淆了曾经亲身体验过的事物同听说过的、想象中的、文艺作品中事物的界限。严重者可确信该事物是曾经体验过的，似曾相识感可见于躁狂状态和癫痫。

4. 旧事如新感，是指患者对曾经多次体验过的事物有陌生感，认为从未体验过。

【案例】

离奇的遗忘和旧事如新感

美国一位32岁的母亲一觉醒来发现自己身处一个完全陌生的环境，面容老了10多岁，有一个11岁的男孩喊自己妈妈。这位母亲被诊为“短暂性完全遗忘综合征”，“穿越”回到15岁。她清楚地记得自己15岁那天晚上躺在双层床下铺睡觉，醒来后发觉自己躺在一张大床上，房间的一切都那么陌生，她心中充满疑虑，望向镜子，发现一张既熟悉又陌生的脸，自己脸上竟然长了皱纹，眼角还有鱼尾纹及黑眼圈。她无法相信15岁的自己长着一张成年面孔，这令她害怕不已。然后一个小男孩出现在她面前，喊她妈妈，她不禁尖叫起来。她觉得这个男孩比自己小不了多少，根本不认得自己的亲生儿子。经过长时间的治疗，目前这位母亲已找回了大部分的记忆。

通常，记忆是人思维活动的基础，病理性记忆障碍不仅直接降低认识水平，而且还可以促进其他的精神活动障碍，更进一步损害认知能力。比如，老年痴呆症的早期表现就是记忆减退，以近事记忆为主，如经常丢东西、忘记说过的话、忘记关煤气阀门，有的因遗忘找不到自己放置的东西而怀疑别人偷窃。严重的记忆障碍会累及远事记忆，如外出找不到自己家门，不能说出自己的名字，不记得到底有几个子女，把别人的东西当作自己的东西收藏起来等。所以老年痴呆症最常见的危害行为就是盗窃。

掌握病理性精神症状，可以有助于明确在病理性精神症状的作用下，当事人对自己的行为是否有辨认能力和控制能力，而这恰恰是刑事责任能力研究的重要使命。

五、思维障碍

思维是大脑对客观事物的间接和概括的反映，是人类认知活动的最高形式。

正常的思维是通过分析、综合、比较、抽象、概括这几个基本过程，形成对事物的概念、判断和推理。概念是人脑对现实的事物的一般特征和本质特征的反映形式。它是用词来标志的，代表着事物。判断是肯定概念或否定概念之间的联系关系。推理是根据已有的判断引出新的判断。概念、判断和推理是相互联系的。

正常的思维活动是认知活动的基础，而异常的思维则会损害人对事物以及事物之间内在联系的认知能力，导致不能或不能完全认识自己行为和危害结果的性质，不能明确判断和推理出行为与危害结果之间的因果关系。这种思维活动的异常，便是法律层面上构成患者不能“辨认”自己行为的病理基础，也是减免其刑事责任能力的重要依据。

思维障碍可导致精神障碍者出现大量无法理喻的行为及难以得出合理性解释的举动，其表现形式多可通过其语言表达的异常来体现。一般来说，思维障碍包括思维形式障碍、思维内容障碍、思维属性障碍和强迫观念四种主要类型。以下只介绍前两种。

（一）思维形式障碍

思维形式障碍是指思维外在的表现上出现的异常，主要的临床表现为：

1. 思维奔逸

思维奔逸，是指联想速度加快、量增加，表现为思维活跃，联想迅速，谈话中大量概念连续涌现，口若悬河。话题常随环境的改变而不断变化（随境转移），上下两句间某些词语意义相关(意联),或同音同韵(音联),是躁狂症的典型表现。

2. 思维散漫

思维散漫,是指思维的目的性、连贯性和逻辑性障碍。患者所讲的每句话独立成句,但是句子与句子之间没有逻辑联系,整段话没有中心思想,不知所云。严重的思维散漫称为思维破裂,出现语言杂拌,主要见于精神分裂症,也见于智力低下者。

3. 病理性赘

病理性赘,是指患者在叙述一件事时加入不必要的、过于详尽的细节,拖泥带水,迂回曲折,常需用许多话才将一个很简单的事情说清楚。虽然最终仍能回到主题,但无法使所表达的问题简明扼要。病理性赘主要见于脑器质性精神障碍。

4. 思维迟缓

思维迟缓,是指联想缓慢,与思维奔逸正好相反,表现为语言缓慢、应答迟钝、内容单调、词句极为简短。但患者一般智力无缺损,有良好的判断理解能力,是抑郁症的典型表现。

5. 思维贫乏

思维贫乏,是指在表现上与思维迟缓有类似之处,但性质不同。思维贫乏主要见于智力有损害的人和长期脱离现实生活的精神分裂症患者。他们不是概念产生缓慢,而是脑中没有多少活动着的完整概念,表现为思维内容空洞,词汇贫乏,患者自觉脑子空虚。

6. 思维中断

思维中断,是指表现为思维在没有明显外界干扰下突然中断,在意识清晰时患者的联想突然受到抑制,表现为谈话时话题突然中断,片刻后以新的话题内容出现,但患者对此不能解释。思维中断多见于精神分裂症,须与注意力不集中区别。

7. 思维插入和思维云集

思维插入和思维云集,是指体验到不属于自己的思想强行进入脑中,不受他的意志所支配,为思维插入。如体验到强制进入的思想是大量涌现的,为思维云集。此二症状对诊断精神分裂症有重要意义,须注意与强迫观念和思维奔逸鉴别。

8. 思维化声和思维鸣响

思维化声和思维鸣响,是指思考时体验到自己的思想同时变成了言语声,自己和他人均能听到。若体验此种声音来自自身,为思维化声;体验声音来自外界为思维鸣响。此二症状为精神分裂症的特征性症状。

9. 思维扩散和思维被广播

思维扩散和思维被广播，是指体验到自己的思想一出现，即人尽皆知，感到自己的思想与人共享，毫无隐私可言，为思维扩散。如认为自己的思想是通过广播而扩散出去，为思维被广播。此二症状也为诊断精神分裂症的重要症状。

10. 病理性象征性思维

病理性象征性思维，是指概念的转换，以无关的具体概念来代表某一抽象概念，不经病人自己解释，别人无法理解。正常人可有象征性思维，如以鸽子代表和平，祖国的花朵代表儿童等，能为人们共同理解而不为病态。如患者吞食骨头，说自己有“硬骨头”精神，走路只走左边，表明自己是“左派”而不是“右派”。时值夏天，某患者只要睁眼醒来就紧紧抱住冰冷的暖气片不松手。问及原因，患者诉：“因为暖气片是工人阶级制造的，我决心和剥削阶级家庭划清界限，永远和工人阶级在一起。”本例为精神分裂症患者，上述精神症状反映出形象概念与抽象概念之间的联想障碍，即患者混淆了具体的形象概念（暖气片）与抽象概念（工人阶级）之间的界限。

【案例】

深夜，一名下班回家的红衣女子吴某被发现在一条偏僻的小巷子里遇害。虽衣着性感，但没有性侵的痕迹，首饰未被劫走。经法医鉴定，是被手掐脖子窒息而死。这不免让人猜测凶手作案的动机到底是什么。不像劫财劫色，可能是情杀或仇杀？经过缜密的调查取证，1 周后犯罪嫌疑人王某被抓获，他所诉的作案动机才真相大白。他供述，在月黑风高的那天晚上，他在小巷子里闲逛，迎面走来穿着红衣的吴某，在路灯的映照下，吴某的影子越拉越长，离他越来越近，他突然觉得，眼前的红衣女，就是女鬼，来自沾满鲜血的地狱，高跟鞋的声音，就像夺命鼓一样地敲打在他的心口，让他透不过气，为了不让女鬼近身附体，他掐住了女鬼的脖子，等到女鬼彻底不动了，他才仓皇逃跑。王某的病理性精神症状，就是认为红色象征着鲜血、地狱、鬼魂，是病理象征性思维的表现。

11. 语词新作

语词新作，是指将不同含意的概念或词融合、浓缩在一起，或作无关的拼凑，或自创文字、图形、符号，并赋予特殊的概念。如“羊男”是形容患者自己是美男子的意思，“犭市”是代表狼心狗肺的意思。“×→○”代表男子追求女子的意思等。多见于精神分裂症青春型。

12. 逻辑倒错性思维

逻辑倒错性思维，是指推理缺乏逻辑性，既无前提也无根据，或因果倒置，推理离奇古怪，不可理解。某中学生物老师，精神失常后拒食。医生询问时，患者答："我是大学生物系毕业的。生物进化是从单细胞到多细胞，从植物到动物。植物和动物是我们的祖先。父母从小就教育我要尊敬祖先。我吃饭、吃菜就是对祖先的不孝了。"另一患者称"我的电脑感染了病毒，所以我要死了"。一患者如此解释自己不吃荤菜的原因："因为人是动物，因为肉类都是动物的尸体，因为人不能吃自己的尸体，所以我不能吃肉。"

【案例】

秋天的新庄乡桥头，俨然多了一座新坟，一个小小的生命，才7岁，撒欢的年龄，就此陨落了。谁能想到，结束宝贝生命的，正是他的父亲。

张某和其兄弟5人，都患有家族性多发性结肠息肉。3个月前，他们80岁的老父亲因结肠肿瘤去世了。3个月后，张某居然将自己的独生子带到一片玉米地里，残忍地杀害。其作案动机居然是张某根据其家族的遗传性疾病，推断出遗传性疾病，就是要代代相传，要根绝此病，必须灭绝其后代的结论。这正是逻辑倒错性思维酿出的悲剧。

（二）思维内容障碍

1. 妄想

妄想（delusion），是指一种在病理基础上产生的、歪曲现实的、但异常坚定的信念。患者在其病态思维指导下，错误感知自身和周围的事物，作出病态的判断和推理，形成内容不符合客观现实，也不符合患者的文化水平及社会背景的信念，但患者仍坚信不疑，难以用摆事实、讲道理的方法加以纠正。

妄想实质是思想内容的障碍，是精神障碍者常见的症状之一。妄想是个别的心理现象，尽管集体的信念有时也不尽合理，但却也不能归诸病态，如宗教、迷信等。正常人的偏见和成见、迷信观念、超价观念等，并不属于妄想。

妄想可以决定患者对周围人物和事物的态度，并可支配患者的行为从而导致犯罪。须注意的是，发生妄想的人并不是对一切问题都不能作出合理的判断和推理。一般而言，他们对与其妄想无关的问题仍可以正确认识，也就是说患者其他的言行可以完全正常，而只对某一问题有妄想，此一病理性精神症状可单独存在。

妄想按起源可以分为原发性妄想和继发性妄想两类。其中,原发性妄想是突然发生的,立即为患者深信的信念,它并非源于其他异常精神活动,无法以患者当前的环境和心境解释,主要见于精神分裂症;继发性妄想则源于其他异常精神活动的病理信念。它可以继发于感知觉障碍、情感障碍、意识障碍、智能障碍、人格障碍等,如患者有幻嗅,感到食物中有难闻味道从而产生被害妄想等。

按妄想的结构可分为系统性妄想和非系统性妄想。系统性妄想接近现实,联系紧凑,结构严谨,常围绕一个中心问题展开,并不断补充新内容。这类妄想形成缓慢,长期存在,难以动摇,多见于偏执性精神病。非系统性妄想一般缺乏中心,结构松散,其内容往往荒诞离奇,矛盾多变,主要见于精神分裂症。

按妄想内容又可把妄想分为数种类别,与犯罪行为密切相关的有:

(1)被害妄想,是指患者无事实根据地认为某人或某个集团要加害于他。这是最常见的妄想,患者感到被人监视、跟踪、窃听、诬陷、毒害等。患者可表现为恐惧,惶惶不可终日;可表现为四处告状或报警,揭发别人的阴谋,寻求保护;也可积极采取措施进行自我保护,铲除自己认为的“敌人”,导致危害行为的发生。被害妄想多见于精神分裂症。

(2)关系妄想,是指患者感到周围一些实际上与他无关的现象、事物与他有关。例如,看到别人在一起交谈,就认为他们在议论他;看到有人在笑,就觉得是在嘲笑自己等。关系妄想多见于精神分裂症,可继而产生被害妄想。

(3)嫉妒妄想,是指患者无事实根据地认为自己的配偶另有新欢,坚信配偶对自己不忠,常跟踪、逼问配偶,以求证实。但无论配偶如何解释并拿出证明自己清白的证据,患者仍对自己的想法深信不疑。对于患者来说,配偶看一眼异性,必是有二心;配偶与异性说笑,必是在调情;配偶晚归,必是私会情人。有此症状的妻子可能常在家中吵闹并去丈夫单位去告状,严重的甚至趁丈夫睡着时持剪刀剪掉其生殖器。有此症状的丈夫可能频繁实施家暴,严重的可能杀害配偶及被怀疑不是亲生的子女。

(4)物理影响妄想,或称被控制感,是指患者觉得自己的一言一行都受到外界某种力量的控制,如电波、仪器、激光、辐射等,因而不能自主。患者可能为摆脱控制而采取危害行为。影响妄想是精神分裂症的重要症状。

【案例】

2013年9月16日前海军士兵亚历克西斯(Aaron Alexis)手持一把雷明顿870霰弹枪,在海军工厂197号大楼三、四楼的办公室和走廊里走来走去,悄悄跟踪受害者,向他遇到的所有人开枪,像在捕猎射杀对象。之后,他又下楼到一楼大厅打死了一名保安,并拿走保安的手枪,重新回到楼上,继续开枪,直到执法人员赶到与其持续交火,将其击毙。枪击案共造成12人遇难。美国联邦调查局25日表示,亚历克西斯犯案之前,据信连月遭电磁波控制而产生幻觉,这可能就是让他开枪滥杀12人的原因。亚历克西斯在文件中写道:"我过去3个月承受超低频率攻击,开诚布公地说,这就是驱使我发动这次攻击的原因。"根据FBI公布的照片,这些标语包含"终结煎熬"、"不是你们说的那样"、"这样更好"以及"我的ELF武器"。ELF据信意为"极低频"(电磁波)。海军潜舰潜入相当深度时,常以极低频电波对外通信。而就在攻击爆发前1个月,亚历克西斯曾向罗得岛州警方报案说,有人隔着饭店的墙和天花板与他说话,还发送微波振动至他的身体,让他睡不着。

(5)夸大妄想,是指患者自认为自己是非常人物、出身名门,有特殊的才能或有巨大的财富等。患者可自称自己是伟大的政治家、军事家、科学家、亿万富翁等,举止傲慢,极端自信。这种行为易被人视为诈骗而引起法律问题,多见于躁狂症、器质性精神病。如一患躁狂症的常住精神病院的75岁老太逢人便称自己是跨国集团总裁,每月收入都在几百万元以上。

(6)罪恶妄想,是指患者将自己一些不大的缺点和错误都看成是严重的罪行,认为自己罪无可恕,应当受到严惩或被处死。有的向司法机关"自首"并要求被严惩,有的出现自残或自杀行为,有的故意实施危害行为以求被惩罚。罪恶妄想常见于抑郁症,也可见于精神分类症。

(7)疑病妄想,是指患者深信自己患了某种严重疾病,如癌症、艾滋病等,对排除其病变的检查和医生的话置之不理,悲观绝望,可能有自杀行为,并可能发生"扩大性自杀",即认为活在世上是件痛苦的事情,自己自杀前先将家人杀死以免他们受苦。疑病妄想常见于抑郁症,也见于精神分裂症。

(8)钟情妄想,是指患者认为自己被异性爱慕,因而眷恋、追逐对方,竭力向对方表达自己的爱慕之情,即使对方拒绝,也认为是对方在考验自己,不会放弃追求。在追求无果时,有的患者可能怀疑是他人从中作梗而进行报复,或认为对方变了心而冲动伤人。

(9)非血统妄想,是指患者坚持认为自己的父母、兄弟姐妹或子女不是亲生,如果谁向他劝说父母或子女是亲生的甚至提供亲子鉴定的证据,他都不会相信,甚至会怀疑别人和家人合伙骗自己。

(10)其他妄想,是指除上述常见的妄想以外,还有名门妄想、虚无妄想、附体妄想、变兽妄想、宗教妄想等。

妄想是患者坚定不移的一种错误信念,非外力可以纠正。精神病学的研究发现,大量的攻击性行为都是由于患者的妄想而引发的,国外有学者提到,在精神分裂症的鉴定案例中,发生暴力行为者约有1/3是妄想所致。而国内的报道提示,精神分裂症由于妄想引起伤害、凶杀、纵火等危害行为的占20.4%~63.7%。由于精神障碍者对其妄想坚信不移,故而导致其对自身行为性质的认识产生明显的偏差,也即会影响到刑法中的作案时的“辨认能力”。妄想这一精神症状对于判断作案人是否具有刑事责任能力具有很重要的价值。

值得注意的是,并不是有妄想就一定能减免刑事责任能力。因为妄想的产生一般只针对特定的内容,产生妄想是否会付诸行动,还取决于患者的道德标准、法律意识、人格特征等多个方面。

2. 强迫观念

强迫观念又称强迫思维,是指某些概念、观念、想法反复、多次出现于患者的思想中,尽管明知道不对、不必要、不合理,但也很难克服和摆脱,产生令其深感痛苦的被迫感。抵抗是强迫观念的特征,与妄想相区别。强迫思维的内容可以各种各样,常见的有以下五种:(1)怕得病的观念;(2)怕自己出现攻击行为的观念;(3)过分整洁有条理的观念;(4)性行为相关的观念;(5)亵渎神灵的观念。其表现可有强迫性怀疑、强迫性穷思竭虑、强迫性回忆、强迫性计数、强迫性愿望等。

虽然强迫观念是很难摆脱的想法、冲动和想象,但通常强迫观念者知道这些想法是没有意义的,并不会损害个体的认知能力,通常也不会对人采取危害行为。

3. 超价观念

超价观念,是指患者在强烈情感的影响下,对某些事实作出超乎寻常的评价而形成的在意识中长期占主导地位而不受理智控制的观念。它带有强烈的情感色彩,但并不严重脱离现实,在逻辑上也并不荒唐。如一个人吃了烧烤后,拉肚子发烧了,体温37.6度(人体正常体温为36.2~37.2度)。他很紧张,觉得自己是不是患肿瘤,自己每天坚持测体温,测了整整一个月才罢休。实际上它是一种过于情感化的因而具有片面性的判断。宗教信仰、迷信、偏见、成见等都属于超价观念。正常超价观念本身有"轻度的情绪反应色彩",它不但不妨碍人们精神活动的统一性,也不妨碍日常的精神活动,相反还可使人们精神活动高度集中,在精神活动中起主导作用,对人们的理智、远见有一定作用。病态的超价观念,患者"不能觉悟"这种思想是错误的,可能会影响他的行为,做出不理智的事。

超价观念有一定性格基础和现实基础,内容比较符合客观实际,有强烈的情绪体验,与妄想不同:(1)妄想缺乏事实根据,推理不符合逻辑,难以被人理解;超价观念虽然偏激,但有一定的可接受性和社会真实性,即这种信念有相当的事实根据,并不明显歪曲事实本身,推理也大体合乎逻辑,因此听起来颇有道理。(2)超价观念可被同一文化或亚文化的少数成员接受。妄想反之。(3)妄想可突然发生,持续时间可长可短;超价观念总是缓慢发展,往往以一件或几件有强烈情感的事件作为起点或里程碑,此后长期存在。超价观念的内容主要与被害、诉讼、嫉妒和疑病有关。

超价观念的四要素:(1)事实基础不是决定因素:病人仅凭强烈情绪就能形成超价观念。(2)强烈情绪是决定因素:超价观念的形成不在于事实基础,而在于强烈情绪。(3)过度评价:有过头、夸张、偏激、小题大做的特点。(4)行为维护:超价观念是情绪化结论,情绪是支持这一结论的,故行为也会维护这一结论。

无论错误或正确的超价观念的特征在于执着,或说是原则性过强、过于顽固,等等,别人不能说服,包括人们具有的某些坚定的宗教观念、原教旨主义者、理想主义者、不惜牺牲自己利益的道德坚守者、科学观念的坚持者、过于好面子的人等。由于超价观念是强烈情绪催生的信念,所以病前情绪丰富、强烈、持久的人格易感超价观念,如偏执性、强迫性、表演性人格,而病前情绪冷漠的人格不易感超价观念,如分裂性人格。

【案例】

连某曾于2012年3月20日到某市第一人民医院进行鼻内镜下鼻腔微创手术,主刀医生为该院耳鼻咽喉科副主任医师蔡某。手术后,连某常感到鼻子通气不畅,2012年12月28日连某第一次到该医院医务部投诉,此后又陆续投诉多次。

医院组织医生为连某先后两次进行会诊，但未找出原因。连某又前往台州市中心医院、浙医一院就诊，两次诊断结果都表明不需要再动手术。2013年5月14日某市第一人民医院邀请浙江大学邵逸夫医院五官科副主任医师汤某为连某会诊，会诊结论为“手术良好，不需再做手术”。但他认为是多家医院串通一气在骗他，医院存在着黑幕。

2013年10月25日被告人连某来到某市第一人民医院耳鼻咽喉科门诊，寻找之前的主治医生。但主治医生不在，他就用匕首捅伤耳鼻咽喉科主任医师王某等3名医生。王某因受伤过重抢救无效离世。案发前，连某的家人曾带其前往精神病院就诊，被诊为“疑病妄想”，但连某并未住院治疗。检方以故意杀人罪起诉被告人连某，连某当庭认罪，并向受害人及家属表示道歉。对于辩护律师关于其有精神疾病“疑病症”的说法，连某当场否认。经司法鉴定，连某作案时意识清晰，作案动机现实，辨认和控制能力存在，有完全刑事责任能力。法庭之上，他仍然坚称自己是在用生命换取医院黑幕的真相。

因为此案，“空鼻症”这个以前较生僻的词进入了大众视野。空鼻症即鼻甲过分切除导致的一种后果严重的难以医治的医源性并发症。过分的鼻甲切除性手术可导致继发性鼻腔黏膜萎缩及一系列伴发症状。患者鼻腔外观及影像学检查可无异常，但患者主观体验极端痛苦，有鼻塞及鼻腔和(或)鼻咽、咽部干燥感，部分患者有窒息感、注意力无法集中、疲劳、烦躁、鼻腔脓涕、血性分泌物、恶臭、嗅觉减退等。严重者焦虑、抑郁，甚至自杀。

因此连某并不是精神病院诊断的“疑病妄想”，而是在确感鼻腔极度难受的病理基础下产生的“超价观念”。

六、注意障碍

注意是心理活动对某种事物的指向或集中。它本身不是独立的心理过程，而是伴随着感知觉、思维、记忆等心理过程，并起主导作用。指向性和集中性是注意的两个特点。人们对所注意的事物的感知最为清晰，而对周围其他事物相对模糊。常说的“没注意”“注意力不集中”是指没有把注意集中于应该注意的事物。注意在人的实践活动中起着重要作用，会影响认知功能。

注意分为主动注意和被动注意两类。主动注意又称有意注意，它是自觉的、有目的的，如人的识记过程，必须将注意集中于要记的事物上，才能将想要记住的事物信息保存于大脑。有意地集中和保持注意的能力,是人能进行各种活动的一个基本条件。被动注意又称无意注意,它是不自觉的、无目的的,无须作出努力。如一个安静看书的人听到右边突然发出声音,他会不由自主地望向声源。被动注意主要是由周围环境的变化引起的,其反应如何,与人的兴趣、精神状态、生活经验等方面相关,如抑郁症患者对周围发生的一切都不感兴趣,任凭什么响动他可能都懒得看上一眼。

注意障碍是常见的病理性精神症状,与感知觉障碍、记忆障碍、思维障碍等心理过程的障碍紧密联系。精神正常的人也可出现注意障碍,但一般独立存在。注意障碍分三大类。

(一)注意程度方面的障碍

1. 注意增强

注意增强,是指对某种事物特别或过分注意,多见于有妄想观念的人。注意增强有两种:一种是注意外在的事物,如具有关系妄想、被害妄想的人十分注意他所怀疑的人的一举一动;另一种是注意自身的生理活动,如疑病症患者对自己身体健康状况过分的关注,对体内细微变化特别敏感。

注意增强的病人常过分地把思维集中在某件事物上,其他任何事物都不易转移他们的注意力,这样会加强或促进其他精神症状的发展,如妄想和疑病观念,反过来妄想和疑病观念又会促进注意增强。注意和认知之间的协同作用,反过来又会增强病人的意志活动,如疑病患者不断地求医。所以注意增强不仅对认知能力产生了损害,也同样可以对控制能力带来影响。

2. 注意减退

注意减退,是指主动和被动注意的兴奋性减弱,或称为注意的松懈或迟钝,表现为注意不易集中或不能持久,注意的主动性和稳定性明显降低。注意减退多见于神经症、脑器质性精神障碍及一些意识障碍。注意减退可导致记忆减退,在通常的情况下并不直接导致对应的危害行为,注意减退在大部分场合所起的作用,恰恰是行为的抑制。因此,注意减退与刑事责任能力的关系不大。

(二)注意稳定性方面的障碍

1. 随境转移

随境转移,是指被动注意明显增强,表现为患者的注意极易为外界的事物所吸引,但注意不持久,注意的对象不断变换。患者说话时口若悬河,但新事物一出现他的兴趣马上转移，话题经常变换，让人觉得思维转换太快。随境转移主要见于躁狂症。

2. 注意涣散

注意涣散，是指随意注意明显减弱，注意能力容易分散，且不能保持适当的时间。如在做一件事情时不能集中主动注意，外界稍有响动，注意就容易分散，即使努力集中注意力，也不能持久和专心。注意涣散多见于神经衰弱，也见于儿童多动症。

3. 注意固定

注意固定，是指注意稳定性增强且不易转移。正常人可出现注意固定，如科学家在集中注意进行思考时，将注意力长时间集中固定在某一研究问题上。著名的科学家“煮鸡蛋时煮了怀表”“思考问题时撞到树上”等故事就是指的这种情况。病理性的注意固定可见于精神分裂症患者，他们有牢固的妄想观念时，可出现注意高度集中固定在其妄想观念上，其他事不易转移其注意力。

（三）注意集中性的障碍

常见的注意集中性障碍表现为注意狭窄，是指注意范围显著缩小，主动注意减弱。注意集中性障碍见于朦胧状态及痴呆病人，也可见于应激相关障碍者，如患者将注意力集中在自己的创伤性事件上，陷入痛苦回忆不能自拔，其他的事不能吸引他的注意。

注意贯穿于人的整个心理和行为活动过程中，所以注意既可以对认知能力带来损害，也可以对意志能力产生作用，注意障碍几乎很少单独出现，往往和情感、意志、意识障碍等相互联系，相互促进。注意力不够，认知的清晰度要受到影响，相应的意志能力也会减退；相反，注意力过分增强，就会造成思维的狭窄，思维活动缺乏连贯，易于造成妄想，同时也会导致意志力亢进，如随境转移的症状比较严重，很有可能是刑事责任能力受到抑制的重要因素。所以对注意能力的评价，也是刑事责任能力判定的依据之一。

如上所述，在故意犯罪领域内，刑法之所以要对行为人给予制裁，是因为行为人“明知”但却“希望”或“放任”的这种心理态度，也就是说刑法所要惩罚的是建立在认知基础上的恶的意志，而与此不同的是，过失犯罪中，刑事责任承担的依据并非认知引导下的恶的意志，而是因为应该认识而没有尽到认识的义务或者已经认识了但认识的不够、不准确。因此在过失犯罪中，注意障碍对人的认知能力会造成影响，特别是注意减退、注意迟钝、注意范围的缩小，在一定程度上削弱了人的认知水平，可能导致行为人无法预见。

七、智能障碍

智能又称智力，是指人们认识活动及其各个方面能力的综合体现，其核心是抽象逻辑思维能力。智能涉及感知、记忆、思维等一系列的认知过程，并通过上述心理过程表现出来，所以智能就是衡量认识能力的一个重要指标。临床医学用智商来评估个体的智力水平。大多数人的智商指数在 90 ~ 110，智力低于 70 的属于低智商。一个智商指数 50 ~ 69 的人，其智力水平相当于小学三年级的程度。我国《刑法》规定不满 14 岁为无刑事责任，就是基于其智力水平的限制，即认识能力欠缺的基本考虑。但是通过智商的绝对数值衡量责任能力，存在巨大的社会危险，即脱离生物年龄的智商指数，并无绝对的否定或者肯定刑事责任能力的意义。

智能可分为抽象智能、机械智能和社会智能等不同的类型。正常智能的基础是健全的脑和合适的学习、实践。智能障碍往往是脑部疾病和缺乏学习、实践引起的。通常将在脑发育完成前产生的智能障碍称为精神发育不全或称精神发育迟滞。脑发育完成后，因疾病造成的智能减退称为痴呆。智能障碍者的行为能力大幅度下降，因缺乏基本的理解能力而形成的行为往往无法被人确切理解。智能水平是认识能力的一个综合评判指标，智能障碍的程度直接反映了认识能力的损害程度，所以智能损害和责任能力的关系十分密切。例如，以智能损害为主要表现的精神发育迟滞就与违法犯罪行为的关系很密切。根据国内相关资料显示，精神发育迟滞仅次于精神分裂症，居司法鉴定案例中刑事责任能力评定的第二位。但是严重的智能障碍者往往因为生活不能自理，很少接触社会，因此很少有实施违法行为者。轻度智能障碍者的违法行为则较多见，由于他们对于是非、善恶的判断和理解能力不足，又特别易于接受暗示或者教唆，从而实施违法行为。但一般来说，轻度的智能障碍者大多保留了部分认识能力，所以不能完全排除其刑事责任能力。

第三节　情绪障碍

情绪是人的精神活动的重要组成部分，在人类心理活动和社会实践中有着极为重要的作用。有关情绪的认知理论认为，情绪的产生是刺激因素、生理因素和认知因素协同活动的结果，其中认知活动起着决定性的作用。但是，情绪对人体作用的主要机制在于对意志行为进行调整，对行为的效率产生影响，从而来适应实现对外界环境的变化。比如，当人在深山里看到一只斑斓大虎时，老虎这个刺激源经过人的认知活动，产生恐惧的情绪，同时人体会相应地产生应激反应这样的生理改变，恐惧的情绪作用于人的意志行为，从而促使人在极短的时间内作出行为反应。一般来说，情绪兴奋可以提高人体活动能力，外在表现为充沛的体力、精力和高效率。内在表现为积极的心理活动，活跃的内心冲动、坚强的意志力。情绪低落时，外在表现为疲乏、无精打采、低下的效率，内在表现为心理活动抑制、内心冲动贫乏、意志力减退。当个体的情绪变化出现异常时，个体往往不能通过调整行为来适应外界的各种变化，而表现出与外界环境不相适应的行为举动。这些行为举动并非自由意志作用的结果；相反，是一种异常的病理性表现。通常，临床医学将情感障碍分为情感性质的障碍、情感波动性障碍和情感协调性障碍三大类。

一、情感性质的障碍

情感性质的障碍，是指患者的精神活动中占据明显优势地位的病理性情绪状态，其强度和持续时间与现实环境刺激不相适应。情感障碍包括情绪高涨、情绪低落、焦虑、恐惧。值得一提的是，正常人在一定的处境下都可以出现情绪高涨、情绪低落、焦虑、恐惧等情感性质的改变，但是只有在情感反应不能依其处境及心境背景来解释时，方可为精神症状，才具有病理学的意义。在情感性质的障碍中，最容易引发危害性行为的是情感高涨和恐惧情绪。其中，情感高涨常常在精神分裂症和躁狂症的临床表现中多见，特别是躁狂症，这两种类型的疾病在司法鉴定中较为常见。在司法鉴定中会考虑病理性的情绪异常的因素，但判断其是否具有刑事责任能力，往往会结合其他的病理性精神症状来考虑。如由错觉、幻觉或妄想引发的恐惧情绪,这种类型的恐惧情绪往往伴有认知功能障碍,所以如果患者因这类恐惧情绪引发的攻击性行为,有丧失其“辨别能力”和“控制能力”的基础,在司法实践中常被认为是无责任能力;而神经症中的恐惧症,对特定的环境和特定的事物具有异常的情绪反应,如社交恐惧症、广场恐惧症等,这类恐惧情绪的患者具有良好的认知能力和自知力,会影响其社会生活水平和职业能力,但通常不会丧失辨认能力和控制能力,具有完全的刑事责任能力。

二、情感波动性障碍

情感波动性障碍,是指情感始动功能的失调,主要表现为易激惹性、情感不稳定、情感淡漠、病理性激情、情感麻木等。正常人在应激状态下也会表现出易激惹性,如容易发火,容易爆发冲动性行为。但多数情绪失控而引发冲动性犯罪者对自己行为的辨认能力都是正常的。

比较特殊的是病理性激情。病理性激情是骤然发生的、强烈而短暂的情感爆发状态,常常伴有冲动和破坏行为,事后不能完好回忆。病理性激情见于器质性精神障碍、躯体疾病伴发的精神障碍、癫痫等。由于行为人在病理性激情的作用下会损害其对自己行为的辨别能力和控制能力,因此往往会减免其刑事责任。

三、情感协调性障碍

情感协调性障碍,是指内心体验和环境刺激及其面部表情互不协调,或者内心体验自相矛盾,常见的有情感倒错、情感幼稚、情感矛盾。情感倒错是指情感反应与环境刺激不相一致,或者面部表情与其内心体验不相符合;情感幼稚指情感反应退化到童年时代的水平,容易受直觉和本能活动的影响,缺乏节制,面部表情幼稚,哭笑随心;情感矛盾是在同一时间内体验到两种完全相反的情感,但患者并不能感到这两种情感的互相矛盾和对立,常将此矛盾的情感体验同时显露出来。情感协调性障碍是情绪紊乱的表现,也提示了个体意志活动的紊乱。所以情感协调性障碍在重症精神病中多见,如精神分裂症。事实上,情绪障碍可以对人体的认知活动产生影响,如躁狂症患者由于情绪的作用自我感觉十分良好,对自己的评价过高,甚至出现夸大妄想。情绪障碍也可以对人体的意志活动产生作用,如躁狂症患者情绪高涨,喜形于色,动作夸张,行为欠考虑,易激惹;抑郁症患者情绪低落、抑郁,动作行为少而缓慢,任何事都提不起兴趣。当人情绪焦虑时,其行为表现为坐立不安,搓手顿足;当人情绪冷漠时,行为表现为对任何事情都无动于衷。因此,单纯的情绪异常有可能影响行为人的控制能力而非辨别能力。

第四节　意志行为障碍

意志是人自觉地确定目标,并支配其行为以实现预定目标的心理活动。意志产生于行动之前,而最终表现为行动。意志是心理活动的三个主要组成部分之一,其他两个分别为前述的认知、情感。意志以认知活动和情感体验为基础,受认知和情感的制约,反过来它又对认知活动和情感状态施加影响。意志活动有三方面的内容:一是基于认知产生的内心冲动;二是对内心冲动作出的决断,如肯定、加强或否定、抑制;三是执行,即内心冲动的实现。可以说,认知能力是刑事责任能力的前提,建立在主观明知基础上的内心意志则是判定刑事责任能力的核心。而其中行为人的道德标准和法律意识,均能作用于对内心冲动的决断和执行过程,产生抑制或实施的最终危害行为和结果。因此行为人主观恶意程度,是考量刑事责任的重要依据。在有意志力的情况下,明知是恶的内心冲动而不去否定、抑制;而明知是善的意志决断,能够作为却没有作为,这两方面违背社会规范的意志决断导致严重危害后果的,应该负刑事责任。

意志活动是一个积极的、直接导致行为的心理过程:一方面,它可以将内心冲动转化为行为,满足自身的心理需要;另一方面,又可以有效地抑制内心冲动,以适应社会的需要,是一把“双刃剑”。最终是否造成危害性行为取决于行为人是否正确认知内心冲动,是否正确作出了意志决断。如果疾病损害了人的认知能力,或影响了人作出意志决断的能力,应该考虑减免其刑事责任。

表现为意志行为障碍的精神症状主要有意志障碍和本能行为异常,以及动作行为障碍。

一、意志障碍

意志障碍包括意志增强、意志减退、矛盾意向、易暗示性。

(一)意志增强

意志增强有两种情况。一种是指意志活动的增多,患者对一切事物都感兴趣,什么事情都想做,精力充沛,整日忙碌,但易受外界环境的影响,行动指向转换迅速,做事有始无终,虎头蛇尾。该种情况可见于躁狂症。另一种是指在病态情感或妄想的支配下,患者顽固地坚持进行某些活动,不达目的誓不罢休。如在夸大妄想的支配下,废寝忘食地从事荒唐无效的发明创造;有疑病妄想的患者不顾客观检查结果如何,为证明其没病,仍辗转四处求医;有被害妄想的患者坚持认为有人要整他害他,到处告状,纠缠不休。该种情况常见于精神分裂症偏执型或偏执型人格障碍。

单纯的意志增强还会直接损害其辨认能力,但增强的意志却会导致其发生过度的行为,与控制能力减弱有关。

(二)意志减退

意志减退,是指意志活动减少。患者表现情感淡漠或情绪低落,对周围一切兴趣索然,消极被动,多见于抑郁症。也有患者孤僻退缩,行动无能,甚至个人的日常生活都不能自理。意志减退多见于精神分裂症和器质性痴呆。严重者可发展为意志缺乏,表现无欲无求,没有意志活动,缺乏任何计划和要求。此类意志减退的病理性精神症状通常并不直接导致犯罪行为,但同一些不作为犯罪有一定的关系。

(三)矛盾意向

矛盾意向,是指表现为对同一事物同时出现两种完全相反的意向和情感,犹豫不决,常反复考虑,不知如何选择。如有些患者遇见朋友刚把手伸出去想握手,却马上又把手缩了回来。在重大事物的决定中,矛盾意向往往可能导致行为人失去决断能力,错失行为时机。在特定的情况下,矛盾意向可能会直接导致危害结果。因此,矛盾意向与责任能力之间有一定的联系。

(四)易暗示性

易暗示性,是指患者缺乏主观意向,其思想和行为常常受别人的言行影响,易受别人暗示的支配。易暗示性常见于癔症。具有易暗示性的人很容易被教唆,也易于患"感应性精神病",出现异常行为。易暗示性者在接受暗示后,可丧失部分辨别能力,由于其本身意志能力较低,自身的控制能力也可被影响,从而实施危害行为。

二、行为障碍

行为障碍,是指各种心理过程障碍的结果,可由各种原因产生。通常按其表现分为精神运动抑制、精神运动兴奋、强迫动作、其他动作行为障碍及本能行为障碍。

(一)精神运动抑制

精神运动抑制,是指动作和行为的大量减少。其中较典型的有:(1)木僵。指动作和行为已减到僵化的程度,表现为不言不动不食、整日卧床、对外界刺激缺乏反应、目光呆滞、表情固定,严重者出现大小便失禁,常见于精神分裂症。症状可持续很长时间,也可突然缓解。(2)蜡样屈曲。病人的肌张力极度增高,肢体可被任意摆布在一个位置上,维持相当长的时间,就像蜡像一般,常在木僵的基础上出现。如患者平卧,将其枕头突然抽掉,患者头部仍可悬停在空中保持原状并维持一段时间,此现象又称空气枕头。(3)违拗。指患者不遵从指令或做与指令相反的动作。如让有违拗现象的患者抬头,患者不动(被动违拗),或将头垂得更低(主动违拗)。

(二)精神运动兴奋

精神运动兴奋,是指动作和行为大量增多。一种,如果这种增多与当时的思维、情绪是协调的,同时身体各部分动作协调,则称为协调性兴奋。情绪激动时的兴奋、轻躁狂时的兴奋都属于此类。另一种,称为不协调性兴奋,表现为思维情绪与其动作和为不协调,常见于精神分裂症。

(三)强迫动作

强迫动作多由强迫性观念引起,是指在难以抑制的意向影响下的动作,患者明知不必要这样做,但抑制不住要这样做。患者的意志矛盾,徘徊在做与不做之间,令其焦虑不安。如每次饭前要反复洗手数次至数十次,但仍担心没洗干净,见于神经症中的强迫症。

(四)其他动作行为障碍

刻板言语和刻板动作,是指不断地、无目的地重复某些简单的言语或动作,患者对其行为的意义常拒绝作任何说明,常是精神分裂症的症状。

持续言语,是指对第一个要求作答的问题要重复数次后才能对第二个问题作出回答,常是器质性精神病的症状。

模仿言语和模仿动作，指患者毫无目的地模仿别人的言语和动作。见于精神分裂症。

古怪动作，是指患者的动作、表情离奇古怪，不可理解，如做鬼脸、张牙舞爪、模仿动物。

强制性动作，是指患者机械地服从似乎是外来的指令做某种动作，即使这种动作可能对其造成损害。患者一般没有摆脱这种处境的愿望，因而精神上也没有痛苦。

作态，是指做出许多古怪、愚蠢或幼稚的动作、姿势、步态、表情等，见于精神分裂症。

（五）本能行为障碍

人类的本能，可归纳为保存生命的本能和保存种族延续的本能两大类，具体表现在安全、饮食、睡眠、性需要等方面的本能行为。本能也是人的内心冲动的最主要的来源。但在社会共同生活的环境中，人的本能必然受到道德规范的制约，正常人的一些本能的冲动、欲望能被有效地抑制。本能欲望的过于强烈，或者对特定本能抑制能力的下降，就会导致受本能欲望驱使的内心冲动的过度表达；也可能在情绪因素的影响下，本能活动被严重地抑制，这两种情况都会表现为本能行为的异常。常见的本能行为异常有以下几种类型：

1. 饮食障碍

饮食障碍，即维持生命所需的摄入行为障碍，常见形式有食欲减退、食欲亢进、拒食、异食症。

2. 睡眠障碍

睡眠障碍，即睡眠觉醒周期性变化的障碍。常见的睡眠障碍有失眠、嗜睡、睡行症。

3. 性功能障碍

性功能障碍可由多种原因引起，即分为器质性性功能障碍和功能性性功能障碍两类。性器官或脊髓疾病常能引起器质性性功能障碍。而功能性性功能障碍则由心理因素、人格障碍、神经症、躁狂症、抑郁症等疾病引起。常见的性功能障碍为性欲亢进、性欲减退、性欲倒错。阳萎、早泄被归入性欲减退；而恋物、露阴、施虐、受虐等都属于性欲倒错。

4. 自杀和自伤

自杀和自伤,即保存生命本能的障碍,最常见于抑郁症。正常人也可能在感情冲动时发生自杀行为。自伤也属于本能行为障碍,多见于精神发育迟滞、精神分裂症。

一般来说,某些疾病会导致意志行为的全面异常,如抑郁症会引起自杀、厌食性欲减退等多种症状,但某些疾病只是对本能活动的某一个部分,即某一特定本能活动产生作用,如神经性厌食症、性功能亢进等。

意志和行为障碍往往是互为因果的。人的意志障碍可以是在情绪障碍的影响下,心理冲动、本能行为被全面抑制,造成意志减退或缺乏;也可以在情绪高涨、心理冲动明显增多的情况下,造成意志增强,行为兴奋;还可以在本能活动异常亢进或大脑中枢对本能行为抑制作用减弱的情况下,形成过度的行为意志。如性功能的亢进会直接导致性行为意志增强,性侵犯的倾向将会变得明显。

因此行为人如果是因为病理性的意志减退或缺乏而不作为,导致严重的危害后果时,可能丧失或完全丧失刑事责任能力。而相对的,如果行为人是因为病态的意志增强作用下实施了危害行为,是属于"控制能力减退"的情况,根据我国《刑法》第18条,应当是有减免刑事责任的基础,但在司法实践中,因为"控制能力减退"而获得减免刑事责任的,只有在社会危害极小的情况下才可能发生。

我国《刑法》第18条规定,精神病人在不能辨认或者不能控制自己行为的时候造成危害后果,经法定程序鉴定确认的,不负刑事责任。也就是说,按照这一规定,作案当时的行为只要满足"不能辨认"或"不能控制"当中的任一条件,都可能获得减免刑事责任。

事实上,在刑事司法实践中,错误的认知导致错误的意志,或者没有认知导致没有意志的行为,即"不能辨认"作案当时的行为性质或危害结果,往往都获得减免刑事责任。但在有辨认能力的情况下,控制能力的缺乏或者丧失,往往没有获得同样的对待。其原因非常复杂,因为案发当时控制能力是否下降,是更主观层面的,是基于意志活动的医学生理学基础的,研究上有局限性,判断上更为困难,也缺乏客观的依据。另外,像冲动控制障碍的纵火癖、杀人狂,性欲亢进的强奸犯,反复实施危害行为的反社会人格障碍等,因为其社会危害大,多为累犯,对自身行为缺乏悔意等情节,虽然其行为受到病态的意志障碍的影响,但由于这些行为与社会道德、伦理规范之间存在很大的冲突,很难对其减免刑事责任。而同样是冲动抑制障碍，如果社会危害性较小，在司法实践中一般给予减免刑事责任，如限于在超市顺手牵羊的盗窃癖，偷偷收集异性内衣的恋物癖患者等。所以社会危害性，或者可以说行为人的主观恶意程度，是判断刑事责任能力大小的考虑因素之一。

第五章　各种精神障碍的刑事责任能力

第一节　精神障碍与刑事责任能力概述

法学界较有代表的观点认为精神疾病有两大类：一是精神病性障碍，包括以下几类严重的精神障碍：精神分裂症、情感性精神障碍、偏执性精神病、反应性精神病、脑器质性精神障碍、躯体疾病所致精神障碍、精神发育迟滞等，“精神病等位状态”，包括癔症性精神错乱、病理性醉酒、病理性半醒状态、病理激情、一过性精神模糊这四种罕见的例外状态。二是非精神病性精神障碍，如人格障碍、神经症、性变态等。精神病患者的精神功能障碍会导致其辨认或控制行为的能力完全丧失，而非精神病性精神障碍人一般都不会因精神障碍而丧失辨认或控制行为的能力。我们所称的“法律精神病”，是指因病理性精神症状导致其辨认或控制行为的能力完全或部分丧失的精神病人，一般是精神病性障碍。

一、刑事责任能力的评定

如前所述，刑事责任能力的评定，关键在于判断作案者的“辨认能力”和“控制能力”如何。这既是一个医学问题，也是一个法学问题，要作出正确的判断，必须借助医学和法学的复合知识。我国《刑法》对不能辨认与不能控制这两个法学基本条件，用的是“或”，也就是说只要满足其中的任何一个条件就可以构成无责任能力。我国刑法的法学标准包含了两层含义：一是行为人必须是因精神病而于行为时丧失即完全不具备辨认或控制行为的能力。如果由于精神病而于行为时辨认或控制行为的能力有所减弱，哪怕是严重的减弱，只要尚未达到丧失程度的，就应认为其不符合精神病人无责任能力的法学标准，从而也不能认定行为人完全不负刑事责任。二是行为人因精神病的作用而于行为时丧失辨认或控制行为能力的其中之一,就应认定为丧失责任能力,而不要求同时丧失对行为的辨认能力与控制能力,即无责任能力采取辨认或控制行为能力的择一说。因此,行为人同时丧失辨认和控制能力的,固然为不具备刑事责任能力,行为人丧失辨认能力或控制能力其中之一的,刑事责任也因失去了其不可分割的有机整体之一部分而不得存在。然而相对于"无法辨认"来说,精神医学难以揭示出病理性的"无法控制"与生理性的"难以控制"之间的明确界限,所以在司法实践中对控制能力减弱之下实施的行为该如何判定,没有明确的标准可以依据。所以在司法精神医学的领域中,还尚无哪一种以损害控制能力为主要特征的疾病,被大家一致认为与无责任能力有着紧密的联系。但在司法精神医学界,对单纯的"控制能力"下降,会同时考虑其社会危害的大小。如同属"冲动控制障碍"的病理性偷窃和病理性纵火狂,都是在过分强烈的欲望驱使下,采取某些不当行为,这些行为系社会规范所不容或给自己造成危害,其行为目的仅仅在于获得自我心理的满足或解除精神上的紧张感。病人自称这种行为带有冲动性,无法控制。但病理性偷窃往往因为其社会危害小,可评定为限制性或无刑事责任能力,而纵火狂是一种重复且蓄意或有目的的放火,被提出来列为疾病,也已经有100年左右,他们在纵火前一样会有压力与情感兴奋,对于纵火与纵火后的结果,有一种沉溺感、兴趣、好奇心与吸引力;当纵火时,会有愉快、满足与轻松感,而对于目睹火警现场与参与救火,一样会有这种感觉;他们并不是为了金钱或表达其社会之意识形态、隐瞒其犯罪行为、表达其愤怒与报复、改善其个人生活,或因为妄想及幻觉所造成,也不是因为判断力失常所造成,虽然纵火狂在作案时也有控制能力的下降,但因累犯和社会危害大往往被评定为完全刑事责任。

二、刑事责任能力的分级

我国《刑法》对作案的精神病人的刑事责任能力分级采用了三分制,按轻重不同分为无刑事责任能力、限制(部分)刑事责任能力、完全刑事责任能力。以下分述之。

(一)无刑事责任能力的精神病人

医学标准:首先由专业的司法精神医学鉴定人员结合作案时的表现、既往史及精神检查结果诊断患者真正患有导致作案时辨认能力或控制能力完全丧失的精神疾病。

法学标准:(1)行为人在实施危害行为时,正处于病理原因造成的无法辨认或无法控制的情况;(2)出现的病理性精神症状是直接造成危害行为的原因。结合医学—法学标准,如果符合上述所有条件,才可以认定行为人无刑事责任能力。

(二)限制刑事责任能力的精神病人

医学标准:行为人经过司法精神医学鉴定诊断其患有对其辨认能力或控制能力有损害的精神疾病。

法学标准:(1)精神疾病导致的病理性精神症状部分地损害了行为人的辨认能力或控制能力;(2)病理性精神症状导致的减弱的辨认能力或减弱的控制能力直接导致危害行为和后果。

结合医学—法学标准,如果符合上述所有条件,才可以认定行为人为限制刑事责任能力。在这种情况下,行为人还是需要承担刑事责任,但相应的刑罚也会减轻。

(三)完全刑事责任能力的精神病人

医学标准:行为人患有可以导致精神活动损害的精神疾病。

法学标准:(1)行为人在疾病早期、间歇期或缓解期,精神症状不明显,具有较好的辨认能力和控制能力;(2)尽管患者存在一些精神症状,但此精神症状并未影响到其作案当时的辨认能力和控制能力;(3)患者确有病理性精神症状,且此症状使其辨认能力或控制能力有部分或完全丧失,但丧失或部分丧失的辨认能力或控制能力和危害行为之间并不存在因果关系。

结合医学—法学标准,如果符合上述医学标准和法学标准的任一条,都可以认定行为人对危害行为具有实质性的辨认能力和控制能力,同样要承担完全的刑事责任。

精神障碍分类众多,不同的疾病种类精神症状的临床表现不同,对其辨认能力和控制能力的影响不同,故与其刑事责任能力的关系也不相同。后文将根据 CCMD－3 的分类标准对各种不同的精神障碍及相应的刑事责任能力进行简述。

第二节 器质性精神障碍

器质性精神障碍,是指由于脑部或躯体疾病引起的病理改变引起大脑形态结构或生理功能异常而导致的精神活动紊乱产生的精神障碍。因为引起精神障碍的原因主要是生物学上的改变,现代医学仪器检查和检验一般能找到明确的证据。如头颅影像学、神经电生理、脑脊液常规生化等会有相应的特征性改变。

根据病理原因分类,器质性精神障碍可分为以下几类。

一、脑器质性病变所致的精神障碍

各种原因引起的脑组织结构和功能发生改变。常见原因有脑变性疾病:阿尔茨海默病、帕金森病、多发性硬化等;脑血管病:脑出血、脑梗塞、脑血管性痴呆等。

1. 脑外伤:脑震荡、脑挫裂伤等;

2. 颅内感染:病毒性/细菌性/真菌性脑炎、脑膜脑炎等;神经梅毒等;

3. 癫痫所致精神障碍;

4. 脑肿瘤所致精神障碍;

5. 躯体疾病所致的精神障碍:各种躯体疾病原因引起的代谢废物、毒素堆积引起的大脑功能障碍。常见原因有:

(1)躯体感染:肺炎、败血症、伤寒等;

(2)内脏器官疾病:肝硬化、尿毒症等;

(3)内分泌疾病:甲状腺功能亢进、甲状旁腺功能减退、肾上腺功能异常、糖尿病酮症酸中毒等;

(4)结缔组织疾病:系统性红斑狼疮、风湿病;

(5)营养代谢疾病:如烟酸、维生素B1、叶酸缺乏;维生素A、D过多等;

(6)物理因素:化学药物中毒、一氧化碳中毒、重金属中毒、酒精及毒品依赖等。

(7)染色体异常:21-三体综合征、愚钝综合征、13-三体综合征等。

二、易致犯罪的精神障碍

器质性精神障碍中与犯罪行为关系密切的是阿尔茨海默病、脑血管病所致精神障碍、脑外伤后精神障碍、癫痫所致精神障碍。分述如下。

(一)阿尔茨海默病

阿尔茨海默病(Alzheimer's Disease,AD)是一组病因未明的原发性退行性脑变性疾病,根据起病时间不同分为老年性痴呆和早老性痴呆,前者在65岁之后起病,后者起病在65岁之前,甚至可早至40岁左右。此病发病隐匿,病程缓慢进行性发展,以智能减退、人格和行为改变、精神症状为主要表现,也有患者以精神症状为首发症状。头颅影像学提示脑萎缩、脑沟增宽、脑室扩大。

根据疾病进展和认知功能缺损的程度,分为轻度、中度和重度AD。其临床表现为:

1. 认知障碍

认知障碍常以记忆障碍为首发症状,思维能力、计算力、对时间、空间定向力均可累及。严重的出门后不能找回家门,不能辨认亲人,并出现错构、虚构,有的伴幻觉、妄想等精神症状。发展到晚期多有社会功能严重减退,大小便失禁,生活完全不能自理。

2. 情感障碍

情感障碍可伴有抑郁、焦虑等症状,也可出现情感淡漠、情感脆弱、哭笑无常等。

3. 人格改变

人格改变随着病情的发展,很多患者出现人格改变,如病前温文尔雅的患者病后变得暴躁易怒、多疑自私;可出现怪异的行为,如当众脱衣、在客厅大小便等。

由于记忆障碍、思维推理能力减弱,常出现被偷窃和被害妄想,如出现幻觉,可有冲动性攻击行为,也可有自杀行为。部分患者因伦理道德观念丧失,可发生性犯罪或偷窃行为。其刑事责任能力须结合行为人精神损害的程度来判断。若确有严重的智能减退,或在幻觉妄想支配下的行为影响了辨认能力或控制能力,可以减免其刑事责任。

(二)脑血管病所致的精神障碍

脑血管病是由于各种原因引起脑血管病变(阻塞或破裂)后导致的脑组织损伤与脑功能异常引起的各种精神异常。脑血管病变包括脑出血、动脉硬化、脑血栓形成、脑栓塞等。一般认为,与精神障碍关系最为密切的是脑动脉硬化性疾病,由其引发的血管性痴呆发生率仅次于阿尔茨海默病,占老年性痴呆的20%～30%。[①] 主要的临床表现:

1. 认知障碍

智能下降,记忆力、计算力、定向力全面下降。可出现被害妄想、嫉妒妄想、夸大妄想等。

2. 情感障碍

表现为控制情感的能力很弱,往往像小孩一样想哭就哭想笑就笑。情绪易于激动,自我克制力减弱,轻度抑郁;明显的痴呆患者的情绪不稳,激惹性增高,晚期可出现强制性的哭笑,或情感淡漠。

3. 人格改变

晚期可有人格改变,病人变的自私、挥霍、行为不计后果等。

在司法鉴定的案例中,脑血管所致的精神障碍并不多见。因其病情常有波动,所以刑事责任能力的判断要根据患者的具体病情来判断。一般说来,轻型患者只有神经衰弱综合症表现,并不影响刑事责任能力,如果情绪出现障碍表现的易于激惹,但人格保持完整的,则可能是限制责任能力;如果严重时,出现意识模糊、智能下降和人格改变,达到重症的程度,则为无责任能力。

(三)脑外伤所致精神障碍

脑外伤精神障碍是指颅脑创伤对脑造成的直接损害,也包括创伤后的各种因素所致的精神障碍。近年的司法精神医学鉴定中,因交通事故、工伤事故、意外伤害等造成的颅脑损伤而引起精神障碍的案例越来越多。脑外伤所致精神障碍与脑损伤的程度、部位、是否出现昏迷、急性期的治疗是否得力和恢复期的护理措施等多种因素有关。脑外伤后在临床表现上分为急性脑病综合征和慢性脑病综合征。

1. 急性脑病综合征

其临床症状表现为程度不等的意识障碍为主,轻者可能仅出现头晕、头痛、失眠、昼夜节律紊乱、认知能力下降、思维障碍、抑郁、焦虑等,重者可持续性昏迷,出现恐怖性错觉、幻觉等,及片段零散的被害妄想,对病前和病中的情况可出现

---

① 参见孙学礼主编:《精神病学》,高等教育出版社2008年版,第171页。

遗忘。

2. 慢性脑病综合征

主要以各种综合征为表现,包括遗忘综合征、智能损害综合征、人格改变综合征及各种类型的精神病性症状。这些表现可以某一种综合征为主要表现,也可先后出现或混合出现。

据统计,颅脑受到损伤的10年中,出现精神障碍的比例可高达近1/3,并与脑损伤的严重程度密切相关。脑外伤性精神障碍在急性期出现犯罪行为的非常少见,但如果有意识障碍,如朦胧状态或谵妄,可严重损害其辨认能力和控制能力,一般应为无刑事责任能力。脑外伤性精神障碍在慢性期,如果有智能障碍、人格障碍或严重的情绪障碍,要依据其严重程度,判定为限制或无刑事责任能力。

(四)颅内感染所致精神障碍

颅内感染所致精神障碍,是指病毒、细菌、力克次体、螺旋体以及寄生虫等病原体直接损害脑组织引起脑功能紊乱所致的精神障碍。此类精神障碍症状表现及严重程度,与病原微生物的性质、感染部位密切相关。大多为急性起病,精神症状为意识障碍,定向障碍,严重可大小便失禁,甚至会昏迷;可以有精神分裂症样症状、情感症状以及智能障碍。精神运动性可表现为抑制,甚至木僵;也可以是兴奋、躁动不安等。可有幻觉和妄想等认知障碍,常伴有记忆、注意、计算、理解力减退。

颅内感染所致的精神障碍在急性发作期由于病情较重,很少发生危害行为。但可因为错觉、幻觉、行为紊乱而冲动伤人。毁物时候,常丧失了辨认和控制能力,应无责任能力。在慢性期可有智能障碍和人格改变,可根据其程度不同来认定,一般为限制能力。

特别值得一提的是两种特殊的中枢神经系统感染。

1. 梅毒所致精神障碍

梅毒是由梅毒螺旋体引起的慢性、系统性性传播疾病,主要通过性途径传播,临床上可表现为一期梅毒、二期梅毒、三期梅毒、潜伏梅毒和先天梅毒等。近年来,梅毒在我国增长迅速,已成为报告病例数最多的性病,且在报告的病例中,潜伏梅毒占多数。三期梅毒可累及中枢神经系统,称为神经梅毒,发生率约10%,可在感染早期或数年、十数年后发生,包括梅毒性脑膜炎、脑血管梅毒、脑膜树胶样肿、麻痹性痴呆等,除精神症状、智能下降、人格改变等症以外,还可出现颅内压增高、头痛及脑局部压迫症状。

本病的精神障碍主要表现为早期呈现神经衰弱症状,可有认知功能障碍及人格改变;随着病情加重,智能障碍明显,记忆力显著减退,思维能力严重受损,此时可出现妄想,人格改变明显,甚至有偷窃和违反社会道德和伦理的行为,情绪不稳,哭笑无常;晚期痴呆严重,丧失自知力,情感淡漠,本能活动亢进,甚至出现意向倒错。

梅毒对精神活动的损害是以认知、智能活动为主,同时伴有人格改变。其责任能力的判定要以损害的程度为依据。对于中度以上的痴呆,人格改变明显,或者因妄想支配的危害行为,应属于无责任能力。

2. AIDS 所致精神障碍

获得性免疫缺陷综合征(Acquired Immune Deficiency Syndrome, AIDS)是由人类免疫缺陷病毒(Human Immunodeficiency Virus, HIV)感染所致,是一种对人的健康构成严重威胁且蔓延势头极为迅猛的传染病。在我国,艾滋病毒的性传播已经替代了血液传播,成为新发感染的第一大传播途径。有报告显示,截至 2013 年 9 月 30 日,全国共报告现存活艾滋病毒感染者和艾滋病病人约 43.4 万例,同年 1 ~9 月我国新增艾滋病毒感染者近 9 成通过性传播。临床常表现为免疫功能低下,全身衰竭,引起一系列机会感染同时伴有精神障碍。在 HIV 感染后期,患者可产生各种器质性精神障碍,如谵妄、痴呆、情感障碍、行为和人格改变等。痴呆是 AIDS 最常见的临床表现,占 70% 左右。AIDS 在整个病程中都可能出现谵妄,部分患者在痴呆早期可出现躁狂发作,人格改变;明显痴呆时可伴有幻觉、妄想等精神症状。

谵妄、中度以上的痴呆和躁狂发作都能够影响到患者的责任能力,责任能力的认定还需要结合患者精神损害的程度来判定。特别是伴有幻觉、妄想表现的,应属于无责任能力。而早期出现的躁狂发作,依据情况,可判定为限制责任能力。

(五)癫痫性精神障碍

癫痫(epilepsy),是指一类中枢神经系统异常放电的反复性发作性疾病,具有多种发作类型,会直接影响其精神及行为。其表现可分为发作性精神障碍和非发作性精神障碍。前者可表现为各种感觉异常、知觉障碍、记忆障碍、思维紊乱、情感异常、精神运动性发作和短暂的类精神分裂样发作,其发作有反复性、发作性、短暂性、刻板性。后者表现为类慢性精神分裂症样症状、焦虑及相关障碍、人格改变及智能减退等。

导致癫痫的原因众多，凡先天和后天能导致脑组织结构和功能损伤的因素都可导致癫痫发作，如染色体异常、外伤、感染、中毒、肿瘤、脑血管病、脑变性疾病、高热惊厥等。

癫痫性精神障碍表现出复杂多样的特征。癫痫患者在发作期，可出现意识障碍、谵妄，伴有丰富的幻觉和妄想，可表现出恐惧、兴奋、冲动、暴力攻击性行为，其辨认和控制能力都被严重影响，应判定为无刑事责任能力。癫痫反复发作，大脑经常缺血缺氧可损害其智能，致智力障碍在中度以上或痴呆，对行为的性质后果缺乏辨认能力，通常属于无刑事责任能力。对于持续性精神障碍、癫痫性人格障碍，人格改变明显的，其辨认和控制能力存在但减弱，一般属于限制刑事责任能力。

第三节　精神活性物质所致精神障碍

精神活性物质（psychoactive substances），是指来自体外的且可显著影响精神活动，并能导致躯体或精神方面对该物质产生强烈渴求和依赖（俗称“成瘾”）的各种物质。人体摄入该种物质后，可产生精神、生理症状，并出现行为或行为方式的改变。

能够产生依赖的精神活性物质很多，常见的为以下几种：酒精、阿片类（如鸦片、吗啡、海洛因、杜冷丁、美沙酮等）、大麻、各种镇静催眠药、各种抗焦虑药、麻醉药、兴奋剂（主要指苯丙胺类兴奋剂，包括冰毒和摇头丸等）、致幻剂、可卡因和烟草等。所以精神活性物质其实包括了传统毒品和合成毒品，也包括国家规定管制的能使人成瘾的麻醉药品和精神药品。

近20年来，全球的合成毒品滥用人群增长数量惊人，中国情况亦然，尤以近5年更为明显。吸毒人群由单一的社会闲散人员、性工作者、男同性恋者向白领阶层、演艺明星、高文化程度人群发展，并日趋低龄化。据公安部禁毒局报告显示，截至2014年4月底，全国登记在册的滥用合成毒品的吸毒者已达117万人，[①]其

① 参见国家禁毒委员会《2014年中国禁毒报告》。

中青少年占了很大比例。近年来,因滥用合成毒品引发犯罪行为的案件也大大增加。

近年来,刑事案件中的犯罪嫌疑人物质滥用的情况相当普遍。物质滥用后可出现多种精神症状,长期滥用导致成瘾被认为是一种长期、迁延和复发性脑病,其特点是反复使用精神活性物质并丧失了使用物质的控制能力。

物质滥用

物质滥用是一种导致有临床意义的损害和苦恼的适应不良的物质使用模式,表现至少符合下述一项或以上,并且发生于12个月期间内:

1. 反复使用该物质导致不能履行工作、学习或家庭中的主要职责(如多次旷工,无法胜任工作;旷课,停学或被开除;对子女漠不关心)。
2. 对躯体有危害的情况下反复使用该物质。
3. 反复发生物质相关的法律问题(如妨碍治安被拘留等肇事肇祸行为)。
4. 尽管物质影响引起或加重持续或反复的社交人际关系问题(打架或家庭纠纷等),仍继续物质使用。

物质和酒精滥用与反社会、表演性、依赖性、边缘性人格障碍密切相关,有文献报告,57%的人格障碍者都存在物质滥用的情况。而人格障碍者本身也是犯罪的高发人群。建议所有刑事案件都要常规追查犯罪嫌疑人的物质滥用情况。

通常对于精神活性物质所致精神障碍,除病理性醉酒、复杂性醉酒以及慢性酒精中毒患者外,其他的情况一概不否认责任能力的存在。究其原因,更多的是体现对吸食毒品这种不良社会行为的谴责。

一、酒精所致精神障碍

酒精是一种亲神经物质,对人体许多系统脏器均有损伤作用,其中神经系统是其损伤的主要靶器官之一。一次大量饮酒可出现急性神经精神症状,长期饮用可产生酒精依赖、酒精中毒性精神障碍,甚至出现神经系统不可逆性损害。饮酒后,酒精对高级神经中枢大脑皮层的抑制,使皮层下释放增加,行为易激惹、易冲动、自控能力下降,增加了犯罪行为的发生。国内外研究表现,作案前饮酒与凶杀案、强奸案、机动车交通事故等均有明显相关性。酒精所致的精神障碍主要表现为两种类型:急性酒精中毒性精神障碍、慢性酒精中毒性精神障碍。

(一)急性酒精中毒性精神障碍

急性酒精中毒,是指一次饮酒后,急速出现的中毒状态。多数醉酒可表现为这种情况,是酒精直接作用于中枢神经系统的结果。根据酒精中毒的严重程度不同,可分为三个阶段:一是皮层抑制和皮层下释放。醉酒者表现出健谈、控制力下降、情感高涨、愉悦、欣快,有的醉酒者情绪不稳、注意力下降、失去部分感知功能、视觉灵敏度下降、轻度行为障碍。二是皮层抑制加深。醉酒者可表现出定向力减退、说话口无遮拦、口齿不清、动作精确性差、步态不稳、自我控制力明显下降。三是大脑功能全面抑制。醉酒者表现面色发紫、不能直立和行走,可出现嗜睡乃至昏迷、反射降低或完全丧失,严重者可引起延髓生命中枢的损害,导致呼吸循环衰竭而死亡。急性酒精中毒又可以分为3种。

1. 单纯醉酒,或称普通醉酒或生理性醉酒,为一次较大量饮酒引起的急性中毒,不掺杂其他疾病因素,大多数都会出现的症状表现。

普通性醉酒的临床过程分为兴奋期和麻痹期。兴奋期表现为情绪兴奋,言语动作增多,有欣快感,同时伴有心率加快、呼吸急促及各种反射亢进等。但此时的意识无改变,不影响其社会功能,也不会影响对事物的感知能力和对行为的控制能力。典型的普通性醉酒从麻痹期开始,患者意识开始出现混沌,思维进一步脱离抑制,兴奋明显,还可出现知觉、表象与情感相结合的类情感高涨。患者易于激惹和情绪不稳,以自我为中心,运动兴奋,可不顾周围环境,有时甚至对周围的人出现攻击性行为。也有少数的普通性醉酒的人基本情绪表现为激情和抑郁的结合,在醉酒时往往以不满情绪的发泄为特征,在愤怒发作同时出现悲观、厌世等情绪表现。在麻痹期后,运动神经兴奋症状随之消失,患者情绪变得温和,对周围不再关心,活动欲求下降,出现嗜睡、意识清晰度下降等。

2. 病理性醉酒,与个体的特殊敏感体质有关,在小剂量饮酒后突然出现比较深度的意识障碍,并伴有错觉、幻觉、片断妄想、定向力障碍,可出现情绪焦虑抑郁,激越冲动,并可有无目的的攻击行为。此类情况可持续几分钟到几小时,以酣睡结束,有完全和部分的遗忘。本病仅见于极少数人。

3. 复杂性醉酒,在患有脑器质性疾病的基础上,或是机体处于过度疲劳衰竭状态时,由于对酒精的耐受性下降,敏感性增加,很少量饮酒即可出现严重的醉酒状态,引起严重的精神症状。一般认为这是介于普通性醉酒和病理性醉酒之间的一种急性中毒类型。常见的精神障碍有病理性错觉、幻觉或片断被害妄想;情绪兴奋、激动,或易激惹;情绪兴奋、激动;无目的的刻板动作、攻击或破坏行为。

我国《刑法》第 18 条第 4 款规定,醉酒的人犯罪,应当负刑事责任。但刑法并没有就醉酒作出具体的规定。在医学上,醉酒就是指急性酒精中毒,但一般认为刑法中的"醉酒"只是指普通性醉酒,而不包括病理性醉酒和复杂性醉酒。

普通性醉酒一般不影响辨认能力,但对控制力能产生作用,表现为控制力下降、易于激惹。据国外资料中显示,约半数公路交通死亡事故和凶杀案件、1/4 自杀事件和这种急性酒中毒有关。尽管酒精可影响人的控制能力,但是鉴于刑法的预防目的、酗酒的不良生活方式,以及酗酒带来的诸多社会问题,大多数国家的刑法通过不同的方式对醉酒问题作出规定,基本上肯定了醉酒者的刑事责任问题,并就醉酒者的刑事责任能力提出了"原因中的自由行为"理论。而英美刑法就醉酒的自愿与否,把醉酒分为自愿饮酒后的醉酒与非自愿饮酒后的醉酒,并认为在刑事责任上两者具有明显的区别。复杂性醉酒者的刑事责任能力,在司法鉴定中的惯例是作为限制刑事责任能力,但就其临床表现来看,复杂性醉酒具有明显的认识障碍,如错觉、幻觉,并有明显的意识障碍,事实上,复杂性醉酒者完全丧失了辨认能力。之所以其在司法活动中受到比较苛刻的对待,究其原因,同普通性醉酒一样,更多的是基于对酗酒行为的一种谴责。

根据我国《精神障碍者刑事责任能力评定指南》(2016 年版),普通(急性)醉酒者评定为完全刑事责任能力。复杂性醉酒者,实施危害行为时处于辨认或控制能力丧失或明显削弱状态的,评定为限定刑事责任能力;再次发生复杂性醉酒者,评定为完全刑事责任能力。病理性醉酒者,实施危害行为时处于辨认或控制能力丧失的,评定为无刑事责任能力;再次发生病理性醉酒时,对自愿者评定为完全刑事责任能力。以上评定标准,用原因中的自由行为理论来解释,就是说行为人对陷入无责任能力状态如果存在故意或过失,则需要承担刑事责任。

(二)慢性酒精中毒性精神障碍

长期的反复多次饮酒可以对中枢神经系统产生损害,引发一系列的精神障碍,主要有酒精依赖、戒断反应、酒精中毒性幻觉症、酒精中毒性妄想症、酒精中毒性脑病。

1. 酒精依赖,指反复饮酒引起的一种特殊心理状态,表现为对酒的渴求和经常需要饮酒的强迫性体验,可连续或间断性出现。停止饮酒习惯后常感到心中难受、坐立不安,或出现肢体震颤、恶心、呕吐、出汗等戒断症状,恢复饮酒则这类症状迅速消失。

2. 戒断综合征,常发生于长期饮酒突然停饮或减少饮酒量之后,因停用或减少饮酒所致的综合征,由此引起的精神症状、躯体症状或社会功能受损。患者早期出现焦虑、抑郁、烦躁不安、睡眠障碍等,同时伴有恶心、呕吐、食欲不振、寒战、出汗、心悸、肢体震颤和植物神经功能障碍等;也可出现幻觉、妄想、精神运动性兴奋;严重者可出现震颤谵妄或癫痫发作,有的可导致死亡。

3. 酒精中毒性幻觉症,指长期饮酒引起的幻觉状态,大多在突然停饮或显著减少饮酒量之后 48 小时之内发生,也可在继续饮酒的情况下出现。其表现多为幻听或幻视,内容多为恐怖、威胁、诽谤等,可继发妄想。不伴有意识障碍、兴奋或植物神经功能障碍,可继发相应的情绪障碍和冲动行为。病程为数小时、数天或数周,一般不超过 6 个月。

4. 酒精中毒性妄想症,指长期饮酒引起的妄想状态。在意识清晰状态下,出现嫉妒妄想或被害妄想,常伴有相应的情感反应和行为,可导致对猜疑对象或配偶进行攻击,甚至酿成凶杀案件。酒精中毒性妄想症往往起病缓慢,病程迁延,如长期坚持戒酒可以逐渐恢复。

5. 柯萨可夫综合征(Korsakoff's Syndrome),患者在意识清晰状态下出现近事遗忘、时间定向力障碍、错构和虚构,以及情感幼稚、欣快、生活懒散等症状。患者病情进一步发展可表现为痴呆。

6. 酒精中毒性痴呆,患者由于长期饮酒以及多次出现震颤谵妄后可逐渐发展为痴呆状态,往往呈现多种高级皮层功能损害,如记忆力、计算力、理解力、判断力和语言功能的损害。严重者日常生活不能自理。

7. 酒精中毒性人格改变,患者为饮酒放弃其他的一切活动,变得以自我为中心、自私、丧失对家庭和社会的责任感、行为标准下降。为了弄到酒而说谎、欺骗,甚至偷窃和诈骗。

8. 酒精所致情感性精神障碍,过量持续饮酒可引起抑郁或焦虑,处于这种状态的患者容易出现自杀行为。为改善情绪又易过度饮酒,因而导致恶性循环。

9. 各种躯体疾病:长期酗酒会导致全身各组织器官功能受损,进而引发各种疾病,如酒精性肝硬化、营养不良,在疾病晚期可伴有大量的精神症状。

通常酒依赖者并不构成临床疾病,故在涉及违法犯罪时,是有刑事责任能力的。即便是出现人格障碍,但是当出现戒断反应时,在单纯性戒断发生时,其辨认能力和控制能力明显减弱,应根据情况判定为限制刑事责任能力。而出现震颤谵妄、酒精中毒性幻觉症、酒精中毒性妄想症,通常属于严重的精神障碍,应属于无刑事责任能力。但如果酒精中毒性妄想症者在早期疾病损害不严重时,可判定为限制责任能力。酒中毒精神障碍出现人格改变时,可出现盗窃、欺诈等行为,不能作为排除责任能力的理由。但当具有明显的器质性改变以及痴呆时,应属于无责任能力。

二、阿片类物质所致精神障碍

阿片类物质,是指任何天然的或是人工合成的,对机体产生类似吗啡摄入效应的一类药物。造成人体吗啡类反应的物质可分为三类:一是天然的,如吗啡、可卡因;二是吗啡衍生物,如海洛因;三是合成的,具有吗啡样作用的化合物,如杜冷丁、美沙酮等。阿片类物质作为药物,有很好的镇痛、镇静、镇咳、抑制呼吸、止泻、催吐、抗焦虑、致欣快、改变心境等方面的药理作用。人一旦不适当地尝试摄入阿片类物质,将不可避免地导致药物依赖。多数人在连续摄入三次左右就会成瘾,一旦成瘾,每过六小时左右就必须再次用药,否则会出现戒断症状,成瘾者会感到极度痛苦不堪,表现为血压升高、心率加快、恶寒及全身寒战、皮肤布满鸡皮疙瘩、流涕、呕吐、腹泻、全身骨骼肌肉极度痛楚、疲乏无力、极度困倦却又难以入睡、心烦意乱、坐立难安、食欲不振。

经过系统、正规的戒毒治疗后,生理上的戒断反应可得到有效的缓解,但在相当长的一段时间内,使用者可仍存在周身不适、烦躁不安、精神空虚、倦怠乏力、顽固性失眠、骨关节及肌肉莫名疼痛等;还可出现多种情绪问题,如焦虑、抑郁、易激惹、情绪脆弱、不能承受挫折、人格改变等。这些症状可以持续终身,俗称“心瘾难除”,只要客观条件允许,他们随时都可能走上复吸的道路。

三、苯丙胺类滥用所致精神障碍

近年来,甲基苯丙胺(俗称“冰毒”)、3,4-亚甲二氧基苯丙胺(俗称“摇头丸”)、麻黄素及相应化学衍生物等非法使用现象明显上升。这也是合成毒品的最主要种类。合成毒品为人工合成的兴奋剂、抑制剂和致幻剂,可作用于儿茶酚胺神经细胞突触前膜,通过促进单胺类神经递质释放,阻止递质再摄取抑制单胺氧化酶的活性而发挥作用,并可损害大脑边缘系统的功能,引起多种精神障碍。精神障碍的症状可表现为感知觉障碍如错觉、幻觉;思维障碍如被害妄想、关系妄想及夸大妄想;行为障碍如兴奋激越易冲动、伤人或自伤等;情感障碍如躁狂发作;并可有自知力下降或丧失,可出现明显的暴力、伤害和杀人犯罪倾向。与传统毒品抑制性兴奋不同,新型毒品使用者性欲增强,性行为发生的频次明显增加,增加了性暴力犯罪的可能性。

苯丙胺类滥用所致精神症状可导致辨别能力和控制能力下降,个体防护意识降低,身体失控,可致非自愿或意外的性接触,增大了无防护的高危性行为的发生率。合成毒品滥用不仅可造成急性精神障碍,还可造成中枢神经系统的不可逆损伤,导致长期慢性或间歇性发作的精神障碍,并可引起记忆减退、智能下降及人格改变,如性格暴躁、蛮横、撒谎、诡辩,没有责任感。自知力下降或丧失使个体意识不到自己已出现精神异常和病态的行为表现,从而拒绝教育和治疗。

四、镇静催眠药和抗焦虑药所致精神障碍

镇静催眠药和抗焦虑药是临床上广泛使用的药物,能引起依赖的主要有巴比妥类和苯二氮卓类。此类药物滥用所致的精神障碍主要有:一是过量中毒反应,表现为不适当的行为心理改变,如不恰当的性行为或攻击行为、情绪不稳、影响社会生活或妨害职业功能,生理方面则出现类似酒醉的症状;二是戒断反应,可出现短暂的幻觉,精神活动激越,焦虑,或癫痫大发作。

近年来,也出现了一些其他种类的精神活性物质导致精神障碍的犯罪案例,如罕见的大量吞服麻黄碱所致的凶杀行为。

【案例】

某男,74岁。某日凌晨3时许在其弟弟家中突然用刀将其弟弟、弟媳、侄子3人砍伤。因家属反映其有精神异常,故委托作精神疾病司法鉴定。据调查,该男自幼患支气管哮喘,一直服用氨茶碱、麻黄碱。1983年起哮喘发作频繁,加大药物剂量才能缓解。1987年起出现失眠,情绪易激动,常因小事与他人争吵不休。有时半夜把家人唤醒,大发脾气。此次案发前应邀做客弟弟家中,因哮喘发作而感到不安,一连服下约400片(10,000mg)麻黄碱片。案发后,在警署内曾呕吐一次,有多量药物残片,自称不知为何被带来警署。以往弟兄关系较好,无明显矛

盾。个性老实少言。两系三代无精神病史。

精神检查发现:意识清晰,对答切题。面部表情沮丧,无可奈何样,情感活动与思维内容相协调。问其以往健康情况时,答:"我从小就有气管炎哮喘,不能走路,不能睡,要用麻黄碱、氨茶碱 2～3 片/次,服几十年了。"问其与邻居关系,答:"邻居关系还可以,就是我的一个堂亲为了造房子产生一点矛盾,别的没什么。"问其案发情况时,说:"那天晚上睡觉前,我感到气喘,就吃麻黄碱,吃了以后气爽快多了,吃了很兴奋,感到越吃越好吃,把带来的五六瓶药都吃完了……天亮了,把我绑在凳子上,我吐了很多,晚上发生什么事情我一点也不知道。"又说:"听说我晚上杀我弟弟、弟媳,我弟弟对我可好呢。"问如何处理此事,答:"按照法律,该怎么办就怎么办。"不能回忆本次作案经过。目前对案情的性质、后果及影响认识清楚,后悔不已。接触中未发现幻觉、妄想,意志要求存在,智能正常。

麻黄碱临床可用于治疗支气管哮喘,常用剂量为75mg/日。其副作用有失眠、震颤、心悸、发热感和兴奋不安等。有报道认为服用过量可引起精神病,表现为较接近现实的被害妄想,还可出现行为怪异或大量多种形式的幻觉,类似偏执性和分裂样障碍。本例患者近10年来渐出现失眠、兴奋易激惹,近期出现猜疑和片断的被害观念,如忽视了药物因素,临床上会与人格障碍、情感性障碍、精神分裂症等精神疾病相混淆。但其有几十年的麻黄碱用药史,用药量为常用剂量的2～3倍,精神检查中发现有片断的猜疑和被害观念,内容未脱离现实,参照CCMD-3中有关精神活性物质所致精神障碍的诊断标准,符合麻黄碱所致精神障碍的诊断。本次案发前其吞服大量麻黄碱后出现明显意识障碍,属急性中毒。因意识障碍导致其丧失了辨认和控制能力,应评定为无刑事责任能力。

以上案例为较特殊的情况。一般来说,药物依赖者涉及的犯罪案件,不能免除刑事责任,最多被判定为限制责任能力,尽管某些药物的中毒反应可表现为严重的精神错乱,还有当戒断反应出现时,也可以因意识障碍引起冲动行为。通常人们认为药物依赖者吸食药物属于自愿行为,陷入无意识混乱、精神错乱中是自由意志行为的结果,一个更深层的原因是,社会不能容忍吸食毒品所带来的后果。在刑法理论的范围内,药物依赖者的责任能力向传统的责任原理提出了挑战:首先,吸毒行为本身被法律所禁止,但单纯的吸毒并未被纳入刑罚制裁的范畴,对于吸毒行为只能采取行政性遏制措施。其次,因吸毒而形成的精神障碍,其病理机制和行为心理结构与通常的精神障碍并无明显的区分,但刑法却很难以通常的标准来加以衡量,其根本原因就是传统的伦理准则始终在左右刑法及其反映的刑事政策,这是刑法研究所必须重视的问题,但确实是一个令刑法理论无可奈何的问题。

对毒品所致精神障碍者,根据我国《精神障碍者刑事责任能力评定指南》(2016年版),如为非自愿摄入者,刑事责任能力的评定适用一般精神障碍的评定原则,即需考察其实施危害行为当时的辨认能力和控制能力,结合具体情况评定为完全、限定或无刑事责任能力,对自愿摄入者,如果精神症状影响其辨认或控制能力时,不宜评定其刑事责任能力,鉴定人可进行医学诊断并说明其作案时精神状态,而其到底应承担何等刑事责任应由法官去裁定。在司法鉴定实务中,关于自愿吸食毒品导致精神障碍者刑事责任能力的评定,同一案件可能因鉴定人不同而出现不同鉴定意见。争论的焦点主要集中在吸毒者陷于辨认或控制能力丧失状态下实施危害行为时该如何评定其刑事责任能力。

研究发现,①大部分鉴定人知晓《精神障碍者刑事责任能力评定指南》中对毒品所致精神障碍者刑事责任能力评定的特别规定,但在实际鉴定工作中,对作案由吸毒所致的精神症状相关的鉴定案件中,仅有小部分鉴定人严格按照规定执行,写明"不宜评定其刑事责任能力",绝大部分鉴定人仍评定完全刑事责任能力,有小部分鉴定人评定限定刑事责任能力。法官对自愿吸毒所致精神障碍者应当负刑事责任能力的观点较为一致,多数倾向于完全刑事责任能力,但仍存在一定分歧。

目前我国专家比较一致的观点是,②我国法律明文禁止非法使用阿片、海洛因、大麻、摇头丸、致幻剂等物质。被鉴定人应当知道其使用此类物质行为的违法性和社会危害性。因此,即使被鉴定人因使用此物质而产生精神病性障碍,也不能认为其无辨认能力或者控制能力,应评定为完全责任能力。但是,下列两种情况除外:

(1)如果有证据证明被鉴定人使用此类物质是在不知情或者被诱骗、被强迫

---

① 张盛宇等:《毒品所致精神障碍者刑事责任能力评定现状调查》,载《法医学杂志》2014年第6期,第431~433页。

② 参见纪术茂、高北陵、张小宁:《中国精神障碍者刑事责任能力评定与司法审判实务指南》,法律出版社2012年版,第85~86页。

下使用,可评定为限制责任能力或者无责任能力。

(2)如果有证据证明被鉴定人使用此类物质是出于医疗目的,而且有医生处方,可评定为限制责任能力或者无责任能力。

第四节 精神分裂症

一、概述

精神分裂症是一种常见的重性精神疾病,是病理性精神症状表现最多的一组精神病,其主要特征是精神活动的“分裂”,即基本的认知、情感、行为互不协调,精神活动脱离现实环境。病程在3个月以上者,称为精神分裂症。如有精神分裂症表现但病程不足3个月者,称为分裂样精神病。

精神分裂症患者多起病于青壮年,在幻觉妄想等病理性精神症状的支配下,易发生暴力和攻击行为,从而导致犯罪。据调查分析,在各类精神疾病暴力攻击行为中,近9成被诊断为精神分裂症。① 虽然精神疾病者的暴力攻击行为是正常人群的4~6倍,②但并不是大多数精神分裂症患者都有暴力攻击行为。从20世纪70年代起就有学者开始研究预测精神分裂症患者的攻击行为,包括神经生物学、社会学、精神症状学等方面。

神经生物学方面的研究包括血生化如5-羟色胺、单胺氧化酶、睾酮水平及其相关基因的异常与情感、行为控制相关,③神经影像学提示有攻击行为的精神分裂症患者额叶和颞叶的结构和功能异于常人。④

在社会学方面的研究中,儿童期受虐待、父母不正确的教养方式、社会支持系统是否完善等对精神分裂症患者攻击行为也有一定影响,因早年的家庭环境是否和睦,是否有亲情缺失,及父母负面的教养方式如体罚过多、缺乏理解和肯定、漠

---

① See Witt K, Van Dom R, Fazel S, “Risk Factors for Violence in Psychosis: Systematic Review and Meta-regression Analysis of 110 Studies”, *Plo S One*, 2013, pp. 1-15.

② See Fazel S et al., “Schizophrenia, Substance Abuse and Violent Crime”, *JAMA*, 2009, pp. 2016-2023.

③ See Lo CH et al., “Emotional Management and 5-HT2A Receptor Gene Variance Inpatient Swith Schizophrenia”, *Biol Psychol*, 2010, pp. 79-83.

④ See Hoptman MJ et al., “Amygdalo Frontal Functional Disconnectivity and Aggression in SchizoPhrenia”, *Schizophr Bull*, 2010, pp. 1020-1028.

不关心、过分溺爱等直接影响个体的人格特征和心理状态基础。随之,社会环境对青少年的人格和心理的影响也逐渐明显,并贯穿人的一生。生活中遇到的负性事件越多,患者发生暴力攻击行为可能性越大。有暴力攻击行为的精神分裂症患者的人格特征呈现以下特点:情绪不稳定、对外界刺激敏感、易激惹、易冲动、缺乏责任感。

精神症状学研究发现,情绪高涨或情绪不稳、紧张、敌对、合并幻觉、妄想的精神疾病阳性症状的患者容易出现攻击行为,而以情感淡漠、思维迟钝、动作迟缓为主的神经疾病阴性症状的患者不容易出现暴力攻击行为。值得注意的是,多项研究均提示,既往有暴力攻击史与精神分裂症患者暴力攻击行为显著相关,[①]对预测精神分裂症患者的攻击行为有重要价值。

二、症状表现

精神分裂症的症状表现复杂多样,前述的病理性精神症状在精神分裂症患者中几乎都可以见到。

(一)思维障碍

思维障碍是精神分裂症最具有特征性的症状,如果没有思维障碍,则不能诊断为精神分裂症。常见的是思维形式障碍,如思维散漫、思维破裂、病理性象征性思维、逻辑倒错性思维、语词新作等。由施尼德尔(Schneider)提出的精神分裂症一级症状[②]中,有思维鸣响、思维被扩散、思维被撤走、思维阻塞、思维被插入等。

思维内容障碍中的妄想,也是精神分裂症十分常见的症状,也是导致患者产生严重危害行为的病理性精神症状。精神分裂症的妄想以被害妄想、嫉妒妄想、物理影响妄想、关系妄想、非血统妄想、钟情妄想、疑病妄想较常见。精神分裂症患者的妄想对象往往不只一个,内容荒谬怪异,但多隐蔽,多在案发时才暴露其想法。

(二)幻觉及感知综合障碍

幻觉是精神分裂症的常见症状,且可以在幻觉的基础上继发妄想。以幻听最

---

① Amore M. et al.,"Predictors of Violent Behavior Among Acute Psychiatric Patients: Clinical Study", *Psychiatry Clin Neurosci*,2008,pp. 247 - 255;Lejoyeux M. et al,"An Investigation of Factors Increasing the Risk of Aggressive Behavior Among Schizophrenic Inpatients",*Front Pychiatry*,2013,p. 97.

② 他认为精神分裂症具有特征性的一组症状,只要出现其中任何一项,只要排除了器质性精神障碍,即可诊断为精神分裂症。

多见，特别是争论性幻听、评论性幻听、命令性幻听有特征性诊断意义，也可出现幻视、幻嗅、幻味、性幻觉等。

在感知综合障碍中，如感到自身变形或见到熟人变为妖魔，对诊断有特殊意义。

（三）情感障碍

精神分裂症患者情感活动与思维内容及外界环境不协调，可表现为情绪淡漠，对强刺激无任何反应，沉浸在自己的世界里；也可表现为情绪高涨，无缘无故地兴奋、喜悦异常；或出现情感倒错，可以笑容满面地说自己杀了人之后感到后悔。

（四）意志行为障碍

精神疾病都可能出现意志和行为的异常，主要分阳性症状和阴性症状两组症候群。如出现意向倒错、行为荒唐怪异，诉说的理由牵强奇特时，要考虑精神分裂症的可能。

（五）智能和自知力障碍

绝大多数精神分裂症患者的意识清楚，对答流利，对时间、空间的定向力好，智能尚可，缺乏自知力。值得注意的是，一些长期患病多次就诊或住院的精神分裂症患者可对自己的症状如数家珍，他熟悉自己症状的术语，可自诉“我有精神病”、有“幻听、妄想”等。

三、主要类型

（一）单纯型

该型约占精神分裂症的2%，起病隐匿，发展缓慢，病程至少2年，以情感淡漠、意志减退、社会功能下降为主要表现，早期症状类似神经衰弱，很难诊断，无明显幻觉及妄想等病理性精神症状，偶可出现与环境不相称的暴怒并难以平息，导致冲动性危害行为。一些人由于意志缺乏、终日无所事事，可成为流浪汉或乞丐。

（二）青春型

该型占精神分裂症的10% ~20%，发生在青年期，起病较急，发展较快。主要表现是思维散漫、思维破裂，情感倒错，出现自笑、喜怒无常，行为幼稚愚蠢，可出现食欲、性欲增强，偶可出现幻觉，持续短暂，妄想以非系统性妄想为主，幻觉妄想的内容多与性有关。

（三）紧张型

此型以紧张综合征为主要特征，多在青年期发病，较少见。症状可表现为紧张性木僵，也可见紧张性兴奋，两者可单独发生或交替出现。紧张性兴奋常突然发作，表情紧张，行为冲动、动作强烈粗暴，但又单调刻板，往往无端攻击他人，伤人毁物，既无明确的原因，也无确切的目标，使人难以理解及防御，但持续时间也较短暂。

（四）偏执型

此型最多见，约占精神分裂症的50%，以同一内容的经常性幻听和持久存在的非系统性妄想为主要特征。发病多在中年，病程发展缓慢。初期敏感多疑，出现幻觉，逐渐发展为关系妄想、被害妄想、物理影响妄想等。幻觉妄想等认知障碍可对情感、意志行为有严重影响，患者可在病理性精神症状的支配下出现愤怒、恐惧、冲动行为，自伤或伤害他人。此型与犯罪行为关系最为密切。

（五）未分化型

患者具有多种明显的“阳性症状”，但又难以归入上述各类型，亦可称为未定型或混合型。

精神分裂症是最常见的重型精神病，以前所指的“精神病”主要是指精神分裂症。在各类精神病中，精神分裂症由于病理性精神症状表现最为丰富，出现违法犯罪行为的可能性最大，其中以暴力性犯罪行为最常见。

以前由于对精神分裂症的认识不足，一旦被确诊为精神分裂症则被认为无刑事责任能力。但随着人们对本病的认识不断深入，医学—法学标准的不断深化，强调在医学诊断的基础上，要重视对精神分裂症患者的犯罪动机和心理过程进行分析，以明确其作案当时的辨认能力和控制能力是否完好来评定其刑事责任能力。在鉴定实务中，精神分裂症者多为限制性或无责任能力，但仍有部分为完全责任能力。

第五节　偏执性精神病

在CCMD－3中，偏执性精神病是一种以妄想为主要表现的精神障碍，ICD－10中也被称为妄想性精神病，其妄想多为独立产生和存在的系统性妄想，也可有少量的与妄想相关的片段幻觉。因其妄想的内容与现实生活有较密切的关系,不算离奇荒谬,颇为让人觉得真实可信。加之患者在不涉及妄想的情况下基本像精神正常人一样,没有其他思维、情绪、意志行为的障碍,不易被人视作精神病人。

偏执性精神病形成的原因尚不能作出科学的解释,但多数学者认同患者有偏执性人格的基础,如自视过高,以自我为中心,主观固执,有时又极度自卑,敏感多疑,心胸狭隘,好嫉妒,易激惹,遇到挫折和失败后怨天尤人,不从自己身上找原因,报复心强。当此类人遇到一定的精神刺激后就可能发病。偏执性人格者与偏执性精神病的区别在于他们虽然有一些固执己见的认识,但没有妄想和幻觉等病理性精神症状。

在偏执性精神病的各种妄想中,常见的有被害妄想、疑病妄想、嫉妒妄想、钟情妄想和夸大妄想。患者可因为妄想而注意力增强、意志增强,长期坚持不懈地去证实自己的判断,或者缜密地制订自己的行动计划,并可能会付诸实施,造成社会危害。

偏执性精神病患者出现的妄想为系统性妄想。其症状往往具有隐蔽性、渐进性,开始由于敏感多疑,患者常曲解别人的言行实质,将所见所闻按本人的主观臆测赋予特定意义,而逐渐形成偏执观念,在偏执观念的支配下,与周围的矛盾不断升级,又进一步加强并巩固妄想推理,从而完善其"系统化"过程。其妄想内容较固定,并有一定的现实基础,不经调查的话往往难辨真伪。因为患者的人格相对完整,能言善辩,工作、生活如常,一般人际关系尚可,所以总的精神活动不易被觉察为异常。为证实妄想的真实性,患者常将一些毫不相干的人和事牵强附会地编凑成生动有据的"事实",使人可能相信,因而要进行多方调查,发现其中歪曲部分才能确实是否为妄想。

偏执性精神病患者起病缓,病程长,妄想症状多长期存在。因其智能良好,对自身疾病缺乏自知力,常可涉及各种违法行为,如诈骗、杀人、危害国家安全、妨害公务等。其严重程度轻重不一,轻者仅表现为某种夸大或者迫害观念,严重者则有系统固定的妄想。由于大多数患者看上去很正常,夸夸其谈,其相对单一的妄想内容又真假难辨,一些缺乏专业知识的人士很容易上当受骗。其病程较长,持续时间少则几年,多则数十年甚至终生,由于存在持续的系统性妄想,有的可在相当长的一段时间内实施跨省跨境,甚至跨国的危害行为,因其妄想内容的"合理性"和"逻辑性",可能使有经验的专业人员、公安司法人员对这些妄想内容也难辨真假。偏执性精神病患者不仅对于社会安定和谐构成重大威胁,对自身和家庭也造成严重的负面影响。最严重的后果是因其坚信不疑的妄想,导致满腔愤懑而产生的复仇心理,于是对妄想对象发动攻击行为。其作案往往有周密的计划,目标、对象明确。

在司法实践中,因偏执性精神病患者在不涉及妄想的情况下,其精神活动一般无明显异常,生活和工作能力大多保持完整。因此,一方面,要避免误诊而将其看成正常人;另一方面,也要注意与有现实基础的超价观念区别,避免将有偏执人格倾向的正常人诊断为偏执性精神病。

偏执性精神病的刑事责任能力评定,最重要的是要厘清症状与案件事实的因果关系。如果危害行为与妄想直接相关,行为直接受病理性精神症状所支配,无现实背景,对自己的行为丧失了实质性辨认能力或者控制能力,评定为无责任能力。如行为与妄想症状之间存在部分因果关系,兼具病理性与现实性两种动机成分,应结合精神症状的局限性特点,根据行为人对自己行为的辨认能力或者控制能力削弱程度,评定为限制责任能力或者完全责任能力。

第六节　心境障碍

心境障碍又称情感性精神障碍、躁狂抑郁性精神障碍、双相及相关障碍。是一类以心境显著而持久的改变为基本表现的精神障碍,可为情感高涨即躁狂,也可为情感低落即抑郁。发作时伴有与情感背景相应的思维和行为改变,多为反复发作,间歇期可完全正常。

一、躁狂状态

躁狂主要表现为情感高涨、思维奔逸和意志增强。

患者心情愉悦、笑容满面、乐观风趣,自我感觉良好。思维联想迅速,言语增多、滔滔不绝、出口成章。意志增强,但注意力难以集中,话题转换快,缺乏固定主题。患者仿佛有用不完的精力,活动增多,动作灵敏而快捷,但做事往往虎头蛇尾,不能善终。有时情绪不稳,极易激惹,可因一点小事勃然大怒而不可自控,造成危害后果。一些患者性欲亢进,男性患者表现谈吐露骨,行为下流,纠缠女性,可发生猥亵、露阴行为。女性患者装扮妖冶、举止轻浮、追逐异性，可主动勾引挑逗异性，强迫他人与之发生性关系。

如病史中无抑郁发作证据的单相躁狂发作可称为躁狂症。根据躁狂的强度可分为轻躁狂发作、激动型躁狂症、狂怒型躁狂症。根据发作是否为首发，可以将躁狂症分为单次发作躁狂症、反复发作躁狂症。

二、抑郁状态

抑郁状态主要表现为情感低落、思维迟缓和意志减退。患者忧郁苦闷、愁绪满怀，对可喜的事无动于衷，对亲人也失去眷恋，悲观失望。思维活动迟缓、联想困难，言语及行为减少，可终日静坐不语。意志消沉，食欲、性欲明显减退，生活毫无希望和目的，连吃饭、上厕所都很费劲，终日无所事事，生活对他来说仿佛非常乏味而痛苦。病情严重者可出现妄想、幻觉和抑郁性木僵。有些患者可表现为焦虑不安，神情紧张，易激惹，可在冲动下发生危害行为。

在病史中没有躁狂发作的单相抑郁发作可称为抑郁症。首次发作的抑郁症被称为单次发作抑郁症，既往有抑郁发作的抑郁症被称为反复发作抑郁症。

很多抑郁症患者有自杀行为。各类精神障碍者中也以抑郁症自杀者最多。值得注意的是，有自杀观念者不一定会反映出想自杀的意愿，有些人甚至伪装得非常好，在人前强颜欢笑，行为如常，掩饰自己的痛苦，自杀后其家属感到难以置信。

抑郁症的自杀还有两种特殊情况，即“扩大性自杀”和“间接性自杀”。所谓“扩大性自杀”是指有强烈自杀观念的患者出于不让亲人在自己死后继续受苦的动机，在自杀前将这些亲人杀死的行为。被杀害者都是患者深爱的亲属如子女、配偶、父母。而“间接性自杀”是指患者具有自杀的意愿，但并不直接自杀，而是通过实施犯罪而期望得到被处以死刑从而达到目的。

【案例】

周某，女，25岁。因为厌烦5个月大的女儿长期生病，自己又觉得带小孩辛苦，于是借口要吃鱼让其母亲离开家门外出买鱼，待其母亲走后，周某便用塑料口袋套在其女儿头上，用手按压面部将其捂死，随后周某使用自己母亲的手机报警，等待警察到现场将自己捉获。

对作案经过能清楚讲述,称自己感到压力大、睡眠差、不思饮食、烦躁,孩子经常生病,平时脑子里都是听到孩子的哭泣,小孩整天吃药受苦,自己感到活着没意思,经常想如何去死,担心自己死后孩子受苦,自己先将孩子弄死,是让孩子将来不受人欺负,长痛不如短痛,就将她捂死后自己被枪毙了事。周某称由于整天都想孩子如何能死,当时也听到一个女人的声音在说"怎么娃儿还没死,快将她弄死",头脑昏沉沉,懒动、悲观厌世,不想见任何人、不想出看守所,就想自己快点死,对杀死孩子不后悔。

精神检查发现:意识清楚,应答切题,有片断"命令性幻听",精力缺乏,悲观厌世,睡眠、饮食差,反复出现自杀观念,其情绪低落,记忆智能正常,根据CCMD-3标准,符合情感性精神障碍抑郁发作诊断。根据其案发前的想法"小孩整天吃药受苦,自己感到活着没意思,经常想如何去死,担心自己死后孩子受苦,自己先将孩子弄死,是让孩子将来不受人欺负,长痛不如短痛,就将她捂死后自己被枪毙了事",为产后抑郁进而实施的"扩大性自杀"的表现。

三、双相情感性精神障碍

双相情感性精神障碍又称作躁狂抑郁症,为躁狂状态和抑郁状态交替出现的情感性精神障碍,较为多见。根据每次发作的主要表现,又可分为:(1)双相情感障碍—躁狂相,即该次发作以躁狂状态为主要表现,以往有抑郁发作。(2)双相情感障碍—抑郁相,即该次发作以抑郁状态为主要表现,以往有躁狂发作。(3)双相情感障碍—混合相,即在该次发作中,躁狂状态和抑郁状态混合存在或交替发生。

【案例】

陈某,男,40岁,汉族,已婚,大学本科,系某报社科教处副主任,因杀人而被捕。

陈某自幼体健,无脑外伤、癫痫、昏迷及其他躯体重病史,亦无精神病史。适龄入学,成绩好。高中毕业后考入某大学中文系本科。毕业后分配到某报社工作,先后任校对、排版、记者、编辑等职。工作能力强,人际关系好。性格豁达、健谈、爱说爱笑。1990年结婚,其妻系某中医院医师,夫妻感情深,育两男,大儿系弱智,小儿上小学一年级,成绩较差。但陈某对两个儿子也倍加疼爱,常帮助其妻料理家务。2002年9月陈某到某县挂职任县委副书记,工作出色,深受群众好评。2003年9月陈某的大哥到海南出差,在海口大东海浴场游泳时不幸遇难身亡。之后同事发现陈某的脑袋好像有问题,表现为工作抓不住重点,兴奋、话多,思维逻辑推理不大正常,讲几句话很快就转移话题。并将一只死鸟捡来玩,别人笑他,却大发脾气,使人感到莫名其妙。2004年年初返回单位上班,同事又发现他情绪低落,变得沉默寡言,不喜欢与人交往,常关起门在办公室独坐发呆。无故不上班,也不做家务,愁眉苦脸、郁郁寡欢,认为自己对不起妻儿,让他们受苦。陈某的同学多次邀他一块去玩,均被拒绝。2005年5月3日下午4时左右,陈某突然提出要妻子和两个儿子与他一同到某公园划船,当船划至湖心,陈某突然先后将小儿、妻子和大儿推入湖中,然后自己也跳入湖里。陈某对闻讯前来营救的游人说:"他们都走了,我也要走!"陈某和大儿被他人奋力救上岸,陈妻和小儿溺水死亡。陈某被救上岸后又拉起大儿欲再往水里跳,被劝阻。因杀人动机不明,公安机关要求对他进行精神疾病的司法鉴定。

鉴定检查:神志清楚,年貌相符,衣着整齐,接触被动,表情抑郁悲伤。对答切题,能回忆作案过程。但回答缓慢,语音低微,常低头不语。认为全家跟着他受苦受累,并称:自己为报社卖命,儿子出生是剖官产,造成两个残疾孩子,妻子很苦,自己有罪,对不起妻儿,活着没意思,想死,想到另外一个世界摆脱苦难。但又想自己死后妻子和两个残疾孩子这辈子日子怎么过?于是想要活一起活,要死一起死。决定大家一齐脱离苦海到新世界报到。并觉得单位有人要害他,听见声音说:"全家都要到另一个世界去消灾,脱离人间苦难。"智能好,不承认有精神病。

分析说明:被鉴定人因其兄意外死亡后出现精神异常,但症状内容与精神刺激无关。以情感障碍为基本症状,且与自己的处境、身份均不相称。初主要表现为情绪高涨,兴奋、话多,意念飘忽,活动增多,易激惹,工作能力明显下降。之后又表现为情绪低落,悲观失望,兴趣丧失,自我评价过低,自责自罪,深感对不起妻儿,并出现自杀和扩大性自杀行为。病程持续约7个月。鉴定检查发现,被鉴定人情绪抑郁悲伤,联想缓慢,语音低微,被鉴定人初表现为躁狂状态,后表现为抑郁状态,并在心境障碍基础上出现自罪妄想、被害妄想及听幻觉等,因此被鉴定人符合心境障碍双相型之诊断。作案是在抑郁症发作状态下出现的扩大性自杀行为,这种扩大性自杀虽有一定准备或预谋,但作案动机是病理性的,对其行为丧失了实质性辨认和控制能力,应当评定为无刑事责任能力。

鉴定意见:(1)被鉴定人陈某患心境障碍(双相型);(2)被鉴定人陈某作案是在抑郁症发作状态下实施的扩大性自杀行为,丧失了对自己行为的辨认和控制能力,评定为无刑事责任能力;(3)目前被鉴定人病情尚未缓解,应对陈某采取强制性医疗监护措施。

情感性精神障碍与刑事责任能力的关系也比较密切。躁狂发作的责任能力判定问题历来分歧较大。贾谊诚、焦静如等认为对此类案例应根据病情轻重来判定责任能力。[①] 但笔者认为,在鉴定时不能只根据躁狂症的严重程度而采取完全划一的规定或方式,仍应掌握全部材料,综合分析。躁狂症在轻度发作时,对行为的辨认能力保存较好,但控制力明显削弱,易和周围人发生现实性矛盾纠纷,以致出现伤人毁物等冲动性犯罪。对此类患者法律能力应结合案情严重程度、作案动机、病情严重程度及对自我行为的认知情况综合评定。在躁狂严重发作时亦可出现幻觉、妄想、思维逻辑障碍等精神病性症状,进而产生病理性动机而致凶杀,则应评为无刑事责任能力。一般来说,躁狂症以现实性动机所引起的违法行为居多,抑郁症以病理性动机引起的违法行为居多。[②]

严重抑郁症患者可能出现幻觉、妄想而导致冲动性违法行为,其辨认能力可减弱或丧失;"扩大性自杀"和"间接性自杀"的患者由于其病态的思维逻辑对辨认、控制能力具有直接影响,可使本人丧失辨认、控制能力。扩大性自杀者并不认为自己在实施犯罪行为,而是出于对家人的保护,认为自己是在拯救家人脱离苦难,早日解脱。

持续性情绪低落、忧郁、心境恶劣是抑郁症的典型症状之一。这类情绪低落的压抑状态是原发性的、内源性的,即在无明显外界因素作用下发生的。而焦虑、激越焦虑和抑郁常相伴出现。抑郁症患者伴有焦虑症状者约占70%。常见的焦虑症状为坐立不安、心神不宁,出现莫名其妙的惊恐、多虑和焦躁不安,是一种病理性的紧张、恐怖状态,还可出现易激动、易发怒。这种焦虑症状突出的抑郁症被称为"激越性抑郁症"。此类患者易激惹而出现强烈的情感爆发,丧失自我控制能力,出现冲动暴力行为。这种情况在司法实践中多判定为限制刑事责任能力。

---

① 参见焦静如、苏雪倩、钟杏圣:《精神疾病司法鉴定的随访研究》,载《中华精神科杂志》1998年第31期;贾谊诚主编:《实用司法精神医学》,安徽人民出版社1988年版,第260页。

② 参见马世民:《精神疾病司法鉴定(三):情感性精神障碍涉法行为分析》,载《临床精神医学杂志》2000年第2期。

【案例】

"我把儿子杀了,我把儿子杀了。"2014年1月23日某县警方接到一个女子电话报警,这名女子哭诉自己把儿子杀了,自首的人叫王某,女,1984年5月25日生,大学文化,无职业。检察院以起诉书指控被告人王某犯故意杀人罪,从检方了解到,王某与婆婆王某某长期关系不和,并经常因家庭琐事发生争吵。

2014年1月23日8时许,王某的婆婆在两人吵架后,赌气收拾行李回了老家,儿子李某又不断哭闹,无论王某怎么哄,孩子一直哭,王某心生绝望,情绪完全失控,遂用布条围住儿子李某的脖颈,并用双手掐住其脖颈致其当场死亡。

法医学尸体检验鉴定书证实,王某儿子李某系被他人以软质钝体压迫颈部,造成机械性窒息死亡。

案发后,王某的邻居和同学都惊呆了。她的一名同学告诉记者,上学时王某是个开朗漂亮的女孩,胆子也很小。警方对王某作了精神鉴定,对王某诊断为抑郁症。受疾病影响在此次实施故意杀人犯罪行为时实质性辨认控制能力削弱,属于激越性凶杀,评定为部分(限定)责任能力,对被告人应同罪大恶极的凶杀案件予以区分。

第七节 神经症

神经症(neurosis),过去又称神经官能症,是一组常见的精神障碍,发病与各种社会、心理因素有关,表现为烦恼、焦虑、抑郁、恐惧、强迫、疑病、神经衰弱、躯体化症状、解离症状、转换症状等多种临床表现。这些精神活动或行为患者认为自己应该能够控制,却难以有效加以控制,患者可觉察到这种内心矛盾冲突体验,深感痛苦却无能为力,伴社会功能受损。

神经症病因及发病机制非常复杂,临床表现不一致、诊断归类和治疗都非常有争议。学者们倾向于采用多病因模式来评价神经症发生和发展过程中各种生物学、心理学和社会学方面诸因素的作用。其中,个体的心理特征、个体遭遇的生活事件,以及个体对这些事件的应对方式、个体的社会支持系统等都在发病影响因素中起重要作用。

神经症性障碍包括恐惧症、焦虑症、强迫症、疑病症、神经衰弱以及癔症。

一、恐惧症

恐惧症又称恐惧症神经症，是指患者对某些特殊处境、物体，或与人交往产生过分和不合理的恐惧与不安。各种恐惧症状具有一些共同点：如恐惧发作时可致面色苍白、气促、出汗、心悸、甚至无力、昏厥等植物神经症状；患者对恐惧的对象竭力回避；患者明知这种反应没有必要、极不合理，但难以控制；患者预计可能会遇到恐惧对象时会感觉到极度紧张不安，被称为“预期性焦虑”。恐惧症的临床表现很多，基本分为3类：场所恐惧症（如害怕广场、黑暗场所、幽闭空间、高处等）、社会恐惧症（害怕在公共场所说话、聚会、开会及人际交往等）、特定恐惧症（害怕鼠、蛇、雷、尖锐物体、密集物体等）。

二、焦虑症

焦虑症又称焦虑性神经症，是一组以广泛和持续焦虑情绪或反复发作的惊恐不安为主要特征和突出症状表现的神经症障碍。一般情况下，焦虑症提心吊胆和恐惧不安的情绪是原发的，原因不明的，或是这些原因与焦虑程度明显不相称的。临床上常见有惊恐发作和广泛性焦虑两种表现形式。

1. 惊恐发作，又称急性焦虑发作，是一组以急性和阵发性反复出现的、显著的心悸、出汗、震颤等植物神经系统症状为主要原发症状的神经症性障碍。常在日常活动中无明显诱因突然出现非常强烈的濒临死亡的感觉，仿佛窒息降至、疯狂将至、灾难将至。这种发作并不局限于任何特定情景，具有不可预测性，症状发作突然，中止迅速。

2. 广泛性焦虑，又称为慢性焦虑，主要表现为紧张不安、心烦意乱、没有耐心、惶惶不可终日。

三、强迫症

强迫症即以强迫观念、强迫冲动或者强迫行为等强迫症状为主要表现的一种神经症。强迫症有三大特征：主观上有受强迫的体验；主观上感到必须加以抵抗；有自知力。很显然，强迫症具有完好的认知能力。病人深知不合理、不必要，但却无法控制或摆脱，因而焦虑和痛苦。强迫症的临床表现主要有：强迫观念（有强迫怀疑、强迫回忆、强迫性穷思竭虑），强迫情绪（主要指一种不必要的担心）、强迫意向(一种冲动要去做某种违反自己心愿的事);强迫行为(如强迫检查、强迫洗涤、强迫计数、强迫性仪式动作等)。精神分裂症也可有强迫行为,两者的区别主要在于是否有自知力。

四、分离(转换)性障碍(旧称癔症)

分离(转换)性障碍旧称癔症(hysteria),是一种以分离症状和转换症状为主的精神障碍。分离症状是指部分或完全丧失对过去记忆或对自我身份的识别,也称为癔症性精神症状。转换症状是指在遭遇无法解决的问题或冲突时产生的不快情绪,以转化为躯体症状表现出来,而一旦转换,则情绪反应便消失,也称为癔症性躯体症状。

(一)分离性障碍

其临床表现主要为意识及情感障碍、意识障碍以意识狭窄、朦胧状态多见,意识范围缩小,有的成梦样状态或酩酊状态。情感障碍则主要为强烈的情感爆发症状,有的哭笑打滚,有的狂喊乱叫等,即歇斯底里的表现。分离症状还有些特殊的形式,如童样痴呆、假性痴呆、遗忘症、神游症、刚塞(Ganser)综合征(对问题能正确理解,答案对标准近似,但不正确)、多重人格等。

(二)转换性障碍

其为以抽搐、瘫痪、失音、失语、皮肤感觉异常为主要表现的躯体症状。除了癔症性精神病和癔症性意识障碍外,通常本病患者都有较为完好的自知力。癔症性精神病是一种癔症的特殊表现形式,主要表现为意识朦胧、漫游症、紊乱行为及反复出现的幻想性生活情节,可有片断的幻觉和妄想,自知力不充分。

五、躯体形式障碍

躯体形式障碍(somatoform disorders),又被称为疑病性神经症。是一类以持久担心和相信各种躯体疾病症状的优势观念为特征的神经症。病人因这些症状反复就医,尽管各种医学检查都是正常结果,或者医生反复解释,均不能打消患者的疑虑。这里疾病的类型主要有躯体化障碍(以多种多样、经常变化的躯体症状如胃肠道症状、呼吸循环系统症状、泌尿生殖系统症状、皮肤症状或疼痛症状等为主诉,而体格检查和实验室检查并未发现与这些症状相关的躯体疾病的证据)、躯体形式自主神经障碍(以由自主神经支配的器官系统发生躯体形式障碍,如部位不定的疼痛、烧灼感、紧束感等,所致的神经症样综合征,而这些症状确非器官或者系统发生障碍所致)、躯体形式疼痛障碍(一种不能用生理过程或躯体障碍予以合理解释的持续、严重的疼痛)和疑病症(hypochondriasis,是担心自己或相信自己患有某种严重的身体疾病,虽经检查和医生的解释均不能打消患者的疑虑)。

六、神经衰弱

神经衰弱(nrutsdyhrnis),是指由于长期神经活动过度紧张产生的功能活动失调,主要的表现为易于兴奋也易于疲劳、衰竭,临床上多见脑力劳动者,另一种表现为脑力下降,注意力不能集中。

神经症是一组以内心的情绪体验为主要特征的精神障碍,患者的情绪都是来自于内心的体验,自知力完好,知道自己的感受是没有必要的,不该有的,但是却无法克制,但这种内心的体验并不会转化为行为。传统把这类疾病称为轻型精神病,我们现在把它又称为非精神病性精神障碍。所以这类患者的辨认能力和控制能力完好,属于完全责任能力,但是癔症是个例外。

癔症中的分离性精神障碍在临床表现上意识范围缩小,即意识集中在既往创伤体验上,而对周围的事物感知是模糊的或歪曲的;有些分离性患者表现为精神恍惚状态,患者在发作时,可以达到无认知能力,所以根据情况可以认定为无责任能力。

第八节　人格障碍

一、人格

人格(personality),又称为个性,是指个体在社会与生活环境中一贯表现出各方面所表现的特点,构成一个人的个性或人格。人格特征就是无论时空变化仍保持相对稳定的思维、认知、反应和交往形式。人格障碍(personality disorder),是指个体的人格特征明显的偏离正常,使病人形成了一贯的反映个人生活风格和人际关系的异常行为模式,这种模式显著偏离特定的文化背景和一般认知方式(尤其在待人接物方面),明显影响其社会功能与职业功能,造成该个体对社会环境的适应不良。适应不良的人格称为不良人格,与社会发生严重冲突的人格称为病态人格或人格障碍。这种人格特征及其潜在的适应性不良通常童年期即已显露出来并持续到成年或终生,18 岁以前诊断为儿童行为障碍,18 岁以后诊断为成年人格障碍。

一个人心理活动各方面(认识、情感、意志行为)的特点,尤其是情感活动和意志行为活动方面所表现的特点,构成个性或人格。个性与人格在精神病学领域作同义词使用。

人格主要包括 4 个部分:

1. 个人的需要、兴趣与爱好、理想与信念等心理活动的倾向性。

2. 情感反应与心境的倾向性,乐观的或抑郁的、焦虑的或平静的、暴躁的或温顺的等。

3. 意志特征与行为方式的选择性,果断的或犹豫不决的、坚强的或怯弱的、好动的与爱静的、合群的与孤僻的等。

4. 认知能力特征,感知的敏锐与迟钝、观察(主动感知)的细致与粗糙、注意力与记忆力的强弱、想象力的丰富与贫乏、思维的具体性与抽象性倾向。

二、人格障碍

人格障碍,是指一种介于正常人格与精神病(几种严重的精神障碍)之间的人格适应缺陷,是人格在发展和结构上明显偏离正常,以致不能适应正常社会生活环境的一种心理状态。① 人格障碍是由于个人倾向而不是由于心理功能崩溃或中断引起的心理问题。② 目前在我国刑法理论学界,对“人格障碍”的概念描述并未统一,有的称为“变态人格”、有的称“病态人格”“犯罪人格”“变态心理”“人格异常”等。概念不统一易让人产生误解,且不方便与精神医学、心理学界交流,应该统一用“人格障碍”这一术语。

人格障碍没有明确的发病、病情波动和医疗方法,所以一般不作为疾病治疗。但是现代医学的研究发现,一些从儿童期或青少年期发展起来的严重的人格缺陷或病理人格改变,是一种总体上不能适应社会的心理疾病,必须给予处理,现今的精神障碍种类中,包含了人格障碍。很多器质性和功能性的精神障碍都可以改变

① 参见康树华、张小虎:《犯罪学》,北京大学出版社 2004 年版,第 153 页。

② 参见[英]Ronald Black burn:《犯罪行为心理学:理论、研究和实践》,安徽大学出版社 2003 年版,第 137 页。

一个人原有的人格,改变的人格往往是带有原始本能的特点,通常违背社会的伦理、道德观念,如自私、狭隘、多疑、猜忌、不爱干净、冷酷、暴力、没有廉耻感等。

人格障碍的产生有先天生物遗传因素与后天环境因素的作用,其中后天环境因素以家庭教育和社会环境的影响最为重要。遗传基因缺陷、婴幼儿时期的产伤、头部外伤、传染病与病毒感染;父母有酗酒、吸毒、偷窃、精神病史、犯罪记录,父母对子女的遗弃、虐待、溺爱、放纵;不良社会文化、不良伙伴与亚文化集团熏陶,均对人格障碍的形成有重要影响。人格障碍所诊断应以没有明显脑器质性损伤为前提,但并不能排除病因未明的轻微脑损害作为发病的基础。

人格障碍一般分为原发性的人格障碍、继发性的人格障碍。狭义的人格障碍是指原发性人格障碍,在疾病分类中属于独立的一种疾病种类。继发性人格障碍是由于其他精神疾病对人格的损害产生的并发症,它只是作为一种表现,并不作为独立的一种疾病种类。

人格和犯罪的关系非常密切,原发性人格障碍中的反社会人格、纵火癖、偷窃癖等本身把犯罪作为一种癖好,这种反复的行为难以纠正和克服。但行为人具有完全的认知能力,所以针对人格障碍的犯罪,其责任能力问题是精神医学、刑法学界一直以来争论不休的话题。

有学者认为,人格障碍的责任能力原则上应评定为限定(部分)责任能力,对那些主观恶性不大、危害情节和后果显著轻微的案件,可不追究其刑事责任。但对反复犯罪者则不能免除其刑事责任,而应适当加重处罚。还有学者认为,"病态人格"一般判定完全责任能力,而不作限定责任能力。因为此类人格障碍者是冷酷无情、操纵他人、缺乏同情心、毫无悔过心的,在犯罪人群中占有很高的比例,且重复犯罪率高。

病理性的人格障碍,即继发的人格障碍,是由于伴随精神疾病的一种临床表现,因为具有明显的病理性基础,所以成为判断精神损害程度的一项指标,所以在司法鉴定中非常有意义。

"人格障碍"一词并不能理解为道德伦理观念沦丧或犯罪倾向。根据其人格特征的表现分为多个类型,其中涉及法律问题的主要有反社会型人格障碍、偏执型人格障碍、冲动型人格障碍和癔症型人格障碍,其他类型大多只影响人际关系与社会功能。

三、各型人格障碍的表现

（一）反社会型人格障碍

反社会型人格障碍曾被称为病态人格、精神病态。也有学者将其称为悖德型人格障碍，是司法鉴定中最常见的类型之一。其主要表现有4种：高度攻击性、无羞愧感、行为无计划、社会适应不良。特征行为是以冲动和不负责任为方式，有时是以故意和严重的暴力方式来显示内心的冲突；他们对挫折的耐受性很差，常不能预计自己的反社会行为所带来的消极后果。

他们缺乏同情心，没有办法让自己去想象对方的情感，他们的意识里也没有什么伦理道德，所以也不会因为自己做了这样的事情而内疚或羞耻。

反社会人格障碍者不会产生同情，因为他们对事物的感觉和正常人不一样。研究表明，反社会人格障碍者面对痛苦情景的时候，如面对人们被残暴虐待的场景时，他们大脑里掌管情感的"开关"根本就不会打开。功能性核磁共振也证实，他们的大脑就像拉下了情感的百叶窗，神经反应处于绝缘状态。

患者在本能欲望、情绪气质、兴趣嗜好和价值观念方面与正常人不同，但没有认知、判断、推理方面的智能障碍，也没有幻觉妄想，其共同心理特征是情绪的爆发性、行为的冲动性，对社会与他人很冷酷而缺乏同情心，缺乏羞愧悔改之心，目无现行法纪观念而另有反常价值观念（如唯恐天下不乱、以控制捉弄别人为乐），不能从挫折与惩罚中吸取教训，只能使他们的世界变得更冷酷。

男性有反社会行为的可能性远多于女性，儿童时期即经常逃学，多次外宿不归，撒谎，偷窃，虐待动物，破坏财物，打架斗殴，反抗纪律。少年期可过早出现性行为或性犯罪，有酗酒、吸毒、赌博等行为；成年后会经常旷工、变换职业、借钱赖账，成家后不能很好履行做父母的责任，易激惹，易冲动，难与爱人、家属朋友保持持久的、密切的、热诚与负责的关系。他们很难在接受教育、谋求职业与经济收入方面获得成功。由于人际关系紧张，社会适应功能差，经常给别人制造麻烦与被人疏远，故生活中烦恼不断。

其中有部分患者口才很好，富于感染力，易博取别人的同情和信任，但其感情肤浅、夸夸其谈、满嘴谎言，有诈骗的犯罪倾向。

（二）偏执型人格障碍

偏执型人格障碍，其临床特征为对挫折与拒绝过分敏感导致偏见，即猜疑、极易毫无根据地怀疑配偶或性伴侣的忠诚;与现实环境不相称的好斗及顽固的维护个人的权利;把自己看得过分重要,表现为持续的自我援引态度(将与自己有关的事件都解释为"阴谋")。偏执型人格的人,常有好诉的倾向。

(三)冲动型人格障碍

冲动型人格障碍,又称爆发性或攻击性人格障碍,是一种以情绪的易激惹性或暴发性和行为的冲动性为主要特征的人格障碍。往往因微小的刺激就突然爆发强烈的暴力行为,无法自控,从而造成破坏和伤害他人。其特征是情绪急躁易怒,存在无法自控的冲动和驱动力;性格上常表现出向外攻击、鲁莽和盲动性;冲动的动机可以是有意识的,亦可以是无意识的;行为反复无常,可以是有计划的,也可以是无计划的。冲动性人格障碍还有一种表现为被攻击性,其主要特征是以被动的方式表现其强烈的攻击倾向。表面被动和服从,内心却充满敌意和攻击性。例如,故意拆台使工作无法进行,拖延时间,暗地破坏和阻挠等。

(四)表演型(癔症性)人格障碍

表演型人格亦称歇斯底里人格,是一种以过分情绪化和用夸张的言行吸引他人注意为主要特点的人格。此型人格障碍的表现一般有以下几个方面:表现出过分做作和夸张的行为引人注意;有很强的自我暗示性,还带有较强的被他人暗示性;好幻想,把想象当作现实;喜欢别人注意和夸奖,否则可能会不遗余力地攻击他人。

(五)强迫型人格障碍

强迫型人格障碍是一种较常见的人格障碍,是一种以要求严格和完美为主要特点的人格障碍,具有强烈的自制心理和自控行为。此型人格障碍主要表现为过分的谨小慎微、刻板和固执、注重细节、优柔寡断,易产生强迫症状和焦虑、忧郁反应。

(六)焦虑型人格障碍

焦虑型人格障碍以一贯感到紧张、提心吊胆、不安全及自卑为特征,总是需要被人喜欢和接纳,对拒绝和批评过分敏感,有因习惯型的夸大日常处境中的潜在危险而回避某些活动的倾向。特点是懦弱胆怯、易惊恐。

(七)依赖型人格障碍

依赖型人格障碍,以过分依赖为特征,表现为缺乏独立性,感到自己无助、无能和缺乏精力,害怕被人遗弃。

虽然一般认为,人格障碍不是精神疾病,但是人格障碍特别是反社会人格障碍者其心理过程方面,特别是情感和意志行为具有异常,是非辨别能力尤其是控制能力较一般人差,即应居于精神障碍者与正常人之间。随着近年来对反社会人格的生物学研究发现,反社会人格障碍者的大脑成熟延迟,皮层警觉低下,植物神经反应缓慢,脑电图节律变慢等,这些发现表明,这类人的人格障碍具有病理性的基础。

科佐尔(Kozol)在《病态人格者在法律面前》一文中指出,反社会人格障碍者对其犯罪行为无责任能力需要住院治疗,同年伯恩鲍姆(Bimbaum)著文反对科佐尔的观点,认为这类人犯罪在法律上要负责任,虽然有国家如瑞典、丹麦、德国等主张对这类人犯罪评定为部分责任能力,但大多数国家的司法精神医学者认为仍应评定为完全刑事责任能力。其理由是反社会人格障碍者没有负罪感,在他们的字典里根本就没有良知这两个字,但当他们作案、虐杀别人时,非常清楚自己是在犯罪,所以显得有预谋、有计划,甚至很多都是高智商犯罪,反侦查能力极强。他们是完全具有辨认能力和控制能力的。

另一些专家在对人格障碍患者的研究中发现,此类人的认识能力有减弱,控制能力明显有损害,对其要求承担全部责任,不能不说是刑事政策的需要。事实上,人格障碍的程度越是严重,反社会性就越强,对社会危害就越大。但是对人格障碍患者目前尚没有更好的处理方式,无论是刑罚还是医疗处理以及社会其他方式,都不能有效地解决。值得一提的是,对反社会性人格障碍者,越严厉的惩罚越会激起他更强烈的对抗。

由于反社会型人格障碍的治疗难度很大,所以重在预防。如果重视婴幼儿及儿童的心理发展过程,给予他们足够的爱和关注,重视良知、同情心、集体意识的培养,塑造儿童良好的性格和情商,可以帮助预防反社会型人格障碍的形成从而预防犯罪。

第九节 冲动控制障碍

冲动控制障碍是一组反复发生的,没有明显合理动机的,适宜不良的行为障碍。这组障碍具有的主要特征为:存在一种不可抗拒的冲动性愿望或企图,并导致付诸行动;开始时即存在一种不断增加的紧张感,并持续到行为实施前;当实行行为之时或行为以后产生某种满足感或缓解紧张感。

它分为很多亚类型,如间歇性爆发障碍、纵火狂、偷窃狂、病理性赌博、拔毛癖、冲动性购物、重复性自残、冲动性性行为、咬指甲癖等。近来也有研究表明,网络成瘾症也可归入冲动控制障碍之中等。常见的亚类型简述如下。

一、间歇性爆发障碍

间歇性爆发障碍(intermittent explosion disorder),是指间歇性急性发作的和持续短暂时间的强烈攻击性冲动行为。常由于微不足道的原因诱发,发作时丧失控制能力,发作后对其危害性感到悔悟,甚至焦虑。间歇期无任何冲动或攻击行为。有学者指出,中枢神经系统的边缘系统的脑器质性病变多见发作性暴力行为。

二、病理性纵火

病理性纵火(pyromania)也称纵火癖,是指患者有纵火烧物的强烈欲望和浓厚兴趣。这种欲望和兴趣反复出现且不能克制,在燃烧前有不断增强的紧张感,在纵火后有强烈的兴奋感、放松感和愉悦感。有的患者在观看火焰燃烧时可能有强烈的性兴奋。患者平时也总是思考或想象、计划纵火行为及场景,而纵火行为并无其他现实性动机,如得到金钱、报复或基于政治目的。

三、病理性偷窃

病理性偷窃(kleptomania)也称偷窃癖,其主要特点是指不能抗拒偷窃冲动和行为,没有明显合理的动机,偷窃的目的不是偷窃物的经济价值,一般很少出于直接的需要,而往往出于特殊的癖好或偏爱。在偷窃前还有不断增加的紧张感,在偷窃时和偷窃后有一种满足感。其所窃物品的价值常常较低,所窃物品可能会被随手丢弃,可能会偷偷还给失主,还可能被其收藏。

四、病理性赌博

病理性赌博(pathological gambling)的主要特征是患者内心出现不能抗拒的赌博冲动和赌博兴趣。是指在实施赌博行动前,内心具有越来越强烈的紧张感,赌博之后内心具有一种轻松愉快感，而赌博的目的并不在于获得经济利益。这种情况频繁地、反复地发生，平时总是专注于思考或想象与赌博有关的场景，以至于严重影响自己生活，社会关系受损，甚至导致失业并负债累累。如果赌博行为受阻，病理性赌博会变得易激惹，甚至会更加沉迷于赌博。

病理性赌博多起病于青少年，常常合并酒精、毒品等物质滥用。为了筹措赌资，可能出现各种违法行为。对此类障碍争议最多，因为很难找到病理性和生理性的区别。

关于冲动控制障碍者的刑事责任能力，一般认为，此类患者具有完好的辨认能力，只是控制能力有减弱，且患者“控制不住”的陈述往往无法证实，所以宜评定为完全刑事责任能力，除非有确凿证据证明其在行为时的控制能力确实减弱，可以谨慎评定为限定责任能力。在责任能力的判定问题中，刑事政策的调控无处不在，与其行为后果对社会危害程度也有一定关系。而对于病理性赌博者出现的侵财类的盗窃、抢劫、诈骗等行为，因其行为具有现实性动机，辨认能力、控制能力均无损害，应评定为完全责任能力。

第十节 性心理障碍

性心理障碍又称为性变态或性欲倒错，泛指在两性行为方面的心理和行为明显偏离正常，并以这类偏离为性兴奋、性满足的主要和唯一方式，从而不同程度地影响和干扰正常性活动。常见的性心理障碍有以下两种类型。

一、性身份障碍

性身份障碍是人对自身性属性的自我体验和辨析，与其生物学性别不相一致。

女性性身份障碍为持久和强烈地因自己是女性而感到痛苦，渴望自己是男性或坚持自己是男性，表现为坚持穿男装、固执地否定女性解剖结构。男性性身份障碍为持久和强烈地为自己是男性而感到痛苦，渴望自己是女性或坚持自己是女性，表现为专注于女性常规活动、固执地否定男性解剖结构。

性身份障碍中有一严重的类别就是易性症，是性身份的严重颠倒。其对自己性别的认定与揭破、生理上的性别特征呈逆反心理，持续存在厌恶和改变本身性别的强烈愿望，并采取各种措施、寻求医药帮助，坚信自己应该属于相反的性别。如果不满足其性别转换的要求，具有自杀或自残的倾向。

二、性偏好障碍

性偏好障碍的实质是患者的性心理发育不成熟，性格过于羞怯，在社会上缺乏与异性交往的机会或能力，害怕以正常的方式去求爱，因而表现出异常的或幼稚的性行为方式。性偏好障碍患者对正常的性交不感兴趣，而只青睐于离奇的性偏好，表现为性对象异常和性行为方式异常。其中，最主要的特点是缺乏而且也从不追求正常的性行为，否则就不属于变态性行为。通常，性偏好障碍有如下表现类型。

（一）恋物症

恋物症，是指直接从无生命的物体和异性体表接触的物品中获得性兴奋的一种性偏好，如从女性的乳罩、短裤等物品中获得性的刺激与满足。在强烈的性欲望和性兴奋的驱使下，患者往往多次收集异性使用的物品，并将其作为性刺激之源。德国和奥地利精神医学甚至认为，收集异性身体的某一成分，往往也是恋物癖的一种行为方式，如收集女性的毛发、指甲。特别异常的是收集人体器官，如男性的睾丸、皮肤甚至尸体。

（二）异装症

异装症，是指一般被认为是恋物症的特殊表现形式，通常的表现是特别喜爱异性的衣着，反复穿戴异性服饰，具有强烈的异性着装欲望，并竭力付诸行为，希望由此引起性兴奋。广为人知的美国流行天王迈克尔·杰克逊除被指控恋童之外，还被指责穿着女装，甚至在巴林旅行时刻意穿着海湾国家妇女传统服装“阿巴亚”招摇过市，这事实上是较为典型的异装症。

（三）露阴症

露阴症，是指在不适当的环境中直接暴露自己的生殖器，以引起异性的紧张性情绪，从其反应中获得性快感的一种性偏离行为。露阴症多发于男性，但一般不对异性采取进一步的攻击行为。

（四）窥阴症

窥阴症，是指的是性兴趣停留在观看他人裸体或性行为的层面上，并主观地将其限定为性满足唯一手段。窥阴症的具体表现是反复窥视他人的性活动或裸体,相应的欲望非常强烈,患者可能当场手淫,或事后回忆窥视景象而手淫,以获得性满足。窥阴症患者一般也无直接的暴力性侵犯行为,只是以视觉性性刺激作为性满足的主要内容。

(五)摩擦症

摩擦症,是指习惯性或癖好性地以自己身体的某一部分(常为阴茎)摩擦或接触女性身体的某一部分,借此获得性感满足的一种性偏好,是一种与触觉有关的性行为异常。

在司法精神医学方面,摩擦症者的行为被视为一种对妇女直接的性侵犯,往往应承担责任。

(六)施虐症与性受虐症

施虐症与性受虐症,是指以向性爱对象施虐或接受对方的虐待,作为性兴奋的主要手段的性偏离,称为施虐症或性受虐症。施虐症行为的主要手段为捆绑、殴打、引起对方疼痛,或者侮辱,严重的施虐行为甚至可造成对方的伤残或死亡。与此相反,性受虐症的行为人与被作用人的位置正好相反,患者希望遭受虐待,以满足自己的性欲望,主要的被虐手段则是被捆绑、被殴打、被侮辱。

(七)恋童症

恋童症,是指反复与发育期前的儿童进行性活动的偏好,根据医学和社会学不成文的标准,患者年龄通常大于或等于16岁。恋童症患者可偏好异性儿童也可偏好同性儿童。恋童症患者的性活动可能局限于自己的孩子或近亲中的儿童,也可能侵害其他儿童,可对受害儿童或其宠物施以暴力或暴力威胁以阻止儿童泄露暴行,针对儿童的性侵犯在性犯罪案中占了相当的比列。

通常大多数性心理障碍很少涉及法律问题,但露阴症、窥阴症等都给社会带来了不安定,另外摩擦症、恋童症、性施虐症可产生恶劣的社会后果,甚至造成死亡和残疾。性心理障碍者的性变态行为来自内心的一种本能冲动,显然,性变态者的行为基于一种不正常的心理活动,行为人在具有完好的认识能力的前提下,是否有控制能力的损害,这种损害是否足以让刑法对其减轻惩罚,限于医学的发展,还不能回答。对性心理障碍者的责任能力该如何评定,也产生了分歧。

这种分歧集中在对此类患者应认定为完全责任能力还是限制责任能力。毫无疑问,因恋童害怕被揭露而杀人,心理障碍和行为没有因果关系需要负责任,但是摩擦症的"流氓行为"直接来自异常的心理冲动,是否要承担刑事责任呢?在目前我国的司法实践中,基本上还是认定为完全的责任能力。而对于具有同样心理基础的露阴症则不做处理,两者之间的差异、刑法的不同态度,事实上是建立在行为后果的差异之间,刑事政策的目的得以体现。

第十一节 精神发育迟滞

精神发育迟滞(Mental Retardation,MR),是指个体在18岁以前因先天或后天的各种不利因素,导致脑发育受阻,造成智力低下和社会适应性不良。精神发育迟滞临床表现是智力低下、社会适应能力不良或伴有一些精神症状,具体表现为认知、言语、情感、运动、意志和社会化等方面的缺陷和不足,在心理成熟和社会功能水平方面显著落后于同龄人。引起精神发育迟滞的原因多种多样。在生长发育的各个时期个体所遭受的有害因素,均可成为精神发育迟滞的直接或间接发生原因,如出生前因素(遗传性疾病、染色体变异、子宫内发育畸形等)、围生期因素(孕产妇的各种感染、疾病、服用药物,接触毒物或放射线、电磁波等,宫内缺氧等),出生后因素(脑外伤、颅内感染、中毒、与社会隔离、教育缺失等)。世界卫生组织将造成精神发育迟滞的原因共分为10类:感染和中毒;外伤和物理因素;代谢障碍或营养不良;大脑疾病(出生后);不明的出生前因素和疾病;染色体异常;未成熟儿;重性精神障碍;心理社会剥夺;其他和非特异性原因。

精神发育迟滞按轻重程度分为四种类型:患者的智商在50~69为轻度精神发育迟滞;智商在35~49为中度精神发育迟滞;智商在20~34为重度精神发育迟滞;智商在0~20为极重度精神发育迟滞。此外还有一个"边缘智力"是指智商在70~86,是界于正常人和轻度精神发育迟滞之间的情况。

(一)轻度精神发育迟滞

轻度精神发育迟滞又称为愚鲁,在全部精神发育迟滞者中所占比例最大,约为85%。其心理年龄为9~12岁,除了走路、说话稍晚于同龄儿童外,学龄前表现与正常儿童无较大差异。但上学后显现出学习能力明显低于同龄人,学习成绩差,常常不及格甚至留级。成年后其精神活动和社会功能较正常人幼稚,思维能力较差,对问题的看法常停留在表面和现象上,对事物本质理解和分析问题的能力相对较差,逻辑推理能力简单,辨认是非能力不高,易在其他人的教唆、驱使下违法犯罪。

(二)中度精神发育迟滞

中度精神发育迟滞以前与重度精神发育迟滞者一起被称为痴愚,约占10%。多数患者能够找到生物学病因。其心理年龄相当于6~9岁的正常儿童。患者在婴幼儿时期的心智发育就明显落后于同龄儿童。言语功能差,词汇贫乏,阅读理解能力差,不能表达复杂内容。算术对他们来说非常困难,很少能顺利学完小学三年级的课程。成年后经训练可学会简单的技能,除对亲人外难与其他人建立良好关系。日常生活可自理,但经济独立生活者罕见。

(三)重度精神发育迟滞

重度精神发育迟滞者占全部患者的3%~4%,有明显的生物学病因。其智商发育低下,词汇有限,理解能力差,难以与人进行有效沟通,有的甚至不说话。动作单调笨拙,情感反应不协调,易冲动。经长期反复训练后可提高其生活自理能力,只能在监护下生活。

(四)极重度精神发育迟滞

极重度精神发育迟滞过去称为白痴,在全部患者中占1%~2%,多有染色体异常等先天性疾病。大多既不会说话也听不懂别人的话,只能用原始的情绪性喊叫表达需求,生活完全不能自理。感知觉明显减退,不能辨别亲疏,毫无防御和自卫能力。多因伴有严重的躯体疾病而早年夭折。

精神发育迟滞与违法犯罪的关系较为密切,国内资料显示,其仅次于精神分裂症,居司法鉴定案例的第二位。在各类疾病与犯罪关系的调查中,精神发育迟滞排在精神分裂症后,居第二位。重度智能低下者因生活完全不能自理,所以很少涉及犯罪,在违法犯罪者中以轻、中度比较多见。由于其智力不高,是非道德观念淡薄,自我控制能力差,易兴奋冲动,情绪不稳定,对自己行为后果缺乏认识和预见,易盲目简单地模仿,易受唆使和利用,因此极易违法犯罪。由于生物本能增强,男性患者易发生强奸、窥阴症、露阴症、奸兽、奸尸等性罪错;而女性患者因智力低下,对两性性行为缺乏辨认能力,缺乏自我保护意识和防范意识,易遭受性引诱和性侵害。另因受教唆、模仿性、冲动性、报复性的抢劫、盗劫、纵火行为也是精神发育迟滞者常见的犯罪方式。

(五)精神发育迟滞者的法定能力

对精神发育迟滞者各种法定能力的评定比较复杂,应综合考虑其智商水平、社会适应能力、人格特点、作案动机、对行为的法律性质与后果的实质性辨认能力等各方面因素,不能单单根据智商来判断其刑事责任能力。而智商测定主要是靠智力测验,其主观性很强,准确性、稳定性及科学性都受多方面因素的影响,且被鉴定人多不能或不想配合测定,故不能真实反映被鉴定人的智商。因此在鉴定中,智商测定只能作为参考。

对于精神发育迟滞患者的刑事责任能力认定,重度和极重度精神发育迟滞者实质性辨认能力和控制能力基本丧失,一般评定为无刑事责任能力。而轻、中度精神发育迟滞者的评定须结合上述多种因素综合分析。

受性侵犯的女性精神发育迟滞者须评定其性自我防卫能力。须注意的是,被鉴定人的智商虽然与性自我防卫能力正相关,但二者并不完全一致。除评定其智力受损情况,还应综合考虑被鉴定人的性知识、恋爱生育史、婚姻状况、工作、学习、生活情况、人际交往能力等各方面因素。

第十二节　短暂性精神障碍

短暂性精神障碍,又称急性短暂性精神障碍,专指以起病急骤、终止迅速,并伴有以明显的运动性兴奋,意识模糊和后继性遗忘症为共同点的一类精神障碍,有三大临床特征:急性、短暂性、精神病性。迄今为止,对其病因和分类还不能充分确定。一般持续十数分钟至数小时,还可伴有幻觉和妄想。由于上述特点,易产生暴力行为,如凶杀或纵火。在司法鉴定案例中,这类精神障碍往往引发争议,随着对近期的南京宝马肇事案的报道,“急性短暂性精神障碍”这一名词进入大众的视野,并引发激烈讨论。

短暂性精神障碍一般包括“病理性激情、病理性半醒状态,及原因不明的特殊的意识朦胧状态”。以前曾将这3类精神障碍与“病理性醉酒”合称“例外状态”,是指一种偶发的、意外的事件,是当事人难以预料的。由于发作时处于深度的意识障碍状态而丧失了对事物的辨认和控制能力,因此很多人被评定为无刑事责任能力,因此对其诊断要非常严格地把握。这类精神障碍与犯罪活动关系密切,且往往造成较严重的后果,需要进行司法精神医学鉴定。因鉴定活动是在案发后,司法精神医学鉴定结论是否准确可靠,取决于作案过程是否追溯仔细全面,送检材料是否真实客观,如材料有针对性的讯问及旁证反映案发前后犯罪嫌疑人的言行表现,将对鉴定结果起重要作用。这里主要介绍病理性激情和病理性半醒状态。

(一)病理性激情

病理性激情是相对于生理性激情的。一般激情发作时出现认识范围狭窄,理智分析能力减弱,自我控制能力削弱,不能全面估价自己行为的意义和后果,行为动机和后果可能并不协调,因此其行为可以令人不解,甚至有悖于其过去的人格特征,发作时"情不自禁",发作之后可能软瘫无力,处于过度兴奋后的抑制状态,对行为过程也可能回忆不完整。这些特征都可出现在正常罪犯的暴力行为过程中,尤其是凶杀事件,所以不能仅根据这些就诊断为病理性激情发作,否则可能将一般的激情杀人当成病理性激情发作。学者一致确认病理性激情的突出特点在于具有意识模糊,但对意识模糊的严重程度和类型,不同学者仍存在不同意见。现在普遍认同病理性激情符合下列特点:第一,为一定的外界原因引起的极端强烈的情绪反应,强度明显与刺激不相称;第二,发生骤然、强烈而短暂;第三,伴有严重意识障碍;第四,伴有明显植物神经功能变化,如面色苍白或潮红、呼吸和心率减慢或加速、瞳孔扩大、大汗;第五,发作后极度疲乏或进入深睡状态;第六,清醒后对行为过程全部或部分遗忘。多数学者的观点认为,病理性激情存在深度的意识障碍,但常不伴有错觉和幻觉,通常患者都有强烈的运动性兴奋,并以丧失定向力的行为障碍为常见特点,行为后的后继性遗忘常是部分性遗忘,而完全性遗忘则少见。

从司法精神医学的角度,可以从以下来进一步识别:

1. 发病基础

病理性激情的发作有其医学基础和生理基础。医学基础如脑器质性损害(如颅脑外伤、癫痫、酒精中毒性脑病等)、精神分裂症、人格障碍、精神发育迟滞等;生理基础如长期睡眠不足、疲劳、饥饿等。

2. 行为的指向性

有人认为病理性激情可以发生在无诱因条件下,此时应无行为对象的指向性,但实际上,病理性激情与病理性醉酒和病理性半醒状态不同,其行为总是与诱因保持联系。病理性激情常发生在受到一定精神刺激之后,是由某种具体原因诱发,因此受害对象总是与其受到的精神刺激有关。但如果将此特征扩大化,就会把通常的纠纷、争执下的冲动暴力行为归结为病理性激情。需要严格把握诊断标准,明确精神诱因强度与行为后果之间的关系。应该说,后果是非常严重的,而精神诱因的强度是细小的、微不足道的,且行为人与被害人之间并无积怨。

3. 行为当时的特征

从生物学观点看,病理性激情是一种带有反射性质的行为反应,具有强烈情绪之冲动使行为脱离了高级神经精神活动的控制,表现为原始性行为反应,没有预先的计划,而且突然发生,不具有复杂的行为过程。因此对案前曾流露过对受害人的矛盾、作案时因激惹而暴怒的人来说,并不符合病理性激情的规律。

至于行为当时伴有的植物神经系统体征,只能根据调查所得。但由于行为人案发当时的特殊心境,及事后受到的环境影响,难免出现片面性。这些发现对于病理性激情的诊断只具有参考性意义,何况在一般激情状态下也常见面红耳赤、气急手抖等现象。

4. 案后表现

病理性激情发作时处于神经精神高度紧张状态,需要支出巨大能量,必然导致精神和躯体的衰竭,处于全身瘫倒状态或陷入睡眠状态,清醒后才发现与死者同卧一处。对作案过程的遗忘是病理性激情发作的一个特点,遗忘的程度与发作当时的意识障碍程度有关,可为全部遗忘或部分遗忘。

在实践中,犯罪嫌疑人因在案发时有程度不同的意识障碍,可供述"当时头脑一片空白""想不起来""当时控制不住"等。但确认遗忘存在及遗忘程度难度较大,必须进行周密调查,并结合其他特征进行考虑。综合案情的诱因、诱因的强烈程度、作案人与受害人关系、行为特征及案后表现等具体因素来识别病理性激情。如果明确属于病理性激情发作,应评定为无责任能力。一般激情的责任能力评定在具体案例也有所区别。正常人激情发作的作案,评定为完全责任能力,因为缺乏排除责任能力的医学条件及精神病理学特征。如果一般激情发生在有器质性人格改变、精神发育迟滞及较严重的神经症者,根据具体情况,也可评定为限制责任能力,因有患精神疾病的医学条件,又存在行为时控制能力削弱的法学条件。

(二)病理性半醒状态

病理性半醒状态是一种特殊短暂性意识障碍类别,是在深度睡眠后产生的极端困难的缓慢觉醒形式。这种形式的精神障碍较少见。古登(Gudden)对此种状态规定的定义为："由睡眠向觉醒过渡的时候，有时可以产生意识恢复和行为活动能力的恢复不同步现象，如有时意识先恢复（指恢复清醒），但此时运动能力，如手脚还不能自如活动；或恰好相反，活动能力先恢复正常，但意识还是模糊不清的。当然，这种现象是在生理状态下产生的，是短暂的，所以称它是生理性半醒状态，往往是由于疲劳或突然睡眠中断引起的，意识活动恢复较缓慢，可见于正常的健康人，也不会对周围人带来损害。""Gudden（1905）病理性半醒状态，并把它分成三种临床类别：激情型、梦幻型、酒精中毒型。"这三种类型都只见于精神疾病之时，且由于存在意识模糊，常可见到攻击行为，故常可对周围人造成伤害。施密特（Schmidt）指出，病理性半醒状态是由于缓慢的觉醒所引起的，在从睡眠过渡到觉醒的移行期，可出现暴力攻击行为。简单来说，就是深度睡眠以后产生的特殊形式的意识障碍。此时，高级大脑中枢只有部分觉醒，伴有歪曲的感知周围环境，而且还可能带有残留梦的影响、错觉，甚至短暂性幻觉，或妄想体验的意识障碍。在此种状态下，可见自动症的行为。这种意识障碍的性质接近于意识朦胧状态。正常人也可出现半醒状态，称为生理性半醒状态，多在过度疲劳、过度饮酒、睡眠障碍、强烈情绪兴奋时产生；而病理性半醒状态，除前述的诱因，还见于噩梦、激情状态、不愉快体验等。其发病前多有由于过度疲劳、长期睡眠不足而陷入深睡的睡眠状态。识别的主要依据是突然地产生意识障碍、持续短暂时间，一般十数分钟至数小时，并伴有运动性的兴奋和后继性遗忘。

【案例】

李某，23岁，男，于1986年9月23日凌晨3时许熟睡时从梦境中惊醒，手持妻子布腰带和家中园木棍进入其父居室（门在半开着），用木棍猛击其父头部，又用布腰带紧勒颈部，造成其父颅脑重伤和窒息当场死亡。被妻子发现，由家属陪同自首。

李某有兄妹3人，他排行最小，生长发育无明显异常，性格老实、勤劳、"像个大闺女"，从不与人争吵。初中毕业后顶替其父当工人。1983年4~5月遇车祸造成腹部外伤，行脾切除术（当时无颅脑外伤）。1985年5月其母病故，被鉴定人因与母感情极好，因而表现情绪抑郁与睡眠障碍，常在梦中哭泣，被妻推醒后仍有长时间发呆。其父性情急躁凶暴，主观固执，动辄打骂妻子、儿女。其妻曾对他讲过，公爹有过故意触摸自己的不规矩举止。行凶前两天李某的妻兄结婚，大办喜宴，他从早到晚连续帮工劳累过度感到体力不支。当天晚餐饮白酒少量及果酒一小杯（平时可饮白酒三两），并无酒醉。又看了一会儿电视，用自行车将妻驮回，已经夜间10时许。其父已睡但房门半开。他感到身体不适未洗脸洗脚即就寝，旋即入眠。妻子一觉醒来已是次日凌晨3时许，发现丈夫不在床上并听到公爹房内有响声，即起床，从半开的门内看到丈夫与公公正扭打在一起，妻迅速跑出找来夫兄，看到李某坐在自己房间呈"呆傻状"，两眼凝视问话不答，经多次询问他才说"杀死了父亲"。原因是"咱妈妈跪着求我，让我把爸爸打死"。他并跪在家兄面前说把父亲打死了，要求枪毙自己。由家兄带领他到公安局派出所投案自首。预审中李某对其行凶杀人供认不讳。既往无癫痫等病史，家族中亦无精神病史。

精神检查：被鉴定人意识清楚，接触主动，安静合作，对答正常。谈及杀父之罪时，表示悲伤，悔恨流泪。在询问中答称妻兄结婚时曾去帮工两天，当晚因过度劳累和妻子不够体贴自己而心中不悦，到家没有洗脚躺下就睡了。睡中见母亲平白无故死了，内容已记不清楚。醒来发现自己流泪了。想起父亲对母亲打骂等所作所为"脑子一闪念想我爸爸太可恨了，我得去打他，当时就这么一个心思"。对具体行凶过程，说"醒后感到迷迷糊糊地"，"当时像鬼迷被推的一样"，"又清楚又不清楚"（在原预审笔录中布腰带、木棍从何处拿的，如何打的以及其父死后姿势，等等，均不能记忆）。行凶后他回到自己房间待了一会儿"才觉得脑子清醒些了"，"想哎呀把我爸打成什么样子了？我得去看看。一看死了才感到害怕了"。他在预审及检查中完全遗忘曾对家兄说过杀人的原因是梦中其母曾跪着央求他一事。对其行凶杀人行为辩解说："虽然父亲经常打骂我们弟兄和母亲，并曾对妻有过不轨行为，心里有时恨他，但从来没想到杀死父亲，而且还可怜父亲"，"父亲一个人也不容易，自己虽想分家，但内心又不忍心离开父亲"。李某是在梦境体验下突然觉醒，在作案后数分钟后，才突然意识完全清醒。审讯和检查时，李某有明显遗忘（部分性遗忘），表明李某在行凶当时，处于意识模糊状态。诊断：病理性半醒状态，判定无责任能力。

第十三节　伪装精神病

伪装精神病是诈病中的一种，DSM-IV-TR 定义的诈病为：由于外部刺激的驱动，故意制造假象或严重夸大躯体或精神症状的行为。从定义上看，诈病多有外部诱因或出于利益的驱动，通过装病可以有不同程度的自身获益。因此，要时刻注意判别一个疑似精神障碍者是否有诈病的动机。应该知道，真正有病的精神病患出于各种原因会缩小自身的症状而表现为表面上的“正常”。重型精神疾病患者对自己的疾病无自知力或只有部分自知力，不愿被人贴上精神病的标签。所以即使精神障碍者作案后，也可能缩小自身的症状或完全否认自己有病。最具有鉴别难度的是重型精神疾病患者合并反社会型人格障碍的情况。识别这类人群的症状很困难，因为这些病患的真正病理性精神症状和伪装症同时存在。

企图伪装精神疾病的人都不同程度地了解或曾接触过真正的精神病患者。要识别嫌疑人是否有伪装精神病的情况，熟悉精神病的症状学、了解精神疾病的纵向病程至关重要。本节的相关知识有助于提高对一般症状背景的诈病辨别能力。

一、伪装精神病的特点

（一）夸大性

企图伪装精神障碍者的人一般会提供大量典型的精神症状的详细病史，症状多种多样，以此表明自己确有精神疾病。他们描述的症状往往多于真正的精神病患者。讯问时应多用开放性问题，耐心地倾听他叙述的所有症状。

（二）自知力存在

真正的重型精神障碍者多自知力缺乏，而伪装精神病者很关注自身疾病且喜欢表现，甚至会直接告之侦查人员“我有妄想，我有幻听”。不过要注意，并不是所有知道自己有精神病的人都是伪装精神病。一些长期反复住院接受精神病院治疗的精神障碍者因熟悉医生的询问，其家属也会对其症状作一些告知，所以他们对自身的病理性精神症状有一定的了解。

（三）阳性症状为主

病理性精神症状分阳性症状和阴性症状。阳性症状是指“幻觉、妄想、怪异行为”等外化明显的症状，阴性症状是指“情感平淡、兴致缺失、意志减退、言语减少、注意不集中”等易被忽视的症状。伪装者多数会伪装阳性症状，他们很容易表述幻听、幻视等幻觉症状和妄想性思维。

伪装者描述的幻视多生动而戏剧化，持续时间长，甚至是连续性的完整故事，但实际上精神病患者(如精神分裂症)的幻觉多为片断性,场景单一。虽然伪装者对精神病症状有了解,但对精神病分类还是知之甚少,他们伪装的精神症状不符合任何分类的诊断。因此,如果司法精神医学鉴定结果为“非典型精神病”或“精神病未定型”的诊断时,侦查人员要严格审查,寻找其是否可能诈病的证据。被害妄想是伪装者描述最多的妄想类型,它是精神疾病的一个重要症状,主要是指患者往往处于恐惧状态而胡乱推理和判断,思维发生障碍,坚信自己受到迫害或伤害,病人往往会变得极度谨慎和处处防备,还时常将相关的人纳入自己妄想的世界。真正的被害妄想者在案前可能就有相关的症状,描述的场景真实生动具体,大多对要害自己的人印象较深,对其要怎么害自己能描述具体细节。伪装者既往无相关病史及症状,只在案发后陈述是别人要害自己,对怎么害和害人的相关细节描述不清。当然,也有深思熟虑后将场景编得十分具体的伪病者。

也有以怪异、奇特的行为障碍为主要症状表现的诈病者。动作行为做作、乖张、奇特,如吃各种异物甚至喝尿吃屎;自伤自残行为如撞墙或用利器割伤自己,但少有严重的致命伤害;当众裸体、随地大小便等,有人在场时尤其表现明显。

诈病者可能很好地伪装幻觉和妄想,但对伪装精神分裂症的思维障碍(如思维奔逸、象征性思维、逻辑倒错性思维等)、阴性症状或功能缺陷时,仍会有很多困难。诈病者通常无自笑和自言自语,病史中也没有像原发性精神疾病患者那样的功能下降。

少部分诈病者可能表现为阴性症状,看上去处于痴呆状态,智能低下,有问不答,不吃不喝不动,完全无法交流,但其智力减低的严重程度不能用精神损害或疾病解释。

(四)易变性

伪装精神病者往往在有人时连续表现精神症状,而在没人时表现较少。所以,加强对伪装者的视频监控也有助于辨别。曾经有这样的情况:侦查人员假称摄像头坏了,伪装者放松了警惕,没人时神情自若,行为正常,而侦查人员一出现便表情夸张,行为怪异,最终被识破。因此,如果当精神症状迅速出现,迅速消失的情况要高度怀疑诈病。

除此之外,对被送往看守所的疑似精神病的嫌疑人,侦查人员一定要找同监舍人员了解情况。实践工作中,侦查人员多能想到这一点,但询问的问题多为“你觉得某某精神有没有问题?”“某某的行为是否正常?”对于缺乏一般精神症状常识的普通人,问这样的问题往往不能切中要害,同监舍人员多以“没什么问题”,“没什么异常”作答,不能采集到有用的信息。如果能在开始运用开放性的问题,让同监舍人员描述嫌疑人每天在干什么,从表情、情绪、语言、行为几个方面具体提供信息,然后结合患者自述的一些症状,有针对性地询问患者是否表现自述症状的一些细节,往往能发现有价值的线索,也为后续的司法精神医学鉴定专家提供有力的参考依据。

(五)相反或近似的回答

伪装精神病者有时会对问题作出近似或相近的回答。如问“3 + 5 = ?”答“9”,“现在是白天还是晚上”,明明是白天却答晚上。在这样的案例中,诈病者能够分辨问题,并故意向相反方向或作近似回答。严重的精神发育迟滞病人智商低下,上述问题可能答错,但这类病人的社会交往能力和独立生活能力也极低。除此之外,要注意与两种心因性疾病鉴别,即假性痴呆及监狱精神病。

假性痴呆大都是伴随意识障碍而出现的暂时性脑机能障碍,可见于癔症和反应性精神障碍。它并非真正的智能缺损,常突然发生,也可突然消失,一般维持时间较短。表现智能缺损的程度不如痴呆严重,且智能障碍不一致。如患者对简单问题不能正确回答,但对复杂问题反而可以正确回答,多系强烈的精神创伤而产生。其智能障碍通过适当的治疗和处理,在短期内可以完全恢复正常。

童样痴呆是在精神因素的作用下突然发生的一种假性痴呆的状态,记忆力丧失,回答错误,衣着邋遢,给人智能严重受损的印象。言语举止形似稚气十足的儿童,见人就称“叔叔”“阿姨”,或表现在回答问题时近似回答,如“人有 3 只眼睛”“2 + 3 = 6”等。这种症状维持时间较短,精神因素去除后或经治疗很快消失。

监狱精神病(Gansersyndrome)又称甘塞尔综合征,是指犯罪嫌疑人或囚犯出现意识模糊的症状,觉得自己躯体被转换了(成为其他人),认为自己身份遗失,对于看似简单的问题给出很荒谬的回答。该病类发病率不高,在犯罪嫌疑人被拘禁后或在监狱改造过程中出现,给监狱的管理和教育改造工作带来严重的影响,存在诸多安全隐患。

(六)情感、行为与描述不一致

重型精神障碍者的幻觉、妄想等病理性精神症状往往伴随着大量痛苦的、愤怒的、恐怖的情感体验,如评论性、争论性幻听多是听到别人对自己的指责、谩骂、诽谤;命令性幻听多带有威胁性;关系妄想总是警惕的注意别人的一举一动,觉得别人无意的行为都是针对他自己；被害妄想更是惶惶不可终日，经常担心妄想中的对象对其人身安全有威胁。所以，伪装者诉有明显的恐怖性幻视、幻听或痛苦的被害妄想时，情感可能没有明显的相应变化，情感与其描述的症状不一致。注意观察诈病者平时的表现，如果患者自诉的症状与我们观察到的不一致，也要怀疑诈病。

但任何事都不绝对，早期精神分裂症患者幻觉、妄想明显，情感受精神症状的影响最明显，常出现对空指骂，伤人或自伤的暴力行为，肇事肇祸倾向明显，而有一些精神障碍者在患病多年后，可能会对妄想和幻觉习以为常，无动于衷。

（七）细节问题描述不清

伪装精神病者因为自己并未经历那些精神病状，如果强制要求诈病者解释那些丰富症状的细节和特殊含义，他们往往不能提供细节。如一位后来被证实是诈病者在阐述他为什么在无人的小巷里杀人时曾说起他以为被害人是厉鬼，但被问及如何区分一个走在路上的人到底是人是鬼时，他却支支吾吾无法作答。

我们在一开始询问疑似精神病者时宜采用开放式的问话，以便掌握更多可能出现的症状，之后应该更直接地询问，要求疑似诈病者对自己的症状更详细地解释，并尽量了解其描述的精神症状与动机之间的相关性。还可以向诈病者提示非常少见的精神症状，如果经提示，他的反应对这些罕见的幻觉妄想症状非常肯定，则高度提示诈病的可能。

（八）伪装遗忘和记忆障碍

伪装精神病者除了伪装上述的精神病性症状外，还可能企图伪装认知损害或间断的逆行性遗忘。典型的伪装者会声称对作案过程一无所知，或是对作案前后的所作所为都十分清楚，但选择性“遗忘”作案当时的人和事。

伪装性遗忘需要和分离性遗忘鉴别。分离性遗忘一般是在创伤性事件后，表现为突然出现不能回忆自己重要的事情，特点是丧失近期的阶段记忆，可为部分性和选择性，但遗忘的内容多为造成患者强烈精神刺激的事件。这种遗忘是心因性的，不是器质性原因所致，也不能用一般的健忘或疲劳解释。

伪装遗忘和认知损害者的认知受损特征与脑外伤和其他中枢神经系统病变的人的认知症状是不同的，许多心理测试能有助于区分。此外，随着时间的推移，伪装认知损害的人症状表现前后不一致，多次心理测试的结果迥异，推导出的损害的解剖定位也不同，其评估得出的功能水平与测试中的受损程度往往不一致。

除此之外，评估有遗忘症状或认知损害者时，有必要排除潜在的中枢神经系统疾病或精神疾病。很多中枢神经系统疾病也具有认知损害症状。颞叶的损伤与记忆障碍有紧密联系，脑电图和磁共振检查有助于排除相关的器质性病变。

二、鉴别诈病的检测技术

(一)心理测试

应用最多的帮助鉴别诈病的测试是人格测验和探查诈病的测验。明尼苏达多项人格测验(Minnesota Multiphasic Personality Inventory, MMPI)是历史悠久、被广泛应用的人格测试量表，具有稳定的心理测查特性，更全面地提供有关被试者的人格特质和情感状态的信息。这部分测试工作通常由司法精神医学专家完成。MMPI是具有高度特异性的量表，可以提供有关反应偏倚的重要信息。反应偏倚是司法评估中的一个常见问题。MMPI及其他测量反应偏倚的人格问卷非常有助于证实一个人企图装好的倾向。有些人在测试中努力选择使自己看上去更加善良的选项，MMPI和其他人格问卷可以提供防御性或“伪善”表现的信息；有些人企图表现比他们真实的疾病还严重，MMPI和其他人格问卷也能提供关于否定印象管理(negative impression management)的信息。这对犯罪后伪装精神病者的识别非常有用。

米勒(Miller)的法医学症状评估测验和定式自评症状问卷可能有助于判断一个人是否有伪装精神症状，特别是精神病性症状。诈病记忆测验可用于评估被鉴定人是否企图伪装记忆障碍。

(二)测谎技术①

测谎技术是将心理学、生物医学、侦查讯问学及电子电路技术与基本的计算机知识等多种学科融为一体，对个人内心隐瞒意图和状态进行探测的一门科学。从传统的测试情绪变化到现代测试认知过程和心理内容是心理测谎技术质的飞跃。虽然说谎的心理状态可以引发皮电变化、血压升高、心跳加快和呼吸急促等生理变化，但这些变化也可以出现在没说谎的状态下，同时还有许多因素可能影响这些反应。如被测者只要在测谎时感到焦虑，就会出现上述反应，极易产生假

---

① 参见蒋令朋等：《伪装识别技术在司法精神医学中的应用》，载《汕头大学医学院学报》2009年第3期。

阳性结果。习惯说谎和技艺高超的说谎者常可控制这些反应的出现，生理指标也相对稳定，这些均可成功通过测试，从而使其有效性受到强烈质疑。另外，测谎仪的可靠性在很大程度上还决定于与仪器无关的因素，如测谎工作者的训练素质和被试人群的特点等。故在国内司法实践中，由于上述的局限性使测谎结果不能作为直接证据采用。

（三）电生理技术

事件相关电位P300是具有300～1000ms潜伏期的正相波，能对罕见的、有意义的刺激作出反应，与受试者对刺激信号进行信息加工等过程有关，反映了大脑的高级思维活动，是了解人类大脑认知功能或心理活动的客观指标之一。研究表明，P300的幅度和潜伏期与伪装有关，提示在讲真话和说谎之间存在认知功能的差异，并与大脑活动的其他变量相关，如局部脑血流量等。P300潜伏期取决于刺激辨认速度和决定过程，波幅则与受试者的注意程度和刺激信息量成正比，在只有真正的罪犯才充分掌握有关犯罪细节的情况下，当其受到与案件相关的实物或场景照片刺激时，对罪犯蕴含有更多的信息量，必然引出P300波幅高值。因此，将与案情有关的和无关的事件编成一刺激序列，根据两者引出的P300波幅的高低，可判定被测者是否为真正的罪犯。P300已被广泛用于伪装遗忘的测查研究，具有很低的假阳性率，但其空间分辨率差，其测谎的准确率还受被测者的注意力和配合程度的影响，也极易受到一些简单对抗措施的干扰。

第六章　易肇事肇祸精神障碍者的管控

第一节　我国对肇事肇祸精神障碍者的管理规定

根据国卫疾控发〔2018〕13号文件《关于印发重性精神疾病的管理治疗工作规范(2018年版)的通知》中的界定,精神障碍者的肇事肇祸包括“肇事行为”和“肇祸行为”两类,肇事行为是指精神障碍者的行为已经触犯了我国《治安管理处罚法》,但尚未触犯《刑法》,例如有行凶伤人等行为但导致受害者轻、重伤的,肇祸行为是指精神障碍者的行为触犯了《刑法》,涉嫌犯罪的。导致精神障碍者实施违法行为的原因有很多,其自身知觉障碍、思维障碍、人格障碍等病理性障碍及文化程度、经济条件、人际关系等社会性因素当然是其中的重要原因。就肇事肇祸精神障碍者的管控而言,我国目前尚未有一部统一的肇事肇祸精神障碍者管理的法律,有关精神障碍者管理的零星规定主要分布在其他的法律、法规中。这些规定主要涉及对肇事、肇祸的精神障碍者进行强制医疗。

我国《刑法》第18条规定,精神病人在不能辨认或者不能控制自己行为的时候造成危害结果,经法定程序鉴定确认的,不负刑事责任,但是应当责令他的家属或者监护人严加看管和医疗;在必要的时候,由政府强制医疗。2018年新修订的《刑事诉讼法》第五编第五章——依法不负刑事责任的精神病人的强制医疗程序中规定:“实施暴力行为,危害公共安全或者严重危害公民人身安全,经法定程序鉴定依法不负刑事责任的精神病人,有继续危害社会可能的,可以予以强制医疗。”“根据本章规定对精神病人强制医疗的,由人民法院决定。公安机关发现精神病人符合强制医疗条件的,应当写出强制医疗意见书,移送人民检察院。对于公安机关移送的或者在审查起诉过程中发现的精神病人符合强制医疗条件的,人民检察院应当向人民法院提出强制医疗的申请。人民法院在审理案件过程中发现被告人符合强制医疗条件的,可以作出强制医疗的决定。对实施暴力行为的精神病人,在人民法院决定强制医疗前,公安机关可以采取临时的保护性约束措施。""强制医疗机构应当定期对被强制医疗的人进行诊断评估。对于已不具有人身危险性,不需要继续强制医疗的,应当及时提出解除意见,报决定强制医疗的人民法院批准。被强制医疗的人及其近亲属有权申请解除强制医疗。""人民检察院对强制医疗的决定和执行实行监督。"

除以上规定之外,2001 年 11 月卫生部也专门作出规定,临床症状严重,对自己或周围构成危害者,严重不能适应社会,伴有严重躯体疾病的精神病人,严重自伤、自杀、拒食、外跑等可危及生命或危害社会治安者应属紧急收治范围,并应给予特级护理。此后,卫生部联合教育部、公安部等部门于 2004 年 8 月制定了《关于进一步加强精神卫生工作指导意见》,规定了对"严重肇事肇祸精神疾病患者实施强制治疗"。

在我国《精神卫生法》第三章第 30 条规定,精神障碍的住院治疗实行自愿原则。诊断结论、病情评估表明,就诊者为严重精神障碍患者并有下列情形之一的,应当对其实施住院治疗:(1)已经发生伤害自身的行为,或者有伤害自身的危险的;(2)已经发生危害他人安全的行为,或者有危害他人安全的危险的。

《精神卫生法》第四章第 54 ~ 57 条中,明确提出了对严重精神障碍者康复的管理和资源提供,主要涉及到社区康复机构、残疾人组织、医疗机构、基层卫生机构以及残疾人康复机构的职责与任务:(1)相关机构为需要康复的精神障碍者提供必要的康复场地和医疗条件,并组织一定的专业人士引导患者参加必要的康复训练活动,康复训练活动主要帮助患者加强生活自理能力、提高社会适应能力等方面。(2)为固定住所的严重精神障碍者提供基本药物支持、康复训练的技术性指导及其他相关医疗支持。(3)完善精神障碍者的个人信息管理,根据患者信息开展针对性的定期随访工作,指导患者及患者监护人在用药、康复方面的注意事项,对于患者监护人而言,还需对其进行患者监护方面的实践性指导。上述的服务管理功能均是以街道(镇)、社区(村)为单位,以网格化服务管理模式,结合社区服务设施与基层网格服务人员,在群众中开展精神卫生工作,服务患者,并预防肇事肇祸案件发生。

2013 年国务院办公厅印发了《国务院办公厅转发中央综治办等部门关于加

强肇事肇祸等严重精神障碍患者救治救助工作的意见的通知》(国办发〔2013〕68号),就加强肇事肇祸等严重精神障碍患者救治救助和服务管理工作提出以下实施意见。

一是充分认识加强肇事肇祸等严重精神障碍患者救治救助工作的重要性。近年来,由于多种因素,严重精神障碍患病率呈上升趋势,严重精神障碍患者肇事肇祸案(事)件时有发生,对公共安全造成危害,社会反映强烈。一些地方对肇事肇祸等严重精神障碍患者的救治救助工作仍存在一些突出问题和困难。

二是完善筛查随访机制,掌握动态基础信息。各级卫生计生部门要会同综治、公安、民政、司法行政部门和残联等,加强对严重精神障碍患者日常发现登记和发病报告,开展定期筛查和随访,重点做好高风险及贫困患者的信息甄别、登记报告和危险性评估,完善严重精神障碍患者基础信息库和动态监测网络,加强监测预警、分析研判,建立信息共享机制。基层医疗卫生机构要按照国家基本公共卫生服务规范要求,对辖区内目标人群开展健康体检,建立健康档案,及时掌握居家严重精神障碍患者的动态基础信息。

三是完善政策措施,切实加强救治救助与服务管理。(1)加强医疗救治。对居家严重精神障碍患者,基层医疗卫生机构要按照基本公共卫生服务规范要求提供服务,纳入社区随访管理,所需经费纳入基本公共卫生服务经费统筹安排,中央财政继续通过重大公共卫生专项补助资金予以支持。并积极推进大病保险制度,完善精神类药品的医疗保障制度。(2)完善救助政策。民政部门要对符合最低生活保障条件的,及时纳入低保;对不符合低保条件但确有困难的,通过临时救助等措施帮助其解决生活困难;将严重精神障碍患者作为重度残疾人全部资助参保参合,并对其中的贫困患者按照规定给予门诊和住院医疗费用救助。中央和地方财政要进一步加大医疗救助补助力度,对严重精神障碍患者优先给予医疗救助。民政等有关部门要按照职责分工,将查找不到近亲属的流浪乞讨疑似严重精神障碍患者送至当地医疗救助定点医院进行诊断和救治,并将符合条件的患者纳入疾病应急救助基金保障范围;对查找不到居住地的患者,由民政部门转入精神康复机构或精神病人福利机构分类安置。(3)加强服务管理。公安机关对有肇事肇祸行为或危险的疑似严重精神障碍患者,要依法立即处置,并将其送至精神卫生医疗机构进行诊断;对符合我国《精神卫生法》第 35 条第 2 款规定的,可以协助精神卫生医疗机构依法采取措施实施住院治疗。被人民法院决定强制医疗的精神病人,应在公安机关强制医疗所或指定的精神卫生医疗机构执行强制医疗。尚未建立强制医疗所的省(区、市),地方政府要抓紧指定至少一所精神卫生医疗机构履行强制医疗职能。地方政府要为强制医疗所和履行强制医疗职能的精神卫生医疗机构的正常运转提供必要保障。

四是加快机构场所建设,提高救治安置和康复能力。卫生计生委、发展改革委、民政部须完善预防、治疗和康复服务体系。地方政府要把肇事肇祸等严重精神障碍患者救治救助、安置康复等机构场所建设作为重点,加强强制医疗所和精神病人福利机构建设,进一步提高精神卫生医疗机构服务能力,确保严重精神障碍患者急性期住院治疗需要,确保有肇事肇祸行为的严重精神障碍患者依法及时得到强制医疗或住院治疗。各级综治、民政、卫生计生部门和残联等要配合各级精神卫生机构,充分发挥基层综合服务管理平台作用,积极开展社会化、综合性、开放式精神疾病康复工作,为居家严重精神障碍患者提供治疗康复服务和人文关怀。

五是加强队伍建设,提高诊疗服务能力。各级卫生计生行政部门要会同人力资源社会保障、财政和发展改革部门,认真落实精神科住院医师规范化培养制度,加大专业人才培养力度,尽快补充精神科执业医师;对现有在精神专科岗位执业的非精神科医师进行培训和考核,将符合要求的人员转岗为精神科执业医师;大力开展地市级以上综合性医院精神科执业医师的培训和县级综合性医院、乡镇卫生院医师增加精神科执业资质的上岗培训,切实提高精神卫生专业人员素质;扩大专业人员类别,吸收精神康复专业人员、精神卫生社会工作人员进入精神卫生工作队伍。

六是加强组织领导,严格落实责任。各地各有关部门要加强对肇事肇祸等严重精神障碍患者救治救助工作的组织领导,进一步明确主体责任,强化部门职责。要充分发挥综合治理优势,形成各管控部门协作管控的工作格局。严格落实对已登记的严重精神障碍患者规范管理和动态监测等措施,切实防止脱管漏管。要加强有关法律法规政策和相关知识的正面宣传。加大检查考核力度,对因工作不重视、监管不到位、救治不及时,导致发生已登记严重精神障碍患者肇事肇祸重大案(事)件的,严肃追究相关负责人和部门的责任。

2015 年中共中央办公厅、国务院办公厅印发了《关于加强社会治安防控体系建设的意见》(中办发〔2014〕69 号),此文件明确提出要加强社会治安防控网建设，加强社区服刑人员、扬言报复社会人员、肇事肇祸等严重精神障碍者、刑满释放人员、吸毒人员、易感染艾滋病病毒危险行为人群等特殊人群的服务管理工作，以网格化管理、社区化服务为方向，健全基层综合服务管理平台，推动社会治安防控力量下沉，文件强调了网格化管理对精神障碍者管控的重要性，提出要充分利用社区的力量，建立并完善"三位一体"的关怀帮扶体系，做到患者的信息及时完整掌握、各方的矛盾迅速有效化解、社会的治安防控完善到位以及社区的便民服务高效有序。

2016年中央综治办、公安部、民政部、财政部、国家卫生计生委、中国残联《关于实施以奖代补政策落实严重精神障碍患者监护责任的意见》(中综办〔2016〕1号)文件指示，通过以奖代补政策，引导监护人承担好严重精神障碍患者的监护责任。文件指出，精神障碍患者的监护人依法对患者履行监护责任，精神障碍患者所在地乡镇(街道)和区县(自治县)人民政府有关部门要帮助患者解决实际困难，是《民法通则》《精神卫生法》《残疾人保障法》《侵权责任法》等法律的明确规定。而贫困患者多、监护责任落实难是严重患者肇事肇祸的重要原因。对监护人实施以奖代补政策，有利于减轻患者和监护人的经济负担，提高监护人积极性，促进监护责任有效落实；有利于各级各有关部门建立健全以居家监护为基础的社会化、综合性、开放式精神疾病康复工作体系，更好地为患者提供治疗康复服务和人文关怀；有利于进一步完善救治救助保障体系，从源头上预防和减少严重患者肇事肇祸案(事)件发生。本文件规定，将本地登记并录入公安部重性精神病人信息管理系统的有肇事肇祸行为及危险性评估3级(含)以上且家庭困难、监护人无能力落实监护责任和查找不到监护人的患者，由乡镇(街道)组织公安、民政和卫生计生部门认定后，依法明确的监护人作为奖励对象，只要患者在奖励年度内无肇事肇祸行为，监护人便可领取每年2000~3000元的奖励。同时，需强化考评督查和追责机制。

国家卫生健康委疾控局于2009年编制《重性精神疾病管理治疗工作规范(2009年版)》，并于2012年进行了修订，不断完善严重精神障碍者的管控工作。近10年来，在国家有关部门和各级政府的大力支持下，在广大精神卫生工作者的共同努力下，精神卫生工作取得了一定成效。精神卫生工作纳入法制化管理，部门间协作格局基本形成，政策措施逐步完善，精神卫生医疗机构和专业人员数量逐年增加，严重精神障碍管理治疗工作范围基本覆盖全国，服务管理人数不断增多。在国家卫生健康委疾控局下发的《严重精神障碍管理治疗工作规范(2018年版)》中,进一步完善了严重精神障碍管理治疗的工作内容和方法,优化了工作流程,增加了很多关于部门协同合作的内容,专设章节介绍精神康复相关内容,推荐有条件的地区使用第二代抗精神病药物,推荐对治疗依从性差、家庭监护能力弱或无监护的、具有肇事肇祸风险的患者采用长效针剂治疗,等等。

按规定,精防人员的管控对象主要为精神分裂症、分裂情感性障碍、偏执性精神病、双相(情感)障碍、癫痫所致精神障碍、精神发育迟滞伴发精神障碍等六种严重精神障碍的确诊患者。符合我国《精神卫生法》第30条第2款第2项情形并经诊断、病情评估为严重精神障碍患者,也属于精防人员的服务对象而不限于上述六种疾病。民警的管控对象主要为危险性评估3~5级的精神障碍者,而不限于何种精神疾病。如患者既往有暴力史、有滥用酒精(药物)、被害妄想、威胁过他人、表达过伤害他人或自杀的想法、有反社会行为、情绪明显不稳或处在重大压力之下、有过自杀行为等情况,民警应重点关注,加强上门随访。若患者出现明显自杀观念或已经出现自杀行为,民警须协助家属将患者送至精神卫生机构或有抢救能力的医院紧急处置,如发现患者有危害公共安全或他人安全的行为或危险时,民警须协助家属或精防人员将患者送至精神卫生医疗机构门急诊留观或住院。此外,对走失、家属拒绝告知去向、病情不稳定等患者,精防人员告知民警后,民警也有义务加强排查,协同管控。

第二节　各管控部门对肇事肇祸精神障碍者的管控职责

我国精神障碍者每年造成的严重肇事肇祸案件超过万起,已然成为当前影响我国稳定的公共安全事件、社会治安隐患与法律道德矛盾问题。而在现实生活中,如何有效预防和控制精神障碍者肇事肇祸事件,是我国乃至世界亟待攻克的难题。对肇事肇祸精神障碍者的管控工作,需要发挥多部门和单位的职能作用,综合运用法律、行政、经济等多种措施,对肇事肇祸精神障碍者实施严格管控。涉及的部门有综治部门、公安机关、卫生部门、财政部门、民政部门、人力社保部门、残联等。以重庆为例,对肇事肇祸精神障碍者的管控工作,各部门有着以下分工。

1. 综治部门:负责牵头组织、协调、监督有关部门和单位按照各自职责开展肇事肇祸精神障碍者管理工作；每年组织本级有关部门和单位召开联席会议；定期、不定期对下一级政府及本级有关部门和单位开展工作情况进行检查、通报；将肇事肇祸精神障碍者管理工作纳入平安重庆建设暨社会治安综合治理目标考核内容，制定考核办法，每年度对下一级政府及市政府有关部门和单位进行考核。

2. 公安机关：负责牵头并会同卫生、民政、财政、人力社保、残联等部门和单位组织开展肇事肇祸精神障碍者排查工作；收集、汇总、上报公安机关参与肇事肇祸精神障碍者管理工作的情况和相关数据；更新"全国重性精神病人管理信息系统"的信息数据；做好肇事肇祸精神病人肇事肇祸案（事）件的处置工作；依法做好肇事肇祸精神病人的委托精神病司法鉴定和送定点医院强制治疗工作；配合民政部门开展流浪乞讨精神病人医疗救治，并负责查找患者原籍。

3. 卫生部门：将肇事肇祸精神障碍者管理工作纳入全市精神卫生工作规划，并制定工作规范和技术标准；按照有关法律、法规和规定实施精神卫生专业机构、精神卫生专业人员的准入和管理；按照就近治疗、分片布点原则，充分利用现有的精神卫生医疗资源，组织肇事肇祸精神障碍者疾病预防、治疗和康复工作的监督、检查、评估和技术指导；开展肇事肇祸精神障碍者调查和信息收集，建立监测、诊断、风险等级评估、定点强制治疗"四位一体"工作体系；普及精神卫生知识，做好重点人群心理干预；配合有关部门研究制定对肇事肇祸精神障碍者的保障与救助政策。

4. 财政部门：按照公共财政的要求和现行经费开支渠道，制定相关财政补助政策，将肇事肇祸精神障碍者排查、诊断、评估、鉴定、管控、治疗、现场处置等所需经费纳入财政预算；做好肇事肇祸精神障碍者管理工作专项经费保障工作；加强资金管理和监督。

5. 民政部门：负责"三无"（无劳动能力、无生活来源、无赡养人和抚养人）对象肇事肇祸精神障碍者的救助；对流浪乞讨人员中无监护人、近亲属或户籍地在市外的肇事肇祸精神障碍者予以救助并护送回原籍；会同卫生、残联等部门和单位开展精神残疾者生活、职业技能康复工作；指导卫生、公安等部门做好精神疾病患者的访视服务管理工作。

6. 人力社保部门：负责按照城镇职工基本医疗保险和城乡居民合作医疗保险政策报销已参保肇事肇祸精神障碍者的医疗费用；促进康复后有劳动能力患者就业。

7.残联:协助政府开展精神残疾康复工作,推动精神疾病康复机构和社区康复设施建设;依法维护精神残疾者权益,协助民政等部门做好精神疾病患者救助工作;配合有关部门做好精神疾病患者的访视服务管理工作。

肇事肇祸精神障碍者管控的重点是要全面排查、摸清底数。除了公安部门要做好采集精神疾病患者肇事肇祸滋事的信息以外,卫生部门掌握的就诊的精神疾病患者和司法鉴定的精神疾病患者信息,残联采集掌握的办理精神残疾证件的精神疾病患者信息,民政、司法、教育等部门结合自身工作采集掌握精神疾病患者和疑似精神疾病患者信息,统一由卫生部门汇总建立平台实现各部门信息共享。

对于肇事肇祸精神障碍者的控制必须分级、分目标。重点精神障碍者的人身危险性评估工作应当由社区民警、社区精防医生、居(村)委会工作人员分别开展危险性评估,分别填写《精神障碍者风险评估分类表》,将重点精神障碍者分为极高风险、高风险、中风险、低风险,评估小组成员进行综合评定,最终确定风险等级。对风险度极高,极有可能肇事肇祸的,要依法进行强制医疗;对中等风险、病情不稳定的,要坚决督促家属将病人送到医院进行治疗;对低风险、病情稳定的,社区民警要定期回访,密切关注动向,一旦出现症状,及时送医治疗,杜绝安全隐患。

公安派出所联合卫生、民政部门对精神障碍者落实社区监护,社区民警作为人口管理的主体,要切实做好管控易肇事肇祸精神障碍者的工作;对符合强制医疗条件的精神障碍者依法实施强制医疗;在发生精神障碍者肇事肇祸案件后,按照预警机制与突发事件现场处置机制,结合现场实际情况妥善有效处置。

在实践中,公安机关接到关于肇事肇祸精神障碍者警情后,一般作以下处理:及时控制现场,防止精神障碍者过激行为,控制精神障碍者后,完善相关司法精神医学鉴定资料,送到指定医院进行司法精神医学鉴定及危险性评估,同时查找该病人的身份信息,及时联系其家属和监护人。在鉴定及危险性评估结论出具后,对存在刑事责任能力的精神障碍者依法办理诉讼程序。对无刑事责任能力者,如果病情严重、风险性极高,要依法进行强制医疗;病情严重或病情不稳定、风险性中等,要坚决督促家属和监护人将精神障碍者送往医院接受治疗;如果病情不严重、风险性较低,则通知家属和监护人将精神障碍者带回家进行照顾,社区民警要定期回访,密切关注动向,一旦出现症状,及时送医治疗,出现肇事肇祸倾向的,要及时通知警方协助。若联系不到家属和监护人,则将精神障碍者送往专业的安康医院,交由安康医院负责进行管理,并完成相关手续的移交。同时,借助各地的网上警务办案平台,在警务平台中建立关于肇事肇祸精神障碍者数据库,为病人建立个人档案,并对流动性较强的肇事肇祸精神障碍者建立异域警务合作机制,建立异域信息互换和共享机制,及时在省市之间传递易肇事肇祸精神障碍者的流动信息。

附　　录

附录一 《中国精神障碍分类与诊断标准（第3版）》(CCMD－3)

(0)器质性精神障碍

(00)阿尔茨海默(Alzheimer)病

(01)脑血管病所致精神障碍

(02)其他脑部疾病所致精神障碍

(03)躯体疾病所致精神障碍

(09)其他或待分类器质性精神障碍

(1)精神活性物质或非成瘾物质所致精神障碍

(10)精神活性物质所致精神障碍

(11)非成瘾物质所致精神障碍

(2)精神分裂症(分裂症)和其他精神病性障碍

(20)精神分裂症(分裂症)

(21)偏执性精神障碍

(22)急性短暂性精神病

(23)感应性精神病

(24)分裂情感性精神病

(29)其他或待分类的精神病性障碍

(3)心境障碍(情感性精神障碍)

(30)躁狂发作

(31)双相障碍

(32)抑郁发作

(33)持续性心境障碍

(39)其他或待分类的心境障碍

(4)癔症、应激相关障碍、神经症

(40)癔症

(41)应激相关障碍

(42)与文化相关的精神障碍

(43)神经症

(5)心理因素相关生理障碍

(50)进食障碍

(51)非器质性睡眠障碍

(52)非器质性性功能障碍

(6)人格障碍、习惯与冲动控制障碍、性心理障碍

(60)人格障碍

(61)习惯与冲动控制障碍

(62)性心理障碍(性变态)

(7)精神发育迟滞与童年和少年期心理发育障碍

(70)精神发育迟滞

(71)言语和语言发育障碍

(72)特定学校技能发育障碍

(73)特定运动技能发育障碍

(74)混合性特定发育障碍

(75)广泛性发育障碍

(8)童年和少年期的多动障碍、品行障碍、情绪障碍

(80)多动障碍

(81)品行障碍

(82)品行与情绪混合障碍

(83)特发于童年的情绪障碍

(84)儿童社会功能障碍

(85)抽动障碍

(86)其他童年和少年期行为障碍

(89)其他或待分类的童年和少年期精神障碍

(9)其他精神障碍和心理卫生情况

(90)待分类的精神病性障碍

(91)待分类的非精神病性精神障碍

(92)其他心理卫生情况

(99)待分类的其他精神障碍

附录二　最高人民法院《关于适用〈中华人民共和国刑事诉讼法〉的解释》中有关精神病人强制医疗程序的规定

最高人民法院《关于适用〈中华人民共和国刑事诉讼法〉的解释》已于2012年11月5日由最高人民法院审判委员会第1559次会议通过，现予公布，自2013年1月1日起施行，其中对“依法不负刑事责任的精神病人的强制医疗程序”一章作出了解释。现摘录如下：

第二十三章　依法不负刑事责任的精神病人的强制医疗程序

第五百二十四条　实施暴力行为，危害公共安全或者严重危害公民人身安全，社会危害性已经达到犯罪程度，但经法定程序鉴定依法不负刑事责任的精神病人，有继续危害社会可能的，可以予以强制医疗。

第五百二十五条　人民检察院申请对依法不负刑事责任的精神病人强制医疗的案件，由被申请人实施暴力行为所在地的基层人民法院管辖；由被申请人居住地的人民法院审判更为适宜的，可以由被申请人居住地的基层人民法院管辖。

第五百二十六条　对人民检察院提出的强制医疗申请，人民法院应当审查以下内容：

（一）是否属于本院管辖；

（二）是否写明被申请人的身份，实施暴力行为的时间、地点、手段、所造成的损害等情况，并附相关证据材料；

（三）是否附有法医精神病鉴定意见和其他证明被申请人属于依法不负刑事责任的精神病人的证据材料；

（四）是否列明被申请人的法定代理人的姓名、住址、联系方式；

（五）需要审查的其他事项。

第五百二十七条　对人民检察院提出的强制医疗申请，人民法院应当在七日内审查完毕，并按照下列情形分别处理：

（一）不属于本院管辖的，应当退回人民检察院；

（二）材料不全的，应当通知人民检察院在三日内补送；

（三）属于强制医疗程序受案范围和本院管辖，且材料齐全的，应当受理。

第五百二十八条　审理强制医疗案件，应当通知被申请人或者被告人的法定代理人到场。被申请人或者被告人没有委托诉讼代理人的，应当通知法律援助机构指派律师担任其诉讼代理人，为其提供法律帮助。

第五百二十九条　审理强制医疗案件,应当组成合议庭,开庭审理。但是,被申请人、被告人的法定代理人请求不开庭审理,并经人民法院审查同意的除外。

审理人民检察院申请强制医疗的案件,应当会见被申请人。

第五百三十条　开庭审理申请强制医疗的案件,按照下列程序进行:

(一)审判长宣布法庭调查开始后,先由检察员宣读申请书,后由被申请人的法定代理人、诉讼代理人发表意见;

(二)法庭依次就被申请人是否实施了危害公共安全或者严重危害公民人身安全的暴力行为、是否属于依法不负刑事责任的精神病人、是否有继续危害社会的可能进行调查;调查时,先由检察员出示有关证据,后由被申请人的法定代理人、诉讼代理人发表意见、出示有关证据,并进行质证;

(三)法庭辩论阶段,先由检察员发言,后由被申请人的法定代理人、诉讼代理人发言,并进行辩论。

被申请人要求出庭,人民法院经审查其身体和精神状态,认为可以出庭的,应当准许。出庭的被申请人,在法庭调查、辩论阶段,可以发表意见。

检察员宣读申请书后,被申请人的法定代理人、诉讼代理人无异议的,法庭调查可以简化。

第五百三十一条　对申请强制医疗的案件,人民法院审理后,应当按照下列情形分别处理:

(一)符合刑事诉讼法第二百八十四条规定的强制医疗条件的,应当作出对被申请人强制医疗的决定;

(二)被申请人属于依法不负刑事责任的精神病人,但不符合强制医疗条件的,应当作出驳回强制医疗申请的决定;被申请人已经造成危害结果的,应当同时责令其家属或者监护人严加看管和医疗;

(三)被申请人具有完全或者部分刑事责任能力,依法应当追究刑事责任的,应当作出驳回强制医疗申请的决定,并退回人民检察院依法处理。

第五百三十二条　第一审人民法院在审理案件过程中发现被告人可能符合强制医疗条件的,应当依照法定程序对被告人进行法医精神病鉴定。经鉴定,被告人属于依法不负刑事责任的精神病人的,应当适用强制医疗程序,对案件进行审理。

开庭审理前款规定的案件,应当先由合议庭组成人员宣读对被告人的法医精神病鉴定意见,说明被告人可能符合强制医疗的条件,后依次由公诉人和被告人的法定代理人、诉讼代理人发表意见。经审判长许可,公诉人和被告人的法定代理人、诉讼代理人可以进行辩论。

第五百三十三条　对前条规定的案件,人民法院审理后,应当按照下列情形分别处理:

（一）被告人符合强制医疗条件的，应当判决宣告被告人不负刑事责任，同时作出对被告人强制医疗的决定；

（二）被告人属于依法不负刑事责任的精神病人，但不符合强制医疗条件的，应当判决宣告被告人无罪或者不负刑事责任；被告人已经造成危害结果的，应当同时责令其家属或者监护人严加看管和医疗；

（三）被告人具有完全或者部分刑事责任能力，依法应当追究刑事责任的，应当依照普通程序继续审理。

第五百三十四条 人民法院在审理第二审刑事案件过程中，发现被告人可能符合强制医疗条件的，可以依照强制医疗程序对案件作出处理，也可以裁定发回原审人民法院重新审判。

第五百三十五条 人民法院决定强制医疗的，应当在作出决定后五日内，向公安机关送达强制医疗决定书和强制医疗执行通知书，由公安机关将被决定强制医疗的人送交强制医疗。

第五百三十六条 被决定强制医疗的人、被害人及其法定代理人、近亲属对强制医疗决定不服的，可以自收到决定书之日起五日内向上一级人民法院申请复议。复议期间不停止执行强制医疗的决定。

第五百三十七条 对不服强制医疗决定的复议申请，上一级人民法院应当组成合议庭审理，并在一个月内，按照下列情形分别作出复议决定：

（一）被决定强制医疗的人符合强制医疗条件的，应当驳回复议申请，维持原决定；

（二）被决定强制医疗的人不符合强制医疗条件的，应当撤销原决定；

（三）原审违反法定诉讼程序，可能影响公正审判的，应当撤销原决定，发回原审人民法院重新审判。

第五百三十八条 对本解释第五百三十三条第一项规定的判决、决定，人民检察院提出抗诉，同时被决定强制医疗的人、被害人及其法定代理人、近亲属申请复议的，上一级人民法院应当依照第二审程序一并处理。

第五百三十九条 审理强制医疗案件，本章没有规定的，参照适用公诉案件第一审普通程序和第二审程序的有关规定。

第五百四十条 被强制医疗的人及其近亲属申请解除强制医疗的，应当向决定强制医疗的人民法院提出。

被强制医疗的人及其近亲属提出的解除强制医疗申请被人民法院驳回，六个月后再次提出申请的，人民法院应当受理。

第五百四十一条 强制医疗机构提出解除强制医疗意见，或者被强制医疗的人及其近亲属申请解除强制医疗的，人民法院应当审查是否附有对被强制医疗的人的诊断评估报告。

强制医疗机构提出解除强制医疗意见，未附诊断评估报告的，人民法院应当要求其提供。

被强制医疗的人及其近亲属向人民法院申请解除强制医疗，强制医疗机构未提供诊断评估报告的，申请人可以申请人民法院调取。必要时，人民法院可以委托鉴定机构对被强制医疗的人进行鉴定。

第五百四十二条　强制医疗机构提出解除强制医疗意见，或者被强制医疗的人及其近亲属申请解除强制医疗的，人民法院应当组成合议庭进行审查，并在一个月内，按照下列情形分别处理：

（一）被强制医疗的人已不具有人身危险性，不需要继续强制医疗的，应当作出解除强制医疗的决定，并可责令被强制医疗的人的家属严加看管和医疗；

（二）被强制医疗的人仍具有人身危险性，需要继续强制医疗的，应当作出继续强制医疗的决定。

人民法院应当在作出决定后五日内，将决定书送达强制医疗机构、申请解除强制医疗的人、被决定强制医疗的人和人民检察院。决定解除强制医疗的，应当通知强制医疗机构在收到决定书的当日解除强制医疗。

第五百四十三条　人民检察院认为强制医疗决定或者解除强制医疗决定不当，在收到决定书后二十日内提出书面纠正意见的，人民法院应当另行组成合议庭审理，并在一个月内作出决定。

附录三　人民检察院强制医疗执行检察办法(试行)

(2016年5月13日最高人民检察院第十二届检察委员会
第五十一次会议通过,2016年6月2日印发)

第一章　总　　则

第一条　为了加强和规范强制医疗执行检察工作,根据《中华人民共和国刑法》、《中华人民共和国刑事诉讼法》等法律规定,结合检察工作实际,制定本办法。

第二条　人民检察院强制医疗执行检察的任务,是保证国家法律法规在强制医疗执行活动中正确实施,维护被强制医疗人的合法权利,保障强制医疗执行活动依法进行。

第三条　人民检察院强制医疗执行检察的职责是:

(一)对人民法院、公安机关的交付执行活动是否合法实行监督;

(二)对强制医疗机构的收治、医疗、监管等活动是否合法实行监督;

(三)对强制医疗执行活动中发生的职务犯罪案件进行侦查,开展职务犯罪预防工作;

(四)受理被强制医疗人及其法定代理人、近亲属的控告、举报和申诉;

(五)其他依法应当履行的监督职责。

第四条　对人民法院、公安机关交付执行活动的监督,由同级人民检察院负责。

对强制医疗执行活动的监督,由人民检察院刑事执行检察部门负责。

第五条　人民检察院案件管理部门收到人民法院的强制医疗决定书副本后,应当在一个工作日内移送本院刑事执行检察部门。刑事执行检察部门应当及时填写《强制医疗交付执行告知表》,连同强制医疗决定书复印件一并送达承担强制医疗机构检察任务的人民检察院刑事执行检察部门。

第六条　对强制医疗所的强制医疗执行活动,人民检察院可以实行派驻检察或者巡回检察。对受政府指定临时履行强制医疗职能的精神卫生医疗机构的强制医疗执行活动,人民检察院应当实行巡回检察。

检察强制医疗执行活动时,检察人员不得少于二人,其中至少一人应当为检察官。

第二章　交付执行检察

第七条　人民法院作出强制医疗决定后,人民检察院应当对下列强制医疗交付执行活动实行监督:

（一）人民法院的交付执行活动是否符合有关法律规定；

（二）公安机关是否依法将被决定强制医疗的人送交强制医疗机构执行；

（三）强制医疗机构是否依法收治被决定强制医疗的人；

（四）其他应当检察的内容。

第八条　交付执行检察的方法：

（一）赴现场进行实地检察；

（二）审查强制医疗决定书、强制医疗执行通知书、证明被强制医疗人无刑事责任能力的鉴定意见书等相关法律文书；

（三）与有关人员谈话；

（四）其他方法。

第九条　人民法院、公安机关、强制医疗机构在交付执行活动中有下列情形之一的，人民检察院应当依法及时提出纠正意见：

（一）人民法院在作出强制医疗决定后五日以内未向公安机关送达强制医疗决定书和强制医疗执行通知书的；

（二）公安机关没有依法将被决定强制医疗的人送交强制医疗机构执行的；

（三）交付执行的相关法律文书及其他手续不完备的；

（四）强制医疗机构对被决定强制医疗的人拒绝收治的；

（五）强制医疗机构收治未被人民法院决定强制医疗的人的；

（六）其他违法情形。

第三章　医疗、监管活动检察

第十条　医疗、监管活动检察的内容：

（一）强制医疗机构的医疗、监管活动是否符合有关规定；

（二）强制医疗机构是否依法开展诊断评估等相关工作；

（三）被强制医疗人的合法权利是否得到保障；

（四）其他应当检察的内容。

第十一条　医疗、监管活动检察的方法：

（一）查阅被强制医疗人名册、有关法律文书、被强制医疗人的病历、诊断评估意见、会见、通信登记等材料；

（二）赴被强制医疗人的医疗、生活现场进行实地检察；

（三）与强制医疗机构工作人员谈话，了解情况，听取意见；

（四）与被强制医疗人或者其法定代理人、近亲属谈话，了解有关情况；

（五）其他方法。

第十二条 人民检察院发现强制医疗机构有下列情形之一的，应当依法及时提出纠正意见：

（一）强制医疗工作人员的配备以及医疗、监管安全设施、设备不符合有关规定的；

（二）没有依照法律法规对被强制医疗人实施必要的医疗的；

（三）没有依照规定保障被强制医疗人生活标准的；

（四）没有依照规定安排被强制医疗人与其法定代理人、近亲属会见、通信的；

（五）殴打、体罚、虐待或者变相体罚、被强制医疗人，违反规定对被强制医疗人使用约束措施，或者有其他侵犯被强制医疗人合法权利行为的；

（六）没有依照规定定期对被强制医疗人进行诊断评估的；

（七）对被强制医疗人及其法定代理人、近亲属提出的解除强制医疗的申请，没有及时审查处理，或者没有及时转送作出强制医疗决定的人民法院的；

（八）其他违法情形。

第四章　解除强制医疗活动检察

第十三条 解除强制医疗活动检察的内容：

（一）对于已不具有人身危险性，不需要继续强制医疗的被强制医疗人，强制医疗机构是否依法及时提出解除意见，报送作出强制医疗决定的人民法院；

（二）强制医疗机构对被强制医疗人解除强制医疗的活动是否符合有关法律规定；

（三）被解除强制医疗的人离开强制医疗机构有无相关凭证；

（四）其他应当检察的内容。

第十四条 解除强制医疗活动检察的方法：

（一）查阅强制医疗机构解除强制医疗的法律文书和登记；

（二）与被解除强制医疗的人进行个别谈话，了解情况；

（三）其他方法。

第十五条 人民检察院发现强制医疗机构有下列情形之一的，应当依法及时提出纠正意见：

（一）对于不需要继续强制医疗的被强制医疗人，没有及时向作出强制医疗决定的人民法院提出解除意见，或者对需要继续强制医疗的被强制医疗人，不应当提出解除意见而向人民法院提出解除意见的；

（二）收到人民法院作出的解除强制医疗决定书后，不立即解除强制医疗的；

（三）被解除强制医疗的人没有相关凭证或者凭证不全的；

（四）被解除强制医疗的人与相关凭证不符的；

（五）其他违法情形。

第五章　事故、死亡检察

第十六条　强制医疗事故检察的内容：

(一)被强制医疗人脱逃的；

(二)被强制医疗人发生群体性病疫的；

(三)被强制医疗人非正常死亡的；

(四)被强制医疗人伤残的；

(五)其他事故。

第十七条　强制医疗事故检察的方法：

(一)检察人员接到事故报告后，应当立即赶赴现场了解情况，并及时报告检察长和上一级人民检察院；

(二)深入现场，调查取证；

(三)与强制医疗机构共同分析事故原因，研究对策，完善医疗、监管措施。

第十八条　被强制医疗人在强制医疗期间死亡的，依照最高人民检察院关于监管场所被监管人死亡检察程序的规定进行检察。

第六章　受理控告、举报和申诉

第十九条　人民检察院应当依法受理被强制医疗人及其法定代理人、近亲属的控告、举报和申诉，并及时审查处理。人民检察院刑事执行检察部门应当自受理之日起十五个工作日以内将处理情况书面反馈控告人、举报人、申诉人。

人民检察院刑事执行检察部门对不服强制医疗决定的申诉，应当移送作出强制医疗决定的人民法院的同级人民检察院公诉部门办理，并跟踪督促办理情况和办理结果，及时将办理情况书面反馈控告人、举报人、申诉人。

第二十条　人民检察院应当在强制医疗机构设立检察官信箱，接收控告、举报、申诉等有关信件。检察人员应当定期开启检察官信箱。

检察人员应当及时与要求约见的被强制医疗人或者其法定代理人、近亲属等谈话，听取情况反映，受理控告、举报、申诉。

第二十一条　人民检察院收到被强制医疗人或者其法定代理人、近亲属提出的解除强制医疗的申请后，应当在三个工作日以内转交强制医疗机构审查，并监督强制医疗机构是否及时审查申请、诊断评估、提出解除意见等活动是否合法。

第二十二条　人民检察院在强制医疗执行监督中发现被强制医疗人不符合强制医疗条件，人民法院作出的强制医疗决定可能错误的，应当在五个工作日以内报经检察长批准，将有关材料转交作出强制医疗决定的人民法院的同级人民检察院。收到材料的人民检察院公诉部门应当在二十个工作日以内进行审查，并将审查情况和处理意见书面反馈负责强制医疗执行监督的人民检察院。（本条为了防止假精神病问题的出现）

第七章　纠正违法和检察建议

第二十三条　人民检察院在强制医疗执行检察中，发现违法情形的，应当按照下列程序处理：

（一）检察人员发现轻微违法情况且被监督单位可以现场纠正的，可以当场提出口头纠正意见，并及时向刑事执行检察部门负责人或者检察长报告，填写《检察纠正违法情况登记表》；

（二）发现严重违法情况，或者在提出口头纠正意见后被监督单位在七日以内未予纠正且不说明理由的，应当报经检察长批准，及时发出纠正违法通知书，并将纠正违法通知书副本抄送被监督单位的上一级机关；

（三）人民检察院发出纠正违法通知书后十五日以内，被监督单位仍未纠正或者回复意见的，应当及时向上一级人民检察院报告，上一级人民检察院应当监督纠正。

对严重违法情况，刑事执行检察部门应当填写《严重违法情况登记表》，向上一级人民检察院刑事执行检察部门报告。

第二十四条　被监督单位对人民检察院的纠正违法意见书面提出异议的，人民检察院应当及时复议，并将复议决定通知被监督单位。

被监督单位对于复议结论仍然有异议的，可以向上一级人民检察院申请复核。上一级人民检察院应当及时作出复核决定，并通知被监督单位和下一级人民检察院。

人民检察院刑事执行检察部门具体承办复议、复核工作。

第二十五条　人民检察院发现强制医疗执行活动中存在执法不规范、安全隐患等问题的，应当报经检察长批准，向有关单位提出检察建议。

第二十六条　人民检察院发现公安机关、人民法院、强制医疗机构的工作人员在强制医疗活动中有违纪违法行为的，应当报请检察长决定后及时移送有关部门处理；构成犯罪的，应当依法追究刑事责任。

第八章　附　　则

第二十七条　被强制医疗人是指被人民法院依照刑事诉讼法的规定决定强制医疗并送强制医疗机构执行的精神病人。

第二十八条　对2012年12月31日以前公安机关依据《中华人民共和国刑法》第十八条的规定决定强制医疗且2013年1月1日以后仍在强制医疗机构被执行强制医疗的精神病人，人民检察院应当对其被执行强制医疗的活动实行监督。

第二十九条　公安机关在强制医疗机构内对涉案精神病人采取临时保护性约束措施的,人民检察院参照本办法对临时保护性约束措施的执行活动实行监督,发现违法情形的,应当提出纠正意见。

第三十条　检察人员在强制医疗执行检察工作中有违纪违法行为的,应当按照有关规定追究违纪违法责任;构成犯罪的,应当依法追究刑事责任。

第三十一条　本办法自发布之日起试行。

附录四　精神障碍者刑事责任能力评定指南

前　言

本技术规范按照 GB/T 1.1 – 2009 给出的规则起草。

本技术规范根据《中华人民共和国刑法》及司法部《司法鉴定程序通则》，运用精神病学及法学的理论和技术，结合法医精神病学司法鉴定的实践经验而制定，为刑事责任能力鉴定提供科学依据和统一标准。

本技术规范参考了《中国精神障碍分类与诊断标准》(CCMD – 3 第三版)，《国际疾病及相关健康问题的分类》(ICD – 10 第十版)，《中华人民共和国精神卫生法》，“麦克劳顿条例”(McNaughton Rule)、“不可抗拒冲动法则”(Irrestible Impulse Test)及“美国法律协会法则”(ALI Test)、即实质能力标准法则(Substantial Capacity Rule)。

本技术规范由司法部司法鉴定科学技术研究所提出。

本技术规范由司法部司法鉴定管理局归口。

本技术规范起草单位：司法部司法鉴定科学技术研究所。

本技术规范主要起草人：蔡伟雄、张钦廷、管唯、汤涛、黄富银。

本技术规范所代替规范的历次版本发布情况为：SF/Z JD0104002——2011。

1　范围

本技术规范规定了刑事责任能力评定的基本原则、要求和方法。

本技术规范适用于对被鉴定人(犯罪嫌疑人、被告人)的刑事责任能力评定，有关违法案件的受处罚能力评定亦可参照执行。

2　规范性引用文件

下列文件对于本技术规范的应用是必不可少的。凡是注日期的引用文件，仅所注日期的版本适用于本技术规范。凡是不注日期的引用文件，其最新版本(包括所有的修改单)适用于本技术规范。

CCMD – 3 中国精神障碍分类与诊断标准

ICD – 10 国际疾病及相关健康问题的分类

3　定义

精神障碍 Mental Disorder

又称精神疾病(mental illness)，是指在各种因素的作用下造成的心理功能失调，而出现感知、思维、情感、行为、意志及智力等精神活动方面的异常。

刑事责任能力 Criminal Responsibility

刑事责任能力也称责任能力，是指行为人能够正确认识自己行为的性质、意义、作用和后果，并能够根据这种认识而自觉地选择和控制自己的行为，从而到达对自己所实施的刑法所禁止的危害社会行为承担刑事责任的能力，即对刑法所禁止的危害社会行为具有的辨认和控制能力。

完全刑事责任能力

行为人实施某种危害行为时，对自己行为的辨认和控制能力完整。

限定刑事责任能力

也称部分责任能力、限制责任能力，本技术规范建议使用限定(刑事)责任能力。在发生危害行为时，由于精神症状的影响，对自己行为的辨认或者控制能力明显削弱，但尚未到达丧失或不能的程度。

无刑事责任能力

是指行为人实施某种危害行为时，由于严重意识障碍、智能缺损、或幻觉妄想等精神症状的影响，不能控制自己的行为或不能理解与预见自己的行为结果的状态。

辨认能力 Capacity of Appreciation

是指行为人对自己的行为在刑法上的意义、性质、作用、后果的分辨认识能力。也可以认为是行为人对其行为的是非、是否触犯刑法、危害社会的分辨认识能力。具体地说，是行为人实施危害行为时是否意识其行为的动机、要达到的目的，为达到目的而准备或采取的手段，是否预见行为的后果、是否理解犯罪性质以及在法律上的意义等。

控制能力 Capacity of Control

指行为人具备选择自己实施或不实施为刑法所禁止、所制裁的行为的能力，即具备决定自己是否以行为触犯刑法的能力，既受辨认能力的制约，也受意志和情感活动的影响。

4　总则

本技术规范以精神病学及法学的理论和技术为基础，结合法医精神病学司法鉴定的实践经验而制定，为刑事责任能力评定提供科学依据和统一标准。

刑事责任能力的评定有两个要件：医学要件和法学要件。医学要件为存在某种精神障碍；法学要件为该精神障碍是否影响其危害行为的辨认能力或控制能力及影响程度。

本技术规范将刑事责任能力分为完全刑事责任能力、限定刑事责任能力和无刑事责任能力3等级。

进行刑事责任能力评定时，首先应评定被鉴定人的精神状态，根据CCMD或ICD进行医学诊断，在医学诊断的基础上再考察辨认和控制能力受损程度，根据辨认或控制能力的损害程度评定责任能力等级。

辨认与控制能力损害程度的判断应从以下方面进行评估：作案动机、作案前先兆、作案的诱因、作案时间选择性、地点选择性、对象选择性、工具选择性、作案当时情绪反应、作案后逃避责任、审讯或检查时对犯罪事实掩盖、审讯或检查时有无伪装、对作案行为的罪错性认识、对作案后果的估计、生活自理能力、工作或学习能力、自知力、现实检验能力、自我控制能力。

进行刑事责任能力评定可辅以标准化评定工具，但评定工具不能取代鉴定人工作。

本技术规范分为正文和附录两个部分。

使用本技术规范时，应严格遵循附录中的分级依据或者判定准则以及附录中正确使用的说明。

5 刑事责任能力判定标准

精神障碍者的刑事责任能力

完全刑事责任能力

a)被鉴定人实施某种危害行为时，精神状态正常；或虽然能建立明确的精神障碍诊断，但其对危害行为的辨认和控制能力完整；

b)参考标准：标准化评定工具检验在完全刑事责任能力范围内。

限定刑事责任能力

a)在发生危害行为时，能建立明确的精神障碍诊断；

b)被鉴定人对危害行为的辨认或控制能力削弱，但尚未到达丧失或不能的程度；

c)辨认或控制能力削弱由精神障碍所致；

d)参考标准：标准化评定工具检验在限定刑事责任能力范围内。

无刑事责任能力

a)在发生危害行为时，能建立明确的精神障碍诊断；

b)被鉴定人对危害行为的辨认或控制能力丧失；

c)辨认或控制能力的丧失由精神障碍所致；

d)参考标准：标准化评定工具检验在无刑事责任能力范围内。

特殊精神障碍者的刑事责任能力

反社会人格障碍者评定为完全刑事责任能力；

普通(急性)醉酒者评定为完全刑事责任能力；

复杂性醉酒者，实施危害行为时处于辨认或控制能力丧失或明显削弱状态的，评定为限定刑事责任能力；再次发生复杂性醉酒者，评定为完全刑事责任能力。

病理性醉酒者，实施危害行为时处于辨认或控制能力丧失的，评定为无刑事责任能力；再次发生病理性醉酒时，对自愿者评定为完全刑事责任能力。

对毒品所致精神障碍者，如为非自愿摄入者按5.1条款评定其刑事责任能力；对自愿摄入者，如果精神症状影响其辨认或控制能力时，不宜评定其刑事责任能力，可进行医学诊断并说明其作案时精神状态。

6　附则

附录 A 与指南正文判定标准,两者须同时使用。

本技术规范推荐使用《精神病人刑事责任能力评定量表》作为标准化评定工具。

附　录　A

（规范性附录）

刑事责任能力判定标准细则

完全刑事责任能力

精神状态正常，也包括以下情形：

按 CCMD 标准诊断为"无精神病"；

既往患有精神障碍已痊愈或缓解，作案时无精神症状表现；

伪装精神病或诈病。

精神障碍具间歇性特点，作案时精神状态完全恢复正常，如心境障碍（情感性精神病）的缓解期。

能建立明确的精神障碍诊断，指以下情形：

符合 CCMD 或 ICD 诊断标准的精神障碍，包括：器质性精神障碍，精神活性物质或非成瘾物质所致精神障碍，精神分裂症和其他精神病性障碍，心境障碍（情感性精神障碍），癔症、应激相关障碍、神经症，精神发育迟滞等。

对危害行为的辨认和控制能力完整，指以下情形：

辨认能力完整指被鉴定人对自己的行为在刑法上的意义、性质、作用、后果具有良好的分辨认识能力；

能充分认识行为的是非、对错；

能充分认识对行为的违法性和社会危害性；

能充分认识行为的必要性。

控制能力完整指被鉴定人完全具备选择自己实施或不实施为刑法所禁止、所制裁行为的能力。

标准化评定工具检验在完全刑事责任能力范围内，指以下情形：

《精神病人刑事责任能力量表》总分在 37 分以上（含 37 分）；

《精神病人刑事责任能力量表》判别结果为完全刑事责任能力；

按 CCMD 标准诊断为普通（单纯）醉酒或反社会人格障碍者

再次发生的复杂性醉酒者与因自愿陷入的病理性醉酒者

限定刑事责任能力

同 A.1.2 条款

对危害行为的辨认或控制能力削弱，指以下情形：

辨认或控制能力界于完整与丧失之间；

辨认能力削弱指被鉴定人对自己的行为在刑法上的意义、性质、作用、后果的分辨认识能力受损；

控制能力削弱指犯罪嫌疑人选择自己实施或不实施为刑法所禁止、所制裁的行为的能力削弱。

标准化评定工具检验在限定刑事责任能力范围内，指以下情形：

《精神病人刑事责任能力量表》总分在16－36分之间；

《精神病人刑事责任能力量表》判别结果为限定刑事责任能力；

按CCMD标准被诊断为复杂性醉酒者，作案时符合A.2.2条款或A.3.2条款。

无刑事责任能力

同A.1.2条款

对作案行为的辨认或控制能力丧失，指以下情形：

辨认能力丧失指被鉴定人完全不能认识自己行为在刑法上的意义、性质、作用、后果；

实质性辨认能力丧失指被鉴定人虽然能认识作案行为的是非、对错或社会危害性，但不能认识其必要性；

控制能力丧失指被鉴定人不具备选择自己实施或不实施为刑法所禁止、所制裁的行为的能力。

标准化评定工具检验在无刑事责任能力范围内，指以下情形：

《精神病人刑事责任能力量表》总分在15分以下（含15分）；

《精神病人刑事责任能力量表》判别结果属无刑事责任能力；

按CCMD标准被诊断为病理醉酒者，作案时符合A.3.2条款。

附　录　B

（资料性附录）

标准化评定工具简介及其评价

刑事责任能力需要从医学、心理学和法律等多方面作出综合评价。借鉴精神科定式检查和量表的模式，结合医学要件和法学要件编制出的标准化评定工具，可用来辅助刑事责任能力的评定。

《精神病人刑事责任能力评定量表》

系本指南推荐使用的主要标准化评定工具，可为精神疾病司法鉴定提供参考。

量表简介

本评定量表由蔡伟雄等人研制，其前身为司法部司法鉴定科学技术研究所联合国内多家鉴定机构编制的《精神病人限定刑事责任能力评定量表》，由18个条目构成，即作案动机、作案前先兆、作案的诱因、作案时间选择性、地点选择性、对象选择性、工具选择性、作案当时情绪反应、作案后逃避责任、审讯或检查时对犯罪事实掩盖、审讯或检查时有无伪装、对作案行为的罪错性认识、对作案后果的估计、生活自理能力、工作或学习能力、自知力、现实检验能力、自我控制能力。本量表基本涵盖法学标准，不局限于某种具体犯罪行为或案件、精神症状或疾病诊断，适用于各种刑事案件的责任能力评定，操作简便，易于掌握。

量表使用评价

本量表曾在国内多家鉴定机构试用，结果表明，全量表 Cronbach α 为 0.9322，条目内部相关性尚可，18个条目均与量表总分相关（r 从 0.157－0.904）。主成分分析提取3个因子，累积贡献率为 68.62%。刑事责任能力三分时，无、限定、完全组量表总分分别为 9.66±5.11、26.54±5.21、40.08±7.90，具有显著差异，判别回代 94% 分类正确，与专家鉴定结论具有很高的一致性。

附录五　精神障碍者刑事责任能力评定大纲①

第一章　总　　则

第一条　为了向司法机关提供科学、客观的司法精神医学鉴定结论，指导和规范我国司法精神医学鉴定工作，使我国司法精神医学鉴定工作规范化和标准化，根据《中华人民共和国刑法》、《中华人民共和国刑事诉讼法》以及相关法律规定，特制定本大纲。

第二条　本大纲适用于鉴定机构接受司法机关的委托，对疑似精神障碍的犯罪嫌疑人、刑事案件的被告人进行刑事责任能力评定。

鉴定机构接受公安机关的委托，对社会治安案件违法者的精神状态及其责任能力评定，可参照本大纲施行。

第三条　本大纲所称“精神障碍者的刑事责任能力”是指精神障碍者在实施危害社会行为时的辨认能力或者控制能力。

第四条　本大纲所称精神障碍，又称精神疾病，系指国际疾病分类标准和中国精神障碍分类与诊断标准所规定的精神与行为障碍。

第二章　刑事责任能力评定原则

第五条　对疑似精神障碍的被鉴定人的刑事责任能力评定，应当同时考虑被鉴定人在实施危害社会行为时的精神障碍状态和辨认能力或者控制能力情况，确认被鉴定人是否为精神障碍者，并因为精神障碍导致其实施危害社会行为时完全丧失或者部分丧失了辨认或者控制自己行为的能力。

第六条　刑事责任能力评定所涉及的辨认能力或者控制能力，仅指被鉴定人对其危害社会行为的辨认或者控制能力，不涉及被鉴定人对自己其他行为的辨认或者控制能力。

在本大纲中，为行文方便，如无特别说明，“行为”与“危害社会行为”、“责任能力”与“刑事责任能力”系同义语。

第七条　辨认能力，系被鉴定人对自己所实施的危害社会行为的意义、性质和后果的认识能力，包括在实施危害社会行为时能否认识自己行为的动机、目的、手段、时间、地点、行为后果及其法律意义等。

---

①　纪术茂、高北陵、张小宁：《中国精神障碍者刑事责任能力评定与司法审判实务指南》，法律出版社2012年版。

控制能力，系指被鉴定人是否具备根据自己的意志自由地选择实施或者不实施危害社会行为的能力，包括是否能够根据自己的意志选择和控制其行为的时间、地点、方式及程度等。

第八条 刑事责任能力分为完全刑事责任能力、限制刑事责任能力和无刑事责任能力。

第九条 完全刑事责任能力，系指被鉴定人在实施危害社会行为时，其辨认或者控制自己行为的能力受到精神障碍的影响而明显削弱，但尚未达到完全丧失的程度。

第十条 限制责任能力，系指被鉴定人在实施危害社会行为时，其辨认或者控制自己行为能力受到精神障碍的影响而明显削弱，但尚未达到完全丧失的程度。

第十一条 无责任能力，系指被鉴定人实施危害社会行为时，其辨认或者控制自己行为的能力受到精神障碍的影响而完全丧失，不能辨认或者控制自己行为。

第三章 各类精神障碍者刑事责任能力评定

第十二条 本章是对各类精神障碍责任能力评定的指导性意见。鉴定人应根据案件的实际情况，评定被鉴定人在实施危害社会行为时的责任能力。

第十三条 器质性(包括症状性)精神障碍

在对此类精神障碍者进行责任能力评定时，鉴定人应注意此类精神障碍的病理表现复杂多样性，应综合下列各种精神障碍的程度与其行为的因果关系情况进行评定。

1. 意识障碍：精神错乱状态、谵妄状态或者混浊状态，辨认能力完全丧失时，评定为无责任能力；处于酩酊样状态，辨认能力明显削弱时，评定为限制责任能力。

2. 智能障碍：重度或极重度痴呆或者智能减退，辨认能力完全丧失时，评定为无责任能力；中度及轻度智能减退，根据其辨认能力削弱程度，评定为限制责任能力或者完全责任能力。

3. 精神病性障碍：有精神病性症状的器质性精神障碍，因幻觉、妄想、思维障碍等精神病性症状，致辨认能力或者控制能力完全丧失时，评定为无责任能力；虽有精神病性症状，但对行为的辨认或者控制能力未完全丧失，根据辨认能力或者控制能力削弱程度，评定为限制责任能力或者完全责任能力。

4. 心境障碍：伴有精神病性症状的按照“精神病性障碍”的原则评定。不伴有精神病性症状的躁狂状态、抑郁状态，如果辨认或者控制能力完全丧失，评定为无责任能力；轻度躁狂状态或者轻—中度抑郁状态，如果辨认或者控制能力明显削弱，评定为限制责任能力；如果其行为动机现实因素明显，也可评定为完全责任能力。

5. 人格改变：无精神病性症状，病理程度严重，伴有控制能力明显削弱时，评定为限制责任能力；程度较轻者评定为完全责任能力。

6. 器质性癔症样综合征:处于癔症性精神病状态时,其行为受精神病性症状的影响,致辨认能力或者控制能力完全丧失时,评定为无责任能力;虽无精神病性症状,但如有控制能力明显削弱,评定为限制责任能力。

7. 器质性神经症综合征:辨认或者控制能力一般无明显障碍,应评定为完全责任能力,若控制能力明显削弱,根据具体情况可评定为限制责任能力。

8. 其他特殊的器质性综合征:病理性激情发作,如果意识障碍严重,事后对该事件完全不能回忆,辨认或者控制能力完全丧失,评定为无责任能力;如果意识障碍较轻,事后对该事件部分不能回忆,评定为限制责任能力。

病理性心境恶劣,在被激惹情况下出现暴怒性的情绪和行为发作,控制能力明显减弱时,评定为限制责任能力。

第十四条　精神活性物质所致的精神障碍

按照使用的精神活性物质是否为法律禁止使用(如大麻、海洛因、冰毒等)、法律允许使用或者有条件使用(如烟草、酒、药物等)的物质,结合被鉴定人使用此物质的情节、精神障碍症状与其行为的因果关系,评定其责任能力。

1. 酒精所致精神障碍

(1)普通醉酒:评定为完全责任能力。

(2)复杂性醉酒:有明显意识障碍、兴奋躁动、狂暴冲动以及某些精神病性症状时,辨认或者控制能力明显削弱,评定为限制责任能力;再度发生复杂性醉酒时,评定为完全责任能力。

(3)病理性醉酒:辨认或者控制能力完全丧失时,评定为无责任能力;再度发生病理性醉酒时,根据情节(是否主动、自愿)评定为完全责任能力或者责任能力。

(4)酒精所致精神障碍:震颤谵妄辨认或者控制能力完全丧失,评定为无责任能力;酒精依赖者在继续饮酒过程中再次出现的震颤谵妄,可评定为限制责任能力。

(5)酒精所致精神障碍:幻觉症,如果有证据证明危害社会行为系病理性幻觉所致,辨认或者控制能力完全丧失,评定为无责任能力。

(6)酒精所致精神障碍:妄想症,如果有证据证明危害社会行为系妄想所致,辨认或者控制能力完全丧失,评定为无责任能力。

(7)酒精所致精神障碍:智能损害,参照器质性智能障碍,根据其痴呆严重程度,评定为无责任能力、限制责任能力或者完全责任能力;如果伴有精神病性症状,则按精神病性障碍进行评定,可评定为无责任能力或者限制责任能力。

(8)酒精所致精神障碍:戒断综合征,辨认或者控制能力无明显缺损,评定为完全责任能力。

(9)酒精所致精神障碍:人格或者行为障碍,无精神病性症状,辨认或者控制能力无明显缺损,评定为完全责任能力。

2. 阿片类和致幻剂所致精神障碍

我国法律明文禁止非法使用阿片、海洛因、大麻、摇头丸、致幻剂等物质。被鉴定人应当知道其使用此类物质行为的违法性和社会危害性。因此，即使被鉴定人因使用此物质而产生精神病性障碍，也不能认为其无辨认能力或者控制能力，应评定为完全责任能力。但是，下列两种情况除外：

(1) 如果有证据证明被鉴定人使用此类物质是在不知情或者被诱骗、被强迫下使用，可评定为限制责任能力或者无责任能力。

(2) 如果有证据证明被鉴定人使用此类物质是出于医疗目的，而且有医生处方，可评定为限制责任能力或者无责任能力。

3. 镇静—催眠类药物与抗焦虑药物

镇静—催眠类药物与抗焦虑药物系我国法律规定限制使用的药品。如果被鉴定人出于医疗目的使用此类物质而出现精神障碍，导致危害社会行为，参照病理性醉酒或者酒中毒所致精神障碍的情况评定责任能力；如果被鉴定人出于非医疗目的使用此类物质，参照阿片类和致幻剂所致精神障碍的情况评定其责任能力。

第十五条　精神分裂症

在评定责任能力时，应当确认被鉴定人在行为时是处于发病期还是缓解期、精神症状的严重程度或者缓解程度，应当查明具体的精神病性症状与其行为之间的因果关系。

1. 发病期：精神病性症状与其行为有直接因果关系时，其辨认或者控制能力完全丧失，评定为无责任能力；精神病性症状与期行为虽然缺乏明确因果关系，但是行为荒谬离奇，令人难以理解者，评定为无责任能力；辨认或者控制能力明显削弱，一般不评定为完全责任能力；具有现实动机者，可评定为限制责任能力。

2. 缓解期：完全缓解者，其精神症状消失，自知力完整，恢复了病前的工作学习能力和社会功能，辨认或者控制能力存在，评定为完全责任能力。

3. 残留期：部分或者大部分缓解者，但残留某些精神病性症状，如果其行为与精神病性症状有因果关系，辨认或者控制能力完全丧失，评定为无责任能力；如果其行为与精神病性症状有因果关系，辨认或者控制能力明显削弱，评定为限制责任能力；精神分裂症后人格改变者，根据疾病缓解程度及人格改变对辨认或者控制能力的影响程度，评定为限制责任能力或者完全责任能力。

第十六条　心境障碍

1. 躁狂发作：轻躁狂，其辨认能力较好，控制能力削弱，评定为限制责任能力或者完全责任能力；躁狂症，伴有幻觉、妄想等精神病性症状，其辨认或者控制能力完全丧失，评定为无责任能力。

2. 抑郁发作：

(1) 轻度抑郁发作：即轻性抑郁症，其辨认能力和控制能力无明显缺损，评定为完全责任能力。

(2)重度抑郁发作:抑郁情绪严重,伴有明显的自杀企图或者行为,但缺乏幻觉、妄想等精神病情症状,可按下列不同情况分别评定:

扩大性自杀:又称“怜悯性杀亲”,其辨认能力受损程度较轻,但是控制能力严重削弱,作案后多因罪恶感强化而自杀,评定为无责任能力或者限制责任能力。

间接性自杀:辨认能力受损程度较轻,但是控制能力严重削弱,根据控制能力削弱程度,评定为限制责任能力或者完全责任能力;如将自杀作为唯一目的,控制能力完全丧失或者严重削弱,评定为无责任能力或者限制责任能力。

报复性自杀:辨认能力受损程度较轻,但由于强烈的情感作用使其控制能力严重削弱,评定为限制责任能力或者完全责任能力。

其他情况:如系内疚或者罪恶感和自我惩罚的心理冲动而实施危害社会行为,欲求得到法律制裁,以达到被惩罚的目的时,辨认能力受损程度较轻,但是控制能力严重削弱,评定为限制责任能力。

(3)抑郁症,伴有精神病性症状:如果行为与精神病性症状有因果关系,辨认或者控制能力丧失时,评定为无责任能力。

第十七条　其他非器质性精神病性障碍

1. 偏执性精神病:如果行为与妄想有直接因果关系,评定为无责任能力;如果行为与妄想症状有一定因果关系,应结合精神病性症状局限性特点,评定为限制责任能力或者完全责任能力。

2. 分裂样精神病、分裂情感性精神病、周期性精神病:参照精神分裂症的条款评定。

3. 急性短暂性精神病:行为时处于发病期,精神病性症状致辨认或者控制能力完全丧失时,评定为无责任能力;行为时病情缓解、精神病性症状已消失,评定为完全责任能力。

病理性激情:发作时辨认能力或者控制能力完全丧失的,评定为无责任能力。

病理性半醒状态:行为与意识障碍有因果关系时,评定为无责任能力。

急性反应性精神病:根据幻觉、妄想等精神病性症状的严重程度和作案动机,确定辨认能力或者控制能力完全丧失者,评定为无责任能力;辨认能力或者控制能力明显削弱者,评定为限制责任能力;有强烈的精神运动性兴奋和意识障碍,行为具有一定的盲目性,根据辨认能力或者控制能力丧失和削弱程度,评定为无责任能力、限制责任能力或者完全责任能力;表现为抑郁反应者,参照抑郁症评定。

旅途性精神病:存在明显意识障碍或者/和病理性知觉,导致辨认或者控制能力完全丧失时,评定为无责任能力。

第十八条　癔症

1. 癔症转换型:以躯体功能障碍的表现为主,无精神病性症状,辨认或者控制能力基本无损者,评定为完全责任能力。

2. 癔症性情感爆发：伴有明显意识障碍，如果行为与意识障碍有因果关系时，评定为无责任能力或者限制责任能力；如果无明显意识障碍，评定为完全责任能力。

3. 癔症性附体障碍：有轻度意识障碍和控制能力明显削弱时，评定为限制责任能力；如果为现实动机所驱使，评定为完全责任能力。

4. 癔症性漫游：根据意识障碍的严重程度及与其行为之间的因果关系，评定为无责任能力或者限制责任能力。

5. 癔症性精神病：存在意识障碍、幻觉、妄想等精神病性症状，并致其辨认或者控制能力完全丧失时，评定为无责任能力。

第十九条　神经症

1. 强迫症：病情严重，行为与病理性知觉有明确因果关系时，评定为限制责任能力；强迫症继发严重的抑郁症状，参照抑郁症评定；精神分裂症伴随强迫症状者，参照精神分裂症评定。

2. 恐怖症：伴随严重的强迫性恐怖情绪，处于重性抑郁状态而实施危害社会行为，参照抑郁症评定其责任能力。

3. 焦虑症、疑病症：辨认和控制能力无明显障碍，评定为完全责任能力。

第二十条　应激相关障碍

1. 创伤后应激障碍：行为与创伤性体验密切相关，辨认或者控制能力明显削弱，评定为限制责任能力；如出于现实动机或者报复者，评定为完全责任能力。

2. 适应障碍：以神经症性症状或者轻度情感症状为主，辨认或者控制能力无明显障碍，评定为完全责任能力。

第二十一条　与文化相关的精神障碍、气功所致精神障碍、恐缩症、迷信或者巫术所致精神障碍

与文化相关的精神障碍、气功所致精神障碍、恐缩症：如果行为受精神病性症状支配，辨认或者控制能力完全丧失者，评定为无责任能力；如果辨认或者控制能力有明显削弱，评定为限制责任能力；如果辨认或者控制能力无明显削弱时，评定为完全责任能力。但是，应当注意区分以下情况：

1. 带有迷信色彩的精神病性障碍（如精神分裂症、感应性精神病、癫痫性精神病等），参照精神分裂症评定。

2. 虔诚教徒在宗教仪式中的宗教体验、神汉或者巫婆的神媒活动、非妄想性神媒观念、非妄想性自居观念、邪教的痴迷状态等，不属于精神障碍，评定为完全责任能力。

第二十二条　人格障碍

1. 偏执型人格障碍、分裂样人格障碍、冲动型人格障碍、边缘型人格障碍：如果行为与其异常思维、情感、意志行为（包括冲动控制障碍）密切相关，辨认或者控制能力明显削弱，评定为限制责任能力；如果程度较轻，辨认或者控制能力无明显削弱、现实动机和因果关系明确，评定为完全责任能力。

2. 反社会人格障碍、癔症性人格障碍、强迫性人格障碍、依赖—被动性人格障碍、被动攻击性人格障碍、焦虑—回避性人格障碍、自恋性人格障碍：无精神病性症状，无辨认或者控制能力削弱的证据，评定为完全责任能力。

第二十三条 习惯性冲动控制障碍

病理性偷窃、病理性纵火、病理性谎言：首次发生的，控制能力明显削弱时，评定为限制责任能力或者完全责任能力；如属屡犯，评定为完全责任能力。

病理性赌博、病理性纵火、病理性谎言：首次发生的，控制能力明显削弱时，评定为限制责任能力或者完全责任能力；如属屡犯，评定为完全责任能力。

病理性赌博：评定为完全责任能力。

第二十四条 性心理障碍

1. 易性症、异性装扮症、性受虐症、性自虐症（如窒息性自淫症）：评定为完全责任能力。

2. 恋物症、窥淫症、露阴症、摩擦症：根据其控制能力削弱程度，评定为限制责任能力或者完全责任能力；如属屡犯，评定为完全责任能力。

3. 性虐待或者性施虐症：评定为完全责任能力。

第二十五条 精神发育迟滞

评定这类被鉴定人的责任能力时，应结合智力测验和社会适应能力评定情况，综合分析其辨认或者控制能力，不可过分依赖智商分数。

1. 精神发育迟滞，重度至极重度：智能缺损严重，辨认或者控制能力完全丧失时，评定为无责任能力。

2. 精神发育迟滞，轻度（偏重）至中度：辨认或者控制能力明显削弱时，评定为限制责任能力或者完全责任能力。

3. 精神发育迟滞，边缘智力至轻度：辨认能力接近正常或者轻度削弱时，评定为完全责任能力。

4. 精神发育迟滞，伴有明显精神障碍发作：精神病性症状使其辨认或者控制能力完全丧失时，评定为无责任能力。

第二十六条 心理—生理性障碍

对于缺乏精神病性症状，辨认和控制能力无损害者，评定为完全责任能力。

第二十七条 诈病

如确认为诈病（包括癔症—诈病综合症），评定为完全责任能力。

第四章 附 则

第二十八条 本大纲系行业推荐标准。

主要参考文献

刘白驹:《精神障碍与犯罪》,社会科学文献出版社 2000 年版。

沈渔邨主编:《精神病学》,人民卫生出版社 1998 年版。

沈渔邨主编:《精神病学》,人民卫生出版社 2001 年版。

沈渔邨主编:《精神病学》,人民卫生出版社 2009 年版。

李从培主编:《司法精神医学》,人民卫生出版社 1992 年版。

李从培:《司法精神医学鉴定的实践与理论》,北京医科大学出版社 2000 年版。

何恬:《重构司法精神医学——法律能力与精神损伤的鉴定》,法律出版社 2008 年版。

陈立成:《司法精神医学实务研究》,中国人民大学出版社 2012 年版。

陈立成:《罪犯心理障碍——识别与处置》,群众出版社 2008 年版。

郑瞻培:《司法精神医学基础》,上海医科大学出版社 1997 年版。

郑瞻培主编:《司法精神鉴定疑难问题及案例》,上海医科大学出版社 1996 年版。

郑瞻培主编:《精神疾病司法鉴定实务》,法律出版社 2009 年版。

郑瞻培、王善澄:《精神医学临床实践》,上海科学技术出版社 2006 年版。

田寿彰主编:《司法精神医学》,法律出版社 1990 年版。

曾绪承主编:《司法精神医学》,群众出版社 2002 年版。

曾绪承主编:《司法精神医学新编》,北京大学出版社 2009 年版。

刘协和主编:《法医精神病学》,人民卫生出版社 2004 年版。

胡泽卿主编:《法医精神病学》,人民卫生出版社 2009 年版。

马世民主编:《精神疾病的司法鉴定》,上海医科大学出版社 1998 年版。

贾谊诚主编:《实用司法精神医学》,安徽人民出版社 1988 年版。

袁尚贤、高北陵:《法医精神损伤学》,华中科技大学出版社 2005 年版。

郑瞻培、高北陵主编:《精神疾病司法鉴定及精神伤残鉴定争议案例评析》,中国检察出版社 2008 年版。

纪术茂、高北陵、张小宁主编:《中国精神障碍者刑事责任能力评定案例集》,法律出版社 2011 年版。

纪术茂、高北陵、张小宁主编:《中国精神障碍者刑事责任能力评定与司法审判实务指南》,法律出版社 2012 年版。

张丽卿:《司法精神医学——刑事法学与精神医学之整合》,中国政法大学出版社 2003 年版。

刘协和:《临床精神病理学》,人民卫生出版社 2011 年版。

王伟主编:《人格心理学》,人民卫生出版社 2011 年版。

许又新:《神经症》,北京大学医学出版社 2008 年版。

王建平、张宁主编:《变态心理学》,中国人民大学出版社 2009 年版。

刘毅:《变态心理学》,暨南大学出版社 2005 年版。

高铭喧、马克昌主编:《刑法学》,北京大学出版社、高等教育出版社 2007 年版。

中华医学会精神科分会编:《CCMD－3・中国精神障碍分类与诊断标准》,山东科学技术出版社 2001 年版。

世界卫生组织编:《ICD－10 精神与行为障碍分类・临床描述与诊断要点》,范肖冬、汪向东、于欣等译,人民卫生出版社 1993 年版。

美国精神医学学会编:《精神障碍诊断与统计手册》(第 5 版),张道龙译,北京大学出版社 2015 年版。

陈忠保:《司法精神医学》,司法鉴定科学技术研究所 1982 年版。

孙东东:《精神病人的法律能力》,现代出版社 1992 年版。

[美]Michael H. Ebert、Peter T. Loosen、Barry Nurcombe 主编:《现代精神疾病诊断与治疗》,孙学礼主译,人民卫生出版社 2002 年版。

[美]Janes Morrison:《精神科临床诊断》,李欢欢、石川译,中国轻工业出版社 2009 年版。

[美]David H. Barlow、V. Mark Durand:《异常心理学》,杨霞等译,中国轻工

业出版社 2006 年版。

[美]Lauren B. Alloy、John H. Riskind、Margaret J. Manos:《变态心理学》,汤震宇、邱鹤飞、杨茜译,上海社会科学院出版社 2005 年版。

[美]Paul Benneett:《异常与临床心理学》,陈传锋、严建雯、金一波等译,人民邮电出版社 2005 年版。

[美]Paul Roland:《超级谋杀者的心理画像》,翁里、徐镇强等译,中国人民公安大学出版社 2008 年版。

[英]Bridget Giles 主编:《变态心理学》,潘华译,黑龙江科学技术出版社 2007 年版。

[英]Neil Frude:《变态心理学》,李虹、陈石、张宜彬等译,清华大学出版社 2008 年版。

[英]Michael Gelder、Paul Harrison、Philip Cowen 编著:《牛津精神病学教科书》,刘协和、李涛主译,四川大学出版社 2010 年版。

[英]David Semple 等编:《牛津临床精神病学手册》,唐宏宇、郭延庆主译,人民卫生出版社 2006 年版。

[英]Ronald Blackburn:《犯罪行为心理学 · 理论、研究和实践》,吴宗宪、刘邦惠等译,中国轻工业出版社 2000 年版。

[日]中田修等:《司法精神医学——精神病鉴定与刑事责任能力》,林秉贤等译,天津科学技术出版社 2008 年版。

[日]浅井邦彦:《精神医学和精神医疗——从临床到社区》,王祖承主译,复旦大学出版社 2011 年版。

图书在版编目(CIP)数据

刑事司法精神医学与刑侦实务 / 向静著. -- 2 版
. -- 北京 : 法律出版社, 2019
ISBN 978 - 7 - 5197 - 3825 - 9

Ⅰ. ①刑… Ⅱ. ①向… Ⅲ. ①司法精神医学 – 司法鉴定 Ⅳ. ①D919.3

中国版本图书馆 CIP 数据核字(2019)第 208310 号

刑事司法精神医学与刑侦实务
XINGSHI SIFA JINGSHEN YIXUE YU XINGZHEN SHIWU

向 静 著

策划编辑 沈小英
责任编辑 沈小英 张泽华
装帧设计 李 瞻

出版 法律出版社
总发行 中国法律图书有限公司
经销 新华书店
印刷 北京虎彩文化传播有限公司
责任校对 杨锦华
责任印制 吕亚莉

编辑统筹 法治与经济出版分社
开本 710 毫米×1000 毫米 1/16
印张 21.25
字数 367 千
版本 2019 年 12 月第 2 版
印次 2019 年 12 月第 1 次印刷

法律出版社/北京市丰台区莲花池西里 7 号(100073)
网址/www.lawpress.com.cn
投稿邮箱/info@lawpress.com.cn
举报维权邮箱/jbwq@lawpress.com.cn
销售热线/400-660-8393
咨询电话/010-63939796

中国法律图书有限公司/北京市丰台区莲花池西里 7 号(100073)
全国各地中法图分、子公司销售电话:
统一销售客服/400-660-8393/6393
第一法律书店/010-83938432/8433 西安分公司/029-85330678 重庆分公司/023-67453036
上海分公司/021-62071639/1636 深圳分公司/0755-83072995

书号:ISBN 978-7-5197-3825-9
定价:88.00 元
(如有缺页或倒装,中国法律图书有限公司负责退换)